UTB 2652

Eine Arbeitsgemeinschaft der Verlage

Beltz Verlag Weinheim · Basel
Böhlau Verlag Köln · Weimar · Wien
Verlag Barbara Budrich Opladen · Farmington Hills
facultas.wuv Wien
Wilhelm Fink München
A. Francke Verlag Tübingen und Basel
Haupt Verlag Bern · Stuttgart · Wien
Julius Klinkhardt Verlagsbuchhandlung Bad Heilbrunn
Lucius & Lucius Verlagsgesellschaft Stuttgart
Mohr Siebeck Tübingen
C. F. Müller Verlag Heidelberg
Orell Füssli Verlag Zürich
Verlag Recht und Wirtschaft Frankfurt am Main
Ernst Reinhardt Verlag München · Basel
Ferdinand Schöningh Paderborn · München · Wien · Zürich
Eugen Ulmer Verlag Stuttgart
UVK Verlagsgesellschaft Konstanz
Vandenhoeck & Ruprecht Göttingen
vdf Hochschulverlag AG an der ETH Zürich

Wulf D. von Lucius

Verlagswirtschaft

Ökonomische, rechtliche und organisatorische Grundlagen

2., neubearbeitete und erweiterte Auflage
Mit 68 Abbildungen und zahlreichen Übersichten

UVK Verlagsgesellschaft mbH

Autor und Verlag haben sich bis zur Drucklegung intensiv bemüht, alle weiteren Inhaber von Abbildungsrechten ausfindig zu machen. Personen und Institutionen, die Rechte an den Abbildungen beanspruchen, von uns aber nicht erreicht wurden, werden gebeten, sich mit dem Verlag in Verbindung zu setzen.

Bibliografische Information der Deutschen Nationalbibliothek
Die Deutsche Nationalbibliothek verzeichnet diese Publikation in der Deutschen Nationalbibliografie; detaillierte bibliografische Daten sind im Internet über <http://dnb.d-nb.de> abrufbar.

ISBN 978-3-8252-2652-7

Einbandgestaltung: Atelier Reichert, Stuttgart
unter Verwendung eines Diagramms (Produktlebenszyklus) entnommen aus:
M. Sander, Marketing-Management, Stuttgart 2004 (Lucius & Lucius)
und eines Fotos von © Getty Images.
Satz und Layout: Dieter Heise, Konstanz
Druck: fgb · freiburger graphische betriebe, Freiburg

UVK Verlagsgesellschaft mbH
Schützenstr. 24 · 78462 Konstanz
Tel. 07531-9053-21 · Fax 07531-9053-98
www.uvk.de

Vorwort zur 2. Auflage

Dieses Buch hat eine erfreuliche Aufnahme gefunden: eine Vielzahl positiver Besprechungen und persönlicher Stellungnahmen haben dazu beigetragen. Daher kann nun knapp zwei Jahre nach Erscheinen der ersten Auflage die zweite vorgelegt werden. Darin sind zahlreiche Anregungen aus den Rezensionen und Einzelmitteilungen eingeflossen. Angesichts der Vielzahl der Hinweise bleibt es mir nur, allen pauschal sehr herzlich zu danken, die mir so zur Verbesserung des Buches verholfen haben. Namentlich seien aber erwähnt die Kollegen Gabriele Bourgon, Bernd Rolle und Gerd Hiersemann, die eine Vielzahl von Anregungen zu Ergänzungen und Korrekturen gaben, Dr. Christoph Kochhan vom Börsenverein, der mich bei der Beschaffung aktueller Branchendaten unterstützte sowie Prof. Dr. Bärbel Renner, deren Publikation »Kommunikationspolitik im Kinderbuchmarkt« (2006) wichtige Hinweise zum Ausbau des Kapitels »Marketing« gab. Dieses sowie Kapitel 6, Digitale Produkte, wurden am intensivsten erneuert. Neue Abschnitte widmen sich den brancheninternen Wettbewerbsregeln, dem Kommissionsverlag, den Abonnentenadressen sowie der Pflichtstückablieferung. Zudem wurde an vielen Stellen das Datenmaterial aktualisiert und neueste Entwicklungen berücksichtigt.

Zu weitergehenden Änderungen, wie sie – z. T. mit bedenkenswerten Gründen – vereinzelt vorgeschlagen wurden, konnte ich mich so kurz nach dem Ersterscheinen noch nicht durchringen; die Grundstruktur des Buches ist also unverändert. Ich hoffe, dass diese Einführung auch weiterhin sich als nützlich in Ausbildung, Studium und Praxis erweist.

Herzlichen Dank sage ich wiederum meiner Mitarbeiterin Isolde Grässer und der Lektorin Uta Preimesser, die beide mit Geduld und Umsicht mir sehr geholfen haben.

Stuttgart, im Juni 2007 *Wulf D. v. Lucius*

Aus dem Vorwort zur 1. Auflage

Dieses Buch unternimmt es, eine betriebswirtschaftliche, also konzeptionelle Betrachtungsweise des Wirtschaftsunternehmens Verlag mit den Erfahrungen der Verlagspraxis zu verbinden, also Theorie in reduzierter Form auf die Fakten und Entscheidungsvariablen im Verlag anzuwenden, ohne dass ein Wust von Einzelinformationen und Details damit verbunden ist. Ziel ist es, Berufsanfängern – insbesondere solchen, die in Führungspositionen streben, wie z.B. Lektoratsvolontären – und Studierenden verschiedener Fachrichtungen wie Buchwissenschaft, Kommunikationswissenschaft u.a. einen Orientierungsrahmen für das Tätigkeitsfeld Verlag zu geben.

Was dieses Buch ausdrücklich nicht will: Rezepte und fertige Lösungen anbieten. Vielmehr sollen die Erörterungen konkreter Fragen der Praxis immer auf die Vielfalt möglicher Lösungen hinführen, also Problembewusstsein erzeugen und Entscheidungsalternativen bewusst machen. Die Leserinnen und Leser sollen ein Gefühl dafür bekommen, dass unternehmerische Entscheidungen und ebenso solche auf der operativen Ebene in den Abteilungen darin bestehen, aus der Vielfalt möglicher Lösungen die für dieses Unternehmen, diesen Zeitpunkt und dieses Problem bestgeeignete Variante herauszufinden und zugleich verstehen, dass diese »richtige« Lösung zu einem anderen Zeitpunkt die falsche (geworden) sein kann. Unternehmerisches Handeln, ob auf Führungsebene oder in den Abteilungen, steht unter dem Zeichen der Kontingenz – alles könnte auch anders sein oder anders gemacht werden. Notwendig ist also eine ständige Überprüfung der Fakten, d.h. der Voraussetzungen und Wahrscheinlichkeitsabwägungen, die den bislang getroffenen Entscheidungen zugrunde liegen; diese stehen von vornherein unter der Notwendigkeit späterer Revisionen. Ein Unternehmen zu betreiben erfordert diesen permanenten Prozess der schöpferischen Zerstörung.

Der Verfasser ist von seiner akademischen Ausbildung her Wirtschaftswissenschaftler und als wissenschaftlicher Verleger praktisch tätig. Diese Arbeitsrichtung wird sicher an manchen Stellen deutlich werden, obwohl immer versucht wird, ein möglichst breites Spektrum der unterschiedlichsten Verlagstypen im Blick zu haben. Dafür war die jahrzehntelange ehrenamtliche Tätigkeit in nationalen und internationalen Branchenverbänden sicher nützlich: Sie hat den Blick geweitet und in zahllosen Gesprächen und Gremien die Kenntnis der Branche insgesamt bereichert, ebenso die langjährige Tätigkeit als Lehrbeauftragter für das Fach Verlagswirtschaft an der Universität Hohenheim.

An so mancher Stelle habe ich persönliche Urteile bewusst zugespitzt und auch Ironie nicht unterdrückt. Man missverstehe das nicht als überheblich derart, dass dies definitive Folgerungen seien, sondern vielmehr als – hoffentlich erfrischende – Einladung zu kritischem Widerspruch und eigenem Urteil der Leserinnen und Leser.

Des Weiteren wird oft der Darstellung eher einfacher Verfahrensweisen der Vorzug gegeben vor den ausgefeilteren Methoden, die vielleicht ›moderner‹ scheinen könnten. Das hat einen doppelten Grund: zum einen den didaktischen, dass nämlich einfache Modelle leichter den Zugang zur Kernproblematik verschaffen, und zum anderen, dass solche einfachen Verfahren in kleineren Unternehmen nach wie vor die geeignetsten und üblichen sind.

Eine Vorbemerkung liegt mir schließlich noch sehr am Herzen: Aufgrund der Thematik dieses Buches und der gewählten Darstellungsform dominiert im Nachfolgenden ganz das Ökonomische. So könnte der Eindruck entstehen, die Verlegerei oder zumindest das, was ich darunter verstehe, sei etwas zahlenhaft Trockenes, der Verlagsalltag primär von rationalem Abwägen bestimmt. Das ist gewiss nicht der Fall; es gibt wohl kaum einen Verleger, der nicht davon überzeugt ist, dass er einen der schönsten Berufe überhaupt ausübt, der eine so starke Entfaltung persönlichen Temperaments und individueller Vorlieben ermöglicht, wie kaum ein anderer. Im Verlag spielen Menschen und Ideen, intellektueller ja künstlerischer Gestaltungswille, metaökonomische Zielsetzungen und viel Risikofreude – die ja ein Korrelat der Freiheit ist – die entscheidende Rolle. Die Verlegerei ist etwas durchaus Personenbezogenes, Emotionales; daraus rührt die tiefe Befriedigung derer, die in diesem Beruf arbeiten.

Gerade weil dies so ist, ist die Verführbarkeit der Verlagsmenschen zum Unvernünftigen besonders groß; sie bedürfen also des Korrektivs durch das rationale, ökonomische Kalkül. Dieses ist nicht Leitstern der Verlagsarbeit, aber deren unverzichtbarer Begleiter. Zu unterscheiden ist also zwischen der Rangfolge und der Reihenfolge metaökonomischer und ökonomischer Zielsetzungen: Wie stark man auch die Ersteren im Rang nach vorn setzen mag – die Reihenfolge erfordert das Umgekehrte: Wenn die ökonomische Unternehmensführung scheitert, erübrigt sich das Nachdenken über alle anderen Ziele von selbst. Mit anderen Worten: Ohne ökonomischen Erfolg kann dauerhaft auch keiner auf geistigem Gebiet erreicht werden, also bei dem, was uns bewegt und motiviert. So also sollte diese nüchterne Fibel der Verlagsökonomik verstanden werden.

Gewidmet ist dieses Buch meiner Frau Akka, der klugen und tatkräftigen Gefährtin auch im Berufsleben.

Stuttgart, im Juli 2005 *Wulf D. v. Lucius*

Inhaltsverzeichnis

Abkürzungsverzeichnis

ALPSP	Association of Learned and Professional Publishers
AMF	Arbeitskreis Mediainformation Fachzeitschriften
B2B	Business to Business
B2C	Business to Consumer
BAG	Buchhändler-Abrechnungs-Gesellschaft
BDZV	Bundesverband Deutscher Zeitungsverleger e.V.
BLDSC	British Library Document Supply Centre
CI	Corporate Identity
CRM	Customer Relations Management
DB	Deckungsbeitrag
DOI	Digital Object Identifier
DRM	Digital Rights Management (Systeme)
DTP	Desktop Publishing
FEP	Federation of European Publishers
GfK	Gesellschaft für Konsumforschung
GK	Gemeinkosten
GuV	Gewinn- und Verlustrechnung
GWB	Gesetz gegen Wettbewerbsbeschränkungen
HGB	Handelsgesetzbuch
HK	Herstellkosten
IPR	Intellectual Property Rights
ISBN	International Standard Book Number
ISSN	International Standard Serial Number
IVU	Internationale Verleger Union (= IPA International Publishers Association)
IVW	Informationsgemeinschaft zur Feststellung der Verbreitung von Werbeträgern e.V.
LAE	Leseranalyse Entscheidungsträger
LAN	Local Area Network
LP	Ladenpreis
NA	Neuauflage
NE	Neuerscheinung
OA	Open Access
ONIX	Online Information Exchange (Format)
PMG	Presse Monitor Gesellschaft
PoD	Printing/Publishing on Demand
RBÜ	Revidierte Berner Übereinkunft

RWS	Recht/Wirtschaft/Steuern
stm	scientific technical medical publishers
TRIPS	Agreement on Trade-related Aspects of International Property Rights
UrhG	Urheberrechtsgesetz
UWG	Gesetz gegen unlauteren Wettbewerb
VDZ	Verband Deutscher Zeitschriftenverleger e.V.
VlB	Verzeichnis lieferbarer Bücher (als Datenbank im Internet: www.buchhandel.de)
VS	Verband deutscher Schriftsteller in der IG-Medien
vto	Volltextsuche Online
WIPO	World Intellectual Property Organization
WTO	World Trade Organization
XML	Extensible Mark-up language
ZAW	Zentralausschuss der Werbewirtschaft

1. Märkte und Rahmendaten

1.1 »Books are different«

»Bücher von heute sind morgen Taten«
(Heinrich Mann)

»Books are different« war der Leitsatz eines englischen Gerichtsurteils und ist bei allen Büchermenschen mit Freude als von außen kommende Bestätigung ihres eigenen Selbstverständnisses begrüßt und angenommen worden; zumal, wie schon im Vorwort angesprochen, Verleger – und Buchhändler ebenso –, dazu neigen, ihr Geschäft und ihre Produkte als etwas ganz Besonderes anzusehen. Und das zu Recht, insoweit sie die in den Büchern und Zeitschriften transportierten Inhalte und deren kulturelle und gesamtgesellschaftliche Funktion im Blick haben. Das ist gut so; jeder Berufsstand soll eine eigene Ethik und ein damit verbundenes Verantwortungsgefühl für seine Produkte, seine Kunden, seine Lieferanten und seine Mitarbeiter entwickeln. Wenn eine »books are different«-Philosophie dazu führte, dass in allen diesen vier Bereichen im Verlagswesen besonders hohe Standards gelten, wäre das überaus erfreulich: Kein Unternehmen und schon gar kein Verlag sollte eine reine Gewinnerzeugungsmaschine sein.

So formuliert in diesem Sinn der Börsenverein des deutschen Buchhandels in einem Grundsatzpapier:

> »Bücher bewegen Ideen. Sie sind notwendig für die Entwicklung unserer Gesellschaft und deren Ideale. Wir unterstützen diese Entwicklung, indem wir für die freie Verbreitung des geschriebenen Wortes und für den deutschen Buchmarkt eintreten. … Das Buch- und Verlagswesen sind unverzichtbare Elemente neuzeitlicher Kultur geworden, sie pflegen die authentische geistige Leistung des Urhebers und machen sie für jedermann zugänglich. Wesentliche Eigenschaften dieses Prozesses der Kulturbewahrung und -verbreitung genießen deshalb den Schutz nationalen und auch grenzüberschreitenden Rechts.
> Wenn es gesellschaftlicher Konsens ist, dass Kultur zum menschlichen Gelingen gehört und besonderer politischer Sorgfalt und Obhut bedarf, so ist es sinnvoll, auch im politischen Umgang mit dem Buch- und Verlagswesen diese Sorgfalt und Obhut walten zu lassen«.

Ebenso fühlen sich der Berufsverband und alle verantwortungsbewussten Verleger ihrerseits zu einem aktiven Engagement für kulturelle Vielfalt und Meinungsfreiheit aufgerufen.

Um diese zu realisieren, hat der Börsenverein als weitere Hauptverantwortung formuliert »die Bewahrung unserer inhaltlichen, politischen und wirtschaftlichen Unabhängigkeit«. Dieses Ziel führt direkt auf den Verlag als Wirtschaftsunternehmen hin: Der begrüßenswerte, ja notwendige Enthusiasmus für den Inhalt, das »Eigentliche« der Bücher, sollte nicht zu einem unternehmerischen blinden Fleck hinsichtlich ihres Warencharakters und der damit verbundenen kaufmännischen und finanziellen Erfordernisse führen. Das wäre dann nämlich keine besonders hochstehende Berufsauffassung, sondern schlicht mangelnde Professionalität. Autoren suchen Verleger primär nicht als Gesprächspartner über Inhalte oder intellektuelle Sparringpartner, sondern als Dienstleister auf den Gebieten, für die sie selbst nicht kompetent sind: Produktion, Finanzierung, Werbung, Vertrieb, Rechtewahrnehmung, Öffentlichkeitsarbeit. Ob einer ein guter Verleger ist, entscheidet sich nicht bei klugen Kamingesprächen mit dem Autor, sondern an seinem Können und seiner Effizienz auf den genannten Gebieten. Es ist daher kein Zufall, dass alle wirklich großen Verleger, ob Johann Friedrich Cotta, Ernst Rowohlt, Siegfried Unseld oder Heinz Friedrich, um nur einige zu nennen, kluge Kaufleute und oft geradezu begnadete Marketingmenschen gewesen sind und keine Besorgnis hatten, dadurch ihre intellektuellen Fähigkeiten und ihr kulturelles Engagement zu verdunkeln. Ganz im Gegenteil: Nur Verleger, die sich diesen nüchternen Aufgaben, die ja zugleich auch rechtliche Pflichten aus dem Verlagsvertrag sind, verantwortungsbewusst stellen, sind nützliche Partner für ihre Autoren – schwärmerischer Idealismus, der in ökonomischen Desastern endet, schadet auch den Autoren! Die Kulturwelt aber mag dieses Zurücktreten des Verlages in seinen eigentlichen Aufgabenbereich weniger. Dazu hat der Verleger Jürgen Horbach im Börsenblatt (22/05) gesagt:

> »Verlage tun alles, was unliterarisch, aber zur Beförderung des Werkes eines Autors vernünftig ist. Je besser ein Verlag tut, was seine Aufgabe ist, nämlich Titel auszuwählen, Bücher herzustellen und dann nach seinen Möglichkeiten zu vermarkten, desto argwöhnischer wird er aber von Journalisten und manchmal auch von einem intellektuellen Publikum betrachtet. Literatur und Marketing sind vielen auch im einundzwanzigsten Jahrhundert unversöhnliche Gegensätze.«

Man sollte auch nicht verkennen, dass viele Bücher ja auch mehr einen Werkzeugcharakter haben und insofern nicht allzu überheblich von seinen Produkten denken: Ist jedes Kochbuch eine größere Leistung als eine gutgemachte Pfanne oder eine gedruckte Programmanleitung höherwertig als das Programm selbst? Viele Verlagsprodukte sind nach ihrem intellektuellen Gehalt und ihrem Nutzwert für den Käufer eher anderen Waren gleich und mitnichten turmhoch darüber.

Nun könnte man in einer solch nüchternen Betrachtungsweise die Gefahr vermuten, dass damit die kulturpolitisch begründeten Privilegien, die Bücher und Zeitschriften genießen, insbesondere die Preisbindung, der Vorzugssteuersatz bei der Mehrwertsteuer und die Sondertarife der Post, in Frage gestellt werden könnten. Das ist m.E. nicht der Fall, weil ja sehr viele Bücher und Zeitschriften ganz unstreitig eine sehr wichtige Rolle für politische Meinungsbildung sowie im Kultur- und Bildungsbereich spielen. Da es bekanntlich nicht möglich ist, eine operationale Trennungslinie zwischen kulturell wertvollen, förderungswürdigen Literaturprodukten und »sonstigen« zu ziehen, muss es bei der Gesamtförderung bleiben. Es ist ja auch nicht so, dass der Gesetzgeber so blind wäre, nicht zu erkennen, wie viele armselige Produkte ohne höheren Anspruch bis hin zu purem Schrott in den Buchhandlungen liegen: Er hat sich aber aus gutem Grund entschlossen, das Förderungswürdige in den Vordergrund seiner Entscheidungen zu stellen. Man erinnert sich da an den schönen Satz Plinius d.J.: »Kein Buch ist so schlecht, dass es nicht irgendeinen Nutzen brächte«. Man sollte im Bewusstsein dieser Klarsichtigkeit der Politik also die sog. »Privilegien« eher damit begründen, dass sie ohnehin nicht den Verlagen und dem Buchhandel, sondern den Käufern zugute kommen. Eine nüchterne Selbsteinschätzung verschafft uns viel eher Glaubwürdigkeit. Nicht durch hochfahrendes Gerede, sondern nur durch Substanz können wir die Öffentlichkeit überzeugen. Sorgen wir also dafür, dass das Substanzielle in unseren Programmen überwiegt und nicht Schnickschnack und Peinlichkeiten mit einem Zuckerguss von kulturellem Sendungsbewusstsein.

Viel eher ist es angemessen und wirkungsvoll, das Unternehmen zu einer anschaulichen Geschichte seiner Veröffentlichungen und Autoren gerinnen zu lassen und ihm so ein unverwechselbares Image zu geben. Dazu eignet sich keine Branche so gut wie die Verlage, soweit sie in Bescheidenheit akzeptieren, dass nicht eigentlich sie selbst, sondern ihre Autoren ihr Bild prägen. Die eigene Bedeutung entsteht vielleicht erst mit der ein oder auch zwei Autorengenerationen überdauernden Präsenz und Wirksamkeit eines Verlags.

Bertolt Brecht hat die viel beschworene Doppelnatur in der berühmt gewordenen Formel von »der geheiligten Ware Buch« auf den Punkt gebracht – wahrscheinlich konnte das ein Marxist eben viel besser als Kapitalisten, die sich in Rechtfertigungszwang sehen und daher ein dekoratives Kulturmäntelchen umhängen. Die gelungene Balance – Inhalt und Ökonomie – macht das Besondere des Verlegerberufs aus. Gerade im Akzeptieren dieser Doppelnatur liegt daher die Voraussetzung für erfolgreiche Verlagsarbeit, und der Verleger kommt nicht darum herum, dass er in der Beziehung Autor/Markt der vermittelnde Kaufmann ist. Diesen kaufmännisch geschulten Blick, das dazugehörige Wissen muss nicht nur der Verleger selbst haben, sondern ebenso seine wichtigen Mitarbeiter in allen Bereichen, insbesondere auch im Lektorat: Ökonomie ist gewiss nicht alles, aber alles intellektuelle Bemühen, aller programmatische Ehrgeiz auf die Dauer nichts ohne Ökonomie. Nur indem deren Gesetze verinnerlicht und beachtet werden, kann der gesellschaftliche und kulturelle Auftrag wirksam verwirklicht werden.

Joseph Caspar Witsch, der ehemalige Verleger des Kiepenheuer & Witsch Verlags, hat die immer wieder kritisch betrachtete Frage der Kommerzialisierung der Literatur, geprägt von persönlichen Erfahrungen aus Nazi- und DDR-Diktatur und der daraus resultierenden staatlichen Gängelung der Literatur, sehr plastisch und eindringlich formuliert und dabei das Element des freien Marktes als Voraussetzung einer freien Literatur sehr schön herausgearbeitet:

> »Die Kommerzialisierung der Literatur ist die notwendige Bedingung ihrer Freiheit. Nur wenn Literatur frei gehandelt wird, so wie Kühlschränke, Autos, Pfeffer und Salz gehandelt werden, bleibt sie frei. In dem Augenblick, in dem sie aus einem Gegenstand des Geschäfts verwandelt wird in ein Objekt der Fürsorge des Staats, verliert sie ihre Unabhängigkeit und mit ihrer Unabhängigkeit Wahrheit und Schönheit. ... Wenn jedoch der Staat, als ein Instrument totaler Macht, die Literatur in seine krallenbewehrte Hand nimmt, dann tritt nicht mehr das freie Wort, das große Bild, die große menschliche Affektion in der Literatur in Erscheinung, sondern der sozialistische oder nationalistische oder ein anderer, gleichwie benannter zweckgebundener dialektischer Realismus. Die Literatur und die ganze Welt der Bücher, alles Gedruckte hat dann nur noch einen einzigen Zweck: den großen Mäzenaten zu feiern und zu preisen, den Menschen aber zu drillen und ihm die Lüge als Wahrheit glaubhaft zu machen.
> In einer Gesellschaft, in der Literatur frei gehandelt werden kann, und in der sie frei von Zensur, Bevormundung und Anweisung ist, also frei ist von vorgegebenen Zwecken, wachsen unsere Bäume nicht in den Himmel. Die Kommerzialisierung der Literatur erlaubt Literatur nur in dem Maße, in dem eine freie und unabhängige, eine sachverständige und kenntnisreiche Kritik tätig und wirksam ist, ja geradezu gepflegt und gehegt wird.«

Überzeugender kann man kaum die Bedeutung von Ökonomie und Marktverfassung für ein freiheitliches Publikationswesen und damit eine freiheitliche Gesellschaft darlegen: Nicht auf die Gesinnung des Einzelnen – egal ob Verleger oder Autor – kommt es an, sondern auf eine »Verfassung der Freiheit« (F. A. v. Hayek).

Ökonomisch orientiertes Handeln muss zudem nicht kaltherzige Gewinnmaximierung bedeuten – dazu sind die metaökonomischen Zielsetzungen der meisten Verleger viel zu stark. Zudem bedeutet kurzfristiges Maximieren ja auch bei weitem nicht ein langfristiges Optimum. Auf dieses viele Perioden übergreifende Optimum aber muss es jedem weitsichtigen Unternehmer ankommen – vielleicht haben deshalb nicht wenige inhabergeführte Unternehmen eine mehrere Generationen überdauernde Lebenskraft.

Um eine weitgehend unbeeinflusste, wettbewerbsorientierte Freiheit im Verlagswesen zu gewährleisten, hat der Gesetzgeber die Verlage u.a. mit dem Privileg der »Tendenzbetriebe« versehen, demgemäß die Mitbestimmung in solchen Betrieben stärkeren Beschränkungen unterworfen ist als sonst in der Wirtschaft: Alle Regelungen, die der Eigenart des Tendenzbetriebs entgegenstehen, sind nicht anwendbar.

Der möglichst freie Wettbewerb auf dem Markt der Ideen, d.h. einer vielfältigen, nicht zentral gesteuerten Kommunikation in der Gesellschaft, erfolgt auf verschiedenen Ebenen. Jede davon muss durch Gesetz und politisches Handeln dauerhaft gesichert werden. Nur so kann das komplexe System der Interaktion auf den verschiedenen Ebenen für Literatur, Politik, Wissenschaft und Unterricht wirksam werden.

Wettbewerb als komplexes System

Wettbewerb	der Individuen der Ideen	
	der Unternehmen der Medien	ökonomischer Raum
	der Nationen der politischen Systeme	

Die Interaktion der einzelnen Bereiche muss jeweils in sich und zwischen den verschiedenen Ebenen als freier Verkehr ohne Kontrahierungszwang einer Seite gedacht werden: Wenn die zwei mittleren, den ökonomischen Regeln unterworfenen Ebenen gut funktionieren, dann wird auch der Wettbewerb der Nationen und der politischen Systeme und andererseits der unter den freien Individuen wirksam. Es sei am Rande angemerkt, dass diese Forderung nach einer Wettbewerbsorientierung im Kultur- und Bildungsbereich natürlich nicht bedeuten kann, dass der Staat sich ganz heraushalten und auf entsprechende Subventionen verzichten sollte: Aber auch diese müssen so verteilt werden, dass der Grundsatz eines prinzipiell staatsunabhängigen kulturellen Wettbewerbs erhalten bleibt, staatliche Unterstützung also nicht etwa »Wohlverhalten« belohnt. Wichtiger als alle Subventionen ist der einer freiheitlichen Gesellschaftsidee verpflichtete, stabile Rechtsrahmen.

Laien denken beim Stichwort Wettbewerb in der Regel nur an den der Unternehmen und ihrer Produkte um Käufer. Das ist aber nur ein Aspekt: Wettbewerb findet auch in anderen Bereichen statt, und der Erfolg eines Unternehmens (oder seine Niederlagen) auf diesen Gebieten sind nicht minder bedeutungsvoll für seinen Erfolg. Diesen Sachverhalt fasst nachstehende Abbildung zusammen – es sind also fünf Wettbewerbsbereiche, in denen ein Unternehmen oder auch eine ganze Branche sich erfolgreich positionieren müssen.

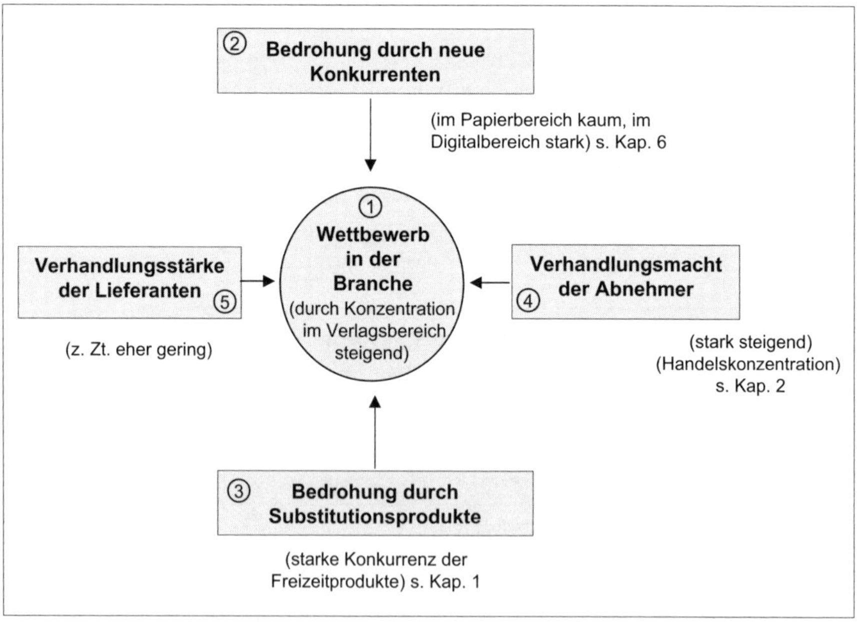

Abb. 1.1: Der Verlag im Einfluss verschiedener Marktkräfte (verändert nach Porter u. Nieschlag)

1.2 Rechtliche Rahmenbedingungen

Alles wirtschaftliche Handeln bedarf einer Absicherung durch eine Rechtsordnung, die Rahmenbedingungen für unternehmerisches Handeln planbar macht. Erst mit einer soliden Planungssicherheit hinsichtlich des Rechtsrahmens ist langfristig vorausschauendes Handeln und in die Zukunft gerichtetes Investieren möglich. Die Risiken der Produkte im Markt, das eigentliche unternehmerische Risiko, bleiben davon ganz unberührt. In diesem Wechselspiel von stabilem Rechtsrahmen, der ein wettbewerbsorientiertes unternehmerisches Handeln sichert, und der Ungewissheit der Ergebnisse der individuellen Entscheidungen kann man das Wesen der Marktwirtschaft sehen: der Staat soll den Rahmen garantieren, aber so wenig wie möglich direkt regulierend eingreifen. Dieser generelle Rechtsrahmen ist viel wichtiger als einzelne gesetzgeberische Regelungen wie MWSt.-Privileg, Preisbindung u.a., ohne dass damit die hohe Bedeutung der Letzteren in Frage gestellt werden soll.

Zunächst unterstehen Verlage den gesetzlichen Regelungen, die für alle Unternehmen gelten, also z.B. dem BGB, HGB, GmbH-Gesetz, den Steuergesetzen, dem Kartell- und Wettbewerbsrecht, dem Strafgesetzbuch u.s.w. Von allen generellen Regelungen soll und kann in diesem Abschnitt nicht gehandelt werden; vielmehr werden in keineswegs erschöpfender Auswahl einige Aspekte unserer Rechtsordnung kurz skizziert, die in besonderer Weise für Verlage bedeutungsvoll oder spezifisch für sie geschaffen sind.

1.2.1 Grundgesetz

Wie für alle Medienunternehmen und kulturell tätigen Institutionen hat das Grundgesetz auch für die Verlage eine unmittelbare, existenzielle Bedeutung, die weit über die für sonstige Wirtschaftszweige hinausgeht.

Dabei geht es insbesondere um nachfolgende Artikel:

Artikel 1
[Menschenwürde; Grundrechtsbindung der staatlichen Gewalt]

(1) Die Würde des Menschen ist unantastbar. Sie zu achten und zu schützen ist Verpflichtung aller staatlichen Gewalt.
(2) Das Deutsche Volk bekennt sich darum zu unverletzlichen und unveräußerlichen Menschenrechten als Grundlage jeder menschlichen Gemeinschaft, des Friedens und der Gerechtigkeit in der Welt.

(3) Die nachfolgenden Grundrechte binden Gesetzgebung, vollziehende Gewalt und Rechtsprechung als unmittelbar geltendes Recht.

Artikel 2
[Allgemeine Handlungsfreiheit; Freiheit der Person; Recht auf Leben]

(1) Jeder hat das Recht auf die freie Entfaltung seiner Persönlichkeit, soweit er nicht die Rechte anderer verletzt und nicht gegen die verfassungsmäßige Ordnung oder das Sittengesetz verstößt.
(2) Jeder hat das Recht auf Leben und körperliche Unversehrtheit. Die Freiheit der Person ist unverletzlich. In diese Rechte darf nur auf Grund eines Gesetzes eingegriffen werden.

Artikel 3
[Gleichheit vor dem Gesetz; Gleichberechtigung von Männern und Frauen; Diskriminierungsverbote]

(1) Alle Menschen sind vor dem Gesetz gleich.
(2) Männer und Frauen sind gleichberechtigt. Der Staat fördert die tatsächliche Durchsetzung der Gleichberechtigung von Frauen und Männern und wirkt auf die Beseitigung bestehender Nachteile hin.

Artikel 4
[Glaubens-, Gewissens- und Bekenntnisfreiheit]

(1) Die Freiheit des Glaubens, des Gewissens und die Freiheit des religiösen und weltanschaulichen Bekenntnisses sind unverletzlich.
...

Artikel 5
[Meinungs-, Informations-, Pressefreiheit; Kunst und Wissenschaft]

(1) Jeder hat das Recht, seine Meinung in Wort, Schrift und Bild frei zu äußern und zu verbreiten und sich aus allgemein zugänglichen Quellen ungehindert zu unterrichten. Die Pressefreiheit und die Freiheit der Berichterstattung durch Rundfunk und Film werden gewährleistet. Eine Zensur findet nicht statt.
(2) Diese Rechte finden ihre Schranken in den Vorschriften der allgemeinen Gesetze, den gesetzlichen Bestimmungen zum Schutze der Jugend und in dem Recht der persönlichen Ehre.
(3) Kunst und Wissenschaft, Forschung und Lehre sind frei. Die Freiheit der Lehre entbindet nicht von der Treue zur Verfassung.

...

Artikel 14
[Eigentum, Erbrecht und Enteignung]

(1) Das Eigentum und das Erbrecht werden gewährleistet. Inhalt und Schranken werden durch die Gesetze bestimmt.
(2) Eigentum verpflichtet. Sein Gebrauch soll zugleich dem Wohle der Allgemeinheit dienen.
(3) Eine Enteignung ist nur zum Wohle der Allgemeinheit zulässig. Sie darf nur durch Gesetz oder auf Grund eines Gesetzes erfolgen, das Art und Ausmaß der Entschädigung regelt. Die Entschädigung ist unter gerechter Abwägung der Interessen der Allgemeinheit und der Beteiligten zu bestimmen. Wegen der Höhe der Entschädigung steht im Streitfalle der Rechtsweg vor den ordentlichen Gerichten offen.

...

Artikel 18
[Verwirkung von Grundrechten]

Wer die Freiheit der Meinungsäußerung, insbesondere die Pressefreiheit (Artikel 5 Abs. 1), die Lehrfreiheit (Artikel 5 Abs. 3), die Versammlungsfreiheit (Artikel 8), die Vereinigungsfreiheit (Artikel 9), das Brief-, Post- und Fernmeldegeheimnis (Artikel 10), das Eigentum (Artikel 14) oder das Asylrecht (Artikel 16a) zum Kampfe gegen die freiheitliche demokratische Grundordnung mißbraucht, verwirkt diese Grundrechte. Die Verwirkung und ihr Ausmaß werden durch das Bundesverfassungsgericht ausgesprochen.

Von diesen ausgewählten Artikeln des Grundgesetzes nehmen Artikel 5 und 18 direkt Bezug auf die Tätigkeit von Verlagen (von der Tagespresse bis zum wissenschaftlichen Spezialwerk und sogar digitalen Veröffentlichungsformen). Die Artikel 1 und 2 wirken sich in vielfältiger Weise auf die Rechtsprechung und ggf. Gesetzgebung im Zusammenhang mit Verlagsprodukten aus. Artikel 14 ist die Basis für die Entschädigungsansprüche der Inhaber von Urheberrechten, insoweit ihnen durch die sog. »Schranken des Urheberrechts« Teile ihrer Eigentumsrechte genommen werden (s. S. 26ff.). Auch setzt Art. 14 strenge Anforderungen an solche enteignungsgleichen Schrankenregelungen und fordert »gerechte« Abwägung der Eigentümerinteressen gegenüber denen der Allgemeinheit (s. folg. 1.2.3). Schließlich setzt Artikel 18 klare Grenzen für die Meinungs- und Pressefreiheit.

Zwischen den genannten Grundrechten bestehen z.T. erhebliche Konflikte: So kann etwa das Recht der Pressefreiheit (Art. 5/1) mit der Würde des Menschen (Art. 1/1) und der persönlichen Ehre (Art. 5/2) in Widerspruch geraten. Beispiele dafür werden in Kapitel 7 gebracht. Ebenso stehen dem Recht der freien Meinungsäußerung und der Pressefreiheit (Art. 5/1) Grenzen bereits in Art. 5/2 (Jugendschutz) entgegen. Viele weitere Einschränkungen folgen aus den in 1.2.4 genannten Bestimmungen des Strafgesetzbuches. Zahlreiche weitere Konflikte könnten aufgezeigt werden.

Autoren, Redakteure, Verlage stehen also ständig in der Gefahr, durch Überdehnung des Rechts auf freie Meinungsäußerung und Berichterstattung selbst Rechtsbrecher und damit strafbedroht und ggf. schadensersatzpflichtig zu werden. Zahllose Prozesse (Caroline-Urteil, Esra-Prozess) sind Beispiele dafür (s. a. Kap. 7).

1.2.2 Kunstfreiheit

Ein weiteres Problemfeld für Grundrechtsausübung ergibt sich aus der Kunstfreiheit (Art. 5/3); so hat fast ein Jahrhundert lang die »Verbreitung pornografischer Schriften« (§ 184 StGB) eine große Rolle bei Strafverfolgung von Büchern gespielt – immer galt es dabei den Kunstvorbehalt gegen die Strafvorschrift abzuwägen. Schon lange vor dem Grundgesetz hat aber die Kunst oftmals überraschende Siege errungen, so etwa im berühmten Berliner Reigen-Prozess (1922), bei dem ein Verbot des damals als anstößig geltenden Stückes von Arthur Schnitzler vom Gericht abgelehnt wurde – übrigens 18 Jahre nach dessen Buchveröffentlichung. Ähnlich war lange Jahre der »Ulysses« von James Joyce in den USA wegen Anstößigkeit verboten. Zahllose andere Bühnenstücke und Bücher mussten diesen Weg gehen – meist schon nach wenigen Jahren rückblickend unbegreiflich.

1.2.3 Eigentumsgarantie nach Art. 14 GG – Schranken des Urheberrechts

Das Urheberrecht wird in Kapitel 7 ausführlich dargestellt. Es ist für Autoren wie Verlage als Eigentumsrecht mit allen daraus ableitbaren Verfügungs- und Nutzungsrechten die wirtschaftliche Basis ihrer Existenz. Es soll hier daher auf einen besonderen Aspekt der Grundrechte eingegangen werden: Das Konzept der den Grundrechten innewohnenden (»immanenten«) Schranken aus dem Aspekt der Gemeinwohlverpflichtung des Eigentums.

Aus dem Gemeinwohlvorbehalt des Abs. 2 und dem Recht des Staates auf Enteignungshandlungen gemäß Abs. 3 ergeben sich für den Verlagsbereich schwer wiegende, branchenspezifische Konsequenzen: Mit dem Gemeinwohlvorbehalt hat der Gesetzgeber verschiedene, in letzter Zeit gravierend vermehrte Eingriffe begründet, nämlich durch die Schaffung der gesetzlichen Zwangslizenzen (z.B. für Fotokopieren, Entleihen, Dokumentenversand, digitale Nutzung zu Unterrichtszwecken u.a.), durch die Verfügungs- und Verbotsrechte der Rechteinhaber insoweit beschränkt werden. Davon ist im Kapitel 7 (S. 344ff.) näher die Rede. Sicher ist zuzugestehen, dass gerade die geistigen Schöpfungen im Prinzip »der Menschheit« gehören, ihr nützlich und unterhaltend sein sollen. Die entscheidende Bedeutung intellektueller Schöpfungen für die Gesellschaft führt unabweislich und richtigerweise zu hohen Anforderungen des Gemeinwesens an ihre Qualität und Verfügbarkeit.

Aber im Blick auf die wohl begründeten Ansprüche der Urheber auf angemessene Vergütung für alle Nutzungen ihrer geistigen Schöpfungen ist der immer größer werdende Umfang dieser Enteignungseingriffe, ihre immer stärkere negative Einwirkung auf die Primärverwertung höchst problematisch. Mittlerweile bedeuten die durchweg völlig unzureichenden Entschädigungen, etwa bei der Reprografiegebühr oder den ersten Vorschlägen für die Entgelte betreffend Nutzungen nach § 52a (s. S. 345) für Urheber und Verwerter eine Quasi-Enteignung in nicht mehr vertretbarem Maße. Für die Nutzungen aus dieser neuen Regel ist auch nach mehr als vier Jahren nicht ein Cent an die Rechteinhaber geflossen! Ähnliches steht für weitere Schrankenregelungen (§52b) zu befürchten. Die Reprographiegebühr ist – trotz gesetzlicher Verpflichtung zur Anpassung! – seit 20 Jahren unverändert, also durch die Geldentwertung dramatisch ausgehöhlt. Der Staat tut sich deshalb besonders schwer, angemessene Entschädigungen festzusetzen, weil er als Unterhaltsträger der Bildungseinrichtungen auch der Hauptzahlungsverpflichtete ist: ein offenbar fatales Wechselspiel der Berufung auf den Gemeinwohlvorbehalt und der fiskalisch orientierten Knauserigkeit bei den nach Art. 14/3 GG und den darauf fußenden Regelungen des UrhG geschuldeten Entgelten. Zudem berühren die neueren Schrankenregelungen z.B. des § 52a mittlerweile zentrale Bereiche der Verwertung und beeinträchtigen die normale Rechtsverwertung gravierend.

Leider übersieht der Gesetzgeber dabei sehr kurzsichtig den engen Zusammenhang zwischen Qualität der Inhalte und den aus ihrer Nutzung anfallenden Erträgen: Qualitätsinformation kann nicht umsonst erstellt und vermittelt werden. Die fortschreitende Austrocknung dieser Erträge durch unzureichend dotierte gesetzliche Zwangslizenzen bedeutet eine Gefährdung des entscheidenden Produktionsfaktors in modernen Wissensgesellschaften.

1.2.4 Strafgesetzbuch

Eine ganze Reihe von Bestimmungen des StGB bezieht sich explizit auf die Verlage. Sie werden nachstehend unkommentiert auszugsweise zitiert.

§ 74d. Einziehung von Schriften und Unbrauchbarmachung.

(1) Schriften (§ 11 Abs. 3), die einen solchen Inhalt haben, daß jede vorsätzliche Verbreitung in Kenntnis ihres Inhalts den Tatbestand eines Strafgesetzes verwirklichen würde, werden eingezogen, wenn mindestens ein Stück durch eine rechtswidrige Tat verbreitet oder zur Verbreitung bestimmt worden ist. Zugleich wird angeordnet, daß die zur Herstellung der Schriften gebrauchten oder bestimmten Vorrichtungen, wie Platten, Formen, Drucksätze, Druckstöcke, Negative oder Matrizen, unbrauchbar gemacht werden.

(2) Die Einziehung erstreckt sich nur auf die Stücke, die sich im Besitz der bei ihrer Verbreitung oder deren Vorbereitung mitwirkenden Personen befinden oder öffentlich ausgelegt oder beim Verbreiten durch Versenden noch nicht dem Empfänger ausgehändigt worden sind.

...

§ 90. Verunglimpfung des Bundespräsidenten.

(1) Wer öffentlich, in einer Versammlung oder durch Verbreiten von Schriften (§ 11 Abs. 3) den Bundespräsidenten verunglimpft, wird mit Freiheitsstrafe von drei Monaten bis zu fünf Jahren bestraft.

(2) In minder schweren Fällen kann das Gericht die Strafe nach seinem Ermessen mildern (§ 49 Abs. 2), wenn nicht die Voraussetzungen des § 188 erfüllt sind.

(3) Die Strafe ist Freiheitsstrafe von sechs Monaten bis zu fünf Jahren, wenn die Tat eine Verleumdung (§ 187) ist oder wenn der Täter sich durch die Tat absichtlich für Bestrebungen gegen den Bestand der Bundesrepublik Deutschland oder gegen Verfassungsgrundsätze einsetzt.

§ 90a. Verunglimpfung des Staates und seiner Symbole

§ 90b. Verfassungsfeindliche Verunglimpfung von Verfassungsorganen

§ 92b. Einziehung. Ist eine Straftat nach diesem Abschnitt begangen worden, so können

1. Gegenstände, die durch die Tat hervorgebracht oder zu ihrer Begehung oder Vorbereitung gebraucht worden oder bestimmt gewesen sind, und
2. Gegenstände, auf die sich eine Straftat nach den §§ 80a, 86, 86a, 90 bis 90b bezieht,

eingezogen werden.

§ 95. Offenbaren von Staatsgeheimnissen

§ 97. Preisgabe von Staatsgeheimnissen. (1) Wer ein Staatsgeheimnis, das von einer amtlichen Stelle oder auf deren Veranlassung geheimgehalten wird, an einen Unbefugten gelangen läßt oder öffentlich bekanntmacht und dadurch fahrlässig die Gefahr eines schweren Nachteils für die äußere Sicherheit der Bundesrepublik Deutschland verursacht, wird mit Freiheitsstrafe bis zu fünf Jahren oder mit Geldstrafe bestraft.

§ 103. Beleidigung von Organen und Vertretern ausländischer Staaten

§ 109g. Sicherheitsgefährdendes Abbilden. (1) Wer von einem Wehrmittel, einer militärischen Einrichtung oder Anlage oder einem militärischen Vorgang eine Abbildung oder Beschreibung anfertigt oder eine solche Abbildung oder Beschreibung an einen anderen gelangen läßt und dadurch wissentlich die Sicherheit der Bundesrepublik Deutschland oder die Schlagkraft der Truppe gefährdet, wird mit Freiheitsstrafe bis zu fünf Jahren oder mit Geldstrafe bestraft.

§ 111. Öffentliche Aufforderung zu Straftaten. (1) Wer öffentlich, in einer Versammlung oder durch Verbreiten von Schriften (§ 11 Abs. 3) zu einer rechtswidrigen Tat auffordert, wird wie ein Anstifter (§ 26) bestraft.

(2) Bleibt die Aufforderung ohne Erfolg, so ist die Strafe Freiheitsstrafe bis zu fünf Jahren oder Geldstrafe. Die Strafe darf nicht schwerer sein als die, die für den Fall angedroht ist, daß die Aufforderung Erfolg hat (Absatz 1); § 49 Abs. 1 Nr. 2 ist anzuwenden.

§ 130. Volksverhetzung. (1) Wer in einer Weise, die geeignet ist, den öffentlichen Frieden zu stören,

1. zum Haß gegen Teile der Bevölkerung aufstachelt oder zu Gewalt- oder Willkürmaßnahmen gegen sie auffordert oder
2. die Menschenwürde anderer dadurch angreift, daß er Teile der Bevölkerung beschimpft, böswillig verächtlich macht oder verleumdet,

wird mit Freiheitsstrafe von drei Monaten bis zu fünf Jahren bestraft.

(2) Mit Freiheitsstrafe bis zu drei Jahren oder mit Geldstrafe wird bestraft, wer

1. Schriften (§ 11 Abs. 3), die zum Haß gegen Teile der Bevölkerung oder gegen eine nationale, rassische, religiöse oder durch ihr Volkstum bestimmte Gruppe aufstacheln, zu Gewalt- oder Willkürmaßnahmen gegen sie auffordern oder die Menschenwürde anderer dadurch angreifen, daß Teile der Bevölkerung oder eine vorbezeichnete Gruppe beschimpft, böswillig verächtlich gemacht oder verleumdet werden,
   a) verbreitet,
   b) öffentlich ausstellt, anschlägt, vorführt oder sonst zugänglich macht,
   c) einer Person unter achtzehn Jahren anbietet, überläßt oder zugänglich macht oder
   d) herstellt, bezieht, liefert, vorrätig hält, anbietet, ankündigt, anpreist, einzuführen oder auszuführen unternimmt, um sie oder aus ihnen gewonnene Stücke im Sinne der Buchstaben a bis c zu verwenden oder einem anderen eine solche Verwendung zu ermöglichen, oder
2. eine Darbietung des in Nummer 1 bezeichneten Inhalts durch Rundfunk verbreitet.

(3) Mit Freiheitsstrafe bis zu fünf Jahren oder mit Geldstrafe wird bestraft, wer eine unter der Herrschaft des Nationalsozialismus begangene Handlung der in § 220a Abs. 1 bezeichneten Art in einer Weise, die geeignet ist, den öffentlichen Frieden zu stören, öffentlich oder in einer Versammlung billigt, leugnet oder verharmlost.

§ 131. Gewaltdarstellung. (1) Wer Schriften (§ 11 Abs. 3), die grausame oder sonst unmenschliche Gewalttätigkeiten gegen Menschen in einer Art schildern, die eine Verherrlichung oder Verharmlosung solcher Gewalttätigkeiten ausdrückt oder die das Grausame oder Unmenschliche des Vorgangs in einer die Menschenwürde verletzenden Weise darstellt,

1. verbreitet,
2. öffentlich ausstellt, anschlägt, vorführt oder sonst zugänglich macht,
3. einer Person unter achtzehn Jahren anbietet, überläßt oder zugänglich macht oder
4. herstellt, bezieht, liefert, vorrätig hält, anbietet, ankündigt, anpreist, einzuführen oder auszuführen unternimmt, um sie oder aus ihnen gewonnene Stücke im Sinne der Nummern 1 bis 3 zu verwenden oder einem anderen eine solche Verwendung zu ermöglichen,

wird mit Freiheitsstrafe bis zu einem Jahr oder mit Geldstrafe bestraft.

(2) Ebenso wird bestraft, wer eine Darbietung des in Absatz 1 bezeichneten Inhalts durch Rundfunk verbreitet.

(3) Die Absätze 1 und 2 gelten nicht, wenn die Handlung der Berichterstattung über Vorgänge des Zeitgeschehens oder der Geschichte dient.

§ 184. Verbreitung pornographischer Schriften. (1) Wer pornographische Schriften (§ 11 Abs. 3)
1. einer Person unter achtzehn Jahren anbietet, überläßt oder zugänglich macht,
2. an einem Ort, der Personen unter achtzehn Jahren zugänglich ist oder von ihnen eingesehen werden kann, ausstellt, anschlägt, vorführt oder sonst zugänglich macht,
3. im Einzelhandel außerhalb von Geschäftsräumen, in Kiosken oder anderen Verkaufsstellen, die der Kunde nicht zu betreten pflegt, im Versandhandel oder in gewerblichen Leihbüchereien oder Lesezirkeln einem anderen anbietet oder überläßt,
3a. im Wege gewerblicher Vermietung oder vergleichbarer gewerblicher Gewährung des Gebrauchs, ausgenommen in Ladengeschäften, die Personen unter achtzehn Jahren nicht zugänglich sind und von ihnen nicht eingesehen werden können, einem anderen anbietet oder überläßt,
4. im Wege des Versandhandels einzuführen unternimmt,
...
9. auszuführen unternimmt, um sie oder aus ihnen gewonnene Stücke im Ausland unter Verstoß gegen die dort geltenden Strafvorschriften zu verbreiten oder öffentlich zugänglich zu machen oder eine solche Verwendung zu ermöglichen,
wird mit Freiheitsstrafe bis zu einem Jahr oder mit Geldstrafe bestraft.
...
(5) Wer es unternimmt, sich oder einem Dritten den Besitz von pornographischen Schriften (§ 11 Abs. 3) zu verschaffen, die den sexuellen Mißbrauch von Kindern zum Gegenstand haben, wird, wenn die Schriften ein tatsächliches oder wirklichkeitsnahes Geschehen wiedergeben, mit Freiheitsstrafe bis zu einem Jahr oder mit Geldstrafe bestraft. Ebenso wird bestraft, wer die in Satz 1 bezeichneten Schriften besitzt.

Insbesondere die Bestimmungen der §§ 130, 131 und 184 haben hohe praktische Bedeutung für Verlage – vom literarischen Edelunternehmen bis hin zur yellow press. Das gilt auch für die §§ 185ff. (Beleidigung, Verleumdung, Verunglimpfung des Andenkens Verstorbener u.a.),die erhebliche praktische Bedeutung für die Verlagsarbeit – nicht nur in der yellow press haben. Auch hier entsteht oft ein Konflikt zwischen Freiheit der Berichterstattung oder der Kunstfreiheit auf der einen und den Persönlichkeitsrechten Dritter auf der anderen Seite. Beispielhaft sind dafür als besonders wichtig für die Verlagsarbeit die nachfolgenden Bestimmungen, insbesondere auch die besonders vertrackten Bestimmungen der §§ 192/193.

§ 185. Beleidigung

§ 186. Üble Nachrede

§ 187. Verleumdung

§ 188. Üble Nachrede und Verleumdung gegen Personen des politischen Lebens

§ 189. Verunglimpfung des Andenkens Verstorbener

§ 192. Beleidigung trotz Wahrheitsbeweises. Der Beweis der Wahrheit der behaupteten oder verbreiteten Tatsache schließt die Bestrafung nach § 185 nicht aus, wenn das Vorhandensein einer Beleidigung aus der Form der Behauptung oder Verbreitung oder aus den Umständen, unter welchen sie geschah, hervorgeht.

§ 193. Wahrnehmung berechtigter Interessen. Tadelnde Urteile über wissenschaftliche, künstlerische oder gewerbliche Leistungen, desgleichen Äußerungen, welche zur Ausführung oder Verteidigung von Rechten oder zur Wahrnehmung berechtigter Interessen gemacht werden, sowie Vorhaltungen und Rügen der Vorgesetzten gegen ihre Untergebenen, dienstliche Anzeigen oder Urteile von seiten eines Beamten und ähnliche Fälle sind nur insofern strafbar, als das Vorhandensein einer Beleidigung aus der Form der Äußerung oder aus den Umständen, unter welchen sie geschah, hervorgeht.

Die Frage, was diese Vielzahl rechtlicher Bestimmungen in einer Darstellung der Verlags**wirtschaft** zu suchen hat, ist leicht beantwortet: abgesehen von den persönlichen Konsequenzen für Autoren, Redakteure, Verleger folgen auch für die Unternehmen selbst u. U. schwer wiegende wirtschaftliche Konsequenzen, die es vorausschauend zu vermeiden gilt. Auf bestimmte Aspekte diesbezüglich, insbesondere die Verletzung von Persönlichkeitsrechten wird in Kapitel 7 eingegangen.

Eine schlichte Berufung auf die Grundrechte nach Art. 5 GG reicht also nicht aus. Es bedarf der sorgsamen Abwägung der potenziell entgegenstehenden Rechte oder Strafbestimmungen. Dazu bedarf es häufig anwaltlichen Rats, der – vorweg eingeholt – viel Ärger und Kosten ersparen kann.

1.2.5 Wettbewerbsrecht

Die Bestimmungen des Gesetzes gegen unlauteren Wettbewerb (UWG) und des Gesetzes gegen Wettbewerbsbeschränkungen (GWB) haben gerade in einer so kleinteilig organisierten Branche wie dem Verlagswesen erhebliche Bedeutung. Die **Fusionskontrolle** ist einsichtigerweise für den politisch sensiblen Medienbereich besonders wichtig, um marktbeherrschende Positionen und damit Meinungsmonopole zu verhindern. Jede Firmenübernahme wird nach diesen Kriterien geprüft und dann entweder genehmigt oder untersagt.

Während in der sonstigen Wirtschaft ein Grenzwert von 500 Mio DM/250 Mio € gemeinsamer Umsatz als Kriterium gilt (neben 20% gemeinsamem Marktanteil) ist für diesen Wert im Pressebereich, der auch die Buchverlage umfasst, nach § 38/3 das Zwanzigfache der tatsächlichen Umsätze anzusetzen, d.h. die Schwelle liegt für Verlage bereits bei 12.5 Mio €. Angesichts der Kleinheit und Spezialisierung der meisten Verlage wird hier also bei schon viel geringeren Umsätzen eine marktbeherrschende Stellung auf dem relevanten (Teil)Markt vermutet. Seit Jahren wird um eine Heraufsetzung dieses Werts insbesondere seitens der Zeitungsverlage heftig gekämpft. Die geforderte Heraufsetzung der Umsatzgrenze auf 50 Mio € ist aber gerade wieder vom Bundestag verworfen worden. Grundsätzlich wird man die Ansetzung niedrigerer Umsatzschwellen, als sie etwa für Stahlproduzenten oder Lebensmittelketten gelten, durchaus billigen können, fragwürdig bleibt aber der extrem niedrige Ansatz für den Medienbereich. Unübersehbar ist, dass sich damit die Verkaufschancen für Verlage deutlich ungünstiger darstellen. Das hat schon bei manchem Verlagsverkauf gravierende Probleme bereitet.

Der erste Teil des GWB behandelt die **Kartellvereinbarungen**, die grundsätzlich verboten sind (§ 1). Wichtig sind für alle Branchen folgende Ausnahmen:

§ 2 Normen- und Typenkartelle, Konditionenkartelle. (1) Vereinbarungen und Beschlüsse, die lediglich die einheitliche Anwendung von Normen oder Typen zum Gegenstand haben, können vom Verbot des § 1 freigestellt werden.

(2) Vereinbarungen und Beschlüsse, die die einheitliche Anwendung allgemeiner Geschäfts-, Lieferungs- und Zahlungsbedingungen einschließlich der Skonti zum Gegenstand haben, können vom Verbot des § 1 freigestellt werden, soweit die Regelungen sich nicht auf Preise oder Preisbestandteile beziehen.

§ 3 **Spezialisierungskartelle.** Vereinbarungen und Beschlüsse, die die Rationalisierung wirtschaftlicher Vorgänge durch Spezialisierung zum Gegenstand haben, können vom Verbot des § 1 freigestellt werden, wenn die Wettbewerbsbeschränkung nicht zur Entstehung oder Verstärkung einer marktbeherrschenden Stellung führt.

§ 4 **Mittelstandskartelle.** (1) Vereinbarungen und Beschlüsse, die die Rationalisierung wirtschaftlicher Vorgänge durch eine andere als die in § 3 bezeichnete Art der zwischenbetrieblichen Zusammenarbeit zum Gegenstand haben, können vom Verbot des § 1 freigestellt werden, wenn

1. dadurch der Wettbewerb auf dem Markt nicht wesentlich beeinträchtigt wird und
2. die Vereinbarung oder der Beschluß dazu dient, die Wettbewerbsfähigkeit kleiner oder mittlerer Unternehmen zu verbessern.

Diese Ausnahmen sind für das mittelstandsorientierte Verlagswesen wichtig, so konnten z. B. die Verhaltensgrundsätze im Buchhandel, die Wettbewerbsregeln und die Verkehrsordnung, die Regelungen für vereinfachte Remission u. a. auf dieser Basis genehmigt werden. Auch sieht die Novellierung zum Pressefusionsrecht erleichternde Regelungen – allerdings unter dem Vorbehalt einer Vorabgenehmigung durch das Kartellamt – vor bei Vertrieb, Druck und Anzeigen. Die Kooperationen dürfen aber nicht die Redaktionen einbeziehen (Gefahr einer »Fusion durch die Hintertür«). Ziel des GWB bleibt unverändert die Erhaltung der Vielfalt der Presse- und Verlagslandschaft.

1.2.6 Preisbindung

Von besonderer Bedeutung war die Ausnahme des § 15 GWB für die Preisbindung von Druckerzeugnissen, auf der basierend das privatrechtlich organisierte System der Preisbindungsreverse entwickelt wurde, durch das sich die Abnehmer (eventuell mehrstufig) gegenüber den Verlagen zur Einhaltung der von diesen festgesetzten Preise verpflichteten. Durchsetzungsinstrumente waren Liefersperren und Konventionalstrafen.

Dieses Reverssystem wurde aus europarechtlichen Gründen für den Buchbereich durch das Preisbindungsgesetz ersetzt (s.u.). Das Reverssystem ist jetzt nur noch für die Verlage erforderlich, die ihre Zeitschriftenpreise weiterhin binden möchten. Dazu bestimmt der neu gefasste § 15 GWB:

§ 15 Preisbindung bei Zeitungen und Zeitschriften. (1) § 14 gilt nicht, soweit ein Unternehmen, das Zeitungen oder Zeitschriften herstellt, die Abnehmer dieser Erzeugnisse rechtlich oder wirtschaftlich bindet, bei der Weiterveräußerung bestimmte Preise zu vereinbaren oder ihren Abnehmern die gleiche Bindung bis zur Weiterveräußerung an den letzten Verbraucher aufzuerlegen. Zu Zeitungen und Zeitschriften zählen auch Produkte, die Zeitungen oder Zeitschriften reproduzieren oder substituieren und bei Würdigung der Gesamtumstände als überwiegend verlagstypisch anzusehen sind, sowie kombinierte Produkte, bei denen eine Zeitung oder Zeitschrift im Vordergrund steht.

(2) Vereinbarungen der in Absatz 1 bezeichneten Art sind, soweit sie Preise und Preisbestandteile betreffen, schriftlich abzufassen. Es genügt, wenn die Beteiligten Urkunden unterzeichnen, die auf eine Preisliste oder auf Preismitteilungen Bezug nehmen. § 126 Abs. 2 des Bürgerlichen Gesetzbuchs findet keine Anwendung.

(3) Das Bundeskartellamt kann von Amts wegen oder auf Antrag eines gebundenen Abnehmers die Preisbindung für unwirksam erklären und die Anwendung einer neuen, gleichartigen Preisbindung verbieten, wenn

1. die Preisbindung mißbräuchlich gehandhabt wird oder
2. die Preisbindung oder ihre Verbindung mit anderen Wettbewerbsbeschränkungen geeignet ist, die gebundenen Waren zu verteuern oder ein Sinken ihrer Preise zu verhindern oder ihre Erzeugung oder ihren Absatz zu beschränken.

Der jetzige § 15 GWB genehmigt auf privatrechtlicher Reversbasis nur noch die Preisbindung für Zeitschriften. Tatsächlich machen sehr viele Verlage davon keinen Gebrauch, d.h. viele Zeitschriften haben heute nur noch empfohlene Preise. Für Bücher gilt nun das Gesetz über die Preisbindung für Bücher (**Buchpreisbindungsgesetz** – BuchPrG vom 14.6.2002 in der veränderten Fassung vom 14. Juli 2006). Seitdem gibt es für Bücher – anders als weiterhin bei Zeitschriften – kein Wahlrecht des Verlags mehr, ob er seine Erzeugnisse der Preisbindung unterwerfen will oder nicht: Er muss es. Damit wurde das komplizierte und teure Revers- und Überwachungssystem, das die Verlage selbst finanzieren mussten, weitgehend obsolet. Wegen der Kürze, Klarheit und eindrücklichen Begründung in § 1 sei dieses Gesetz hier in den wesentlichen Paragrafen wiedergegeben:

§ 1 Zweck des Gesetzes

Das Gesetz dient dem Schutz des Kulturgutes Buch. Die Festsetzung verbindlicher Preise beim Verkauf an Letztabnehmer sichert den Erhalt eines breiten Buchangebots. Das Gesetz gewährleistet zugleich, dass dieses Angebot für eine breite Öffentlichkeit zugänglich ist, indem es die Existenz einer großen Zahl von Verkaufsstellen fördert.

§ 2 Anwendungsbereich

(1) Bücher im Sinne dieses Gesetzes sind auch

1. Musiknoten,
2. kartographische Produkte,
3. Produkte, die Bücher, Musiknoten oder kartographische Produkte reproduzieren oder substituieren und bei Würdigung der Gesamtumstände als überwiegend verlags- oder buchhandelstypisch anzusehen sind sowie
4. kombinierte Objekte, bei denen eines der genannten Erzeugnisse die Hauptsache bildet.

(2) Fremdsprachige Bücher fallen nur dann unter dieses Gesetz, wenn sie überwiegend für den Absatz in Deutschland bestimmt sind.

(3) Letztabnehmer im Sinne dieses Gesetzes ist, wer Bücher zu anderen Zwecken als dem Weiterverkauf erwirbt.

§ 3 Preisbindung

Wer gewerbs- oder geschäftsmäßig Bücher an Letztabnehmer verkauft, muss den nach § 5 festgesetzten Preis einhalten. Dies gilt nicht für den Verkauf gebrauchter Bücher.

§ 4 Grenzüberschreitende Verkäufe

(1) Die Preisbindung gilt nicht für grenzüberschreitende Verkäufe innerhalb des Europäischen Wirtschaftsraumes.

(2) Der nach § 5 festgesetzte Endpreis ist auf grenzüberschreitende Verkäufe von Büchern innerhalb des Europäischen Wirtschaftsraumes anzuwenden, wenn sich aus objektiven Umständen ergibt, dass die betreffenden Bücher allein zum Zwecke ihrer Wiedereinfuhr ausgeführt worden sind, um dieses Gesetz zu umgehen.

§ 5 Preisfestsetzung

(1) Wer Bücher verlegt oder importiert, ist verpflichtet, einen Preis einschließlich Umsatzsteuer (Endpreis) für die Ausgabe eines Buches für den Verkauf an Letztabnehmer festzusetzen und in geeigneter Weise zu veröffentlichen. Entsprechendes gilt für Änderungen des Endpreises.

(2) Wer Bücher importiert, darf zur Festsetzung des Endpreises den vom Verleger des Verlagsstaates für Deutschland empfohlenen Letztabnehmerpreis einschließlich der in Deutschland jeweils geltenden Mehrwertsteuer nicht unterschreiten. Hat der Verleger keinen Preis für Deutschland empfohlen, so darf der Importeur zur Festsetzung des Endpreises den für den Verlagsstaat festgesetzten oder empfohlenen Nettopreis des Verlegers für Endabnehmer zuzüglich der in Deutschland jeweils geltenden Mehrwertsteuer nicht unterschreiten.

(3) Wer als Importeur Bücher in einem Vertragsstaat des Abkommens über den Europäischen Wirtschaftsraum zu einem von den üblichen Einkaufspreisen im Einkaufsstaat abweichenden niedrigeren Einkaufspreis kauft, kann den gemäß Absatz 2 festzulegenden Endpreis in dem Verhältnis herabsetzen, wie es dem Verhältnis des erzielten Handelsvorteils zu den üblichen Einkaufspreisen im Einkaufsstaat entspricht; dabei gelten branchentypische Mengennachlässe und entsprechende Verkaufskonditionen als Bestandteile der üblichen Einkaufspreise.

(4) Verleger oder Importeure können folgende Endpreise festsetzen:

1. Serienpreise,
2. Mengenpreise,
3. Subskriptionspreise,
4. Sonderpreise für Institutionen, die bei der Herausgabe einzelner bestimmter Verlagswerke vertraglich in einer für das Zustandekommen des Werkes ausschlaggebenden Weise mitgewirkt haben,
5. Sonderpreise für Abonnenten einer Zeitschrift beim Bezug eines Buches, das die Redaktion dieser Zeitschrift verfasst oder herausgegeben hat und
6. Teilzahlungszuschläge.

(5) Die Festsetzung unterschiedlicher Endpreise für einen bestimmten Titel durch einen Verleger oder Importeur oder deren Lizenznehmer ist zulässig, wenn dies sachlich gerechtfertigt ist.

§ 6 Vertrieb (s. Kap. 4.3.2)

§ 7 Ausnahmen

(Abs. (1) bis (3) handeln von Ausnahmen für Nachlässe an Verlagsmitarbeiter, für Mängelexemplare, an wissenschaftliche Bibliotheken und im Schulbuchgeschäft)

...

(4) Der Letztverkäufer verletzt seine Pflicht nach § 3 nicht, wenn er anlässlich des Verkaufs eines Buches

1. Waren von geringem Wert oder Waren, die im Hinblick auf den Wert des gekauften Buches wirtschaftlich nicht ins Gewicht fallen, abgibt,
2. geringwertige Kosten der Letztabnehmer für den Besuch der Verkaufsstelle übernimmt,
3. Versand- oder besondere Beschaffungskosten übernimmt oder
4. andere handelsübliche Nebenleistungen erbringt.

§ 8 Dauer der Preisbindung

(1) Verleger und Importeure sind berechtigt, durch Veröffentlichung in geeigneter Weise die Preisbindung für Buchausgaben aufzuheben, deren erstes Erscheinen länger als achtzehn Monate zurück liegt.

(2) Bei Büchern, die in einem Abstand von weniger als 18 Monaten wiederkehrend erscheinen oder deren Inhalt mit dem Erreichen eines bestimmten Datums oder Ereignisses erheblich an Wert verliert, ist eine Beendigung der Preisbindung durch den Verleger oder Importeur ohne Beachtung der Frist gemäß Absatz 1 nach Ablauf eines angemessenen Zeitraums seit Erscheinen möglich.

(§ 9 Schadensersatz- und Unterlassungsansprüche

§ 10 Bucheinsicht)

Kommentierende Informationen bietet das vom Börsenverein herausgegebene »Glossar zur Buchpreisbindung« (Stand Okt. 2006). Erfreulich ist, dass die politische Erwünschtheit der Preisbindung im § 1 ausdrücklich begründet wird und darüber hinaus ihre Notwendigkeit auch außerhalb Deutschlands von nahezu allen europäischen Parlamenten sowie dem Straßburger Parlament mehrfach bestätigt worden ist. Dennoch gibt es immer wieder von streng liberalen Ordnungspolitikern (z.B. in der Brüsseler Wettbewerbskommission) oder auch Konsumentenverbänden Kritik an diesem Eingriff in die Wettbewerbsfreiheit. Zugleich gibt es die Tendenz einer aus der Branche kommenden Erosion durch immer mehr Sonderausgaben sowie das »Vorbild« einiger Länder, die bewusst die Preisbindung abgeschafft haben wie z.B. England und Schweden.

1.2.7 Presserecht

Obwohl der Bund eine Rahmengesetzgebungskompetenz für die Regelung der allgemeinen Rechtsverhältnisse der Presse hat, hat er bis heute davon keinen Gebrauch gemacht. So wird dieses Rechtsgebiet durch die weitgehend übereinstimmenden Landespressegesetze geregelt, die z.T. anderweitig schon existierende Rechte, insbesondere das der Pressefreiheit bekräftigen. Allerdings gibt es bei einigen in der Praxis wichtigen Regelungen (dem Gegendarstellungsrecht, den Fristen und den einstweiligen Verfügungen) nennenswerte Unterschiede in den Landespressegesetzen, die je nach Sitz des Verlags sich unterschiedlich auswirken. Diese können hier nicht dargestellt werden. Vielmehr werden nachstehend einige zentrale Regelungen des Presserechts in Auflistung bzw. auszugsweise anhand des PresseG/BW (Baden-Württemberg) genannt. Diese Regelungen beziehen sich nicht nur auf die Presse i.e.S. als periodische Druckwerke, sondern auf alle Publikationen, also auch Bücher (s. § 7).

§ 1 Freiheit der Presse

(1) Die Presse ist frei. Sie dient der freiheitlichen demokratischen Grundordnung.
(2) Die Freiheit der Presse unterliegt nur den Beschränkungen, die durch das Grundgesetz unmittelbar und in seinem Rahmen durch dieses Gesetz zugelassen sind.
(3) Sondermaßnahmen jeder Art, die die Pressefreiheit beeinträchtigen, sind verboten.
(4) Berufsorganisationen der Presse mit Zwangsmitgliedschaft und eine mit hoheitlicher Gewalt ausgestattete Standesgerichtsbarkeit der Presse sind unzulässig.
(5) Gesetzen, die für jedermann gelten, ist auch die Presse unterworfen.

§ 2 Zulassungsfreiheit

Die Pressetätigkeit einschließlich der Errichtung eines Verlagsunternehmens oder eines sonstigen Betriebes des Pressegewerbes darf von irgendeiner Zulassung nicht abhängig gemacht werden.

§ 3 Öffentliche Aufgabe der Presse

Die Presse erfüllt eine öffentliche Aufgabe, wenn sie in Angelegenheiten von öffentlichem Interesse Nachrichten beschafft und verbreitet, Stellung nimmt, Kritik übt oder auf andere Weise an der Meinungsbildung mitwirkt.

§ 4 Informationsrecht der Presse

(1) Die Behörden sind verpflichtet, den Vertretern der Presse die der Erfüllung ihrer öffentlichen Aufgabe dienenden Auskünfte zu erteilen.

(2) Auskünfte können verweigert werden, soweit
1. hierdurch die sachgemäße Durchführung eines schwebenden Verfahrens vereitelt, erschwert, verzögert oder gefährdet werden könnte oder
2. Vorschriften über die Geheimhaltung entgegenstehen oder
3. ein überwiegendes öffentliches oder schutzwürdiges privates Interesse verletzt würde oder
4. ihr Umfang das zumutbare Maß überschreitet.

...

§ 7 Begriffsbestimmungen

(1) Druckwerke im Sinne dieses Gesetzes sind alle mittels der Buchdruckerpresse oder eines sonstigen zur Massenherstellung geeigneten Vervielfältigungsverfahrens hergestellten und zur Verbreitung bestimmten Schriften, besprochenen Tonträgern, bildlichen Darstellungen mit und ohne Schrift, Bildträger und Musikalien mit Text oder Erläuterungen.

...

(4) Periodische Druckwerke sind Zeitungen, Zeitschriften und andere in ständiger, wenn auch unregelmäßiger Folge und im Abstand von nicht mehr als sechs Monaten erscheinende Druckwerke.

§ 8 Impressum

(1) Auf jedem im Geltungsbereich dieses Gesetzes erscheinenden Druckwerk müssen Name oder Firma und Anschrift des Druckers und des Verlegers, beim Selbstverlag des Verfassers oder des Herausgebers, genannt sein.

(2) Auf den periodischen Druckwerken sind ferner Name und Anschrift des verantwortlichen Redakteurs anzugeben. Sind mehrere Redakteure verantwortlich, so muß das Impressum die in Satz 1 geforderten Angaben für jeden von ihnen enthalten. Hierbei ist kenntlich zu machen, für welchen Teil oder sachlichen Bereich des Druckwerks jeder einzelne verantwortlich ist. Für den Anzeigenteil ist ein Verantwortlicher zu benennen; für diesen gelten die Vorschriften über den verantwortlichen Redakteur entsprechend.

...

§ 10 Kennzeichnung entgeltlicher Veröffentlichungen

Hat der Verleger eines periodischen Druckwerks oder der Verantwortliche (§ 8 Abs. 2 Satz 4) für eine Veröffentlichung ein Entgelt erhalten, gefordert oder sich versprechen lassen, so hat er diese Veröffentlichung, soweit sie nicht schon durch Anordnung und Gestaltung allgemein als Anzeige zu erkennen ist, deutlich mit dem Wort »Anzeige« zu bezeichnen.

§ 11 Gegendarstellungsanspruch

(1) Der verantwortliche Redakteur und der Verleger eines periodischen Druckwerks sind verpflichtet, eine Gegendarstellung der Person oder Stelle zum Abdruck zu bringen, die durch eine in dem Druckwerk aufgestellte Tatsachenbehauptung betroffen ist. Die Verpflichtung erstreckt sich auf alle Nebenausgaben des Druckwerks, in denen die Tatsachenbehauptung erschienen ist.

(2) Die Pflicht zum Abdruck einer Gegendarstellung besteht nicht, wenn die betroffene Person oder Stelle kein berechtigtes Interesse an der Veröffentlichung hat, wenn die Gegendarstellung ihrem Umfang nach nicht angemessen ist oder bei Anzeigen, die ausschließlich dem geschäftlichen Verkehr dienen. Überschreitet die Gegendarstellung nicht den Umfang des beanstandeten Textes, so gilt sie als angemessen. Die Gegendarstellung muß sich auf tatsächliche Angaben beschränken und darf keinen strafbaren Inhalt haben.

...

(3) Die Gegendarstellung muß in der nach Empfang der Einsendung nächstfolgenden, für den Druck nicht abgeschlossenen Nummer in dem gleichen Teil des Druckwerks und mit gleicher Schrift wie der beanstandete Text ohne Einschaltungen und Weglassungen abgedruckt werden; sie darf nicht in der Form eines Leserbriefs erscheinen.

...

§ 13 Anordnung der Beschlagnahme

(1) Die Beschlagnahme eines Druckwerks kann nur der Richter anordnen.

(2) Die Beschlagnahme darf nur angeordnet werden, wenn
   1. dringende Gründe für die Annahme vorliegen, daß das Druckwerk eingezogen oder seine Einziehung vorbehalten (§ 74 b Abs. 2 StGB) wird und
   2. in den Fällen, in denen die Einziehung einen Antrag oder eine Ermächtigung voraussetzt, dringende Gründe für die Annahme vorliegen, daß der Antrag gestellt oder die Ermächtigung erteilt wird.

(3) Die Beschlagnahme darf nicht angeordnet werden, wenn
1. der mit ihr verfolgte und erreichbare Rechtsschutz offensichtlich geringer wiegt als ein durch die Beschlagnahme gefährdetes öffentliches Interesse an unverzögerter Unterrichtung durch das Druckwerk oder
2. ohne weiteres feststeht, daß die nachteiligen Folgen der Beschlagnahme außer Verhältnis zu der Bedeutung der Sache stehen.

§ 14 Umfang der Beschlagnahme

(1) Die Anordnung der Beschlagnahme erfaßt nur die Stücke eines Druckwerks, die sich im Besitz des Verfassers, Verlegers, Herausgebers, Redakteurs, Druckers, Händlers oder anderer bei der Herstellung, Veröffentlichung oder Verbreitung mitwirkenden Personen befinden, sowie die öffentlich ausgelegten oder öffentlich angebotenen oder sonst zur Verbreitung oder Vervielfältigung bestimmten Druckstücke; die Beschlagnahme kann in der Anordnung noch weiter beschränkt werden. Die Beschlagnahme kann auf Druckformen, Platten und Matrizen oder entsprechende, den gedanklichen Inhalt der Veröffentlichung tragende Vervielfältigungsmittel ausgedehnt werden.

...

§ 15 Verbreitungsverbot für beschlagnahmte Druckwerke

Während der Dauer einer Beschlagnahme ist die Verbreitung des von ihr betroffenen Druckwerks oder der Wiederabdruck des die Beschlagnahme veranlassenden Teiles dieses Druckwerks verboten.

...

§ 17 Entschädigung für fehlerhafte Beschlagnahme

(1) War die Beschlagnahme unzulässig oder erweist sich ihre Anordnung als offensichtlich ungerechtfertigt, so ist dem durch die Beschlagnahme unmittelbar Betroffenen auf Antrag eine angemessene Entschädigung in Geld zu gewähren. Dies gilt auch, wenn die Beschlagnahmeanordnung fortbesteht, obwohl sie nach § 16 Abs. 1 aufzuheben war.

...

§ 20 Strafrechtliche Verantwortung

(1) Die Verantwortlichkeit für Straftaten, die mittels eines Druckwerkes begangen werden, bestimmt sich nach den allgemeinen Strafgesetzen.

(2) Ist mittels eines Druckwerkes eine rechtswidrige Tat begangen worden, die einen Straftatbestand verwirklicht, so wird, soweit er nicht wegen dieser Handlung schon nach Absatz 1 als Täter oder Teilnehmer strafbar ist, mit Freiheitsstrafe bis zu einem Jahr oder mit Geldstrafe bis zu 360 vollen Tagessätzen bestraft

1. bei periodischen Druckwerken der verantwortliche Redakteur, wenn er vorsätzlich oder fahrlässig seine Verpflichtung verletzt hat, Druckwerke von strafbarem Inhalt freizuhalten,
2. bei sonstigen Druckwerken der Verleger, wenn er vorsätzlich oder fahrlässig seine Aufsichtspflicht verletzt hat und die rechtswidrige Tat hierauf beruht.

§ 23 Zeugnisverweigerungsrecht und Beschlagnahmeverbot

(1) Redakteure, Journalisten, Verleger, Herausgeber, Drucker und andere, die bei der Herstellung oder Veröffentlichung eines periodischen Druckwerks berufsmäßig mitgewirkt haben, können über die Person des Verfassers, des Einsenders oder des Gewährsmanns einer Veröffentlichung dieses Druckwerks sowie über die ihnen anvertrauten, dieser Veröffentlichung zugrundeliegenden Tatsachen das Zeugnis verweigern.

(2) Das Zeugnis darf nicht verweigert werden

1. bei einer Veröffentlichung strafbaren Inhalts

...

1.2.8 Brancheninterne Wettbewerbsregeln

In vielen Branchen gibt es das Bedürfnis, über die rechtlich zwingenden Regeln gemäß Gesetz oder Rechtsprechung hinaus Verhaltensgrundsätze für den ordnungsgemäßen und fairen Geschäftsverkehr festzulegen. Das Bedürfnis dafür ist in einem mehrstufigen Verband wie dem Börsenverein, der alle drei Stufen der Branche (Hersteller, Zwischenhandel, Einzelhandel) umfasst einsichtigerweise besonders stark. In vielen Jahrzehnten haben sich daraus drei Regelwerke entwickelt:

- Verkehrsordnung für den Buchhandel → Webseite Deutscher Börsenverein des Buchhandels
- Wettbewerbsregeln des Börsenvereins des Deutschen Buchhandels
- Verhaltensgrundsätze des Buchhandels (»Spartenpapier«).

Diese Regelungen sind immer wieder entsprechend den Entwicklungen der Branche ergänzt und revidiert worden.

In aller Kürze nachstehend die entscheidenden Regelungsbereiche der drei Papiere nach gegenwärtigem Stand:

Die **Verkehrsordnung** gilt grundsätzlich subsidiär zu den Lieferbedingungen der Verlage, diese haben also im Zweifel den Vorrang. Am Beginn werden Funktionsbeschreibungen der drei Branchen und weiterer Begriffe gegeben (§1), in §2 wird die Bekanntmachungspflicht geregelt. Sehr bedeutsam sind die Bestimmungen über die Bezugsbedingungen (§3), insbesondere Rabattierung, Importpreise, Preisänderungen, Rückgabe (Remissionen) und Subskriptionspreise. §4 regelt nachträgliche Änderungen der Bezugsbedingungen durch die Verlage. In §5 wird im Einzelnen geregelt, wie Bestellungen zu behandeln sind (z.B. Lieferhindernisse, Fortsetzungen, Angaben auf den Rechnungen, Eigentumsvorbehalt u.a.). §6 behandelt detailliert das heikle Gebiet der Remissionen, §7 das Zeitschriftengeschäft, §8 die Fortsetzungswerke, §9 Neuerscheinungen und unverlangte Sendungen. Weitere Paragraphen behandeln die Sendungen (Packstücke), beschädigte und fehlerhafte Werke, Sendungen unter Vorbehalt, Parallelausgaben für Nebenmärkte, Versandwege, Versandkosten, Haftung für Sendungen, Abmahnungen und einstweilige Verfügungen, Beschlagnahmen und Rechnungsstellung.

Es sind also viele Sachverhalte geregelt, die im buchhändlerischen Alltag von erheblicher Bedeutung sind und oft Anlass zu Reibereien werden können. Da hilft die Verkehrsordnung sehr für klare Entscheidungen.

Die **Wettbewerbsregeln** betreffen nicht Einzelheiten im Geschäftsverkehr, die die Verkehrsordnung regelt, sondern Grundsatzfragen im Wettbewerb, weil ja auch Verlage (als Direktversender oder Inhaber von Buchhandlungen) mit dem Sortiment in Konkurrenz stehen. Ziff. I. behandelt Vertrieb von preisgebundenen Verlagserzeugnissen, Ziff. II. den Verkauf von Remissionsexemplaren). Sehr wichtig im Wettbewerb sind auch die (i.d.R. preisgünstigeren) Parallelausgaben (III.). Grundsätze werden auch für die Werbung, insbesondere bei reduzierten Preisen, aufgestellt (V.), als unlauter das Abwerben von Abonnenten festgestellt (VI.); ebenso als unlauter gelten Schaufenster- oder Regalmieten seitens des Buchhandels (VII.) sowie das »Anzapfen«, d.h. das Fordern von Geschenken anlässlich von Jubiläen, Umbauten etc. (VIII.).

Am grundsätzlichsten sind die Verhaltensgrundsätze des Buchhandels von 1985, das sog. **Spartenpapier**, in dem Grundsätze für ein förderliches Miteinander der Sparten i.S. einer Sicherung der Buchhandels- und Verlagsstruktur insgesamt formuliert wurden. Es versteht sich als »Orientierungshilfe für das Verhalten gegenüber den Partnern der jeweils anderen Sparten«. Dazu heißt es: »Alle Sparten des Buchhandels sollen ihre Tätigkeit so gestalten, dass Wettbewerb möglich ist, erhalten und gefördert wird.« Diese doppelte Orientierung an kulturellen bzw. ökonomischen Aufgaben bedeutet einen stetigen inneren Konflikt. Die Einflussmöglichkeiten des dreistufigen Verbandes sind aus rechtlichen ebenso wie aus faktischen Gründen recht begrenzt. So sollen u. a. die Verlage in ihrer Konditionenpolitik die kleineren Buchhandlungen nicht unbillig benachteiligen, der Zwischenbuchhandel sich als »zweiseitiges Dienstleistungsunternehmen für Sortiment und Verlag« verstehen, das Sortiment schließlich im Interesse der Literaturvielfalt eine möglichst breite Lagerhaltung (auch für Erzeugnisse kleinerer Verlage) anstreben.

1.3 Statistische Daten des Buchmarkts

Der deutsche Buchmarkt (einschließlich der buchverlagsnahen Fachzeitschriften) ist ein gesamtwirtschaftlich gesehen kleiner Bereich. Der Gesamtumsatz von rd. 10,8 Mrd. € (2004) ist ein Bruchteil dessen, was einer der großen Lebensmitteldiscounter umsetzt und deutlich weniger als der addierte Gewinn der deutschen Automobilindustrie. Hinzu kommt eine notorische Ertragsschwäche der meist relativ kleinen Verlagsunternehmen – Umsatzrenditen von mehr als 5% gelten schon als hoch befriedigend, was in den Augen internationaler Verlagskonzerne absolut inakzeptabel wäre.

Das Verlagswesen in Deutschland hat also ein insgesamt bescheidenes Volumen, ist trotz unverkennbarer Konzentrationstendenzen gekennzeichnet von Kleinteiligkeit (allein der Börsenverein des Deutschen Buchhandels hat ca. 1.800 Verlagsmitglieder, dazu kommen viele weitere) und chronischer Ertragsschwäche. Viele Verlage sind eher wie Handwerksbetriebe einzuschätzen mit 5 bis 50 Mitarbeitern und einer relativ schwach ausgeprägten inneren Gliederung.

1.3.1 Strukturzahlen des Verlagswesens

Da statistische Daten oft erst mit einiger Verzögerung zur Verfügung stehen, werden nachstehend neben aktuellen Zahlen auch einige Kennzahlen aus der Umsatzsteuerstatistik der Jahre 2002 und 2003 gebracht, deren strukturelle Aussagen ungeachtet jährlicher Veränderungen aber durchaus valide sind.

Aus dieser Tabelle ersieht man, dass die drei obersten Umsatzklassen, d.h. 148 Betriebe (=5,8% der 2.710 von der Statistik erfassten Betriebe) 83% des Umsatzes auf sich vereinigen; allein die oberste Umsatzklasse erwirtschaftet nahezu 60% des Branchenumsatzes. Umgekehrt sieht es von unten her aus: Selbst

Umsatz-größenklasse in €	Buchverlage (inkl. Adressbücher) 2005		
	Zahl der Untern.	Umsatz der Größenklasse in T€	Anteil in %
17.500 – 50.000	578	18.534	0,2
50.000 – 100.000	424	30.255	0,3
100.000 – 250.000	580	94.347	0,9
250.000 – 500.000	363	131.723	1,2
500.000 – 1 Mio	264	189.077	1,8
1 Mio – 2 Mio	205	301.964	2,8
2 Mio – 5 Mio	185	577.846	5,4
5 Mio – 10 Mio	73	517.307	4,8
10 Mio – 25 Mio	76	1.156.430	10,8
25 Mio – 50 Mio	36	1.253.859	11,7
50 Mio und mehr	28	6.435.141	60,1
Insgesamt	2.812	10.706.482	100,0

Quelle: Umsatzsteuerstatistik 2005 (Stat. Bundesamt)

wenn man nur die drei Größenklassen oberhalb 100.000 € Jahresumsatz zusammenfasst, weil darunter liegende Verlage ja kaum »Vollerwerbsbetriebe«, sondern eher Liebhaberbeschäftigungen sein werden, erreichen 1.157 Verlage (Umsätze zwischen 100.000 und 1 Mio €) einen Umsatzanteil von 3,7%, während sie knapp 43% der Verlagsunternehmern repräsentieren. Der hohen Zersplitterung der Verlage in kleine und kleinste Unternehmen steht also eine hohe Konzentration der Umsätze auf die mittleren und großen Verlage gegenüber – eine Entwicklung, die auch weiterhin voranschreitet: Dennoch finden stetig Neugründungen statt, die ökonomische Eintrittsschwelle zu einer Verlagsgründung ist eben recht niedrig, wenige Zehntausend Euro reichen zum Start. So verzeichnete der Börsenverein auch bei saldiert leichtem Rückgang der Zahl der Mitgliedsverlage 90 Neuaufnahmen auch 2004.

Aufschlussreich für die Kleinteiligkeit der Buchbranche ist der Vergleich der Mitgliederzahlen der drei großen Verlegerverbände. Es haben:

Börsenverein des Deutschen Buchhandels ca.	1777 Verlagsmitglieder*
Verband Deutscher Zeitschriftenverleger (VDZ)	400 Verlagsmitglieder
Bundesverband der Deutschen Zeitungsverleger (BDZV)	keine Angabe (wohl unter 100)

* Es sind also bei weitem nicht alle von der Umsatzsteuerstatistik erfassten Verlage (siehe vorige Tabelle) auch Mitglieder des Börsenvereins.

Alle drei Verbände repräsentieren je ein Umsatzvolumen von gut 10-12 Mrd. €. Aus den jeweiligen Mitgliedszahlen folgt, dass der Durchschnittsumsatz der Mitgliedsfirmen dieser drei Verbände sehr unterschiedlich ist. Auch die Sachprobleme sind recht verschiedener Natur, so dass die drei Verbände ein relativ eigenständiges Leben führen. Zwischen dem Börsenverein und dem VDZ gibt es im Bereich Fachzeitschriften eine Kooperation »Deutsche Fachpresse«, da viele Zeitschriftenverlage nur im Börsenverein Mitglieder sind, die großen Fachzeitschriftenverlage aber teils nur im VDZ.

Schließlich ist auf die sehr ungleiche regionale Verteilung des Verlagswesens in Deutschland hinzuweisen: Zieht man eine Diagonale von Münster bis München, so findet sich unterhalb dieser Linie, also in West- und Süddeutschland der weit überwiegende Anteil der Verlage, nur Hamburg und Berlin sind im Norden bzw. Osten als wichtige Verlagsstädte zu bezeichnen.

Die vier Bundesländer Bayern, Baden-Württemberg, Nordrhein-Westfalen und Hessen vereinigen auf sich 72,5% der deutschen Titelproduktion; nach Verlagsstädten ist im Jahr 2006 die Reihenfolge der führenden 8 Orte folgende:

Rang	Ort	Titelzahl	Verlage*
1 (1)	Berlin	9.005 (10.868)	151
2 (2)	München	8.852 (8.777)	155
3 (4)	Stuttgart	4.709 (4.174)	89
4 (3)	Frankfurt	4.028 (4.461)	70
5 (6)	Hamburg	3.292 (3.031)	83
6 (5)	Köln	2.436 (3.089)	76
7 (7)	Münster, Westf.	1.929 (1.880)	26
8	Freiburg i. Br.	1.754	17

(in Klammern: Stand 2004, aus Buch und Buchhandel in Zahlen 2007)

* nur Verbandsmitglieder

Titelproduktion (Erstauflagen) nach Landesverbänden 2002

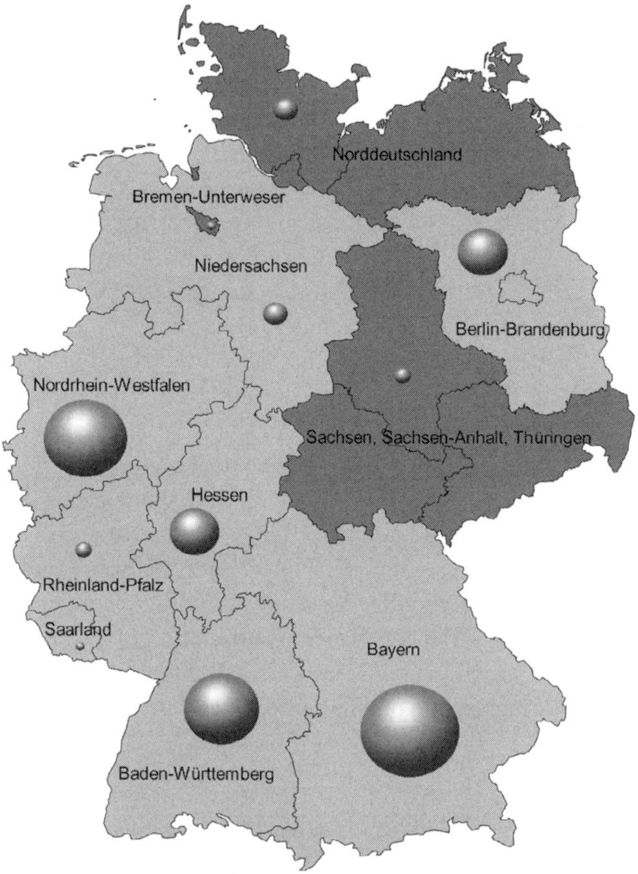

Landesverband	Anteil
Baden-Württemberg	17,1%
Bayern	23,4%
Berlin-Brandenburg	12,4%
Bremen-Unterweser	0,4%
Hessen	12,7%
Niedersachsen	5,2%
Norddeutschland	5,7%
Nordrhein-Westfalen	19,3%
Rheinland-Pfalz	1,3%
Saarland	0,3%
Sachsen, Sachsen-Anhalt, Thüringen	2,3%

Quelle: Deutsche Nationalbibliographie, VLB 2002
Berechnungen: Börsenverein des Deutschen Buchhandels e.V.

KUEHN
© KUEHN EDV-Dienstleistungen
info@kuehnedv.de

Abb. 1.2: Regionale Verteilung der Buchproduktion in Deutschland

Damit ist Berlin (allerdings aufgrund einer veränderten Erfassungsmethode) nach Titelzahl nach langen Jahren der Vorherrschaft Münchens auf den ersten Rang geklettert, aber München bleibt mit den Verlagen gleichauf.

Rund 38% der gesamten Titelproduktion erscheinen in den 10 größten Städten – das weist auf eine hohe Streuung in den Regionen hin. In Frankreich oder England würde sich ein noch viel höherer Konzentrationsgrad auf die größten Verlagsstädte erweisen.

1.3.2 Titelproduktion in Deutschland

Titelproduktion 1986-2006				
Jahr	Titel insgesamt	Erst-auflage	Neu-auflage	Erstauflage: Neuauflage
1986	63.679	50.219	13.460	79:21
1987	65.680	48.366	17.314	74:26
1988	68.611	50.786	17.825	74:26
1989	65.980	48.370	17.610	73:27
1990	61.015	44.779	16.236	73:27
1991*	67.890	48.879	19.011	72:28
1992*	67.277	48.836	18.441	73:27
1993	67.206	49.096	18.110	73:27
1994	70.643	52.767	17.876	75:25
1995	74.174	53.359	20.815	72:28
1996	71.515	53.793	17.722	75:25
1997	77.889	57.680	20.209	74:26
1998	78.042	57.678	20.364	74:26
1999	80.779	60.819	19.960	75:25
2000	82.936	63.021	19.915	76:24
2001*	85.088	64.618	20.470	76:24
2002	78.896	59.916	18.980	76:24
2003	80.971	61.538	19.433	76:24
2004	86.543	keine vergleichbaren Angaben verfügbar		
2005	89.869	keine vergleichbaren Angaben verfügbar		
2006	94.716	keine vergleichbaren Angaben verfügbar		
* ab 2001 zusätzliche Datenquelle VLB, ab 2004 erweiterte Datenbasis (auch Nicht-Verlagsproduktion) Quelle: Deutsche Nationalbibliographie Berechnungen: Börsenverein des Deutschen Buchhandels e.V.				

Buch und Buchhandel in Zahlen 2007

Die Vielfalt der deutschen Verlagswelt hat eine kulturell höchst erwünschte Konsequenz, die aber ökonomisch sowohl für die Verlage wie auch den vertreibenden Buchhandel eine große Bürde bedeutet: Deutschland hat, gerechnet auf seine Einwohnerzahl, eine ganz außerordentlich hohe Zahl von Neuerscheinungen/Neuauflagen und liegt mit durchschnittlich rd. 80.000 p.a. relativ deutlich vor USA, Russland, Frankreich, China – übertroffen nur von Großbritannien. Der Anstieg in den letzten 20 Jahren ist unübersehbar.

Diese Titel teilen sich nach Wissensbereichen wie folgt auf:

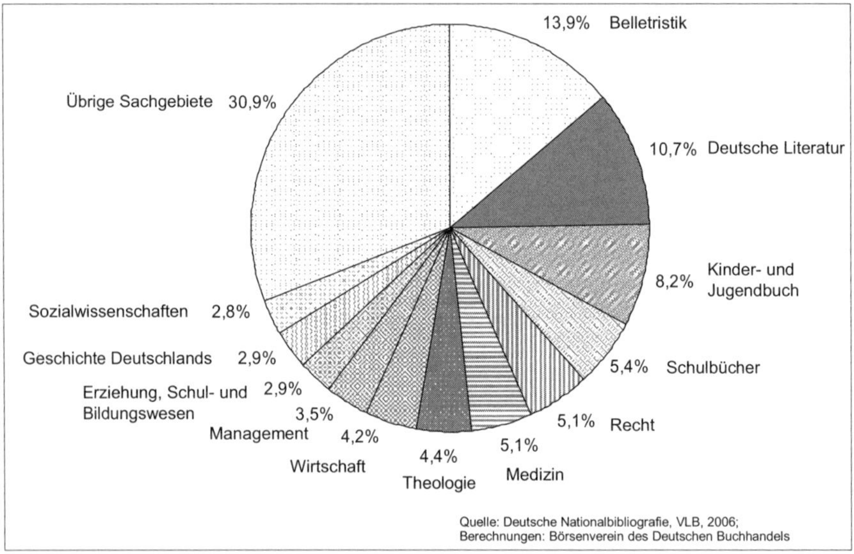

Abb. 1.3: Titelproduktion (Erstauflagen) nach Sachgruppen 2006

Diese Aufgliederung nach den Gruppen der Deutschen Nationalbibliographie gibt die Anteile nach *Titeln* wieder. Die übliche Warengruppengliederung im Buchhandel, aus der sich Umsatzrelationen ableiten lassen, lässt sich damit nicht abgleichen, weil dort fachliche Zuordnung und Gruppierung nach Buchtyp (Taschenbuch, Fortsetzungen) vermischt sind. Insgesamt haben die Fach- und Wissenschaftsverlag einen Anteil an den Erstauflagen (2005) von 39%. 42% aller Mitgliedsverlage des Börsenvereins sind diesem Bereich zuzuordnen sowie 61% aller Verlagsmitarbeiter. Letzteres liegt sicher wesentlich daran, dass in diesen Verlagen auch viele Zeitschriften betreut werden. Obwohl also nur Bücher umfassend, gibt die *Umsatz*anteilsermittlung nach Warengruppen in der nachfolgenden Abbildung doch wichtige Einblicke in die Marktgegebenheiten. So haben etwa Schulbücher mit ihren relativ lang laufenden Titeln einen höheren Umsatzanteil als den bei den jährlichen Neuerscheinungen. Auch muss bedacht werden, dass es in bestimmten Bereichen (etwa Recht und Medizin) ein nicht unerhebliches Direktgeschäft der Verlage gibt. Der Anteil der Vertriebswege ist aus nachstehendem Diagramm ersichtlich:

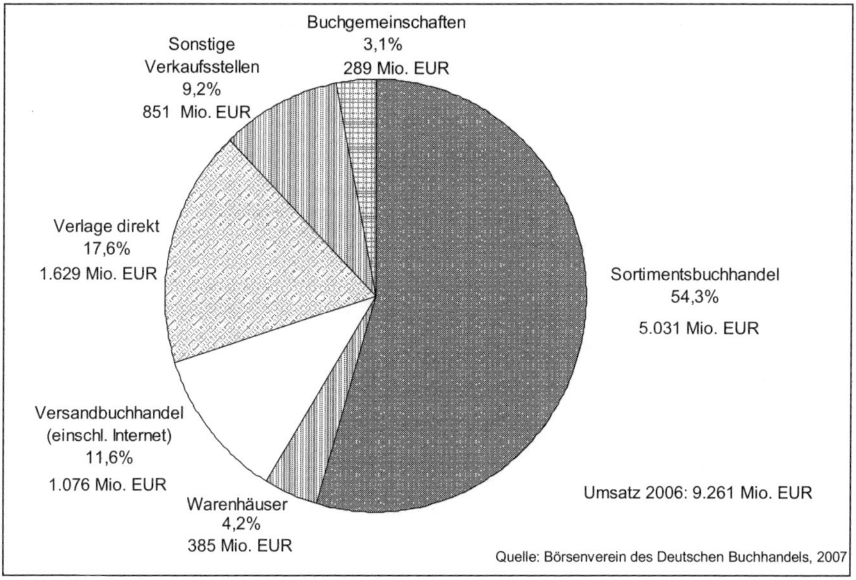

Abb. 1.4: Geschätzte Umsätze buchhändlerischer Betriebe zu Endverbraucherpreisen 2006

Was die Preisentwicklung betrifft, haben sich die Buchpreise eindeutig unterproportional zur Entwicklung der allgemeinen Lebenshaltungskosten bewegt, in 20 Jahren ist der durchschnittliche Buchpreis um 64% gestiegen, in den letzten 10 Jahren nur um 7,4%! Seit vier Jahren sinkt er sogar.

Ladenpreisentwicklung von 1987 bis 2006 [1)]

1987	10,76 €	+5,3 %	1997	14,57 €	+1,3 %
1988	11,35 €	+5,4 %	1998	14,76 €	+1,3 %
1989	11,97 €	+5,5 %	1999	14,85 €	+0,6 %
1990	11,92 €	-0,5 %	2000	15,12 €	+1,8 %
1991	12,35 €	+3,6 %	2001	15,36 €	+1,6 %
1992	13,07 €	+5,9 %	2002	15,62 €	+1,7 %
1993	13,47 €	+3,0 %	2003	15,52 €	-0,6 %
1994	13,94 €	+3,5 %	2004	15,22 €	-1,9 %
1995	14,17 €	+1,6 %	2005	15,01 €	-1,4 %
1996	14,39 €	+1,5 %	2006	14,86 €	-1,0 %

1) Ermittelt auf der Grundlage der Ladenpreise aller verkauften Bücher
Quelle: Koch Neff Volckmar

Die Preissteigerung von 1991 auf 2005 liegt mit 23% deutlich unter der der allgemeinen Lebenshaltungskosten für den gleichen Zeitraum (33.2%). Eine Preisstatistik der beim Barsortiment KNV geführten, also der gängigen Titel ergibt ein noch günstigeres Bild: demgemäß ist der Durchschnittsladenpreis 2006 mit € 14,86 nahezu unverändert gegenüber dem von 1997 (€ 14,57). Bücher sind eindeutig relativ billiger geworden angesichts einer Steigerung des Verbraucherpreisindex seit 1995 auf 118%.

Diese günstige Entwicklung des Durchschnittspreises liegt nicht zuletzt an der hohen Taschenbuchproduktion: 2005 haben allein die zwölf größten Taschenbuchverlage 4.000 Titel veröffentlicht, wozu eine sehr beträchtliche Backlist tritt.

1.3.3 Vertriebswege/Konzentration im Handel (s. a. 4.2.4)

Die Gewichtung der Vertriebswege hat in letzter Zeit deutliche Veränderungen erfahren: durch Großversender im Internet (amazon u.a.) oder im klassischen Kataloggeschäft (Weltbild) ist der Umsatzanteil des Sortiments sinkend, noch stärker sinkt der der kleineren und mittelgroßen selbständigen Sortimente (s. Abb. 1.7 auf S. 66). Das Gesamtvolumen des stationären Buchhandels wird auf 6 Mrd. Euro geschätzt (s. Abb. 1.3, S. 51).

Die 10 größten Buchhandelsunternehmen*)

	Umsatz 2006 in Mio €	Umsatz 2005 in Mio €
amazon.de[1)]	720	600
DBH	674,6	—
Thalia Holding	640	514,7
Weltbild[2)]	520	507
Club Bertelsmann	315	325
Schweitzer Sortiment	135	135
Mayersche	125	115
Karstadt	98	106
Kaufhof	80	82,5
Zusammen	**3.308 Mio €**	**2.385,2 Mio. €**

z.T. geschätzt, da Zahlen nicht ausgewiesen werden bzw. noch nicht vorliegen.

[1)] nur Medienartikel; [2)]ohne Versandhandel u. Internet Quelle: buchreport

*) Zahl der Filialen s. S. 65

Die Tabelle erweist einen Marktanteil der top 10 von deutlich mehr als der Hälfte und ein Wachstum von fast 40% in einem einzigen Jahr! Da der Gesamtmarkt in diesem Zeitraum nur minimal gewachsen ist, bedeutet dies, dass das Wachstum der top 10 ausschließlich durch Übernahme von Konkurrenten bzw. Verdrängung kleinerer Firmen aus dem Markt erzielt wurde.

Die Warenpräsenz der Bücher insgesamt in den 1a-Innenstadtlagen und den großen Einkaufszentren ist durch die planvolle Positionierungsstrategie der Filialisten deutlich gestiegen. Auch erhält der Kunde in Buchhandlungen mit über 100.000 Titeln im Laden einen tieferen Kontakt zu vielen Titel – inwieweit die Beratungsqualität der kleineren Sortimente überlegen ist oder nicht, sei dahingestellt.

Die Abhängigkeit der Verlage vom Vertrieb im Ladengeschäft ist in verschiedenen Produktbereichen sehr unterschiedlich: Fachzeitschriften- und Loseblattverlage haben oft einen sehr hohen Anteil von Direktvertrieb und Buchhandelsanteile von z. T. weniger als 10%. Für diese Verlage sind die Veränderungen in der Sortimentslandschaft weniger wichtig als für Publikumsverlage mit unterhaltender Literatur oder Sachbüchern, bei denen die Warenpräsenz im Laden eine entscheidende Rolle spielt. Für diese Verlage machen sich etwaiges restriktives Einkaufsverhalten der Filialisten oder mangelnde Dispositionsfähigkeit kleiner unter Existenznot stehender Sortimenter gravierend bemerklich. Auf diese Zusammenhänge wird im Kapitel 4 Marketing im Abschnitt Push- und Pull-Markt näher eingegangen.

Längerfristig wird neben der Konzentration der Umsätze auf die Filialisten die Entwicklung der digitalen Märkte entscheidend für die Entwicklung im Sortiment sein: sowohl die des Internet als Bestellweg für Endkunden für physische Produkte, wie – langfristig sicher noch gewichtiger – die der Märkte für digitale Inhalte im Netz. Insoweit diese gedruckte Bücher und Zeitschriften substitutieren, ergibt sich eine weitere Schwächung des Vertriebswegs stationärer Buchhandel – eine Entwicklung, die den Interessen vieler Verlage entgegenliefe.

Der Umsatzanteil des Sortiments ist über längere Sicht stetig in kleinen Schritten gesunken, der des Versandbuchhandels und der Verlage deutlich gestiegen (siehe auch S. 65f.).

Eine weitere Verschiebung der Umsätze findet des Weiteren innerhalb des Buchhandels statt: durch das stetige überproportionale Wachstum der großen Buchhandelsketten, sowohl durch inneres Wachstum wie durch Zukäufe, erhöht sich deren Umsatzanteil permanent. Mittlerweile liegt er (2006) mit rund 1,5 Mrd. € schon über 15%, hinzu kommt ein Anteil von ca. 400 Mio für die Internet-Buchhändler, die ebenfalls (nicht nur amazon) als große Buchhandelsunternehmen zu charakterisieren sind. Also nicht nur im Verlagsbereich, auch im vertreibenden Buchhandel ist eine deutliche Konzentration zu beobachten (s.a. Kap. 1.4.2). Diese Ballung von Nachfrage-/Einkaufsmacht ist insbesondere für die kleineren Verlage ein Problem: vom faktischen delisting, d.h. der Nichtaufnahme ihrer Produktion bis zur Tendenz steigender Rabattforderungen.

Die Kleinen haben es schwer: im Buchhandel, im Verlag und damit letztendlich auch die »kleinen«, d.h. noch wenig bekannten Autoren. Selbst im Fach- und Wissenschaftsbereich haben mehr als 2/3 der Verlage einen Umsatz von weniger als 1 Million €. Diese sind oft das Markteintrittstor für neue Autoren. Wenn diesen aber die Vermarktungschancen vielfach wegbrechen wegen des normierten Einkaufsverhaltens der großen Ketten, der von den Barsortimenten geschnürten »Standardpakete« und der Einkaufszurückhaltung der unter schweren ökonomischen Druck geratenen kleinen, unabhängigen Sortimenter, entsteht ein offensichtliches Problem: Die Vielfalt des Angebots, bisher in Deutschland noch vorbildlich, gerät in Gefahr.

Auch im Vergleich der Warengruppen gibt es nennenswerte Verschiebungen: Das Taschenbuch hat zu Lasten der Normalausgaben in dieser Kategorie deutlichen Zuwachs zu verzeichnen, die Taschenbuchproduktion ist 2006 weiter angestiegen auf 13.208 Titel, davon kamen allein gut 1.600 von einem Anbieter (Goldmann/btb/Heyne u.a.). Fachbuch/Schulbuch sind nahezu stabil. Zeitschriften werden aber zu sehr großen Teilen (sowohl bei den Publikums- wie den Fach- und wissenschaftlichen Zeitschriften) nicht über das Sortiment verkauft und haben, noch wichtiger, z.T. sehr hohe Exportanteile, die hier nicht erfasst werden.

1.3.4 Tendenzen im Freizeitverhalten

Eine entscheidende Rolle für die Buchbranche spielen die von ihr oft als wenig verheißungsvoll angesehenen Perspektiven in der Medienkonkurrenz und dem generellen Freizeitverhalten. Aber immer noch gilt »Bücher lesen« als hochrangige Freizeitbeschäftigung (Rang 8 noch vor dem »Zeitschriften lesen«). Immerhin belegen Zeitungen, Bücher und Zeitschriften alle drei einen Rang unter den 10 beliebtesten Freizeitbeschäftigungen:

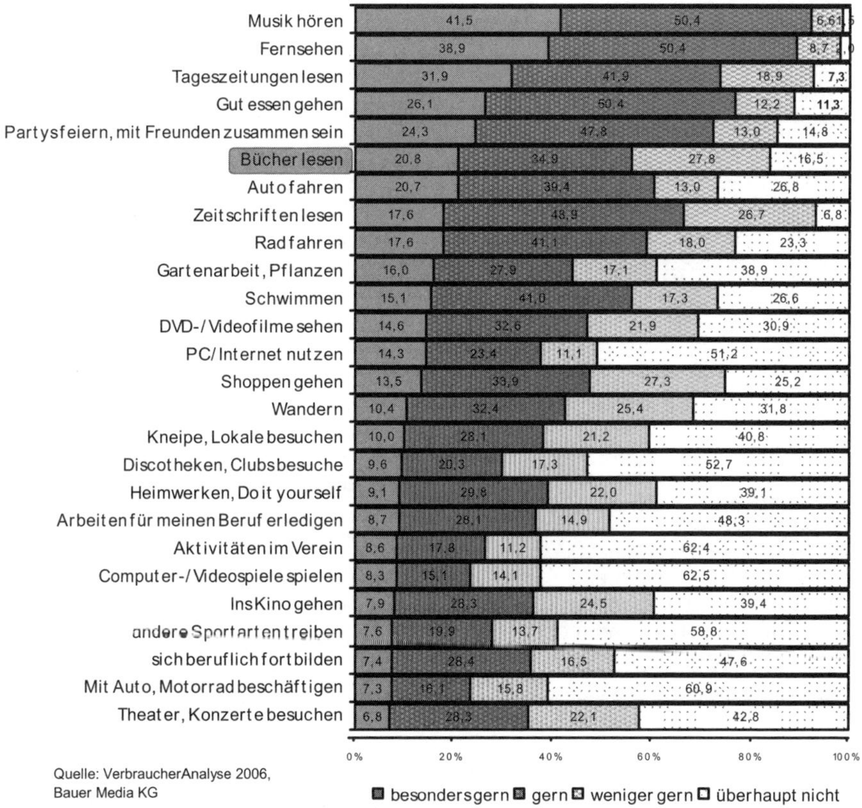

Abb. 1.5: Beliebtheit von Freizeitbeschäftigungen 2006 (Angaben in Prozent)

Leseverhalten (Stand 2006) (Angaben in Prozent)			
	täglich / mehrmals in der Woche	etwa einmal pro Woche / alle 14 Tage	ungefähr einmal im Monat / seltener
Geschlecht			
Frauen	46	19	35
Männer	29	18	53
Alter			
14-19 Jahre	45	15	40
20-29 Jahre	36	19	45
30-39 Jahre	34	20	46
40-49 Jahre	38	19	43
50-59 Jahre	37	19	44
60-69 Jahre	38	20	42
70 Jahre und älter	41	14	45
Schulbildung			
Volks-/Hauptschule	26	16	58
Mittelschule	39	21	40
Abitur/Studium	60	20	20
Haushaltsnettoeinkommen			
Bis 1.000 EUR	34	15	51
1.000-1.500 EUR	35	16	49
1.500-2.000 EUR	34	18	48
2.000-2.500 EUR	37	19	44
2.500-3.500 EUR	39	21	40
3.500 EUR und mehr	47	20	33
Berufstätigkeit			
Schüler, Student	58	16	26
Vollzeit berufstätig	30	20	50
Teilzeit berufstätig	46	19	35
Ohne Berufstätigkeit	41	17	42
Rentner/Ruhestand	40	17	43
Wohnortgröße			
unter 5.000 Einwohner	34	18	48
5.000-20.000 Einwohner	36	19	45
20.000-100.000 Einwohner	38	18	44
100.000 Einwohner und mehr	42	19	39
Gesamtdurchschnitt	**38**	**18**	**44**
Lesebeispiel: 46% der Frauen nutzen täglich Bücher		Quelle: Allensbacher Markt-Analyse Werbeträger-Analyse 2006	

Auch im Zeitvergleich über die Jahre hat sich bislang Lesen und dabei auch Bücherlesen nahezu unverändert gehalten: Wenn man »besonders gern« und »gern« zusammenfasst, ist diese Gruppe gegen 1995 sogar leicht gestiegen und die Prozentzahl der Nichtleser von 17,1 auf 16,0 gefallen. Der Buchmarkt darf also insgesamt als einigermaßen stabil eingeschätzt werden. Dabei legt die Untersuchung aus Allensbach eindrückliche, wenn auch nicht überraschende, soziografische Unterschiede hinsichtlich Geschlecht, Alter, Bildung und Einkommen dar.

Ein weiteres positives Faktum ist die heute viel bewusstere Selbsteinordnung der Konsumenten in Lebensstile und deren Auffächerung sowie patchworkartige Rekombinationsmöglichkeiten. Daraus ergeben sich ganz neue Ansprachemöglichkeiten für recht spezifische Zielgruppen, die viele Chancen für eine marktgerechte Programmpolitik bieten. Eine Andeutung über die (noch viel weitergehend denkbare) Auffächerung der Konsumenteninteressen gibt die nachfolgende Abbildung mit den bekannten Eurostyles:

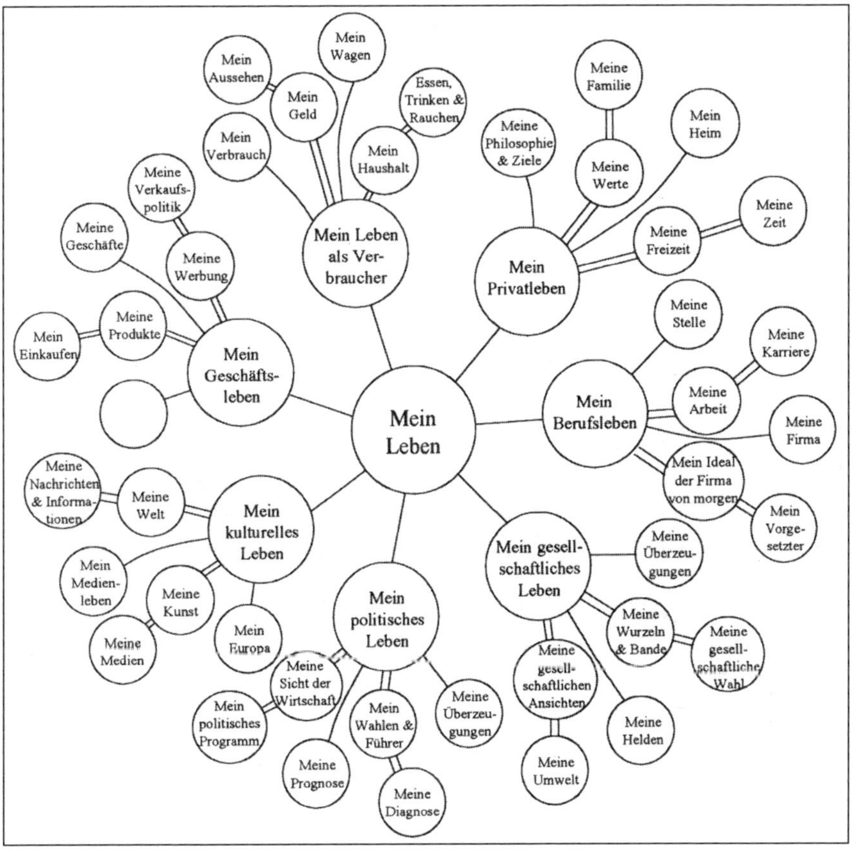

Abb. 1.6: Datenkranz zur Entwicklung der Eurostyles
(aus P. Hammann, B. Erichson, Marktforschung, 4. A. 2000)

1.3.5 Außenhandel/Lizenzen

Ein letzter statistischer Blick sei auf den Außenhandel der Verlage geworfen: Grundsätzlich steht es hier in der Buchbranche wie in allen anderen Wirtschaftsbereichen auch: Beim Export physischer Produkte erzielte Deutschland einen erheblichen Exportüberschuss (der allerdings in den letzten Jahren nicht mehr gewachsen ist), während bei den Lizenzen ein deutliches Defizit besteht.

Außenhandel der Bundesrepublik Deutschland mit Gegenständen des Buchhandels 1995-2005 (in 1.000 EUR)		
	Einfuhr	**Ausfuhr**
1995	617.841	1.539.762
2000	1.023.121	1.825.435
2004	1.014.802	2.082.887
2005	992.335	2.374.227

Buch und Buchhandel in Zahlen 2007

Wenn man den Export in die beiden deutschsprachigen Nachbarländer Österreich und die Schweiz ausklammert, nimmt sich der Außenhandel mit deutschen Büchern und Zeitschriften eher dürftig aus, und das noch stärker, wenn man den hohen Exportanteil englischsprachiger Bücher und Zeitschriften aus deutschen Wissenschaftsverlagen in das nicht deutschsprachige Ausland in Rechnung stellt: Deutschsprachige Bücher und Zeitschriften haben im nicht deutschsprachigen Ausland einen schweren Stand, der sich eher noch weiter verschlechtert.

Bei den **Lizenzen** fällt die völlige Asymmetrie von Einkauf und Verkauf ins Auge: Zwei Drittel der ins Deutsche übersetzten Bücher stammen aus dem Englischen, nennenswerte Anteile haben darüber hinaus nur die westeuropäischen Sprachen. Insgesamt ist der Anteil der »sonstigen Sprachen« auf rund ein Drittel aller Übersetzungen gestiegen, es gibt also weiterhin Vielfalt. Im Jahr 2004 erschienen in Deutschland 5.400 Übersetzungen aus fremden Sprachen.

Die 10 wichtigsten Sprachen für Übersetzungen ins Deutsche 1996/2006				
Rang	**1996**	**%**	**2006**	**%**
1	Englisch	74,4	Englisch	65,6
2	Französisch	9,1	Französisch	10,0
3	Italienisch	2,7	Italienisch	2,8
4	Niederländisch	2,6	Niederländisch	2,8
5	Spanisch	1,5	Schwedisch	2,4
6	Russisch	1,5	Spanisch	1,8
7	Schwedisch	1,2	Russisch	1,5
8	Latein	1,1	Norwegisch	0,9
9	Dänisch	0,7	Japanisch	0,9
10	Polnisch	0,6	übrige Sprachen	11,3

Buch und Buchhandel in Zahlen 2007

Geradezu umgekehrt ist die Rangfolge beim Lizenzverkauf durch deutsche Verlage: Hier dominieren Asien und die kleineren Länder als Lizenzeinkäufer mit bemerkenswerten Verschiebungen in den letzten zehn Jahren. Die großen Länder des Westens verlieren deutlich an Bedeutung.

Die 10 wichtigsten Sprachen für die Lizenzvergabe ins Ausland 1994/2006		
Rang	1994	2006
1	Spanisch	Polnisch
2	Englisch	Tschechisch
3	Polnisch	Englisch
4	Französisch	Chinesisch
5	Italienisch	Französisch
6	Niederländisch	Spanisch
7	Tschechisch	Koreanisch
8	Japanisch	Italienisch
9	Ungarisch	Ungarisch
10	Russisch	Russisch

Buch und Buchhandel in Zahlen 2007

1.4 Markttendenzen

Der Begriff Tendenz weist in die Zukunft, er scheint also etwas mit Prophetie zu tun zu haben oder mindestens mit dem Raunen der Gurus über »Megatrends«. Das vielleicht prominenteste Beispiel für eine solche völlig falsche, bei ihrer Verkündung aber je nach Temperament frenetisch oder panisch aufgenommene Vorhersage war Marshall McLuhans Prognose vom Tod des Buches (1962). Derartigen Tendenzbeschreibungen soll in diesem Abschnitt nicht nachgegangen werden, vielmehr geht es um einen sehr knappen Überblick über die Tendenzen in den letzten zwei Jahrzehnten und allenfalls behutsame Vermutungen über deren Extrapolation für die nächsten Jahre (s. a. Kap. 6.6).

1.4.1 Medienkonkurrenz

Die Vielfalt des Medienangebots ist in den letzten Jahrzehnten enorm gestiegen, nicht nur in der Titelzahl von Büchern und Zeitschriften, sondern auch in der Zahl der Hörfunkfrequenzen, der Fernsehkanäle, der Offline-Produkte (Videokassetten, DVDs usw.), des Internet sowie dem performativen Angebot in Konzerten, Theatern, Stadtevents u.s.w. Wäre nicht das Freizeitbudget in den letzten 20 Jahren ebenfalls um mehr als 50% gestiegen, wäre die Konkurrenz der Anbieter um den Medienkonsumenten noch viel härter und total vom Verdrängungswettbewerb geprägt. Dabei geht es stets um einen doppelten Wettbewerb:

- Konkurrenz um das Medienbudget in €
- Konkurrenz um das Zeitbudget

Während Ersteres durch Preispolitik der Anbieter und wachsende Einkommen noch Spielräume gewährt, ist das Zeitbudget viel rigider und schwerer zu beeinflussen. Die (wachsende) Zeit, die viele Verbraucher für Sport (modisch gesprochen »outdoor activities«), Reisen, Kneipengehen u.s.w. verbrauchen, fehlt denselben Verbrauchern für den Medienkonsum. Mehr Geld ausgeben ist oft nicht das Problem, sondern vielmehr die nicht vermehrbare Zeit.

Dieses Ringen der Anbieter um die deutlich gewachsene Gesamt-Zeit der Mediennutzer wird in der nachfolgenden Tabelle deutlich:

Entwicklung der Mediennutzung in Deutschland in Minuten pro Tag, 1980-2005

	1980	1985	1990	1995	2000	2005
Gesamt	346	351	380	393	502	600
Fernsehen	125	121	135	158	185	220
Hörfunk	135	154	170	162	206	221
Tageszeitung	38	33	28	30	30	28
Zeitschriften	11	10	11	11	10	12
Bücher	22	17	18	15	18	25
CD/LP/MC/MP3	15	14	14	14	36	45
Video/DVD	–	2	4	3	4	5
Internet	–	–	–	–	13	44

Basis: BRD gesamt[1], Mo-So[2], 5.00-24.00 Uhr, Pers. ab 14 J., in Min./Tag (brutto)

1) Bis 1990 nur alte Bundesländer

2) Der Sonntag wurde erst ab 1990 in die Erhebung aufgenommen.

(Quelle: van Eimeren und Ridder 2005: 501, nach B. Renner 2006)

Bücher und Zeitschriften sind bescheidene Gewinner, die großen Zuwächse (seit 1980 insgesamt 173%!) liegen bei den gesendeten Medien und dem Internet.

Die wachsende Unwilligkeit (Unfähigkeit?) vieler Medienkonsumenten, längere Zeit und Aufmerksamkeit einem Medium zuzuwenden, hat bei Hörfunk, Fernsehen und Zeitschriftenmachern einen Trend zu immer kleineren Einheiten ausgelöst: Die sog. »Formate« der Sender schrumpfen von 45 auf 30 Minuten, das Nachrichtenmagazin *Focus* hat mit seiner Kleinteiligkeit den *Spiegel* überflügelt. Ähnlich werden die Reiseführer immer kürzer und enthalten mehr Bilder zulasten der Texte, mittellange Erzählungen werden als Romane verkauft und bei Hochschullehrbüchern bahnt sich eine Tendenz zu handlichen kleinen Lerneinheiten an: Didaktik und komfortable Präsentation gewinnen das Übergewicht. Aber die Reaktionsmöglichkeiten der Büchermacher diesbezüglich sind begrenzt, ein Buch bleibt eben der ungeliebte »Ganztext«, der Konzentration und langen Atem verlangt. M.E. liegt in diesen Tendenzen sowie der in Kap. 6.6 behandelten Hinwendung zu elektronischen anstatt gedruckten Informationsquellen der gefährlichste Aspekt der Medienkonkurrenz, viel grundsätzlicher in seinem Gefährdungspotenzial als der Wettbewerb um Geld und Zeit. Werden die Bücher dauerhaft das Lebensgefühl der Konsumenten (beim Freizeitlesen) bzw. der Fachnutzer beim beruflichen Wissenserwerb befriedigen können gegenüber dem vermeintlichen Komfort der alternativen Medienangebote? Auf diesem Feld wird die entscheidende Schlacht zu schlagen sein.

Ein wichtiges Stichwort muss in diesem Zusammenhang aber auch bedacht werden: Es gibt nicht nur die Medienkonkurrenz, sondern auch das Phänomen der Medienkomplementarität, d.h. dass die Mehrnutzung neuer Medienformen auch positive Auswirkungen auf die alten Medien haben kann: So hat die Schallplatte nicht den Konzertbetrieb zerstört, sondern dieser hat seither damals überhaupt nicht erahnbare Höhenflüge getan. Ähnlich war es bei den »neuen« Medien Film (vs. Theater) oder Fernsehen (vs. Film). Insgesamt ist der Medienkonsum in den letzten 100 Jahren derart explodiert, dass die Medien insgesamt zu einer gesamtwirtschaftlich hoch bedeutsamen Branche herangewachsen sind. Unter solchen Aspekten ist die Medienkonkurrenz dann wieder gelassener zu betrachten.

1.4.2 Konzentrationsbewegungen

Wie im vorangegangenen Abschnitt statistisch belegt, beobachten wir ganz analog zu der Entwicklung in der Gesamtwirtschaft auch bei Verlagen und Buchhandlungen eine starke Konzentration, die insbesondere im Handelsbereich eine dramatische Entwicklung nimmt. Daher noch einmal zwei komprimierte Übersichten:

Mitglieder des Börsenvereins		
	1993	**2007**
Herstellender Buchhandel	2.092	1.777
Verbreitender Buchhandel	4.236	4.208
Zwischenbuchhandel	77	81

Quelle: Buch und Buchhandel in Zahlen 1994 und 2007

Die Zahl der Verlage ist in 14 Jahren um mehr als 15% gesunken. Gleichzeitig ist der Umsatzanteil der mittelgroßen und großen Verlage entscheidend gestiegen wie die nachstehende Tabelle zeigt:

Anteil der Buchverlage mit mehr als 10 Mio €* Umsatz am Gesamtumsatz mit Büchern

1982		1994		2005	
Firmen	%	Firmen	%	Firmen	%
54	54%	94	68%	140	83%

* Vor der EURO-Umstellung liegt die Größenklassengrenze etwas höher, nämlich bei 25,0 Mio DM (= 12,5 Mio €)

Quelle: Buch und Buchhandel in Zahlen 2007

Die Zahl der umsatzstarken Firmen hat also durch Fusionen und Aufkäufe deutlich zugenommen, der Anteil, der auf die kleineren Umsatzklassen entfällt, ist krass von 46% auf 17% abgesunken. Diese 17% verteilten sich auf 2.672 Firmen, d.h. 95% der existierenden Firmen. Selbst wenn man die »Verlage« mit Umsätzen unter 100.000 € ausklammert, weil es sich dabei wohl kaum um Wirtschaftsbetriebe handelt, sind es immer noch 1.670 Verlage gewesen, die 16% des Gesamtkuchens unter sich aufteilen mussten. Der Anteil der Kleinstverlage liegt insgesamt im 1%-Bereich, obwohl nicht wenige von ihnen inhaltlich sehr innovativ und somit sehr wichtig sind. Diese Zahlen weisen auf gewaltige Strukturunterschiede im Verlagswesen hin: vom Liebhaber-Nebenbetrieb über handwerksähnlich betriebene Mittelstandsunternehmen bis hin zu marktstarken hochprofessionell geführten (Konzern-)Unternehmen mit vielen 100 Mio Umsatz.

Das wachsende Gewicht der Großverlage auf der einen und der mehrere 100 Mio € an Umsätzen auf sich vereinenden großen Buchhandelsketten auf der anderen Seite hat den Markt enorm verändert. Zunächst ein Blick auf die gravierend veränderte Rangfolge der größten Verlage in den letzten eineinhalb Jahrzehnten: es gibt also trotz (oder gerade wegen?) der Konzentration luftigen Wettbewerb.

Verlags-Marktführer im Zeitsprung

	Die 10 größten Verlage 1989	Umsatz[1]		Die 10 größten Verlage 2006	Umsatz[1]
1.	Verlagsgruppe Bertelsmann[2]	326,2	1.	Springer Sciene+Business	641,0
2.	Springer	210,1	2.	Klett-Gruppe	400,0
3.	Weka	116,6	3.	Cornelsen	354,0
4.	Markt & Technik	101,2	4.	Westermann Grppe	233,8
5.	Lübbe	97,1	5.	Verlagsgruppe Random House	231,1
6.	Klett	ca. 72,0	6.	Weltbild	230,6
7.	ADAC Verlag[3]	67,8	7.	Weka Firmengruppe	203,4
8.	Thieme	52,0	8.	Wolters Kluwer Deutschland	200,0
9.	C.H.Beck	ca. 51,0	9.	Mair Dumont	165,0
10.	Cornelsen	ca. 51,0	10.	Haufe	164,3

1) Umsatz in Mio €

2) abweichend zum ursprünglichen Ranking (buchreport 14/1990) sind zur besseren Vergleichbarkeit hier nur die inländischen Umsätze berücksichtigt

3) 1989 noch einschließlich »ADAC Motorwelt«

Quelle: buchreport April 2006/07

Wie klein im internationalen Vergleich die deutschen Verlage sind, zeigt die folgende Tabelle:

Die größten Fachverlagsgruppen (Umsatz 2005)	
Reed Elsevier (GB/NL)	7,54 Mrd. €
Thomson (CAN)	7,18 Mrd. €
McGraw-Hill (USA)	6,00 Mrd. €
Pearson Education (GB)	5,75 Mrd. €
VNU (NL)	3,46 Mrd. €
Wolters Kluwer (NL)	3,37 Mrd. €

Quelle: BÖRSENBLATT April 06

Nun einige Strukturzahlen des verbreitenden Buchhandels:

Marktführende Filialunternehmen im Buchhandel (Zahl der Filialen)		
	2004	**2006**
Weltbild plus /jetzt DBH	225	455
Thalia*	94	252
Wohlthat'sche	50	jetzt DBH
Lehmanns	33	38
Hugendubel	32	jetzt DBH

*ab 2008 zusätzlich 89 Karstadt-Buchhandlungen bei Thalia

Damit haben die fünf größten Buchhandelsketten nun wesentlich mehr Filialen als noch vor drei Jahren die Top 10, insbesondere durch Fusionen innerhalb der Top 10. Auch die großen Kaufhäuser sind ein großer Marktteilnehmer, aber gerade hat Karstadt den Betrieb seiner Buchabteilungen an Thalia übertragen – ein weiterer Konzentrationseffekt (Umsätze s. S. 53).

Schließlich ist – gestärkt durch die Möglichkeiten des Internet – der Versandbuchhandel stetig überproportional gewachsen, diese Tendenz wird sich wohl fortsetzen.

Umsätze des Versandbuchhandels			
in Millionen Euro	2003	2004	2006
Traditioneller Versandbuchhandel (ohne stationäre Umsätze gemischter Betriebe, ohne Buchclubs)	508	488	400
Online-Versandbuchhandel (reine Online-Händler sowie Online-Umsätze traditioneller Betriebe)	391	450	>950
Versandbuchhandel gesamt (ohne Buchclubs)	**899**	**938**	**1350**
Buchclubs	298	285	290
Versandbuchhandel gesamt (mit Buchclubs)	**1197**	**1223**	**>1640**

Quelle: Bundesverband der Deutschen Versandbuchhändler,
für 2006 eigene Schätzungen

Die Großformen im Handel einschließlich der ebenfalls auf 1 Mrd. angewachsenen Umsätze der Großversender wie amazon und Weltbild konzentrieren sich zunehmend auf auflagenstarke Titel aus größeren Verlagen, der kleine Spezialverlag – egal ob in der Belletristik oder Wissenschaft – wird von ihnen kaum noch wahrgenommen oder betreut. Der kleinere Sortimenter als Einzeleinkäufer, durch die Konkurrenz der Großen ohnehin unter Ertragsdruck, kann die entstandene Lücke in der Vermittlungskette nicht auffüllen, zumal dann nicht, wenn es sich aus Kostengründen stark auf die diversen »Standardpakete« des Zwischenbuchhandels stützt (s. 4.2.6).

Eine geradezu dramatische Perspektive für das wachsende Gewicht der Filialisten einerseits und des Internetbuchhandels andererseits zeichnet eine Prognose der GfK Panel Services von 2006 auf:

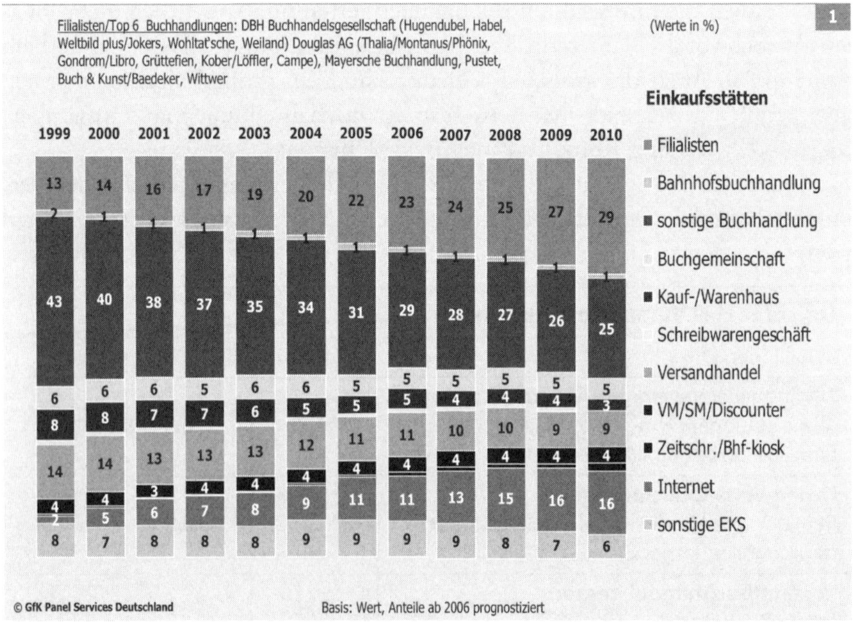

Abb. 1.7: Konzentration im Buchhandel: Unabhängige Buchhändler in der Zange zwischen Filialisten und Internet

D.h. es wird ein Sinken der nicht kettengebundenen Buchhandlungen auf 25% prognostiziert.

Konsequenterweise fragte vor kurzem die Stuttgarter Zeitung: »Gibt es im Buchhandel bald flächendeckende Oligopole wie bei Drogerien und Elektronik?«

1.4.3 Strukturelle Veränderungen

Mit der Tendenz zu größeren Unternehmenseinheiten im Verlagswesen ist eine wichtige sozioökonomische Veränderung festzustellen:

Der Inhaberverleger und das Familienunternehmen sind heute ungleich weniger das Leitparadigma im Verlagswesen als noch vor drei Jahrzehnten. Sehr viele Firmen haben aus den verschiedensten Gründen in den letzten Jahren aufgegeben, wurden fusioniert oder verkauft. Viele der mittelständischen Unternehmen (nicht nur im Verlag) werden verkauft, weil sich eine Unternehmensnachfolge in der Familie nicht finden lässt und eine Familieneigentümerschaft unter permanentem Fremdmanagement berechtigterweise die Frage aufkommen lässt, ob es nicht besser wäre, das im Unternehmen gebundene Familienvermögen durch Verkauf zu heben und damit die behindernden Bindungen vieler an einem Gesamtvermögen Beteiligter aufzulösen, d.h. die einzelnen Gesellschafter auszuzahlen. Während in früheren Zeiten eine Familie einerseits sehr solidarisch hinter »der Firma« stand und daher nicht selten Druck auf die Erben ausgeübt wurde, dass doch einer die Unternehmensnachfolge antreten möge, ist dies heute nicht mehr denkbar, weil es heute kein Unternehmen über Jahrzehnte aushalten würde, von einem nicht voll engagierten und in jeder Hinsicht professionell arbeitenden Inhaber geleitet zu werden. Das war in früheren Zeiten anders: Ein gut fundierter Verlag konnte auch einmal eine Generation »überleben«, die den Verlag mit wenig Energie und wenig Durchsetzungskraft im Konkurrenzfeld leitete. Dann konnte ja nach 30 Jahren ein tüchtiger weiterer Erbe die Zügel in die Hand nehmen und das Unternehmen wieder voranbringen. Heute wäre ein solches Unternehmen nach spätestens 10 oder 15 Jahren am Ende. Die heute ungleich stärkere, auf den verschiedenen Führungsebenen hoch professionalisierte Konkurrenz im Verlagsbereich (wie in allen anderen Branchen auch) würde das Bemühen, einen Erben zur Unternehmensübernahme zu drängen, zum verhängnisvollen Hasardspiel machen.

Somit dominieren heute in den meisten Verlagen angestellte Verlagsleiter bzw. Geschäftsführerteams. Deren Professionalität wird in vielen Fällen höher sein als die eines Inhaberunternehmers, aber ihre Verweildauer im Unternehmen auch kürzer. Da jeder neue Manager mit neuen Ideen und Prioritäten antritt, kommt eine viel größere Unstetigkeit in die Verlagsführung und die Verlagspolitik als zuvor. Der neu Eintretende kündigt Verlagsverträge, tauscht Mitarbeiter aus, verändert die Marketingstrategie etc. Manche Verlage werden ähnlich den Großbanken je nach Tagesmode neu stromlinienförmig umgebaut, traurige Beispiele belegen dies eindrücklich. Dies verstärkt sich noch, wenn die Verlagsleitung ein Management-Team ohne starke Leitfigur ist: Die permanent erforderlichen Abstimmungsprozesse in einem solchen Team gleich starker Personen erfordern immer wieder Verfahren des »do ut des«, d.h. Konsens verunklart Konzeptionelles. Konsistenz und Verlässlichkeit sinken, die Programmpolitik verarmt zum ergebnisorientierten Halbjahresprogramm. Diese Anmerkungen sollen nicht als traditionsverliebter Klagegesang verstanden werden, sondern als Erinnerung daran, dass es gilt, die Vorzüge der neuen Professionalität mit den Vorzügen des alten Inhaberverlags möglichst zu verbinden. Stetigkeit ist langfristig oft viel rentabler als kurzatmige Ergebnisorientierung. Familienunternehmen haben Zeit, darin liegt ihr großer Vorteil für die Partner, insbesondere die Autoren, die von den metaökonomischen Zielsetzungen eines Inhaberverlegers in der Regel sehr profitieren.

1.4.4 Beschleunigung

Neben den kürzeren Rhythmus der Verlagspolitik in einer managergesteuerten Struktur tritt das, was heute gern als »Schnelllebigkeit des Marktes« bezeichnet wird. Diese Schnelllebigkeit hat verschiedene Aspekte, der wichtigste ist gewiss die tatsächliche oder zum Teil vielleicht auch nur vermeintliche schnellere Veralterung des Wissens und die raschen Wechsel in den Lebensstilen und Interessen der Verbraucher. Ungleich stärker als in früheren Perioden wird das Neueste für weitaus wichtiger als das Alte gehalten. Dies hat für die Verlagspolitik gravierende Konsequenzen: Einerseits entstehen rascher als früher neue Themenfelder, die verlegerisch neue Chancen bieten, andererseits verkürzt sich die Laufzeit von Auflagen stetig, weil das Kaufverhalten der Nutzer entsprechend ist und vice versa. Noch in den siebziger Jahren des 20. Jahrhunderts konnten Verlage wie Vandenhoeck & Ruprecht oder Mohr Siebeck Werke aus der Frühzeit ihres Unternehmens, also dem 18. und frühen 19. Jh. original ab Lager liefern. Diese Bücher befanden sich also zum Teil schon über 200 Jahre am Lager! Es liegt auf der Hand, dass die Lagerkosten dafür ein Vielfaches dessen waren, was die häufig nicht einmal nennenswert angehobenen Preise nach so langer Zeit noch erbrachten. Es war aber so etwas wie Selbstverständnis (um das Wort »Ethos« zu vermeiden) der Verleger, ein solches Buch, zumal wenn es sich um einen wichtigen Text handelte, verfügbar zu halten. Die wachsende Bedeutung von Lagerkosten, Zinskosten und der scharfe Blick der Controller in den Verlagen der Gegenwart schiebt einem solchem langfristigen Vorhalten wissenschaftlicher Literatur einen harten Riegel vor: Laufzeiten, Kapitalkosten, Logistikkosten etc. werden genau durchgerechnet, die Kapitalbindung wird bewusst reduziert, d.h. die Drucklose sinken und Titel werden, wenn sie eine gewisse Untergröße von Verkäufen erreicht haben, relativ schnell vom Markt genommen.

Dies findet bedauerlicherweise auch auf der Vertriebsebene, d.h. dem Sortiment statt: Das Vorhalten von Neuerscheinungen oder steady sellern in der Buchhandlung (also am point of sale) wird immer mehr reduziert, auch hier geht es um ein Absenken der Kapitalbindung, die ein erheblicher Kostenfaktor ist. Im Bereich der allgemeinen Literatur werden Titel, die sich nicht sofort befriedigend verkaufen, mittlerweile nach einem Vierteljahr vom Sortiment remittiert – bei solchem Verhalten des Handels ist ein langfristiges Vorhalten von Titeln im Verlag natürlich nicht mehr machbar. Wenn ein Buch aber nicht mehr für den potenziellen Käufer einsehbar ist, sinken die Verkaufschancen natürlich weiterhin, und so beschleunigt sich die Spirale der Kurzfristigkeit, die in der Denkweise der Verlage bedauerlicherweise begonnen hat, noch durch die gewandelte Situation in den Buchhandlungen. Was man Schnelllebigkeit des Marktes nennt, könnte man ja auch mangelnde Geduld und mangelndes Durchhaltevermögen der Anbieter nennen. Es ist nicht so leicht, hier zwischen berechtigter Anpassung und übertriebenem Eifer zu unterscheiden. Tatsache ist: Die Laufzeiten der Titel sind dramatisch gesunken. Nochmals sei betont, dass in dieser Schilderung keineswegs ein Nachruf gesehen werden sollte, sondern es ist die Beschreibung einer grundlegenden Veränderung im Markt, wobei nicht verschwiegen werden soll, dass das Wort Beschleunigung, das sonst vielleicht auch attraktiv klingen kann, in diesem Zusammenhang wohl eher skeptisch betrachtet werden muss.

1.4.5 Internationalisierung

Die ungleich bessere Kenntnis fremder Sprachen und Länder bei breiten Bevölkerungsschichten führt zu einer vor 20 Jahren gar nicht für möglich gehaltenen Akzeptanz von Literatur in Originalausgaben. Kaum eine Bahnhofs- oder Großstadtbuchhandlung, die nicht mittlerweile viele Regalmeter englischen Originalausgaben – nicht nur im Taschenbuch – widmet. Auch weitere europäische Sprachen sind oft vertreten. Ähnliches ist im Bereich Kunstbuch zu beobachten. Am allerstärksten betrifft die Internationalisierung und das Vordringen primär englischer Originalliteratur aber die Wissenschaften (s.u.).

In vielen Wissenschaftsgebieten erscheinen in deutschen Verlagen immer mehr Publikationen in englischer Sprache, und zwar primär auf Wunsch der Autoren, die sich damit eine stärkere Verbreitung ihrer Forschungen im Ausland versprechen. Viele wissenschaftliche Zeitschriften, insbesondere im stm-Bereich (scientific, medical, technical), publizieren mittlerweile nur noch ausschließlich in englischer Sprache, und nehmen, auch wenn sie in einem in Deutschland ansässigen Verlag erscheinen, von deutschen Autoren keine deutschsprachigen Beiträge mehr an. Das geht parallel mit der fatalen Tatsache, dass deutschsprachige Artikel in internationalen Literaturdatenbanken nur unzureichend berücksichtigt und daher auch weniger genutzt und zitiert werden als englischsprachige. Forschungsergebnisse aus Deutschland in deutscher Sprache werden also weniger wahrgenommen, das Englische ist – insbesondere in den biomedizinischen Fächern – zur fast unverzichtbaren Voraussetzung für Wahrnehmung geworden. Das ist ein schwer wiegender Wettbewerbsnachteil für deutsche Autoren, die statt ihrer Muttersprache ein mehr oder weniger dürres »international congress english« benutzen müssen, und ebenso für die Verlage: Denn es genügt natürlich nicht, eine Monografie oder eine Zeitschrift in englischer Sprache zu veröffentlichen, sondern es bedarf zur Erreichung des Ziels einer besseren internationalen Verbreitung dann auch des entsprechenden internationalen Vertriebsapparats mit Vertriebsbüros oder effizienten Kooperationspartnern in allen Erdteilen.

Hierin liegt ein entscheidender Wettbewerbsnachteil spezifisch für mittelständische Verlage, die dies naturgemäß nicht oder nur in sehr viel geringerem Umfang leisten können als international agierende Großverlage. Es mag sein, dass zukünftig – gegenwärtig ist eher das Gegenteil der Fall – Publikationen bzw. Vertriebsaktivitäten im Internet für die mittelgroßen und kleineren wissenschaftlichen Verlage wieder ein Aufrücken ermöglichen, aber man darf nicht übersehen, dass auch Internetpublikationen eines effizienten Marketings bedürfen (s. Kap. 6).

Besonders auffallend ist schließlich in den letzten 10 Jahren das Vordringen englischer Originallehrbücher – kein Wunder, nachdem an vielen Universitäten mittlerweile auch Vorlesungen und Übungen in Englisch abgehalten werden, für die dann konsequenterweise englischsprachige Originalwerke, insbesondere aus den USA, obligatorisch zugrunde gelegt werden. Solche Bücher sieht man heute in den größeren akademischen Buchhandlungen schon im Stapel zum Verkauf stehen. Beide Entwicklungen wirken tendenziell gegen das mittelständische nationale Verlagswesen, und das nicht nur in Deutschland. Die mittelgroßen und kleineren Sprachräume sehen sich einem partiellen Verdrängungswettbewerb mit englischsprachigen Produkten ausgesetzt, wie man es ja noch viel gravierender in der Musik- und Filmwirtschaft beobachten kann.

1.4.6 Wachsende Bedeutung von Vertrieb und Marketing

Wie in praktisch allen Branchen moderner Volkswirtschaften ist auch im Verlagsbereich eine deutliche Gewichtsverschiebung zwischen Produktion und Marketing/Vertrieb zu beobachten: Während in früheren Zeiten – Perioden der Knappheit an Rohstoffen und an fähigen, gut ausgebildeten Fachkräften – die Produktion von Gütern das Hauptproblem und damit jener Bereich war, in dem Unternehmen die entscheidende Leistung im Wettbewerb zu erbringen hatten, wogegen der Absatz nützlicher und qualitätvoller Waren das kleinere Problem war, so hat sich heute dieses Verhältnis umgekehrt: Rohstoffbeschaffung und technische Herstellungsverfahren sind quasi ubiquitär verfügbar, die Herstellung eines Buches ist ein eher einfacher Vorgang, für den man nicht unbedingt einen Verlag braucht. Das eigentliche Problem liegt heute auch in der Buchbranche im Verkauf – hier spielt sich in einer Gesellschaft des Warenüberflusses der eigentliche Wettbewerb ab, und zwar nicht nur zwischen austauschbaren Buchtiteln, sondern auch mit allen anderen Gütern am Markt, zumindest was den Markt des allgemeinen Konsums und der Freizeitaktivitäten betrifft.

Konsequenterweise sind in einem Verlag heute sehr viel mehr Personen mit all den Tätigkeiten befasst, die *nach* der Fertigstellung eines Buches anfallen (Werbung, key account Management, Vertreter, Kundenbuchhaltung, Lager, Versand, Kongresse, Messen, Rechteverwaltung u.s.w.) als Personen in der Planungs- und Produktionsphase (insbesondere Lektorat und Herstellung). Diese Gewichtsverschiebung hat natürlich unverkennbare Konsequenzen auf die Programmgestaltung, worauf in Kapitel 2 und 4 noch zurückzukommen ist. Die intellektuell geprägte Inhaltsorientierung der klassischen Verlage weicht mithin in vielen Bereichen einer marktgesteuerten Versorgungsorientierung an Käuferbedürfnissen. Schon vor Jahrzehnten haben sich aber anspruchsvolle Verleger gefragt, ob denn diese Käuferpräferenzen einfach da sind und eben so bedient werden müssen, oder ob nicht das Neue, Unerwartete neue Käuferwünsche erzeugt. Also doch eine Priorität für ein von innen, nicht von vermeintlich vorgegebenen Marktkräften gesteuertes Programm? Da bedarf es grundsätzlicher Entscheidungen, die jeder Verlag, jeder Programmverantwortliche für sich treffen muss. Davon ist im nächsten Kapitel die Rede.

2. Planung, Organisation und Controlling

2.1 Programm und Programmplanung

2.1.1 Programmplanung

»Ich denke den Verlag«
Siegfried Unseld

Jedes Unternehmen hat ein Produktprogramm, ein Automobilbauer ebenso wie eine Schuhfabrik oder ein Chemieunternehmen, und eben auch jeder Verlag. Das Programm ist eigentlich das Unternehmen, das sonst nur eine leere Hülle wäre. Ansehen und Bekanntheitsgrad, die Marktposition des Unternehmens – alles beruht auf seinem Programm, dessen inhaltlicher Konsistenz, Qualität und Markteignung. Allein aus dem Programm können Erträge generiert werden, es ist Existenzquelle.

Bevor in diesem Abschnitt von den praktischen Aspekten der Planung gesprochen wird, erscheint es nützlich, die Grenzen, die aller Planung angesichts von Unsicherheit gesetzt sind, anzusprechen. Das Wort Programm suggeriert etwas Planmäßiges, die Idee einer strategischen Vorgehensweise. Tatsächlich aber ist das Programm der meisten Unternehmen, und also auch sehr vieler Verlage, zu nicht unerheblichen Teilen von lange zurückliegenden Entscheidungen, also Historie einerseits und Zufällen andererseits bestimmt. Das schöne, stolze Wort von Siegfried Unseld, das diesem Kapitel als Motto voransteht, ist also eher als Leitstern denn als Wirklichkeitsbeschreibung zu verstehen. Der Gedanke einer rationalen ex ante Programmplanung ist wegen der hohen Unsicherheit über die späteren tatsächlichen Erfolge bestimmter Produkte am Markt schon im Prinzip fragwürdig – allzu rigides Planen macht blind und unflexibel für unverhoffte Chancen, es mindert also nicht selten Gewinnchancen. Friedrich August v. Hayek hat das in seinem Buch »Die Verfassung der Freiheit« auf den Punkt gebracht:

> »Freiheit ist wesentlich, um Raum für das Unvorhersehbare und Unvoraussagbare zu lassen [...]. Weil jeder Einzelne so wenig weiß, und insbesondere, weil wir selten wissen, wer von uns etwas am besten weiß, vertrauen wir darauf, dass die unabhängigen und wettbewerblichen Bemühungen Vieler die Dinge hervorbringen, die wir wünschen werden, wenn wir sie sehen«.

Kein aufrichtiger Verleger wird leugnen, dass bombensicher scheinende Erfolgstitel und Programmerweiterungen kläglich scheiterten und dass zögerlich-lustlos angenommene Werke immer wieder unverhoffte, manchmal sehr große, das Unternehmensschicksal für Jahre prägende Erfolge und Weichenstellungen für die Programmarbeit wurden. Es ist also bei der Programmplanung eine gewisse Bescheidenheit bezüglich der Prognosesicherheit für neue Produkte sehr angebracht; das Prinzip der Offenheit, das Zulassen so genannter Bauchentscheidungen ist geradezu ein Merkmal erfolgreicher Unternehmer. Auch ist zu beachten, dass Programm- und Projektentwicklung i.d.R. nicht völlig Neues schafft, sondern ein evolutiver Prozess ist, der auf dem Vorhandenen aufbaut. In diesem Erfahrungsvorsprung etablierter Verlage liegt ein großer Wettbewerbsvorteil derselben und macht sie gegenüber potentiellen Autoren attraktiv.

Wäre alles planbar, könnte ja jeder durchschnittlich Begabte mit Konsequenz und einem Tischrechner einen erfolgreichen Verlag führen. Schon Denis Diderot formulierte im Jahr 1767 eine Risikoregel, nach der von zehn Büchern eines richtigen Erfolg bringt, vier gerade die Kosten decken, fünf erzeugen Verluste. Auch wenn es etwas glimpflicher zugehen mag – klar ist, dass starke Titel viele schwache mittragen müssen. Viel wichtiger als der Risikograd einzelner Titel ist bei der Programmplanung der Aspekt der Qualität und inneren Kohärenz des Gesamtprogramms. A. Beyer und P. Carl haben das prägnant formuliert: »Medienprodukte sind auch Vertrauensprodukte. Das impliziert, dass der Rezipient die Qualität des Produktes [beim Kauf] nicht ohne weiteres beurteilen kann ...«. Das Vertrauen des Käufers bezieht sich oft stark auf den Verlag, und es darf nicht enttäuscht werden.

Programm gestalten, heißt nicht nur Projekte erdenken und anregen, sondern viel häufiger noch: nein sagen. Nein sagen zu qualitativ ungeeigneten Angeboten, aber auch zu solchen, die keinen Ertrag versprechen und zugleich keinen so besonderen Rang haben, dass man Verluste bewusst in Kauf nehmen will. Es ist auch nötig, nein zu sagen zu Projekten, die gut und Ertrag versprechend erscheinen, aber thematisch oder im Blick auf die vom Verlag angesprochenen Zielgruppen nicht passen, also getreu der Einsicht C. A. Sainte-Beuves: »Wenn Du Erfolg haben willst, begrenze Dich«. In solchen Fällen ist es ebenso ein Gebot kaufmännischer Klugheit wie auch der Fairness gegenüber dem anbietenden Autor, »nein« zu sagen. Jeder Programmverantwortliche wird in seiner Tätigkeit insgesamt viel öfter nein sagen müssen als ja. Dennoch kann es bei aller Skepsis gegenüber zu großen Erwartungen an langfristigere strategische Planungen sehr sinnvoll sein, sich über alternative grundsätzliche Vorgehensweisen Klarheit zu verschaffen und zu entscheiden, welcher davon man folgen will.

Strategische Optionen im Konkurrenzfeld

- Eigenständiges Programmkonzept (Innovation)
- Ausweich-/Nischenstrategie (Spezialverlage)
- Nachahmerstrategie (Mass Market)
- Marktführerstrategie (Großverlage)
- Kooperationsstrategie (in div. Bereichen und Größenklassen möglich)

Bei allen vorstehenden Optionen kommt es für den Verlag insbesondere darauf an, im Qualitätswettbewerb eine positive Kundenwahrnehmung zu erreichen – diese ist heutzutage wichtiger als eine objektive, reine Qualität des Produkts. Beide stehen zwar in enger Wechselbeziehung, sind aber eben keineswegs identisch.

Die schlechteste Variante – leider durchaus nicht selten zu beobachten – ist eine, die man als »Karaoke-Strategie« bezeichnen könnte: Ein Verlag macht die (in der Regel schlechtere) Kopie des Marktführers, den er meist schon aus Gründen der Unternehmensgröße und damit verbundenen Marktstärke nicht erreichen kann, anstatt ein eigenes Profil, eine eigene Position (und sei es in der Nische) aufzubauen. Programmarbeit verläuft eben nicht nach einem Raster oder Blaupausenentwurf, den es umzusetzen gilt, sondern eher nach dem Muster eines Dominospiels, bei dem immer wieder Passendes zu schon Vorhandenem hinzugefügt wird, und es ist nicht wichtig, ob dieses Passende aus eigenen Plänen oder aus externen Angeboten stammt – sei es freihändig von Autoren oder durch Zukauf von Programmteilen.

Alle Programmarbeit zielt auf Innovation. Voraussetzung ist dafür Innovations*fähigkeit* (des Unternehmens, der Abteilungen und einzelner Leistungsträger), tatsächliche Innovations*bereitschaft* und *-tätigkeit*. Erst im Zusammenwirken der drei Komponenten kann sich der Innovationserfolg, das Ziel aller Maßnahmen, einstellen.

2.1.2 Programmstruktur

Das Wort Programm als Bündelung vieler unterschiedlicher Produkte steht inhaltlich ganz nahe dem des Portfolios, also dem Mischungsbündel eines Wertpapierdepots. Jedes gute **Portfolio** wird im Blick auf unterschiedliche Risikoklassen gewichtet: Wagnispapiere mit hohen Gewinn- (**und** Verlust!)-Chancen und relativ sichere Rentenpapiere. Kein Portfolio-Manager setzt alles auf eine Karte, ein Marktsegment. Das Risiko wäre viel zu groß. Vielmehr geht es um Risikoausgleich durch gezielte Differenzierung – so soll auch ein Verlagsprogramm gestaltet sein.

Wie diese Risikogewichtung im konkreten Fall geschieht, hängt von den verfügbaren finanziellen Mitteln ebenso wie vom Temperament und Sicherheitsstreben des Investors ab. Ungeachtet aller intellektuellen, politischen, sozialen oder sonstigen Ambitionen, die ein Verleger hat und haben muss, darf dieser Portfolio-Ansatz nicht missachtet werden. Ein ausgereiftes Verlagsprogramm braucht also Longseller oder Periodika (Zeitschriften), die ihm Jahr für Jahr einen Grundumsatz einigermaßen zuverlässig garantieren, und es sollte möglichst mehr als nur ein Marktsegment und eine Zielgruppe bedienen; denn kämen diese in eine Krise, wäre dies auch eine des Verlags.

Zum anderen braucht jedes Produktprogramm auch **Innovation**. Dabei heißt Innovation keineswegs, ständig völlig Neues zu erfinden, sondern auch stetige Fortentwicklung, Anpassung und Optimierung des vorhandenen Programms. Innovation ist nicht ein plötzlicher Blitz, sondern ein stetig wärmendes Feuer. Viele Unternehmensbewertungen stellen heute primär auf die neuesten und die zukünftigen Produkte ab, die Pharmaindustrie ist dafür vielleicht das anschaulichste Beispiel: Auch die besten, umsatzstärksten Artikel, die so genannten Blockbuster, verblassen irgendwann, neue umsatzstarke Produkte müssen bis dahin herangereift sein. Genauso ist es auch im Verlag. Eugen Schmalenbach, einer der Väter der modernen Betriebswirtschaftslehre, meinte dazu schon vor über 75 Jahren: Nicht die Vergangenheit, sondern die Zukunft bestimmt den Wert einer Sache.

Sicherheitsbedürfnis und Planbarkeit einerseits, Risikobereitschaft und Innovation andererseits sind also die entscheidenden Vektoren eines Programms: des gegenwärtigen als Ergebnis früherer und des zukünftigen als Ergebnis der jetzigen Entscheidungen. Betrachten wir zwei grundsätzlich verschiedene hypothetische Verlage:

	Verlag A	Verlag B	
Backlist	70%	30%	p.a.
Neuerscheinungen	30%	70%	

Welcher der beiden Verlage ist besser geführt und hat mittelfristig die höheren Erträge? Die Frage lässt sich überhaupt nicht beantworten, weil die Interpretation dieser Umsatzrelationen ja ganz konträr erfolgen kann: Verlag A könnte ein saturierter, ideenlos geführter Verlag sein, umgekehrt könnte B eine erfolglose Verlagspolitik dahingehend betreiben, dass ihm der Aufbau einer dauerhaften Backlist nur unzureichend gelingt. Wenden wir die Argumentation ins Positive, so kann A z.B. ein wissenschaftlicher oder Fachverlag mit erfolgreich im Markt verankertem Programm sein, bei dem 30% Neuerscheinungsanteil am Umsatz schon ausreichen können, um ein gutes Umsatzwachstum zu erzielen. Bei ihm sind 70% Backlist (zu der ja vom Programm her gesehen auch die Zeitschriften gehören, obwohl sie jedes Jahr neu produziert werden müssen) ganz in Ordnung. Nur am Rande hingewiesen sei auf den Unterschied, ob diese Nova/Backlist-Relation sich auf Titel (Produkte) oder auf Umsätze bezieht. Das ist nämlich ein großer Unterschied: Während im belletristischen Verlag die Nova meist einen überproportionalen Umsatz gegenüber ihrer Anzahl generieren, ist es im Schulbuch- oder Wissenschaftsverlag genau umgekehrt: Dort erbringen die erst nach Jahren durchgesetzten, voll entfalteten Titel der Backlist i.d.R. überproportionale Umsatzanteile. Verlag B ist vielleicht ein typischer belletristischer Verlag, bei dem selbst erfolgreiche Titel kaum mehr als zwei »Seasons« schaffen, der also gnadenlos zu ständiger, sehr risikobehafteter Neuproduktion verurteilt ist. Für ihn wäre ein Absacken der Nova-Rate auf 50% ein Indiz für ein wenig erfolgreiches Jahresprogramm. Umgekehrt müsste sich ein Fachverlag, dessen Backlist-Anteil unter 50% sinkt, fragen lassen, ob er die richtigen Titel herausbringt.

Programmplanung ist also ein höchst komplexer Vorgang, für den sich keine bequemen Rezepte formulieren lassen. Was das Inhaltliche angeht, kann dies sowieso nicht Lehrbuchstoff sein; verwiesen sei aber auf Kapitel 4 zum Marketing, wo Überlegungen dazu auftauchen, ebenso auf die nachfolgenden Abschnitte.

Erwähnt sei noch ein weiteres Definitionsproblem beim Begriff Backlist: Sind veränderte Neuauflagen Backlist, weil inhaltlich ja schon in den Vorjahren vorhanden? Hier wird u.U. das Lektorat anders zuordnen als der Kaufmann, für den »neu« alles in diesem Jahr Produzierte ist, Backlist also nur der Verkauf vom in den Vorjahren produzierten und finanzierten Lager. Unter cash-flow- und Liquiditätsaspekten hat also die Frage Backlist/Nova eine durchaus andere Bedeutung als bei der Inhaltsanalyse eines Verlagsprogramms.

Programmplanung darf nicht nur konzeptionell-inhaltlich betrachtet werden, sondern muss weitere Parameter berücksichtigen, die teils unternehmensintern und damit mittelfristig gestaltbar (wie z.B. die Kapazität der Abteilungen), teils aber auch extern gegeben sind, wie z.B. die generelle oder bereichsspezifische Marktsituation. In ein Herbstprogramm sollte z.B. ein belletristischer Verlag nicht zehn Bestseller hineinpacken – es würde eine starke programminterne Kannibalisierung eintreten. Ähnliche Überlegungen stellt ein Fachverleger bezüglich des Rhythmus von Neuauflagen an: Zu lange Abstände sind wegen mangelnder Aktualität ebenso problematisch wie eine zu kurzatmige Auflagenfolge, die den Verbraucher verärgert und den Verdacht rein kommerzieller Motivation weckt.

Parameter der Programmplanung

- inhaltliche
- kapazitätsbezogene
- finanzielle
- zeitliche
- marktgegebene

Gelungene Programmplanung muss also eine Balance sehr unterschiedlicher Elemente erreichen: den Auftritt am Markt, der stark novageprägt ist, die Finanzierbarkeit der Neuerscheinungen, die vom Mittelrückfluss aus dem Verkauf schon bezahlter Vorräte abhängt, die Kapazitäten der verschiedenen Abteilungen in einer Periode und die Aufnahmefähigkeit des Marktes.

2.1.3 Projektentwicklung

Das Programm besteht aus den einzelnen Titeln bzw. Reihen oder Programmsegmenten; die Projektentwicklung bezieht sich auf diese. Ziel muss es sein, in allen Programmbereichen regelmäßig neue Titel zu planen. Dafür verantwort-

lich sind Verlagsleitung und Lektorat. Sie sind, gemeinsam mit dem Marketing, die Träger der »creative role of publishers«, die sich sowohl auf die Ideen zu Projekten als auch insbesondere auf deren Ausfeilung und Ausrichtung auf Markteignung der Titel richtet. In vielen Büchern – solchen der schönen Literatur ebenso wie in wissenschaftlichen – steckt (oft unsichtbar) ein sehr hoher kreativer Beitrag des Verlags, gerade darin liegt ein wichtiger Teil seiner Existenzberechtigung und Attraktionskraft für die Autoren.
Angesichts des oft mehrjährigen Zeitbedarfs bis zur Realisierung eines Buchprojekts und der oft nicht exakt vorausplanbaren Zeitpunkte der Manuskriptfertigstellung muss ein Verlag eine große Anzahl von Projekten in Planung haben, unter Vertrag nehmen und z.T. bereits daran arbeiten. Was in einem Industrieunternehmen der Auftragsbestand ist, d.h. die Gewissheit künftiger Umsätze, ist für einen Verlag der Projektbestand, allerdings mit sehr viel unsicherer Prognose, welche Umsätze daraus resultieren werden. Zwischen dem Verlagsprogramm, das ein Verlag für das übernächste Jahr plant und dem, das in dem Jahr dann tatsächlich herauskommt, gibt es nicht selten erhebliche Abweichungen. Verlagsplanung wird also i.d.R. mit einer gewissen »Überlast« – ähnlich den theoretisch meist überbuchten Flügen – betrieben werden müssen, um ein ausreichend großes tatsächliches Programm für die nächste Periode zu haben.

Wie bei der Programmplanung hat die Projektentwicklung inhaltliche, marktbezogene Aspekte einerseits und andererseits notwendigerweise einen geplanten zeitlichen Aspekt, aus dem die Finanzplanung folgt. Insoweit Verlage die Bücher zu wesentlichen Teilen auch inhaltlich selbst produzieren (z.B. Schulbuch- oder Ratgeberverlage), ist das straffer planbar als bei hoher Abhängigkeit von Autoren, zumal bei solchen, für die ein etwaiges Honorar keine wesentliche Motivation bedeutet (z.B. Wissenschaftler), die also eine ganz andere Prioritätenfolge ihrer Verpflichtungen haben als der Verlag, der dringlich auf das Manuskript wartet. Eine nervenzerrende Belastung werden säumige Autoren bei Viel-Autorenprojekten, bei denen u.U. viele auf den Letzten warten müssen. Alle Sorgfalt beim Projektmanagement und aller persönlicher Einsatz des Lektorats stoßen da oft an ihre Grenzen.

Ungeachtet aller Planungsunsicherheit hinsichtlich Zeitplan und Markterfolg sind Planungsinstrumente unerlässlich. Dazu zählen insbesondere:

Das Projektexposé. Es wird vom Lektorat in Zusammenarbeit mit dem Autor erstellt und umfasst einen Gliederungsentwurf und eine textliche Darstellung von Konzeption und Zielsetzung. Weitere Bestandteile sind ein Zeit- und Kostenplan (für Herstellung ebenso wie für Werbung) und eine zumindest rudimentär durch Konkurrenzanalyse erarbeitete »Marktforschung«, d.h. Anlistung direkt konkurrierender Titel mit Kurzcharakteristik und, darauf fußend, den/die sogenannte USP (unique selling proposition), also die Darstellung des spezifischen Nutzens, der kaufentscheidend sein soll. Dies sollte sowohl für den Handel (Vertreterarbeit) wie für den Endkunden (Werbung) plausibel sein.

Das Projektexposé durchläuft in der Regel die Verlags- oder Programmkonferenz (bestehend i.d.R. aus Verlagsleitung, Lektorat, Marketing/Werbeleiter, Hersteller, evtl. auch Vertretern) und führt nach Zustimmung zur Projektfreigabe und zum Vertragsabschluss.

Boston-Matrix

Unabhängig von der Plausibilität und Wirtschaftlichkeit des Einzelprojekts werden Programmentscheidungen häufig auch unter übergeordneten Aspekten einer strategischen mittelfristigen Planung getroffen. Das heißt, es werden nicht selten Einzeltitel trotz vermuteter Rentabilität verworfen, weil sie nicht (oder nicht mehr) ins strategische Profil passen. Für viele Verlage sind dabei die Parameter »Marktanteil« des Verlags am betreffenden Teilmarkt und Marktdynamik, also Wachstumschancen dieses Teilmarkts entscheidend.

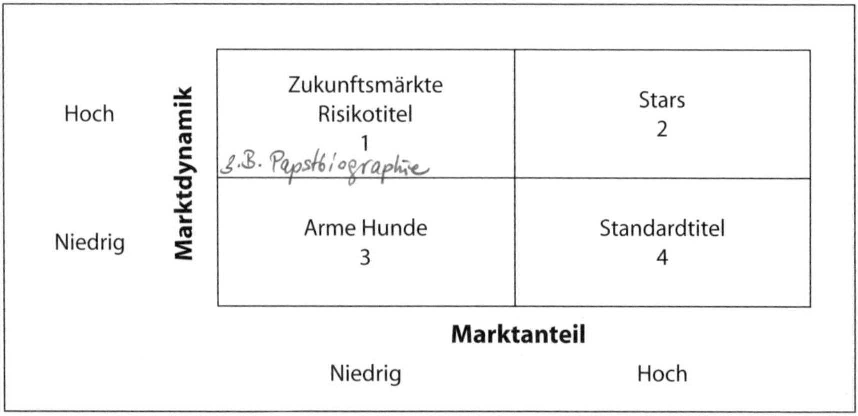

Abb. 2.1: Die Teilmärkte gemäß der Boston-Matrix

Diese Matrixanalyse kann auf Einzeltitel ebenso wie auf Programmsegmente angewendet werden. Unübersehbar ist ein Kernproblem solch schematisierter strategischer Programmarbeit: Es besteht die Gefahr, dass sich sehr viele Verlage aufgrund einer aktuellen öffentlichen Stimmung auf dasselbe Gebiet als »Zukunftsmarkt« richten, sich also in härteste Konkurrenz begeben. Mittlere und kleinere Firmen müssen kritisch prüfen, ob sie dort wirklich Erfolge erzielen können angesichts begrenzter finanzieller Mittel und geringerer Durchschlagkraft ihres Vertriebsapparats. Statt wie Lemminge den aktuellen Trends nachzulaufen, kann es für solche Verlage viel sinnvoller und Erfolg versprechender sein, ihr »proprium«, das Ureigene und Unverwechselbare zu schärfen und sich dort zu betätigen, wo die großen Akteure gerade das Feld räumen. Also Nischenpolitik statt Powerplay am großen Markt, das einen mittleren Verlag sehr teuer zu stehen kommen kann. Es ist auch eine ganz falsche Vorstellung, dass man im sogenannten »Arme Hunde«-Bereich nicht durchaus solide und dauerhafte Erträge erwirtschaften könnte.

Es gibt daher durchaus Verlage, die bei grundsätzlicher thematischer Eignung einen Titel ohne solche strategischen Ausschlusskriterien ins Programm aufnehmen, wenn die Plankalkulation Vollkostendeckung verspricht. Die Entscheidung für Konsequenz oder Pragmatismus muss jeder Verantwortliche für sich treffen – die Richtigkeit hunderter solcher Entscheidungen erweist sich erst nach Jahren; auch sorgfältigste Planungsinstrumente können Unsicherheit allenfalls reduzieren, keinesfalls beseitigen. In ungünstigen Konstellationen kann ein konsequentes Entscheiden nach der Boston-Matrix sogar die Risiken erhöhen: Wer sich ganz auf (vermutete) künftige Wachstumsmärkte (Feld 1) konzentriert, hat, wenn sich die Grundannahme nicht bestätigen sollte, große Probleme. Das war z.B. bei manchem Verlag im Internet-Hype der Fall (s. Kap. 6). Der Gedanke der Risikostreuung im Programm-Portfolio (s. oben) sollte immer mitbedacht werden. Es ist eine alte Generalstäblerweisheit, dass konsequentes Fortdenken einer falschen Grundannahme höchste Risiken zeitigt. In Feld 2 (Stars) hineinzuplanen, ist kaum möglich: Solche Titel entstehen einfach. Sorgsame Planung sollte insbesondere das Feld 4 nicht vernachlässigen, also auf eine starke Stellung in definierten Teilmärkten hinarbeiten. Nicht zuletzt der Aspekt der Werbe- und Vertriebskosten spricht sehr in diese Richtung.

2.1.4 **Ökonomische Planung** (s. a. 2.6.2)

»Die Zukunft bleibt unbekannt (anders wäre sie nicht als Zukunft erkennbar), aber das Unbekanntsein der Zukunft ist zugleich die wichtigste Ressource des Entscheidens.«
Niklas Luhmann

Zunächst ein paar **Grundbegriffe der Planung**. Diese wird auch als »gestaltendes Denken für die Zukunft« bezeichnet, um Führungsentscheidungen auf der Basis antizipierter bzw. angestrebter Entwicklungen eine reale

Grundlage zu geben. Kosiol spricht vom Planen als »im Kern prospektivem Denkhandeln«, Wild von Planung als systematisch-methodischem Prozess der Erkenntnis und Lösung von Zukunftsproblemen. Kein Unternehmen kann ohne Planung seine Zukunft sichern oder gestalten. Alle inhaltliche Planung mündet in Kosten und Erträgen und damit einer Finanzplanung.

Jeder Plan sollte folgende Elemente aufweisen:

- Problemstellung
- prognostizierte Wirkungen / Absätze / Kosten
- Verfügbare Ressourcen (Kapazitäten, Personal, Liquidität u.a.)
- Einzelmaßnahmen und deren Kombination
- Planungsträger und Planverantwortliche
- zeitliche Bedingungen und Termine
- Prämissen und Daten
- Angaben über Schnittstellen zu anderen Plänen

(nach M. Schweitzer, Allgemeine BWL Bd. 2 9. A. 2005)

Bei der Planung der Ziele ist vorab Folgendes zu klären:

- welche Zielvorstellungen überhaupt verfolgt werden sollen
- welche Unterziele zur Erreichung der Oberziele notwendig sind
- welche Beziehungen oder Konflikte zwischen einzelnen Zielen bestehen
- welchen sachlichen oder zeitlichen Vorrang einzelne Ziele haben sollen/müssen (Etappenschritte)
- für welche Dauer Ziele gelten sollen.

(nach M. Schweitzer, ebda.)

Zudem ist es wichtig, dass realistische Ziele festgelegt werden, die auch eine Bandbreite zulassen. Reine Punktlandungen sind schwer zu erreichen.

In die Planung müssen externe Daten (allgemeine wirtschaftliche Entwicklung, Entwicklung des eigenen Markts, gesetzliche Neuerungen u.s.w.) ebenso eingehen wie interne Daten (Mitarbeiter, Änderungen im Workflow oder Vertriebssystem u.s.w.). Erst dann gewinnt der Plan Realitätsgehalt i.S. Friedrich

Schillers »leicht wohnen beieinander die Gedanken, doch hart im Raume stoßen sich die Sachen«. Genau deshalb ist Planung so unverzichtbar.
Jedes Unternehmen hat die Verpflichtung, seinen Finanziers, also sowohl den Banken wie den Gesellschaftern, anhand von Planzahlen plausibel zu machen, dass deren Geld nicht nur sicher, sondern auch angemessen ertragbringend investiert ist, d.h. Verzinsung und Rückzahlung als gesichert gelten dürfen. Allein die Anforderungen von Basel II an die Kreditnehmer machen ein Bankgespräch wegen Krediten ganz illusorisch ohne eine Mehrjahresplanung. Zwei Jahre im Voraus lassen sich halbwegs realistisch einschätzen, darüber hinaus handelt es sich eher um Skizzen; aber mit der Vorlage dieser Skizzen gehen immerhin die Geschäftsführer ein »commitment« ein insofern als dies als Zielvorstellung gilt, an der sie gemessen werden. Planungsehrgeiz kann sich auf vielerlei richten: auf Umsätze/Expansion, auf Gewinne, auf Senkung der Mittelbindung u.a. Planung kann sich aber auch auf Modernisierung der internen Abläufe richten, was kurzfristig Mehrkosten, langfristig aber Kostenersparnisse bedeutet. Allein dieser Aspekt zeigt, dass mehrjährige Planung zwingend ist, weil sonst geplante kurzfristige Ertragsverschlechterungen, mit denen künftige Effizienzsteigerungen vorfinanziert werden, nicht überzeugen könnten: Es muss der positive, stärkere Effekt in den Folgeperioden sichtbar werden.

Die Königszahl allen Planens ist die berühmte »bottom line«, die letzte Zeile der Zahlenkolonne, die den Gewinn aufzeigt (s. Kap. 2.6.2) – zumal heute, wo Umsatzexpansion angesichts der generellen Marktlage für viele Verlage kaum realistisch ist. Mittel- und langfristig dienen alle anderen Unternehmensziele wie Marktposition, Produktqualität, Modernisierung, Innovation, Personalentwicklung u.s.w. immer am Ende der Stärkung der Ertragskraft, die ihrerseits wieder die finanzielle Voraussetzung neuer Vorhaben ist.

Die Basis einer konkreten Planung für ein Geschäftsjahr ist sowohl wegen der Kosten und der Liquidität eine Zusammenstellung, die alle Neuerscheinungen mit Kosten und Erlösen den Monaten zuordnet und Entsprechendes auch für die Backlist unternimmt, bei Letzterer weitestgehend auf die Saisonfigur der Erlöse bezogen. Dabei gibt es ein eher pauschales top-down-Verfahren, das mit Aggregatwerten arbeitet, oder das – sehr viel mühseligere – bottom-up-Verfahren, bei dem für jedes Objekt, egal ob Neuerscheinung oder Backlist-Titel, ein Jahresumsatz geschätzt wird und dieser dann nach Produktgruppen (profit center) zwischensummiert und schließlich als Jahresplanumsatz aufaddiert wird. Wer mit guten finanziellen Polstern ohne Bankdarlehen arbeitet, kann hier gewiss etwas lässiger vorgehen als der, der seiner Bank eine plausible Jahresplanung vorlegen muss, zumal angesichts der verschärften Basel

II-Regeln. Ist die Jahresplanung mehrmals hintereinander nicht erfüllt worden, stehen Probleme ins Haus.

Unter Controllern gibt es aber auch den vorwurfsvollen Terminus einer »Planung ohne Ehrgeiz«. Wer Jahr für Jahr seinen Plan übererfüllt, gerät in den Verdacht, sich durch übervorsichtige Planung von Erfüllungsdruck freizuhalten. Hier sind Erwartungen und Verhaltensweisen in Einzelfirmen und Familienunternehmen sehr verschieden von denen, die in Konzernen gefordert werden. Die Ziele Expansion bzw. Sicherheit werden eben sehr unterschiedlich gewertet. (Im Detail wird die Jahresplanung in Abschnitt 2.6.2 behandelt, zur aus der Jahresplanung folgenden Liquiditätsplanung s. S. 124f. sowie Kap. 3.7.6).

2.2 Verlagstypen

Nicht nur nach Größe und Organisationsgrad können Verlagstypen unterschieden werden, wie nachstehende, keineswegs erschöpfende Beispiele zeigen.

2.2.1 Buch- und Zeitschriftenverlag

Buch- und Zeitschriftengeschäft unterscheiden sich in vielerlei Hinsicht. Davon ist ausführlich in den Kapiteln 3-5 die Rede. Von der Typologie her ist ein Zeitschriftenverlag mit der viel größeren Stabilität und daher Prognostizierbarkeit von Kosten und Erlösen sehr viel kaufmännischer akzentuiert: Die Vergleichbarkeit der Zahlen über Jahre erleichtert die Kostenkontrolle und Nachjustierung, nahezu alle Kostenarten sind in engen Erfahrungsspielräumen definiert, die interne Organisation (der Workflow) von gleichmäßiger Kapazitätsbelastung geprägt. Sehr anders das oft erratische Buchgeschäft. Aber auch dort gibt es Verlage mit erheblicher Kontinuität, ausgereiftem Programm und planbaren Kosten wie etwa Schulbuch-, Kalender- oder Adressbuchverlage. Solche Verlage sind, bei aller Notwendigkeit von Innovation und Produktfortentwicklung, von einer hohen Programmidentität über die Jahre geprägt. Im belletristischen und Sachbuchverlag dagegen gibt es (fast als Regel) enorme Pendelbewegungen: Nach einem bestsellergeprägten Jahr ein »normales« und das kann leicht 50% des Vorjahresumsatzes bedeuten. Wer da in den guten Jahren nicht eiserne Kostendisziplin, insbesondere bei den Personalkosten, wahrt, gerät in gefährliche Wasser. Mehrere gute Jahre sind ungemein verführerisch, in allen Kostenbereichen anzuspecken – die Abmagerungskur danach ist überaus schmerzvoll und auch mit Restrukturierungskosten belastet. Kein Verlag sollte daher heute ohne eine mehrjährige Umsatz- und Kostenplanung wirtschaften.

Ein sehr wesentlicher Unterschied zwischen Buch- und Zeitschriftenverlagen besteht auch hinsichtlich Kapitalbindung und Wertberichtigungsbedarf. Zeitschriftenverlage schlagen ihre Produktion ohne nennenswerte Liquiditätsbelastung sofort um, größere Lager existieren nicht. Die oft gewichtigste und meist auch risikobehaftetste Bilanzposition im Buchverlag dagegen sind die Lagerbestände: Sie binden Mittel und stehen unter der permanenten Gefahr der Nichtverkäuflichkeit mit der Konsequenz der Wertberichtigungen, die dessen Wareneinsatz hinzuzurechnen sind. Konsequenz: Ertragsbelastung (s.a. Abschnitt 2.6.1).

Viele Verlage sind eine Mischung aus Zeitschriften- und Buchverlag. Diese Bereiche werden in aller Regel als Profitcenters geführt – Kosten und Erlöse sind in der Regel ziemlich klar zuzuordnen. Ein solches gemischtes Buch/Zeitschriften-Programm kann sehr positive Wechselwirkungen bei der Autorengewinnung haben ebenso wie bei der Marktdurchdringung und eben auch – im Sinne des Portfolio-Aspekts – für Risiko und Finanzierung. Zeitschriften sind ein großer Stabilisierungsfaktor für einen Verlag.

2.2.2 Autorenverlage und Lektoratsverlage

Eine sehr großer Unterschied in der Arbeitsweise besteht zwischen Verlagen, die weitestgehend von Autoren abhängig sind, die also ihre Produkte nur in beschränktem Umfang beeinflussen, in keinem Fall aber selbst erstellen können, und solchen Verlagen, die ihre Produkte auch inhaltlich weitgehend oder sogar nahezu vollständig (z.B. Lexikonverlage, Schulbuchverlage, Wörterbuchverlage etc.) selbst erstellen. Planbarkeit, Qualitätskontrolle, konstanter Workflow sind himmelweit entfernt von den Verlagen der ersten Kategorie, die nach Vertragsabschluss weitestgehend das Qualitätsrisiko (s. Kap. 7) ebenso wie die Unwägbarkeiten der Terminplanung tragen müssen. So mancher Wissenschaftsverlag hat mehr als ein Jahrzehnt auf ein Manuskript warten müssen und wird am Ende mit schönen Erfolgen für seine Geduld belohnt. Und wie schwerwiegend ist es für einen Literaturverlag, wenn der geplante Spitzentitel des Starautors wegen einer Schaffenskrise verschoben werden muss: Ein missratenes Verlagsjahr ist dann oft unausweichlich.

So ergeben sich ganz verschiedene Arbeitsweisen und Organisationsstrukturen in den Verlagen.

• Hohe Autorenabhängigkeit • Wenig bis mittlerer Lektoratseinfluss **Prägend sind Einzeltitel**	Literarischer Verlag reiner Wissenschaftsverlag
• Hohe Autorenabhängigkeit, aber fokussierte Zielgruppenarbeit • Mittlerer Lektoratseinfluss **Prägend sind Themenfelder**	Wissenschafts- und Fachverlag
• Mittlere bis geringe Autorenabhängigkeit • Autoren austauschbar oder mehr Rohstofflieferanten • Lektorate und Redaktionen gestalten und steuern **Prägend ist der Produkttypus**	Ratgeberverlage, mittelgroße Fachzeitschriften Schulbuch
• Sehr geringe Autorenabhängigkeit • Verlag erstellt die Inhalte weitestgehend selbst in Lektoraten/Redaktionen **Prägend ist das (Groß-)Produkt**	Lexikon- und Wörterbuchverlage Große Fachzeitschriften

2.2.3 Themenverlage und Zielgruppenverlage

In Fortführung des Vorstehenden kann man die Unterscheidung der Verlagsarbeit auch dahingehend treffen, ob ein Verlag Themenfelder bearbeitet (ein Wissenschaftsgebiet, einen Sachbuchbereich u.s.w.), oder ob er seine Programmarbeit gezielt nach Zielgruppen ausrichtet. In den letzten 25 Jahren hat letztere Programmorientierung sehr stark zugenommen. So wurden noch vor 30 Jahren von Medizinverlagen Projekte geplant wie etwa ein »Lehrbuch der Kinderheilkunde«, bei denen weder Autoren noch Verlag primär die Zielgruppen im Auge hatten, sondern vielmehr die Qualität des Inhalts.

Was aber ist eigentlich die »Qualität des Inhalts«, wenn sie nicht im Blick auf eine Zielgruppe definiert wird? Die alte Marketingdevise »Qualität ist, was der Kunde will«, ist viel weniger zynisch als sie zunächst klingt. Sie verweist nämlich auf die Bedürfnisse des Kunden und stellt die Selbstdarstellungswünsche von Autoren an die zweite Stelle. Ein »gutes« Lehrbuch ist eines, das mitnichten »alles« darstellt und das noch bis ins kleinste Detail, sondern ist heute selbstverständlich eines, das sich exakt an curricula und Prüfungsanforderungen orientiert. Das volle Wissen des Autors ist hier nicht gefragt, sondern seine Bereitschaft sich zurückzunehmen, für seine Leser zu schreiben, sich vom Lektorat (und vielleicht sogar Vertriebsleuten und Außendienstlern) raten und führen zu lassen. Diesbezüglich hat sich Verlagsarbeit enorm verändert und professionalisiert. Die gestaltende Rolle des Verlags, d.h. insbesondere der Lektorate, hat enorm an Gewicht gewonnen, ist unverzichtbare Voraussetzung für erfolgreiche Verlagsarbeit geworden. Eine Ausnahme bleibt die reine Wissenschaft: Qualifikationsschriften, Forschungsberichte, Tagungsbände kann der Verlag nur machen oder nicht: Er kann und darf inhaltlich nicht eingreifen, allenfalls formal polieren. Und er könnte es ungeachtet der sachlichen Unmöglichkeit auch aus finanziellen Gründen nicht: Das geringe Umsatzpotential solcher Bücher erlaubt nur einen minimalen overhead, ob bei Lektorat oder Werbung (s.a. Kap. 3).

In großen Verlagen existieren heute intern – sowohl organisatorisch wie auch als profit center – mehrere »Verlage im Verlag«, jeweils für bestimmte Zielgruppen (s.a. S. 95 ff.). So gibt es etwa in einem Medizinverlag mehrere getrennt jeweils von einem Verlagsleiter geführte Bereiche: Studenten/Lehrbücher, Arzt/Praxis, Krankenschwestern/Fortbildung, Patientenliteratur, Zeitschriften, Wissenschaft. Das wären also sechs Teilverlage, die mit durchaus unterschiedlichen Konzeptionen, Autoren, Außendiensten, Vertriebspartnern, internen Kostenstrukturen u.s.w. für klar abgegrenzte Zielgruppenmärkte arbeiten. Das ist heute unabdingbare Grundlage erfolgreicher Verlagsarbeit im Fachbuchbereich, aber auch ganz anderen Gebieten, wie etwa Reiseführern, Auto/Motor u.s.w. Mit der Zielgruppenarbeit gewinnt nicht nur das Lektorat an Bedeutung, sondern auch Marketing und Vertrieb: Buchideen entstehen nicht am Schreibtisch des Fachautors, sondern oft im Verlag, und es werden dann Autoren gesucht, die die Bereitschaft mitbringen müssen, gemäß den Verlagsvorgaben zu arbeiten. Dies können didaktische Konzepte für eine Buchreihe sein, strenge Umfangsvorgaben und Illustrationsanforderungen im Ratgeberbereich oder strengste Terminvorgaben etwa bei Büchern für neue EDV-Programme, wo wenige Wochen Vorsprung am Markt den Erfolg eines Titels entscheiden. Autoren sind in solchen Fällen in mancher Hinsicht eher weisungsgebundene externe Mitarbeiter denn frei schaltende Starschriftsteller oder Großordinarien, die schreiben, was und wann sie wollen. Auch für Letztere wird und muss es Verlagspartner geben – es liegt auf der Hand, wie verschieden Verleger und Verlage für so unterschiedliche Zielsetzungen sind und sein müssen.

2.2.4 Original- und Lizenzverlage

Viele Verlage veröffentlichen nur Originalpublikationen, für die sie die Rechte beim Urheber erworben haben, andere Verlage haben ergänzend auch Übersetzungen aus fremden Sprachen im Programm, bei literarischen und Wissenschaftsverlagen ist das die Regel. Schließlich gibt es Verlage, die sich ganz oder nahezu ausschließlich der Vermittlung ausländischer Literatur auf dem deutschsprachigen Markt widmen. Auch hieraus ergeben sich Unterschiede in der Verlagsarbeit: Wer viel übersetzen lässt, braucht sogenannte »scouts« (s.a. S. 333), die die ausländische Szene gut kennen und laufend berichten, oder auch etablierte Beziehungen zu führenden Literaturagenten und einschlägigen Verlagen. Die Lektoratsarbeit bezieht sich dann nicht auf das Produkt selbst, sondern auf eine bestmögliche Umsetzung, also intensive Betreuung des beauftragten Übersetzers und eventuelle Adaptationen für den deutschen Markt (z.B. bei Medizinbüchern). Dabei ist es nicht so, dass der Rückgriff auf vorhandene Werke und das Wissen über den Erfolg der Originalausgabe von vornherein das Risiko der Verlagsarbeit kleiner macht: Hohe Lizenz- und Übersetzungskosten können schnell zu einer sehr engen Kalkulationsbasis führen, die notwendige Zeit bis zur »Entdeckung« des Buchs und zum Abschluss der Übersetzung birgt die Gefahren der Veraltung oder eines zwischenzeitlichen Interessenwandels auf dem Markt. Aber auch unabhängig davon: Es gibt viele übersetzte Werke, die auf dem deutschsprachigen Markt nicht annähernd den Erfolg der Originalausgabe wiederholen können, und umgekehrt solche, die im Ursprungsland nur mäßig erfolgreich und in der Übersetzung ganz große Erfolge sind. Eine besonders große Rolle spielen Lizenzen in der Literatur (s. Kap. 1.3.5) und bei den Kinderbüchern.

2.2.5 Kommissionsverlag

Der Kommissionsverlag ist in aller Regel kein Verlagstyp, sondern ein spezifisches Geschäftsmodell. Hier ist der Verlag primär als Vertriebspartner des Kommissionsgebers (z.B. wissenschaftliche Institute, aber auch Privatpersonen) tätig. Die gesamte Produktion und deren Finanzierung obliegt dem Kommissionsgeber, der daher auch einen hohen Erlösanteil, oft 50% der Nettoerlöse, abgerechnet bekommt. Ob diese jährlichen oder halbjährlichen Abrechnungen der Verkäufe ausreichen, um die direkten technischen und indirekten Kosten (z. B. Personalkosten) einzuspielen, ist also das Risiko des Kommissionsgebers. Das Kommissionsverlagsmodell eignet sich einerseits für wirtschaftlich schwache Titel, die ein Verlag auf eigenes Risiko nicht verlegen würde, an deren Erscheinen aber der Kommissionsgeber als Institution oder Privatperson sehr interessiert ist. Hier geht der Kommissionsgeber i.d.R. davon aus, dass die ihm abgerechneten Erlöse nur zu einer Teildeckung seiner Aufwendungen führen werden.

Andererseits gibt es aber auch marktstarke Objekte (z.B. wissenschaftliche Schriftenreihen und Zeitschriften), bei denen der Kommissionsgeber sich die Mühen der Vertriebsarbeit ersparen bzw. diese abgeben, aber seine guten Erträge behalten will. Solche Objekte werden nicht selten immer wieder einmal ausgeschrieben, um dem Kommissionsgeber einen optimalen Ertragsanteil zu sichern. Der Verlag ist an solchen Objekten interessiert, weil sie zum einen einen gewissen Deckungsbeitrag erbringen, insbesondere aber, weil es sich oft um sehr prestigeträchtige Titel, insbesondere im Zeitschriftenbereich, handelt, die auf das Image und das Verlagsprogramm positiv ausstrahlen.

In manchen Fällen übernimmt der Verlag bei solchen Objekten auch die herstellungstechnische Betreuung und erhält dafür vor Erlösteilung eine Vorabvergütung. Ob die äußere Aufmachung dabei den Gestaltungsprinzipien des Kommissionsgebers folgt oder gemäß dem Erscheinungsbild des Verlags, wird unterschiedlich gehandhabt. Starke Kommissionsgeber mit eigener Corporate Identity verlangen oft deren Übernahme.

Kernelement jedes Kommissionsverlagsvertrags ist aber immer die Verlagerung des wirtschaftlichen Risikos (einschließlich der Erfolgschancen) auf den Kommissionsgeber.

2.3 Organisation im Verlag

Alles sollte so einfach wie möglich gemacht werden – aber nicht einfacher.
Albert Einstein

2.3.1 Begriffe und Konzepte

Der Begriff der Organisation umfasst zwei zwar miteinander verzahnte, aber dennoch zu unterscheidende Aspekte:

Die **Aufbauorganisation** befasst sich mit der Verteilung von Aufgaben und Kompetenzen sowie der Koordination von Aufgaben und Aufgabenträgern. Das Ergebnis ist die formale Organisationsstruktur der Unternehmung. Man spricht vom *institutionellen Organisationsbegriff.*

Ablauforganisation ist die raum-zeitliche Strukturierung von Prozessen, sie wird daher oft als *tätigkeitsbezogen* charakterisiert

Organisation insgesamt kann als ein Regelsystem verstanden werden, das Aktionen zwischen definierten Akteuren steuert.

Die zentralen Fragestellungen für die Gestaltung von Organisationen kann man wie folgt zusammenfassen:

(1) **Externe Systemabgrenzung** (Ein- und Ausgliederung von Aufgaben): Welche Aufgaben soll eine Unternehmung selbst erfüllen, welche soll sie vom Markt beziehen? Welche Möglichkeiten bietet die Schaffung vertikaler und horizontaler Kooperationen?

(2) **Interne Strukturierung** (Subsystembildung und Subsystemintegration): Wie soll das System in Subsysteme (z.B. Abteilungen oder Prozesse) zur effizienten Aufgabenerfüllung gegliedert werden? Wie kann das Zusammenwirken der arbeitsteiligen Einheiten und unterschiedlichen Prozesse sichergestellt werden? Welche Formen unterschiedlicher Subsysteme gibt es?

(3) **Systementwicklung**: Wie entsteht und entwickelt sich das System Unternehmung und seine Organisation? Welches sind die Bedingungen für das langfristige Überleben? Wie kommt es zum Vergehen einer Unternehmung? In welchen Wechselwirkungen steht das System und seine Organisation zum Systemumfeld? Wie ist der Wandel der Organisation zu bewerkstelligen?

(nach W. Krüger in: Allg. BWL, hrsg. v. Bea/Dichtl/Schweitzer, 8. A. [Stuttgart 2001])

Diese Zusammenstellung weist eindrücklich auf eine sehr wichtige Grundtatsache hin: Organisation ist nie etwas Endgültiges, vielmehr ständig anpassungsbedürftig z.B. im Blick auf die sich verändernde Gewichtung von Arbeitsbereichen im Gesamtunternehmen, auf Veränderung der Unternehmensgröße, Veränderungen bei Leistungsbreite und Kosten externer Dienstleister u.v.a.m. Die Erstarrung von Organisationen führt zu wachsender Ineffizienz (Unwirtschaftlichkeit). Organisation bedarf stetiger Aufmerksamkeit und optimierender Nachführung, Organisationsveränderung ist ein Kern des »change management«.

Grundsätzlich geht es bei der Organisation um die »präsituative Strukturregelung von Aktionsfeldern« (Krüger); es gilt die Vielfalt von Aufgaben arbeitsteilig so zu organisieren, dass optimale Effizienz erreicht wird. Angesichts der notwendigen komplexen Interaktionen in einem Verlag etwa zwischen Lektorat, Marketing, Herstellung u.s.w. ist ein einfaches sequentielles Arbeitsteilungsmodell wie das berühmte Ur-Modell Adam Smith's zur Stecknadelherstellung gewiss nicht (mehr) zielführend.

Organisation bezieht sich heute aber nicht nur auf Arbeitsplätze und Arbeitsgruppen bzw. auf Abteilungen, sondern in wachsender Bedeutung auch auf die Organisation der im Unternehmen vorhandenen und genutzten Daten. Das Stichwort heißt »Wissensmanagement«. Berater zeigen immer wieder auf, wie viel Wissen in einem Unternehmen eigentlich vorhanden ist, das aber nur isoliert und damit unzureichend genutzt wird. Entscheidend ist dafür ein anwendungsorientiert organisierter Pool digitalisierter Daten, der u. U. gestuft für bestimmte Mitarbeiter zugänglich ist. Eine Vereinheitlichung der Datenbasis (Adressen, Objekte u.s.w.) kann dabei große Effizienzreserven heben und ist also genauso eine Organisationsaufgabe.

Am Anfang von Organisationsüberlegungen sollte wie oben angeführt das Tableau aller denkbaren Aufgaben stehen und die Entscheidung darüber, was im und was außerhalb des Verlags gemacht werden soll. Das nachfolgende Diagramm ist eine Checklist dafür und zugleich ein Lösungsvorschlag unter sehr vielen anderen denkbaren. In einem größeren Verlag werden viele Funktionen, die hier außerhalb des Kreises (= Verlag) stehen, interne Abteilungen sein, das ist z.B. eine Frage ausreichenden und regelmäßigen Arbeitsanfalls.

Aber auch technische Veränderungen können zur Neuorganisation führen: So haben mittlerweile viele, auch kleinere, Verlage die Druckvorstufe in den Verlag geholt, weil durch die Desktop-Publishing-Verfahren sowohl externe Kosten gespart werden und zugleich die internen Kosten der Produkterstellung gesenkt werden können (s.a. Kap. 2.6). Bereiche wie Finanzierung, Personal-

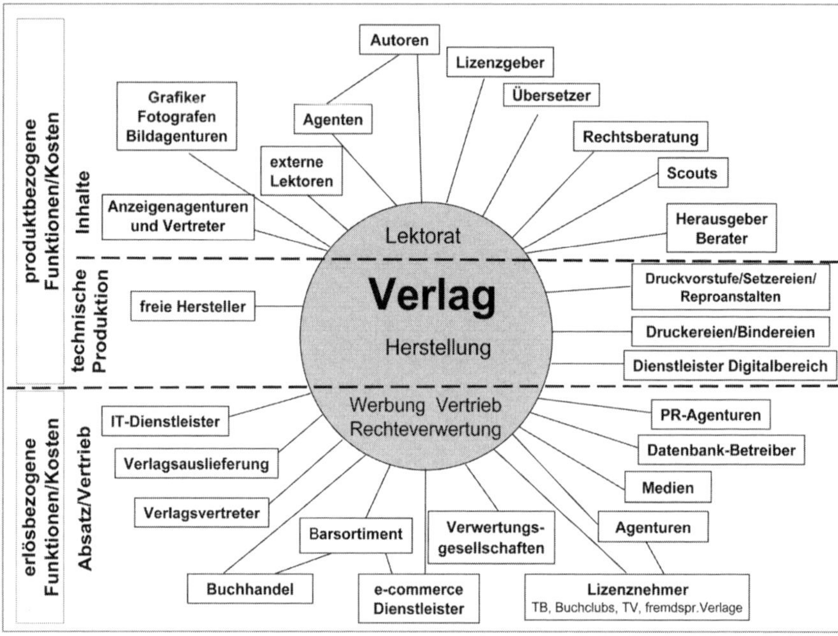

Abb. 2.2: Der Verlag im Netzwerk von Dienstleister, Lieferanten und Abnehmern

wesen u.a. sind dabei noch nicht einmal im Diagramm erfasst, weil sie generelle unternehmerische Bereiche und nicht verlagsspezifisch sind. Aber auch dafür stellen sich die gleichen grundsätzlichen Fragen. Jedenfalls aber findet auch in den Verlagen statt, was weithin die Wirtschaft prägt: Der Bedarf nach immer qualifizierteren Mitarbeitern steige und damit die durchschnittliche Vergütungshöhe. Das hebt tendenziell die Personalkosten an – trotz outsourcing haben viele Verlage Mühe, die magische Marke von 25% Personalkosten auf den Umsatz nicht zu überschreiten.

Man kann die Hauptaufgaben bzw. Funktionsbereiche auch wie folgt umreißen:

Kernaufgaben im Verlag

Programmrichtlinien / Verlagsphilosophie
zuständig: Geschäftsleitung, »der Verleger«

Produktentwicklung
zuständig: Lektoren, Verlagskonferenz, Teilbereichsleiter, Produktmanager

Produkterstellung
zuständig: Herstellung/Lektoren (bzw. Projektteam)

Vertrieb / Marketing
zuständig: Vertriebs- und Marketingleiter (oft auch Geschäftsführer und Lektoren)

Personal / Rechnungswesen / Erfolgskontrolle
zuständig: kfm. Geschäftsführer, Controlling

Die Zuordnung dieser Aufgabenbereiche an Abteilungen und Personen, die Definition der Befugnisse und Verantwortlichkeiten, ist Gegenstand der Aufbauorganisation.

2.3.2 Aufbauorganisation

Die Aufbauorganisation entwickelt sich auf Basis der vorstehend skizzierten Arbeitsbereiche und differenziert sich mit wachsender Betriebsgröße. Während in einem 4-Mann-Betrieb eigentlich alle einen Überblick über die wesentlichen Aufgaben und auch die Fähigkeiten zu deren Erledigung haben müssen, ist das schon bei 20 Mitarbeitern anders und bei 200 noch einmal komplexer.

Die Aufbauorganisation bildet sich ab im Organigramm, das die Arbeitsbereiche und die Funktionsebenen (von der Geschäftsleitung bis zum Sachbearbeiter) darstellt. Klassische Organigramme entsprechen in vielem der militärischen Organisation, aus der diese Strukturen herrühren – insbesondere auch die Unterscheidung von Stab und Linie. In der Linie stehen die Mitarbeiter in einer Weisungskette: Verlagsleitung → Abteilungsleiter → Gruppenleiter → Sachbearbeiter. Anders die Stabsmitarbeiter, die nur der Leitungsebene zuarbeiten, wie im Urmodell der Generalstab dem kommandierenden General. Ein relativ einfaches und vielfach übliches Organigramm eines Verlags im sogenannten **Stabliniensystem**, auch funktionale Organisation genannt, kann etwa wie folgt aussehen:

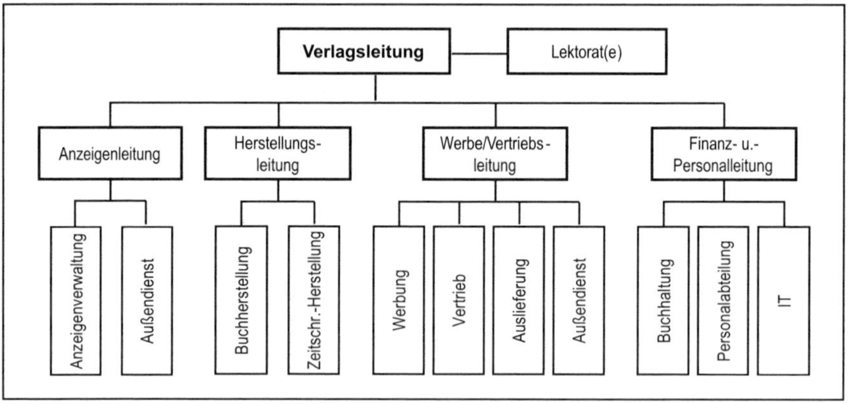

Abb. 2.3: Klassisches Stab-Linien Organigramm

In diesem klassischen Modell ist die Verlagsleitung programmverantwortlich und disponiert über die abteilungsweise gegliederten Ressourcen des Unternehmens. Die Lektorinnen und Lektoren arbeiten nur zu, schlagen Projekte vor und betreuen sie bis zum Erscheinen, können aber keine Ergebnisverantwortung haben, da ihnen ja Entscheidungsbefugnisse über Herstellungskosten, Werbemitteleinsatz u.a. nicht zustehen. Natürlich werden bei der Projektannahme (s. S. 79f.) hierzu Vorentscheidungen getroffen (teils sind sie ja sogar Bestandteile des Autorenvertrags), aber der Lektor kann allenfalls argumentierend eingreifen, nicht wirksame Anweisungen geben. Es bedarf also stets ergänzender, informeller Informationsstrukturen und Abstimmungsvorgänge. So wird die Messung seiner Leistung in Projektakquisition und Projektumsetzung nur bedingt möglich sein. Daher haben viele Verlage sich mittlerweile für ein anderes Organisationsmodell entschieden, das dem Lektor Ergebnisverantwortung überträgt, ihn also in eine Linienfunktion mit Weisungsbefugnissen bringt (s. S. 95).

Zuvor aber noch einige Anmerkungen zum klassischen Stab-Linien-Modell: Die Zahl der Zellen, in denen ja auf der unteren Ebene in der Regel mehrere Sachbearbeiter tätig sind, zeigt, dass eine solche Struktur erst bei einer Größe ab vielleicht 60 MitarbeiterInnen möglich ist, darunter müssen Funktionen zusammengefasst und die zweite Ebene nicht nur dispositiv, sondern auch unmittelbar operativ tätig sein. Daher kommt es häufig vor, dass in einem Organigramm Namen auf zwei Ebenen auftauchen oder in zwei nebeneinander stehenden Kästen. So ist sehr oft einer der Geschäftsführer zugleich Leiter Personal/Finanz und der IT-Leiter könnte zugleich Buchhaltungsleiter sein. Noch häufiger sind Werbungs- und Vertriebsleitung (oft inklusive Auslieferung) in einer Person zusammengefasst. Das mag der reinen Lehre widersprechen – und dennoch hat auch dann das Organigramm seinen Sinn, weil es Arbeitsbereiche, insbesondere aber Verantwortlichkeiten definiert: Jeder weiß anhand des Organigramms, wer wofür zuständig ist, wer wem Weisungen erteilen kann, wer wem berichtet (unterstellt ist). Eiserne Regel bei einer derartigen Organisation ist: Weisungen können immer nur in direkter Linie gegeben werden. Also nicht von der Verlagsleitung direkt an einen Sachbearbeiter, sondern in der »Befehlskette« über Abteilungsleiter u.s.w. Auch kann ein Herstellungsleiter keine Anweisung an einen Werbeassistenten geben, ungeachtet zahlreicher unerlässlicher informeller Arbeits- und Informationsverzahnungen. Entscheidend ist also das Prinzip, dass die jeweils übergeordnete Ebene für alles verantwortlich ist, was unter ihr steht; das Überspringen von Ebenen oder die gefürchtete »Rückdelegation von Aufgaben« sind unbedingt zu vermeiden. So jedenfalls die »reine Lehre«.

Nun zur Fortentwicklung von Organisationsmodellen im Verlag. Bei klar voneinander trennbaren Produktbereichen, die auch andere Vertriebsmethoden etc. nutzen, kann das Stablinien-Organigramm sich vervielfachen.

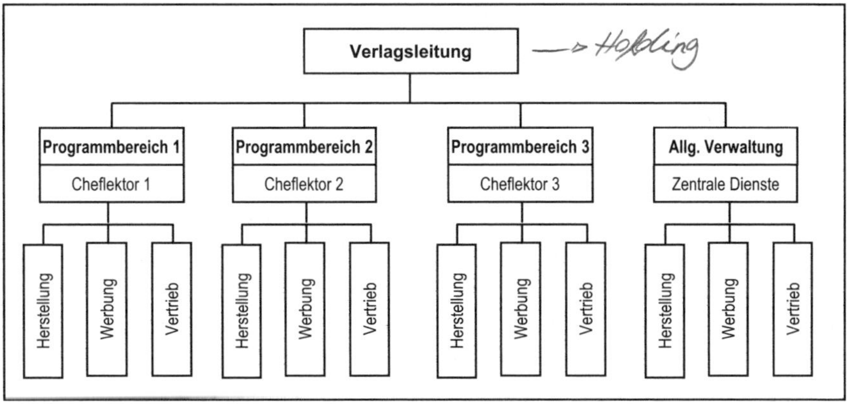

Abb. 2.4: Organigramm einer Struktur nach Produktbereichen

Es handelt sich nun um eine divisionale Struktur.
Man kann in einem solchen Fall davon sprechen, dass es hier drei Verlage im Verlag gibt, davon war schon im Kap. 2.2.1 die Rede. Nicht selten führen solche Strukturen zur Aufspaltung in selbständige Unternehmen, womit dann die Budgetverantwortung der Bereichsleiter eine vollständige ist, sie werden ver-

antwortliche Geschäftsführer, die Gesamtverlagsleitung wird zur Holding. So sind heute viele mittelgroße Verlagsgruppen organisiert, die großen Konzerne ohnehin (und das dann oft mehrstufig). In diesem Modell sind die im Urmodell nur als Stabsmitarbeiter der Verlagsleitung zuarbeitenden Lektoren zu ergebnisverantwortlichen Produktmanagern geworden und zwar egal, ob es sich um Verlagsabteilungen oder verselbständigte (Teil)Unternehmen handelt.

Es liegt auf der Hand, dass solche Strukturen in starrer Anwendung zu sehr komplizierten, zeitraubenden und ineffizienten Abläufen führen können. Daher hat sich in der Praxis bei mittelgroßen Betrieben vielfach das sogenannte **»Mehrliniensystem«** durchgesetzt, bei dem es gerade zu den im Stabliniensystem zu meidenden Mehrfachunterstellungen kommt:

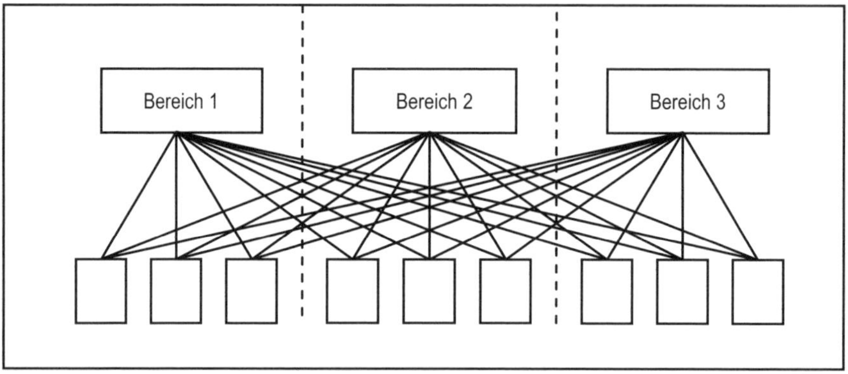

Abb. 2.5: Mehrliniensystem

Immer steht am Anfang solcher Organisationsmodelle die Entscheidung, ob das Unternehmen nach Funktionsbereichen (Produktion, Vertrieb, Finanzen u.a.) gegliedert sein soll oder nach Produktgruppen (Bücher, Zeitschriften, Dienstleistungen) oder nach Märkten (Buchhandel, Direktvertrieb, Corporate Publishing). Selbst Weltkonzerne sind hier immer wieder am Umorganisieren, so hat etwa Mercedes-Benz in den letzten 15 Jahren schon zweimal von Produkt- auf Funktionsorganisation umgegliedert und zurück.

Zahlreiche Mutationen und Mischmodelle solcher Ansätze sind in der Realität anzutreffen, das anspruchsvollste Konzept ist wohl das der **Matrix-Organisation.** Hier erfolgt die eigentliche Gliederung des Gesamtunternehmens nach Produktgruppen, in der Regel mit Budgetverantwortung des betreffenden Leiters, die Funktionsabteilungen sind quasi innerbetriebliche Dienstleister für die Produktbereiche:

Abb. 2.6: Matrixorganisation

Dass es in all diesen komplexeren Organisationsformen eines sehr feinen Regelwerkes bedarf, wer was anzuordnen, wer wen zu informieren und wer in Konfliktsituationen zu entscheiden hat, liegt auf der Hand. Das gilt auch für eine heute besonders propagierte Organisationsform, die sich aus der Matrixorganisation am besten entwickeln lässt: die der (temporären) **Projektteams.** Kapazitätsanforderungen können ja durchaus in den Bereichen schwanken, ebenso der Bedarf nach Spezialisten. Dann können Projektteams am ehesten als flexible Antwort auf solche Situationen gesehen werden, insbesondere auch für neuartige, erst zu strukturierende Aufgabenstellungen. Sie führen zu einem effektiveren Projektmanagement ohne nachdauernde Kosten und können so zu einem wesentlichen Wettbewerbsvorteil führen. Projektteams haben heute in der Organisationstheorie ebenso wie in der Praxis einen hohen Stellenwert, der wohl noch deutlich wachsen wird.

Man spricht in der Organisationslehre neuerdings auch von einer Modularisierung der Organisation. Stichworte dazu sind: Objekt/Aufgabenorientierung, Spezialisierung, Dezentrale Entscheidungskompetenz sowie Kosten- und Ergebnisverantwortung, überschaubare Größe (A. Braßler/Chr. Greue).

Die Leitung solcher Projektteams wird häufig dem betreffenden Lektor übertragen. Für solche Fälle mag man dann ein Diagramm akzeptieren, das W. Schickerling kürzlich (in Schickerling/Menche, 2004) veröffentlicht hat und das ansonsten vielleicht doch allzu lektoratszentriert erscheint mit einer Verlagsleitung, die durch die punktierte Linie nun ihrerseits zur Stabstelle mutiert zu sein scheint. Aber auf der Ebene eines bereits entschiedenen Projekts, also in der Phase, wo ein Projektteam zur Realisierung zusammengestellt wird, hat dieses Schema durchaus heuristischen Wert:

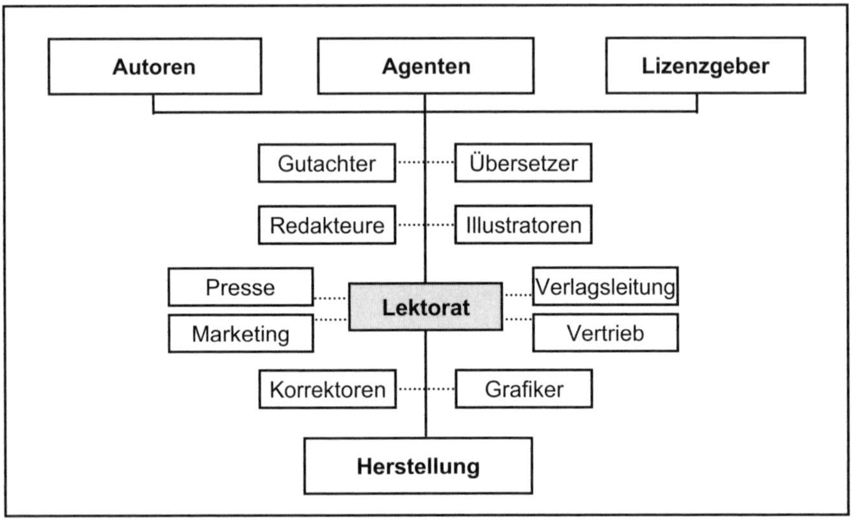

Abb. 2.7: Das Lektorat als Koordinator zahlreicher Funktionsbereiche

Damit ist der Übergang zum nächsten Abschnitt »Lektorat« erreicht, da die Aufgabenstellungen der anderen entscheidenden operativen verlagstypischen Abteilungen im Prozess der Produkterstellung, nämlich Herstellung, Werbung/Vertrieb, sowie die zeitschriftenspezifischen Fragen in den Kapiteln 3 bis 5 behandelt werden. Somit verbleibt im Rahmen dieses Kapitels nur die Tätigkeit des Lektorats, also des Beginns der Informationskette, die sich von der Idee bis zum Leser erstreckt.

2.4 Lektorat und Redaktion

Die Tätigkeit des Lektors ist einerseits eine sehr alte, die die ganze Druck- und Verlagsgeschichte der Neuzeit begleitet – erwähnt sei nur die Tätigkeit des Erasmus von Rotterdam für Aldus Manutius in Venedig und Froben in Basel am Anfang des 16. Jh. oder die von Johann Gottfried Seume für Göschen in Leipzig am Ende des 18. Jh. Beide waren bezeichnenderweise auch selbst sehr tätige Schriftsteller. Das ist so geblieben bis ins 20. Jh., wo bedeutende Autoren wie etwa Oskar Loerke als Lektor bei S. Fischer in Berlin tätig waren. Diese Lektoren waren Teil der literarischen oder wissenschaftlichen Welt und in ihr auch schreibend tätig. Das gibt es auch noch heute, ist aber nicht mehr der Normalfall: Lektorate als Verlagsabteilungen mit fest angestellten Fachkräften sind im Grunde eine Entwicklung des 20. Jhs. und insbesondere in der zweiten Hälfte. Das gilt sowohl für Konsolidierung eines eigenen Berufsbildes als auch für berufsspezifische Aus- und Fortbildungseinrichtungen wie z.B. in der Akademie des Deutschen Buchhandels in München oder der Buchhändlerschule Frankfurt a.M.-Seckbach.

Lektoren werden mit den unterschiedlichsten Aufgaben und Eigenschaften assoziiert: Perlenfischer, Programmarchitekten, Vermittler zwischen Autor und Markt, Seelentröster, Antreiber, strenge Kritiker, inhaltsverliebte Schöngeister, kühle Akquisiteure von Erfolgstiteln u.s.w. u.s.w.

Die Tätigkeitsfelder im Lektorat sind also recht vielfältig und differenziert, es gibt entsprechend unterschiedliche Lektoratspositionen.

Lektoratstypen

- das akquirierende Lektorat
  (procuring editor)
- das sichtende, bewertende Lektorat
- das ordnende, korrigierende Lektorat
  (copy editor)
- das schreibende Lektorat (Beispiele: Schulbuch, Reiseführer, Lexikonredakteure, d.h. Angestellte als Autoren)

Es liegt auf der Hand, dass für diese sehr unterschiedlichen Tätigkeiten entsprechend unterschiedliche Fähigkeiten und Begabungen erforderlich sind: Da ist auf der einen Seite der beharrliche, auf Details und Genauigkeit bedachte Schreibtischarbeiter – auch Erasmus und Seume arbeiteten stark als Korrektoren! – und auf der anderen Seite der Programm-Macher, der Extrovertiertheit, Sozialkompetenz, Neugier, Reiselust, Risikobewusstsein und kaufmännisches Verantwortungsgefühl in sich vereinen muss. Der Lektor ist in diesem Fall Berater des Verlegers, seine Expertise entscheidend für Annahme oder Ablehnung von Projekten, und er wird oft zum verantwortlichen Projektmanager nach innen und zugleich Repräsentant des Verlags für seinen Bereich nach außen. Solch ein Eigenschaftsprofil beschreibt im Grunde das, was man früher einen Verleger nannte, und in nahezu allen kleineren und mittleren Verlagen ist der Verleger auch heute noch selbst der procuring bzw. acquisition editor. Im Französischen und Italienischen heißt ja der Verleger überhaupt Éditeur bzw. Editore, was auf diese ursprüngliche Verbindung der Tätigkeiten in einer Person hinweist.

Solche Lektoren verkörpern wie gesagt ganze Verlagsprogramme. Wechseln sie den Verlag – was in Deutschland eher selten, in den USA recht häufig geschieht – zieht mit ihnen in aller Regel ein erheblicher Teil der von ihnen gewonnenen und betreuten Autoren. Dieser Lektor war ja ihr Gesprächspartner, kaum der in der Chefsuite residierende Großverleger. »Verlegen ist ein Menschengeschäft«, sagt eine alte Verlegerweisheit, also ist es auch da fixiert, wo die persönlichen Kontakte am stärksten sind.

Auch die Wissenschaftsverlage haben sehr lange Zeit weitestgehend vom externen Rat von Herausgebern und wichtigen Autoren gelebt, die ihnen ihre Schüler und hoffnungsvollen Kollegen empfahlen und auf neue wissenschaftliche Entwicklungen hinwiesen. Mit der wachsenden Spezialisierung der Wissenschaftler funktioniert dies nur noch eingeschränkt: Die Verlage benötigen (und haben seit Jahrzehnten) auch in den Wissenschaften eigenständige Programmplaner, die natürlich selbst aus den betreffenden Fachgebieten stammen müssen. Ein Altphilologe kann schwerlich ein Chemieprogramm konzipieren, wohl aber kann er nach Einarbeitungszeit u.U. als desktop editor auch außerhalb seines Fachgebiets tätig sein. Die Riege der desktop editors speist sich nicht unwesentlich aus den Geisteswissenschaften.

Wie viel in einem Lektorat am Schreibtisch zu leisten sein kann und welch hohe Anforderungen auch an einen desktop editor zu stellen sind, zeigt sich an einer Wunschliste von Studenten, die aus einer Untersuchung an der Universität Duisburg 2002/3 resultierte.

Studentische Anforderungen an Einführungslehrbücher

1. **Textaufbau**
- separates Inhaltsverzeichnis für einzelne Kapitel/am Kapitelanfang
- Nicht zu lange Absätze
- Hervorhebungen wichtiger Begriffe durch Fettdruck, Kapitälchen o.ä.
- Binnengliederung des Kapitels
- sprechende Überschriften

2. **Veranschaulichung**
- Einsatz von Bildern, Schemata, Graphiken
- illustrative Beispiele/Texte
- erklärende Beispiele/Anwendungsbeispiele
- Positionierung der Beispiele/Schemata im Kapitel (am Anfang, in der Mitte, am Ende)
- Einbindung der Beispiele in die Argumentation

3. **Sprachliche Gestaltung**
- einfacher Satzbau
- nicht zu viele Fachwörter
- explizite Definitionen von Fachwörtern

4. **Textanspruch**
- kompakt und auf das Nötigste reduziert
- Aktualität/Forschungsüberblick
- detaillierte Darstellung

5. **Ergänzungen, Hilfsmittel, Besonderheiten**
- spezifische Literaturangaben pro Kapitel
- kommentierte Literaturangaben
- Beispielanalysen
- Querverweise zu anderen Kapiteln
- Zusammenfassungen am (Teil-)Kapitelende
- Marginalien
- Übungsaufgaben ohne Lösungen/Arbeitstexte
- Übungsaufgaben mit Lösungen
- Register
- Glossar

Natürlich wäre es fatal (und ebenso teuer wie konfliktbeladen), sollten all diese Eigenschaften erst nachträglich in ein Manuskript eingearbeitet werden. Die wesentlichen Punkte dieser Anforderungsliste müssen also im Vorfeld mit dem Autor abgestimmt sein und Teil des Verlagsvertrags werden. Dennoch bleibt in aller Regel noch sehr viel nachzuarbeiten, zu vereinheitlichen und zu glätten.

Jeder Lektor – in welcher Tätigkeitsausprägung auch immer er oder sie tätig ist – ist stark vernetzt mit allen Verlagsabteilungen und vielen externen Zuarbeitern, insoweit ist noch einmal auf die Grafik auf S. 83 hinzuweisen.

Eine Sonderform des Lektors ist der schreibende Lektor bzw. Redakteur, der quasi als **angestellter Urheber** in die Textproduktion und nicht nur die Textoptimierung eingebunden ist. Wie in vorstehender Übersicht gezeigt, sind dafür typische Beispiele die Schulbuch-, Lexikon- und ein Teil der Ratgeberverlage. Dort entsteht der Inhalt im Verlag selbst. Ähnliches geschieht zumindest zu Teilen bei den Fachzeitschriften (s. Kap. 5), wo die Redakteure zumindest bestimmte Rubriken selbst schreiben (siehe hierzu auch die urheberrechtlichen Anmerkungen in Kap. 7, S. 324).

2.5 Outsourcing und Kooperationen

2.5.1 Funktionsausgliederung/Outsourcing

Schon mehrfach wurde vorstehend die Frage »make or buy« angesprochen, also die Entscheidung, bestimmte Funktionen, die für den Prozess der Produkterstellung oder die Vermarktung unentbehrlich sind, selbst im Unternehmen anzusiedeln oder von außen zu beziehen. Diese Frage schließt natürlich auch die laufende Überprüfung dahingehend ein, ob bisher extern erledigte Aufgaben in das Unternehmen hineinverlagert, oder umgekehrt, bisher intern erledigte Dinge nach außen gegeben werden sollten. Für diesen Bereich hat sich der englische Begriff Outsourcing eingebürgert, ein Komposit aus <u>out</u>side re<u>source</u> us<u>ing</u>.

Die Übersicht zeigt übliche Ausgliederungsfelder im Verlagswesen, z.T. auch aus dem sensiblen Bereich der Produkterstellung.

Ausgliederung von Verlagsfunktionen

organisatorische Funktionen Abwicklung von Routinevorgängen	• Lagerhaltung / Versand • Fakturierung • Abonnementsverwaltung • Debitorenbuchhaltung • Finanzbuchhaltung • Adressverwaltung • Werbemittelversand • Telefonmarketing
kreative Funktionen	• Grafik-Design • Herstellung • Konzepte / Producer • Rechteeinkauf (Scouts) • Rechteverkauf (Agenten) • Texter / PR-Agenturen

Je mehr ein Unternehmen ausgliedert, desto mehr kann es sich auf seine spezifische Stärken konzentrieren: Produktentwicklung, Absatzstrategien, Marktbeobachtung. Der Terminus »virtuelles Unternehmen« ist plakativ, aber eher irreführend: Das Wichtigste macht das Unternehmen weiterhin selbst bzw. steuert es nach eigenen Vorstellungen im Rahmen eines stabilen Netzwerks von Zulieferern. Diese Stabilität der eingekauften Leistungen kann in vielen Fällen durch detaillierte und langfristige Verträge abgesichert werden.

In der Diskussion des »make or buy« werden immer wieder folgende grundsätzliche Überlegungen aufgeworfen:

Ausgliederung von Funktionen

Argumente **pro:**

- Professionalisierung durch fremdes know-how
- Nutzung der Erfolge Dritter
- Kostenvorteile
- Auffangen von Spitzenbelastungen
- Steigerung des Qualitätsniveaus
- Einsatz neuester Techniken ohne hohe eigene Investitionen
- erhöhte Flexibilität
- Freisetzung von Personal für andere im Haus verbleibende Tätigkeitsfelder
- Risikostreuung

Argumente **contra:**

- Verlangsamung vieler Abläufe
- Koordinations- u. Informationsprobleme
- Verlust von firmenspezifischen Leistungsvorteilen
- Gefährdung sensibler Daten
- Identitätsverlust nach außen
- Motivationsverlust nach innen

In einer Untersuchung des Verbandes deutscher Zeitschriftenverleger VDZ (2004) zum Outsourcing ergeben sich aufschlussreiche Aussagen zu den Beweggründen (in Auswahl):

	kleine Verlage < 5,5 Mio	mittl. Verlage 5,5-100 Mio	Große Verlage >100 Mio
positive Argumente	in %	%	%
Verbesserte Prozesseffizienz u. -kontrolle	31	57	63
Höhere Leistungs- und Servicequalität	39	38	63
Zugang zu Spezialisten know how	62	75	50
Niedrigere erforderliche Kapitalinvest.	43	38	13
Verbesserte Kostenkontrolle	57	52	50
Reduzierung von Risiken	34	48	25
Kostenreduktion/Skaleneffekte	82	76	100
Schaffung von Wettbewerbsvorteile	29	24	63
Konzentration auf Kernkompetenzen	69	81	100

negative Argumente			
Wissensverlust	44	57	75
Verstärkte Abhängigkeit	52	81	50
Arbeitsrechtliche Probleme	15	14	13
Mangelnde interne Erfahrung	26	19	13

Von den Funktionsbereichen wurden besonders häufig ausgegliedert: IT-Leistungen, Lohn- und Gehaltsabrechnung, Personalverwaltung, Ausbildung/Training, Buchhaltung sowie Recht und Steuern, Forderungsmanagement. Im Vertriebsbereich sind es lt. dieser Studie Call Center, Kundenservice, Auftragsabwicklung, Logistik/Transport, Adressdatenmanagement, Außendienst, Vertriebsmarktforschung. Weiteres erhebliches Outsourcing findet statt bei Redaktionsleistungen und im Anzeigenverkauf.

Es sind also durchaus auch sensible Bereiche, was Image und Wettbewerbsposition angeht, die in den Zeitschriftenverlagen in erheblichem Umfang ausgegliedert werden. Es ist daher beeindruckend, dass bei den abgefragten Erfahrungen die positiven in fast allen Kategorien über 75%, oft sogar über 90% der Antworten betragen!

Es liegt im Wesen einer immer arbeitsteiliger und spezialisierter werdenden Welt, dass – insbesondere für kleinere und mittlere Unternehmen – für viele hochspezialisierte Aufgaben dies Problem besonders gravierend wird. Offenbar aber gibt es gerade in kleineren Unternehmen eher Widerstände gegen Outsourcing: Nur 48% Unternehmen mit einem Umsatz unter 5,5 Mio. € haben in der Studie des VDZ bereits Outsourcing praktiziert, gegenüber 62% bei den größeren Verlagen. Verlage mit über 100 Mio. Umsatz machen lt. dieser Untersuchung sogar zu 75% Gebrauch von Outsourcing. Ähnliches gilt auch für die zusätzlich erfragte »Bereitschaft zum Outsourcing«.

Sowohl die Frage, ob eine Spezialaufgabe (etwa bestimmte IT-Leistungen) überhaupt in solchem Umfang anfällt, dass eine Stelle oder gar Abteilung gerechtfertigt wäre, und zum zweiten, ob eine kleinere Firma attraktiv genug ist, um Spitzenkräfte zu gewinnen und ob sie diese bezahlen könnte, muss zunächst geklärt werden. Dabei sollte ja (im Gegensatz zu obigen Umfrageergebnissen) die Erwartung eher dahin gehen, dass kleinere und mittlere Unternehmen einen größeren Outsourcing-Grad haben sollten als große: Outsourcing kann, weil Leistungen in relativ kleinen Einheiten bezogen werden können, sehr viel wirtschaftlicher sein, zudem bietet ein Spezialdienstleister höhere Leistungssicherheit als wenn der einzige Experte im Verlag krank wird oder kündigt. Des Weiteren ist der Spezialdienstleister ja eine lernende

Einheit, weil er viele Unternehmen, oft aus der gleichen Branche betreut. Mit Hilfe deren unterschiedlicher Anforderungen und Erfahrungen verbessert der externe Dienstleister seine Angebote, von denen jeder Mandant dann profitiert. Ein typisches Beispiel dafür sind branchenspezifische Programmanbieter. Aber auch bei Rechtsberatung, Personalentwicklung u.v.a.m. gibt es zwingende Gründe für kleinere Unternehmen, diese Dienste extern zu beziehen, erst größere Unternehmen können überhaupt erwägen, sie ins Haus zu nehmen.

Besonders der Aspekt der Kapazitätsauslastung spricht oft für den externen Dienstleister: Große Auslieferungsspitzen z.B. bewältigt eine externe Verlagsauslieferung viel leichter angesichts der Mischung ihrer Kommittenten, dazu kommt ein viel höherer Mechanisierungsgrad, als ihn die Einzelauslieferung eines mittleren Verlags je erreichen könnte.

Es gibt noch weitere **Einwände gegen das Outsourcing**, die häufig vorgebracht werden:

- Termine werden nicht eingehalten
- Qualität stimmt nicht
- spezifische Vorgaben werden nicht umgesetzt
- Budgets werden überschritten

Da muss sich mancher selbstkritisch fragen, ob diese Probleme nicht zu guten Teilen auch bei interner Leistungserbringung auftreten und ob sie nicht oft viel einfacher gegenüber externen Dienstleistern angemahnt, mit Schadenersatzforderungen belegt und danach weitgehend verlässlich beseitigt werden können? Wer aber glaubt, dass nur, wenn er es selbst macht, Qualität, Termine, Projektvorgaben und Kosten garantiert seien, der soll es getrost tun, aber er sollte nicht versäumen, erstens hin und wieder zu schauen, ob auch wirklich alles so fabelhaft gelaufen ist, und zum zweiten, wie es denn mit den Kosten aussieht.

Die Leser und Leserinnen sind aufgefordert, noch einmal die Abbildung auf S. 92 sorgfältig anzusehen: Jede der dort genannten Funktionen ist zu überprüfen auf »make or buy?«. Natürlich sind neben den Kosten- und Sicherheitsaspekten auch qualitative zu beachten, und es ist einleuchtend, dass im Wettbewerb entscheidende Funktionen, insbesondere natürlich die Programmarbeit, schwerlich ausgelagert werden können. Je neutraler aber eine Funktion ist, wie etwa Buchhaltung, Lohnbuchhaltung, Werbemittelmassenversand u. Ä., desto eher kann Outsourcing erwogen werden. Auch ist die Grundtendenz in der Wirtschaft heute gegenüber dem Outsourcing sehr positiv, beispielhaft dafür die dramatisch reduzierte Produktionstiefe der Automobilindustrie, die z.T. fast nur noch als Entwurfs- und Montageunternehmen gesehen werden können, während die Komponenten wie Kolben, Pumpen, Räder, Armaturenbretter, Getriebe, Hydraulik, Bremssysteme u.s.w. von Zulieferern kommen. Das hätte vor 40 Jahren niemand für möglich gehalten. Tendenziell gilt das auch für das Verlagswesen: Externe Lektoren, producer, Typografen, PR-Agenturen, Pressebüros, Vertriebsfirmen vermehren sich laufend, von den bereits weithin ausgegliederten Funktionen ganz zu schweigen, wie IT-Leistungen, Buchhaltung, Lager/Logistik u.a.

Auch Lizenzierung kann als eine Art Outsourcing verstanden werden: der Verlag hat keine Vertriebskraft für Taschenbücher oder im Ausland oder für digitale Derivate. Dann überträgt er per Lizenz diese Verwertungen an Dritte und nimmt durch die Lizenz an den Erträgen teil ohne jedes Investitionsrisiko.

Ausgliederungen vereinfachen viele Abläufe, Zwischenstufen im Verlag entfallen, die Gemeinkosten werden entlastet. Gelungene Ausgliederung von Funktionen kann also folgende Ziele erreichen:

- Steigerung der organisatorischen Flexibilität
- bessere Ressourcennutzung
- Senkung der Erbringungskosten
- Steigerung der Qualität
- permanente Teilhabe an technischen Fortschritten ohne eigene Investitionen

So betrachtet ist das noch immer vielerorts mit Zurückhaltung, ja Skepsis gesehene Outsourcing als Möglichkeit zu sehen, dem eigenen Unternehmen Wettbewerbs- (und nicht nur reine Kosten-)Vorteile zu verschaffen.

2.5.2 Kooperationen

Ein erheblicher Teil der Zielsetzungen des Outsourcing lässt sich auch durch Kooperationen erreichen, also derart, dass verschiedene Marktteilnehmer, z.T. durchaus auch solche, die im Wettbewerb untereinander stehen, bestimmte Arbeitsfelder zusammenlegen und gemeinsam durchführen. Kooperationen können auf verschiedenen Ebenen stattfinden:

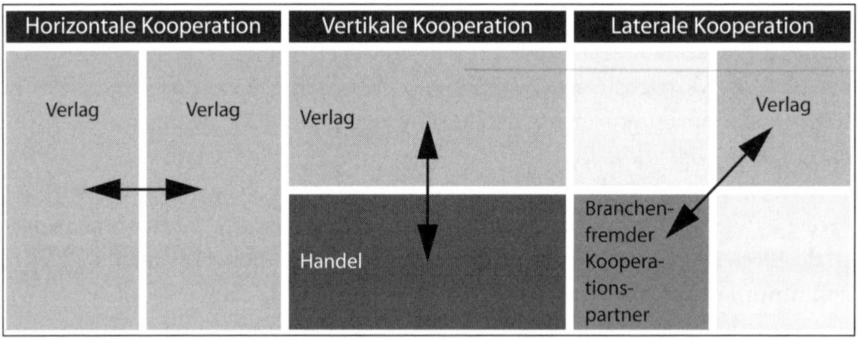

Abb. 2.8: Verschiedene Kooperationstypen (aus B. Renner 2006)

Das kann sich auf den Außendienst beziehen, ebenso auf Messepräsenzen, Materialeinkauf, Vertrieb u.a.. Kooperationen sind möglich für einzelne Aktionen wie Betreuung von Kongressen und Buchausstellungen bis hin zu langfristigen Vereinbarungen etwa über einen gemeinsamen Außendienst. Die rechtliche Basis können dabei einfache gegenseitige Dienstleisterverträge sein, aber auch BGB-Gesellschaften (der typischen Rechtsform für Arbeitsgemeinschaften) bis hin zu verselbstständigten GmbHs. Für solche Formen der Kooperation wird oft der englische Terminus joint venture gebraucht. Anhand definierter Leistungskriterien erhält derjenige Partner, der die Leistung bei sich organisiert und finanziert, eine Kostenprovision und oft auch laufende Abschläge auf die operativen Kosten, damit auch deren Finanzierung von vornherein eine gemeinsame Angelegenheit ist. Die Steuerung des Projekts muss dann auf Treffen der beteiligten Verleger bzw. deren zuständigen Abteilungsleitern erfolgen, im Falle der Gründung einer gemeinsamen Firma mit genossenschaftsähnlichen Zielsetzungen in der Gesellschafterversammlung. Kooperationen haben nach Meinung vieler Berater und Mittelstandsexperten noch ein großes Potential, zumal der Druck von der Kosten- und Marktseite so manchen tendenziell eigenbrötlerischen Mittelständler in diese Richtung drängen wird: Nicht zuletzt der von stagnierenden Märkten ausgehende Druck einer Konzentration auf die Kernkompetenzen steigert die Bedeutung von Netzwerken und Allianzen.

Mit der Verselbstständigung kooperativer Aktivitäten in GmbHs, die eigene Geschäftsführer und eigenes Personal haben, wird die Grenze von Outsourcing und Kooperation fließend. Als konstitutiv für den Gedanken der Kooperation wird man dabei einen gewissen genossenschaftlichen Impetus ansehen dürfen: Mehrere Firmen betreiben gemeinsam eine Aktivität, die sie allein so nicht oder zumindest nicht so kostengünstig betreiben könnten. Ziel ist nicht Gewinnmaximierung auf der Ebene der kooperativen Aktivität, sondern maximaler Nutzen für die Mitgliedsfirmen. Zudem erlaubt die Form einer Kooperation eine gezieltere Auswahl der beteiligten Partner, wodurch Störfaktoren, z.B. durch allzu große Differenzen in Unternehmensphilosophie und -größe ausgeschlossen werden können.

Solche Kooperationen unterliegen der Wettbewerbskontrolle (s. Kap. 1.2.5), sind aber unter dem Aspekt der Mittelstandsförderung in aller Regel genehmigungsfähig.

UTB

UTB 2652

Eine Arbeitsgemeinschaft der Verlage

Beltz Verlag Weinheim · Basel
Böhlau Verlag Köln · Weimar · Wien
Verlag Barbara Budrich Opladen · Farmington Hills
facultas.wuv Wien
Wilhelm Fink Verlag München
A. Francke Verlag Tübingen und Basel
Haupt Verlag Bern · Stuttgart · Wien
Julius Klinkhardt Verlagsbuchhandlung Bad Heilbrunn
Lucius & Lucius Verlagsgesellschaft Stuttgart
Mohr Siebeck Tübingen
C. F. Müller Verlag Heidelberg
Orell Füssli Verlag Zürich
Verlag Recht und Wirtschaft Frankfurt am Main
Ernst Reinhardt Verlag München und Basel
Ferdinand Schöningh Verlag Paderborn · München · Wien · Zürich
Eugen Ulmer Verlag Stuttgart
UVK Verlagsgesellschaft Konstanz
Vandenhoeck & Ruprecht Göttingen
vdf Hochschulverlag AG an der ETH Zürich

Abb. 2.9: Umschlaggestaltung und Vortitel der Verlagskooperation UTB

Ein anschauliches Beispiel für eine solche Kooperation strukturähnlicher Verlage ist die UTB (Uni Taschenbücher GmbH), in der auch das vorliegende Buch erscheint. Die UTB wurde 1971 gestartet als gemeinsame Taschenbuchreihe von 12 wissenschaftlichen Verlagen und ist bis heute – nun für Hochschullehrbücher generell – erfolgreich tätig.

Ein Regelwerk im Gesellschaftsvertrag sowie fallweise Beschlüsse der Gesellschafterversammlung und Richtlinien der Geschäftsführung sorgen für eine straffe Koordinierung von Terminen und Abläufen, für eine Programmauswahl nach gemeinsam beschlossenen und in Programmkonferenzen abgestimmten Kriterien. Zentrale Aufgabe der UTB ist der gemeinsame Vertrieb, um so einen Vertriebsapparat zu schaffen, der schlagkräftig genug ist, um am Markt Gewicht zu haben. Das ist heute angesichts der Konzentrationstendenzen im Buchmarkt, gerade auch auf der Handelsseite nötiger denn je. Ein differenziertes Kostenumlagesystem nach verschiedenen Parametern (Kostentreibern) stellt ein Budget von rd. € 0,8 Mio p.a. zur Verfügung, aus dem die gemeinsame Werbung, der gemeinsame Außendienst und der gemeinsame Verkauf (Mischfaktur und gemischte Staffelrabatte für Titel aller Verlage) finanziert werden. Voll in der Verantwortung der einzelnen Verlage bleibt die Produktion (nach gewissen Richtlinien zur Gestaltung) und die Finanzierung der Titel. Jeder Verlag ist Eigentümer »seiner« UTB-Titel und erhält die darauf entfallenden Erlöse monatlich ausbezahlt. Selbstverständlich sind auch die einzelnen Verlage weiterhin Partner der Autoren und schließen auf eigenen Namen die Verlagsverträge ab.

Bei aller Fluktuation von Mitgliedern aus den verschiedensten Gründen: auch 35 Jahre nach der Gründung ist dieses relativ umfassende Kooperationskonzept unverändert tragfähig, immer wieder angepasst und erweitert in der Arbeitsweise, den diversen Reihen und bestimmten Buchtypen. Es umfasst derzeit 16 Mitgliedsverlage, davon sind (z.T. mit Änderung der Firmierung) neun Gründungsmitglieder bis heute dabei. Lieferbar sind über 800 Titel, seit Gründung wurden rd. 2.500 Titel publiziert.

2.6 Finanzen, Rechnungslegung, Controlling

2.6.1 Besonderheiten der Verlagsbilanz

Die Bilanz stellt das Vermögen (Aktiva) den Schulden (Passiva) gegenüber. Ihr Zweck liegt in der Information der (Eigen-)Kapitalgeber, der Gläubiger (Banken, Lieferanten), der Steuerbehörden sowie – bei Kapitalgesellschaften – der Öffentlichkeit. Aus dieser Vielfalt der Adressaten ergibt sich mancher Interessengegensatz, zumal es viele unterschiedliche Bewertungs- bzw. Bilanzierungsmethoden gibt, insbesondere hinsichtlich der Vermögenswerte. Bilanzen sind also gestaltbar, sie geben zwar zu Teilen exakte Werte (z. B. Kontenstände, Festkapital u.s.w.), in wesentlichen Positionen (Vorräte, Wertberichtigungen, Rückstellungen, Rechnungsabgrenzungen u.a.) aber nur Einschätzungen. Die Bilanz soll auch einen Eindruck von der Liquidität und einer angemessenen Fristigkeit der Finanzierung im Blick auf die Fristigkeit der Aktivposten geben.

Zugleich sind die hinter den Bilanzzahlen stehenden Bewertungsverfahren entscheidend für die Höhe des ausgewiesenen Periodenergebnisses, weil etwaige Erhöhungen und Verminderungen von Bilanzpositionen in die Gewinn- und Verlustrechnung eingehen. Diese ist also keineswegs nur von den unmittelbaren Bewegungszahlen der Periode, also Erlösen und Kosten, geprägt. All dies ist allgemeines kaufmännisches Grundwissen und kann im Rahmen dieses Buches nicht dargestellt werden. Der Zusammenhang von Bilanz und Erfolgsrechnung kann aber mit folgender Darstellung einprägsam gezeigt werden:

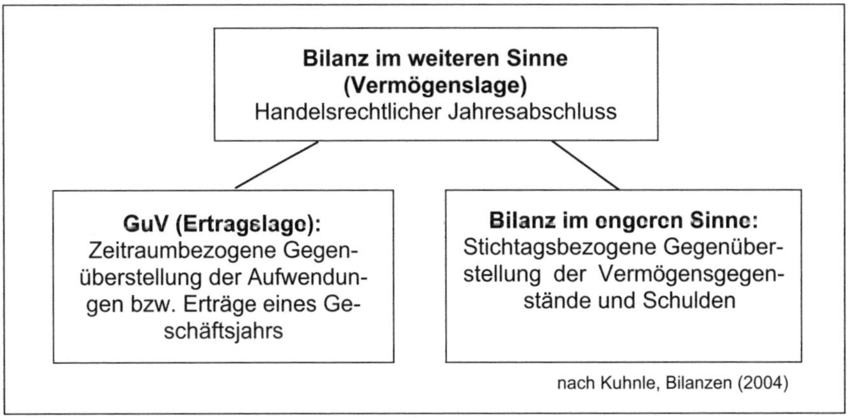

Abb. 2.10: Bestandteile der Jahresrechnungslegung

Angesprochen werden nun nachstehend einige Besonderheiten der typischen Verlagsbilanz, ausgehend von einer extrem vereinfachten Modellbilanz. Der weiteren Vereinfachung halber sei dieser Verlag Mieter; er hat also keine Immobilien und auch keine technische Abteilung, die Auslieferung ist an einen Dienstleister vergeben, es gibt somit kein nennenswertes Anlagevermögen und dazugehörige Abschreibungen.

Bilanz XYZ-Verlag zum 31.12.2006

Aktiva	€	Passiva	€
A. Anlagevermögen		A. Eigenkapital	
I Immaterielle Vermögensgegenstände	40.000,00	I Gezeichnetes Kapital	75.000,00
		II Gewinnvortrag	14.000,00
II Sachanlagen (Betriebs- u. Gesch.Ausst.)	15.000,00	III Jahresüberschuss	65.000,00
			154.000,00
III Finanzanlagen Beteiligungen	18.000,00	B. Rückstellungen	
	73.000,00	1. Steuerrückstellung	45.000,00
		2. Sonst. Rückstellungen	18.000,00
B. Umlaufvermögen			63.000,00
I 1. Vorräte		C. Verbindlichkeiten	
unfertige Erzeugnisse	16.000,00	1. gegenüber Kreditinst.	149.000,00
2. Fertige Erzeugnisse	365.000,00	2. erhaltene Anzahlungen	16.000,00
3. Geleistete Anzahlungen	65.000,00	3. Verbindlichkeiten aus Lieferungen u. Leistung.	238.000,00
	446.000,00	4. Sonstige Verbindlichk.	
II Forderungen u. sonst. Vermögensgegenstände		— gegenüber Gesellsch.	293.000,00
1. Forderungen aus Lieferungen u. Leistg.	280.000,00	— aus Steuern	25.000,00
			732.000,00
2. Sonst. Vermögensgeg.	15.000,00		
	295.000,00	D. Rechnungsabgrenz. Posten	31.000,00
III Kassenbestand Guthaben bei Kreditinst.	135.000,00		
	949.000,00		949.000,00

Abb. 2.11: Struktur einer Bilanz

Zahlreiche dieser Positionen sind ohne verlagsspezifische Aussagekraft, sie sind Bestandteil jeder Bilanz; die Bilanzrelationen insoweit hier nicht zu diskutieren. Mit Grauraster unterlegt sind diejenigen Positionen, in denen Spezifika des Verlagsgeschäfts verborgen sind. Diese sollen nun kurz betrachtet werden. Dabei fußt die Darstellung auf den klassischen HGB-Regelungen, die für kleinere Unternehmen im Prinzip auch weiterhin sinnvoll und anwendbar bleiben. Auf die Problematik der Bewertung auf Aktiv- und Passivseite nach US-GAAP (Generally Accepted Accounting Principles) oder IAS (International Accounting Standards)-Bilanzierungsregeln (»Standards«) kann hier nicht eingegangen werden – sie sind relevant nur für börsennotierte Großverlage.

Immaterielle Vermögensgegenstände. Immaterielle Vermögensgegenstände sind mitnichten Fantasiegebilde, sondern handfeste ökonomische Werte. Hierunter sind z.B. erworbene Rechte, etwa aus Übernahmen von Verlagsprogrammen zu aktivieren, insoweit der Zugang nicht als Herstellungskosten erworbener Vorräte unter B.I zu aktivieren ist. Ebenso werden hier aufgeführt sogenannte **Belieferungsrechte**, die erworben werden als Abonnentenstamm einer übernommenen Zeitschrift oder eines anderen Fortsetzungswerks. Da alte Abonnenten im Zeitverlauf verloren gehen, die selbst eingeworbenen neuen Abonnenten aber nicht aktiviert werden dürfen (Aktivierungsverbot des HGB für selbst geschaffene Geschäftswerte) muss die Position Belieferungsrechte planmäßig abgeschrieben werden (üblich 5, max. 10 Jahre). Erworbene Geschäftswerte dürfen im Prinzip nicht abgeschrieben werden, das Interesse eines Erwerbers von Einzelobjekten oder (Teil-)Programmen geht daher immer dahin, den Kaufpreis so weit als möglich dem Warenlager, das sich durch Abverkauf oder Teilwertberichtigung mindert, oder den Belieferungsrechten zuzuordnen. Sonst schleppt der Erwerber dauerhaft Aktiva mit, die nicht ertragssteuermindernd und damit steuersparend schrittweise abnehmen.

Vorräte. Die Vorräte sind in sehr vielen Verlagsbilanzen die größte Position, ihre Veränderung bestimmt wesentlich das Jahresergebnis. Die Spannweite der Vorratsquote an der Bilanzsumme ist allerdings nach Verlagstyp sehr schwankend: So weist etwa die Ravensburger AG im Abschluss 2006 7% Warenlager aus, während viele wissenschaftliche Verlage bis zu 40% erreichen. Natürlich wird diese Quote auch durch das Vorhandensein bzw. Nichtvorhandensein sonstiger Positionen beeinflusst, so hat die Ravensburger AG ein Mehrfaches des Werts des Warenlagers als Grundstücke im Anlagevermögen. Bilanzrelationen zu interpretieren erfordert also genaues Hinschauen. Die Vorräte wachsen durch die im laufenden Jahr neu produzierten Bücher, insoweit diese nicht bereits in derselben Rechnungsperiode verkauft worden sind, und sie vermindern sich um diejenigen Bücher aus vorangegangenen Perioden, die vom Lager verkauft wurden. Vorräte sind noch nicht verkaufte Bücher. Wächst das Lager, sind also (wertmäßig) mehr Bücher ans Lager gegangen als aus ihm abgeflossen sind. Das ist für ein, allenfalls zwei Jahre ein akzeptabler Zustand, insoweit der Verlag tatsächlich expandiert. Über längere Zeit aber ist ein wachsendes Lager höchstes Alarmsignal: Offenbar werden Bücher produziert, die sich zu langsam (oder vielleicht nie) verkaufen und zugleich die Liquidität belasten, denn nicht verkaufte Ware bindet Finanzmittel. Das kann ein beachtlicher realer Wert für die Zukunft sein, besonders bei backliststarken Verlagen wie z.B. Wissenschaftsverlagen. Der Wert der Vorratsbestände kann aber andererseits bei unkritischer Fortschreibung der Originalherstellkosten ein unversehens überhöhter, nach dem vom HGB geforderten Vorsichtsprinzip also unzulässiger Wertansatz sein.

Zweierlei ist dabei von großer Bedeutung: Zum einen sollten die Vorräte wie gesagt aus Finanzierungsgründen eher niedrig gehalten werden (dem steht aber die Losgrößenproblematik der Herstellungskosten entgegen, s. Kap. 3). Zum anderen besteht die Gefahr, dass die Vorräte zu Scheinwerten entarten, denn nicht verkäufliche Bücher sind nichts wert, egal wie viel ihre Produktion einst gekostet hat. Die ursprünglichen Herstellungskosten, eventuell erhöht um einige Prozent Fertigungsgemeinkostenzuschlag, die häufig von der Finanzverwaltung gefordert werden und also eine Aktivierung eigener Leistungen bedeuten, sind der höchstzulässige Wertansatz (Anschaffungswertprinzip nach § 252 Abs. 1 Ziff. 4 HGB).

Die Bewertungsprinzipien lassen sich wie folgt zusammenfassen – die Darstellung weist auf die doppelte Auswirkung von Bewertungen auf die Bilanz einerseits und die GuV andererseits hin.

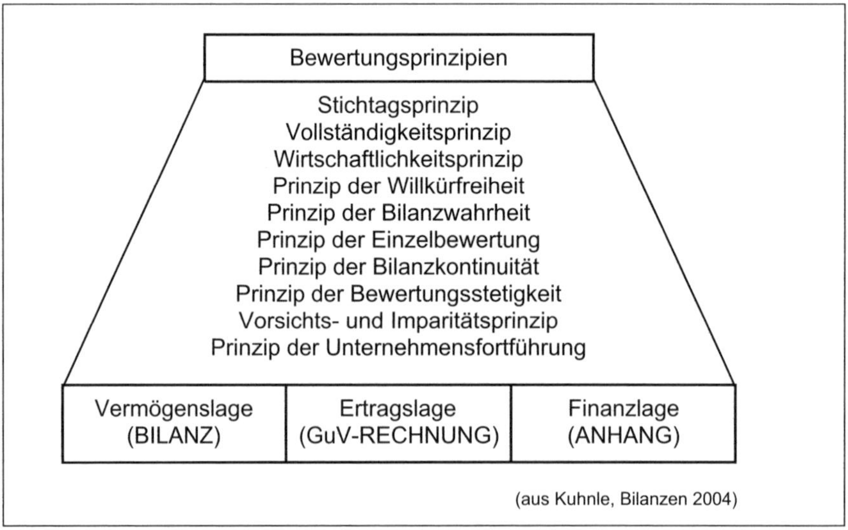

Abb. 2.12: Bewertungsprinzipien

Das unverzichtbare, handelsrechtlich auch gebotene Korrektiv sind daher ggf. die **(Teil-)Wertberichtigungen**. Bei der Ermittlung des tatsächlichen Werts seiner Vorräte muss der Verleger entsprechend der unzureichenden Gängigkeit (= Verkäuflichkeit) Abschläge auf die ursprünglichen Herstellungskosten machen: die Wertberichtigung. Diese kann zwischen 20 und 95% liegen, danach erfolgt die Vollabschreibung. Das heißt, diese Bücher sind dann zwar physisch noch im Lager vorhanden, in der Bilanz aber mit 0 € angesetzt. Insoweit doch noch Verkäufe erfolgen, geschieht dies aus einer »stillen Reserve«, der Erlös wird voll ertragswirksam, da ja keine Lagerentnahme mehr gegengerechnet werden kann. Letzterer Aspekt weist darauf hin, dass allzu übertriebene Teilwertberichtigungen insoweit nichts bringen, als in der Folgeperiode umso höhere Erträge anfallen. Grundprinzip der Vorratsbewertung muss daher ein konsistentes, stetiges Verhalten sein: Alle abrupten Veränderungen im Abschreibungsverhalten sind nur für eine Periode wirksam und bringen im Folgejahr eine Gegenbewegung in die Bilanz und die GuV.

Für die Teilwertberichtigung gibt es verschiedene Verfahren, von denen die zwei wichtigsten kurz skizziert seien: zunächst die Bewertung jedes einzelnen Titels gemäß der Höhe der noch am Lager befindlichen Exemplare im Verhältnis zum jährlichen Abfluss. Ist die Zahl der Exemplare am Lager deutlich höher als der zu erwartende Abfluss in den zwei folgenden Jahren, ist in aller Regel eine Wertberichtigung angezeigt: Der tatsächliche Abverkauf der überschießenden Bestände ist zu unsicher, als dass diese zu Originalherstellungskosten bewertet bleiben dürfen. Manche Verlage bewerten bei der Einzeltitelbewertung einfach nur noch die Exemplare, die realistischerweise noch verkauft werden können, andere nutzen das Verfahren des prozentualen Abschlags.

Beispiel Einzeltitelbewertung in Prozentabschlägen

	Ex. am Lager lt. Inventur	Verkauf p.a.	orig. HK/Ex.	Teilwert Abschlag	Lager-wert
Titel A	1.726	580	6,35	40%	6.576,-
Titel B	364	20	8,13	95%	148,-
Titel C usw.	942	850	3,60	0%	3.391,-

Ein solche Bewertung kann mit einem entsprechenden Programm automatisch erstellt werden, das Parameter für die Abschläge entsprechend der Relation

Restbestand : Verkauf im Geschäftsjahr enthält. Eine manuelle Korrektur ist dabei allerdings stets angezeigt, da bei reiner Automatik bestimmte Sondersituationen unberücksichtigt bleiben würden.

Eine andere Bewertungsmethode ist die nach Jahrgängen mit steigenden Wertberichtigungen:

Beispiel Jahrgangsbewertung

Titel aus dem lfg. Jahrgang	20 % Abschlag
Titel aus dem Vorjahr	50 % Abschlag
Titel aus dem Vorvorjahr	80 % Abschlag
Titel aus dem davor liegenden Jahr	95 % Abschlag
ältere Titel nur noch mit Pauschalansatz bewertet	

Das Pauschalwertverfahren erscheint eher geeignet für Verlage mit Büchern von kurzen Lebenszyklen, weniger für Verlage, die mehrperiodig verkäufliche Fachbücher herausbringen und für 2-3 Perioden in einem Zug produzieren.

Neben der Einzeltitelbewertung ist auch der durchschnittliche Wertberichtigungsbedarf bzw. der für Themen-/Produkt-Gruppen sehr aussagekräftig. Dafür ein Beispiel:

Effektive Vorratsbewertung nach Produktgruppen

Prod.Gr.				Abschreibung		Wert incl. 6% Fest GK per 31.12.06
				in %	in %	
	Brutto	Netto	Differenz	2006	2005	Inventur 06
1	26.449,76	1.625,64	24.824,12	94	50	1.723,18
2	179.363,05	75.711,50	103.651,55	58	40	80.254,19
3	271.373,11	135.807,88	135.565,23	50	36	143.956,35
4	764.668,96	534.979,25	229.689,71	30	20	567.078,01
5	24.958,56	9.785,34	15.173,22	61	99	10.372,46
6	4.887,37	4.887,37	0,00	0	0	5.180,61
7	4.249,52	4.249,52	0,00	0	0	4.504,49
Ges.	1.276.517,61	767.046,50	509.471,11	40	29	813.069,29

Der Verlag hat seinen Gesamttitelbestand in sieben Produktgruppen aufgeteilt, deren Wertberichtigungsbedarf sehr unterschiedlich ist, er schwankt zwischen 94% und 0%. Bei den Warengruppen mit hohen Lagerwerten schwankt er (erfreulicherweise) nur zwischen 58% und 30%. Insgesamt hat der Verlag sein Lager um 40% wertberichtigen müssen: Er hat gut eine halbe Million Euro Herstellkosten abgeschrieben, d.h. vergeblich aufgewendet. Angesichts der schon mehrfach erwähnten Unsicherheit über die Absatzchancen neuer Titel ist dieser Wert aber eher auf der günstigen Seite zu sehen, so mancher Verlag hat eine Gesamtwertberichtigung von über 80% auf sein Lager.

Der in obiger Tabelle hinzugerechnete Verlagsgemeinkostenzuschlag beruht auf Forderungen der Finanzbehörden: auf die technischen Herstellkosten ist ein Zuschlag für die verlagsinternen Herstellungsleistungen bis zur Fertigstellung des Buches hinzuzurechnen, er liegt oft bei 5%, in diesem Beispiel bei 6%. Diese Forderung der Finanzbehörden steht in einem Widerspruch zum generell existierenden Verbot der Aktivierung eigener Leistungen.

Mehr als den Wareneinsatz für 2 Jahre wird man wie gesagt selten aktivieren dürfen. Bei Verlagen mit großen Titelzahlen und langen Lagerzeiten wird man zudem die Bewertung nach 6, 8 oder spätestens 10 Jahren abbrechen und für das gesamte Altlager einen Pauschalansatz machen, der je nach dem Umsatzwert der Verkäufe aus dem Altlager anzusetzen ist.

Es sei darauf hingewiesen, dass solche Abschreibungssätze durchaus nicht zwingend bedeuten, dass ein Titel Verlust gebracht hat: Wenn ein Titel 30.000 Auflage hatte, von denen 28.600 verkauft werden konnten, ist die Abschreibung von 80% auf die wie Blei liegenden 1.400 noch im Lager befindlichen Exemplare kein existenzielles Problem. Ärgerlich schon, aber kaum zu vermeiden, denn wer will (auch bei Aufteilung auf mehrere Drucklose) schon auf weniger als 5% genau die Verkäuflichkeit prognostizieren? Einen Gewinn für diesen Titel sollte es bei einer solchen Situation jedenfalls dennoch geben.

Da der Lagerwert wie erwähnt sehr entscheidend für das Jahresergebnis ist, entsteht ein Zielkonflikt: Gegenüber Banken und Gesellschaftern wäre ein relativ hoher (optimistischer) Ansatz der Teilwerte angenehm, steuerliche Aspekte und kaufmännische Sorgfaltspflichten sprechen aber für möglichst hohe Abschläge (die die Finanzverwaltung dann gerne wieder in Frage stellt). Gerade kleinere Personengesellschaften, d.h. der typische Verleger, neigen zu einer Lagerbewertung unter steuerlichen Gesichtspunkten oder nach Bankerwartungen. Beides ist nicht anzuraten: die nüchterne, realistische Einschätzung des Verkaufspotenzials eines Titels sollte Basis des Lagerwerts sein.

Exkurs Wareneinsatz: In der Gewinn- und Verlustrechnung wird der Rohertrag ermittelt, indem von den Erlösen der Wareneinsatz (technische Herstellkosten und Honorare) abgezogen wird (s. Verlagsplanungsschema auf S. 122). Der Wareneinsatz einer Rechnungsperiode ist die Differenz der angefallenen Herstellkosten **minus** Lagerzuwachs bzw. **plus** Lagerminderung. Denn: ist der

Lagerwert gestiegen, sind die betreffenden Herstellkosten nicht der laufenden Rechnungsperiode zuzurechnen, sondern für künftige Verkäufe »ans Lager genommen« und umgekehrt. Lagerzuwächse »verbessern« also den Periodenertrag, Lagerminderungen reduzieren ihn.

Eine gesunde GuV weist Erträge auch bei sinkenden Lagerwerten aus; höchste Vorsicht ist geboten, wenn zahlenmäßig Lagerzuwachs und Gewinn in etwa gleich groß sind oder gar der Lagerzuwachs höher als der Gewinn. Das kann für eine Rechnungsperiode berechtigte Ursachen haben – auf die Dauer ist es der sichere Weg in den Abgrund. Für die Beurteilung einer Verlagsbilanz heißt die Gretchenfrage: Wie hältst Du es mit der Bewertung? Ist die Gesamtabschreibungsquote auf das Lager gesunken oder gestiegen? Ist sie gar trotz sinkender Umsätze gesunken? Sinkende Umsätze müssen ja eigentlich zu erhöhter Lagerabschreibung führen. Wer hier nicht genau hinschaut, führt sich selbst und seine Geldgeber hinters Licht.

Bewertungsrisiken gibt es nicht nur bei den Fertigwaren: Weitere Bewertungsrisiken liegen in den unfertigen Erzeugnissen und zwar insbesondere bei zunächst nicht in die Herstellkosten der 1. Auflage voll verrechneten **Druckvorstufekosten** (s. Kap. 3). Es sei die Kalkulationsauflage eines Werkes 15.000 Exemplare, gedruckt werden aber zunächst nur 7.500. Das heißt, es müssen 50% der Druckvorstufenkosten außerhalb des Warenlagers aktiviert bleiben, soll dieser Aufwandsanteil nicht sofort ertragsmindernd unter den Tisch fallen. Seien die Druckvorstufekosten 25.000 €, dann werden 12.500 € als noch nicht verrechnete Herstellkosten »geparkt«. Es entsteht das sogenannte **virtuelle Lager**. Wenn es später nicht zum zweiten Druck kommt oder dieser nur 4.000 Exemplare statt 7.500 beträgt, entsteht ein Ausbuchungsbedarf von 12.500 bzw. 6.666 €. Das wird oft (Bilanzkosmetik in schlechten Zeiten) hinausgezögert: eine große Gefahr, wenn sich das kumuliert.

Analoges gilt für die **Vorauszahlungen** an Autoren, Agenten und Lizenzverlage. Auch bei diesen Positionen ist jährlich zu prüfen: Sind diese Positionen noch werthaltig? In der Regel besteht für nicht durch Verkäufe amortisierte Vorauszahlungen keine Rückzahlungsverpflichtung oder Verrechnungsmöglichkeit, also entsteht ein Wertberichtigungsbedarf.

Beispiel: Die Lizenzvorauszahlung für den vermeintlichen Mega-Seller »Die Überirdischen kommen« betrug 500.000 $, der Verlag rechnete mit 250.000 verkauften Exemplaren. Verkauft wurden nur 65.000 Exemplare, daneben fielen Garantiezahlungen von insgesamt 95.000 $ (für Taschenbuch- und Buchclubrechte) an. Nicht erwirtschaftet wurden also 500.000 - 130.000 - 95.000 = 275.000 $. Es müssten also rückblickend $ 6,20/Ex. einkalkuliert werden –

ein Unding. Die Stückkostenkalkulation muss bleiben wie geplant, aber 275.000 $ (2 $ × 185.000 nicht verkaufte Exemplare, vermindert um die erhaltenen Garantiezahlungen) sind ertragswirksam auszubuchen – eine bittere Pille, aber Prestigesucht und Risikofreude kosten nun mal Geld. Hier ziemlich viel, das kann einen Verlag ruinieren, zumindest einen Geschäftsführerposten kosten. Ein Unterlassen oder Hinausschieben dieser Wertberichtigung ist sehr fragwürdig und u.U. sogar strafrechtlich zu würdigen. Gemäß dem Imparitätsprinzip sind dabei alle **vorhersehbaren** Risiken und Verluste, auch insoweit sie erst in der Zukunft anfallen bzw. realisiert werden, zu berücksichtigen. Obige Wertberichtigung ist also nicht erst durchzuführen, wenn nach den 65.000 Exemplaren gar nichts mehr läuft, sondern bereits dann, wenn erkennbar wird, dass das ursprüngliche Absatzziel keinesfalls mehr zu erreichen ist. Das folgt aus der Pflicht kaufmännischer Sorgfalt, zu der eine zutreffende Darstellung der Vermögens- und Ertragslage des Unternehmens gehört.

Betrachten wir nun noch die drei markierten Positionen auf der Passivseite der Musterbilanz.

Sonstige Rückstellungen. Rückstellungen werden gebildet für Aufwendungen, Verluste oder Verbindlichkeiten, deren Entstehung und Höhe zwar ungewiss ist, die aber wirtschaftlich in die Abschlussperiode (bzw. frühere Perioden) gehören. Das können Rückstellungen für Provisionen, Prozesskosten u.s.w. sein.

Verlagsspezifisch ist die **Rückstellung für Remittenden**. Im Gesamtbuchhandel gibt es den singulären Handelsbrauch, dass der Händler in bestimmtem Umfang (je nach Geschäftsbedingungen) unverkaufte Ware zur Gutschrift zurückgeben kann. Die Begrenzung des Rücksendevolumens in Geschäftsbedingungen scheitert in der Praxis sehr häufig daran, dass der Sortimenter dem Vertreter erklärt, er bestelle überhaupt nichts, solange nicht die unverkauften Bücher der letzten Saison zurückgenommen würden. Zudem glauben die Barsortimente ohnehin ein uneingeschränktes Rücksenderecht zu besitzen, so dass tatsächlich – je nach Verlagstypus – zwischen 5% und 20% Rücksendungen vorkommen (in den USA sind es bei Paperbacks sogar rd. 50%). Die Verkäufe eines Jahres muss der Verlag also (Vorsichtsprinzip!) insoweit durch eine Rückstellung ertragmindernd vorweg korrigieren. Das sind oft hohe Beträge, zumal in Bestsellerjahren. In diesen sind sie sogar besonders notwendig, da schon mancher schöne Verkauf im Weihnachtsgeschäft im ersten Quartal des Folgejahres als Remittenden wieder im Verlagslager war. Basis der Rückstellung ist i.d.R. eine Erhebung, wie hoch die effektive Rücksendungs-/Gutschriftsquote im Vorjahr war. Während diese Quote bei Fachverlagen relativ stabil ist, kann sie im Bestsellergeschäft sehr stark schwanken, dann muss die Rückstellung anhand der tatsächlichen Rücksendungen im ersten Quartal des Folgejahrs gebildet werden. Hier wird deutlich der Unterschied zwischen dem, was die Vertriebsleute als »Hineinverkauf«, d.h. in den Handel, und als »Abverkauf«, d.h. vom Handel an den Endkunden, bezeichnen. Die Differenz hängt als Remittendenlawine am Hang – physisch wird sie z.T. durch die »unkörperliche Remission« vermieden, buchhalterisch geht sie aber voll ins Ergebnis ein.

Verbindlichkeiten aus Lieferungen und Leistungen. Insoweit es um echte Lieferanten geht, hat diese Position nichts Besonderes gegenüber allen anderen Wirtschaftszweigen. Eine Besonderheit erhält sie aber durch die »Lieferanten« Autoren. Die Autorenhonorare für ein Kalenderjahr werden i.d.R. im ersten Quartal des Folgejahres abgerechnet durch sogenannte selbst erstellte Rechnungen: der Empfänger einer Leistung erstellt die Rechnung, die der Leistungserbringer eigentlich ihm schicken müsste. Der Autor kann das aber nicht, denn ihm fehlen die Daten; dies kann nur vom Leistungsempfänger Verlag gemacht werden.

Der Gesamthonorarbetrag beläuft sich in den meisten Buchverlagen zwischen 10 und 15% vom Umsatz. Dieser hohe Betrag muss also noch vor Erstellung der Bilanz als Rückstellung eingebucht werden für das Vorjahr – nur so wird der tatsächliche Waren- und Leistungseinsatz der Periode ermittelt und damit der zutreffende Rohertrag. Bei sehr stabilen Strukturen und Umsatzwerten ist das Ergebnis ähnlich, wenn man die laufenden Zahlungen zugrunde legt. Bei stark schwankendem Geschäft wie in der Belletristik und negativer oder positiver Umsatzveränderung kann der Unterschied aber beträchtlich sein. Die Rückstellung sollte also auf jeden Fall gebildet werden.

Rechnungsabgrenzungsposten. Auch diese Position ist Routine, hat aber bei Zeitschriftenverlagen eine besondere Komponente dadurch, dass hier etwaige Lieferrückstände eines Zeitschriftenjahrgangs zu passivieren sind, denn der Umsatz wurde mit der Jahresrechnung bereits getätigt, aber die Kosten sind noch nicht angefallen. Um eine periodengerechte Gewinnermittlung zu erzielen, erscheint es m.E. angebracht, den quotalen Umsatz zu passivieren, nicht nur die noch anfallenden Kosten.

Ermittlung der Rechnungsabgrenzung Zeitschriften

	Jahresvolumen	nicht geliefert	fakturierter Umsatz	passive Abgr.
Zeitschrift A	12 Hefte p.a.	1	126.430,-	10.536,-
Zeitschrift B	6 Hefte p.a.	2	43.680,-	14.560,-

Solche Lieferrückstände sind besonders typisch für wissenschaftliche, rein autorenabhängige Zeitschriften, aber die Ausnahme bei den sonstigen Zeitschriften. Das gleiche Problem ergibt sich bei mehrbändigen Werken, die schon voll vorausbezahlt (Subskriptionspreis), aber bislang nur z.T. geliefert wurden.

2.6.2 Kosten- und Ertragsplanung

»Wer zu spät an die Kosten denkt, ruiniert sein Unternehmen.
Wer immer zu früh an die Kosten denkt, tötet die Kreativität.«
Philip Rosenthal

Die Rechnungslegung in Bilanz und GuV ist die Betrachtung der Vergangenheit mit leichten Erwartungskorrekturen, wie im vorstehenden Abschnitt beschrieben. Wichtiger als die Vergangenheit sind aber das laufende Geschäft und die Zukunftsperspektiven, denn die Vergangenheit kann man nicht mehr beeinflussen und ändern, sondern nur Gegenwart und Zukunft. Die laufende Beobachtung der Gegenwart wird im Abschnitt 2.6.5 »Controlling« skizziert, in diesem Abschnitt geht es um die Planung der Zukunft.

Keine Zukunftsplanung kann Sicherheit verschaffen, so sorgfältig sie auch erstellt sein mag. Immer sollte man sich den warnenden Satz von Friedrich Dürrenmatt vor Augen halten: »Je planmäßiger die Menschen vorgehen, desto wirksamer vermag sie der Zufall zu treffen.« Das darf man nicht als Plädoyer gegen Planung verstehen, sondern als eines gegen blinde und unflexible Plangläubigkeit. Auch (bzw. gerade!) der penibelste Plan kann falsch sein – darauf muss sich jeder Entscheider im Hinterkopf einstellen, um dann rasch reagieren zu können.

Nachstehend ein einfaches Modell für eine Unternehmensplanung, die strukturell genauso aufgebaut ist wie eine Gewinn- und Verlustrechnung:

Mehrjahresplanung Abc-Verlag

	Ist 2006	%	Plan 2007	%	2008	%	2009	%
				in Ts. Euro				
Bucherlöse	2.407	58,0	2.780	61,8	2.700	61,4	2.900	61,8
Zeitschr. Vertriebserlöse	1.038	25,0	1.021	22,7	1.000	22,7	1.100	23,5
Zeitschr. Anzeigenerlöse	563	13,6	580	12,9	570	13,0	570	12,1
Lizenzerlöse	149	3,6	130	3,0	160	3,6	140	3,0
sonstige Erlöse	65	1,6	50	1,1	50	1,1	50	1,1
Summe Erlöse	4.222	101,8	4.561	101,5	4.480	101,8	4.760	101,5
./. Autoren Anteil	75	1,8	65	1,5	80	1,8	70	1,5
./. Lizenzen								
Netto-Erlös	4.147	100%	4.494	100,0	4.400	100,0	4.690	100,0
Techn. HK (nach Skonti)	1.315	31,7	1.403	31,2	1.400	31,8	1.500	32,0
./. Bestands-veränderungen	+ 114	2,7	- 100	2,2	0		0	-
./. Honorare	614	14,8	669	14,9	650	14,8	690	14,7
Wareneinsatz	2.043	49,3	1.972	43,9	2.050	46,6	2.190	46,7
Rohertrag (DB I)	2.104	50,7	2.524	56,1	2.350	53,4	2.500	53,3
Personal	867	20,9	931	20,7	910	20,7	940	20,0
Raumkosten	66	1,6	66	1,5	66	1,5	70	1,5
IT Kosten	37	0,9	40	0,9	40	0,9	50	1,1
Auslieferung	315	7,6	342	7,6	330	7,5	350	7,5
Werbung/Messen	257	6,2	292	6,5	270	6,1	320	6,8
Provisionen	141	3,4	168	3,7	150	3,4	175	3,7
Kommunikation	37	0,9	40	0,9	40	0,9	45	1,0
sonst. Kosten^x	261	6,3	274	6,1	265	6,0	280	6,0
Summe Kosten	1.981	47,8	2.153	47,9	2.071	47,1	2.230	47,5
Warenergebnis (DB II)	62	1,5	371	8,2	279	6,3	270	5,8
Beteiligungserträge	98	2,4	75	1,7	75	1,7	90	1,9
Betriebsergebnis	160	3,9	446	9,9	354	8,0	350	7,7
Zinserträge	16	0,4	16	0,4	12	0,3	12	0,2
Zinsaufwand°	123	3,0	130	2,9	135	3,1	140	3,0
Geschäftsergebnis (vor Steuern)	53	0,5	332	7,4	231	5,2	232	4,9

x Der Vereinfachung halber werden in diesem Beispiel alle weiteren Kosten in dieser Position zusammengefasst wie etwa Abschreibungen, Kfz, Versicherung, Beiträge u.s.w.)

° einschließlich Zinsen auf Gesellschafterdarlehen

Bestandserhöhungen mindern den Wareneinsatz, werden daher mit Minuszeichen angegeben, + bedeutet also Bestandsminderung. Für die weiter in der Zukunft liegenden Jahre 08 und 09 wird keine Prognose zu etwaigen Lagerveränderungen in die Planung eingegeben.

Zu dieser Mehrjahresplanung ein ganz kurzer Kommentar: Das Jahr 2006 war ausgesprochen schlecht, der Verlag hat knapp einen Verlust vermieden. Der Rohertrag ist mit 50,7% der Erlöse unzureichend, entsprechend mager fällt das

Warenergebnis mit 1,5% vom Nettoerlös aus. Ohne Beteiligungserträge wäre der Verlag 2006 in die roten Zahlen geraten: Das ausgewiesene Geschäftsergebnis ist geringer als die Beteiligungserträge – ein sehr unbefriedigender Zustand. Für 2007 wird ein deutlich besseres Ergebnis geplant, das primär auf der umgekehrten Lagerveränderung beruht: 2006 sinkendes Lager, 2007 Lagerzuwachs; diese Differenz allein bedingt gegenüber dem Vorjahr eine positive Ertragsdifferenz von 214.000 €, die allerdings zu zwei Dritteln durch den Anstieg der technischen Herstellkosten und der Honorare wieder aufgezehrt wird: im Saldo sinkt der Wareneinsatz nur um 71.000 €. Aufgrund der erwarteten sehr viel besseren Umsätze (+365) tritt dennoch insgesamt eine beträchtliche Verbesserung des Rohertrags ein, nämlich um 420.000 €. Der Beitrag von Umsatzwachstum schlägt in aller Regel mit etwa der Hälfte auf den Rohertrag durch, hier also mit ca. 200.000 €. Bei einer geplanten Kostensteigerung von insgesamt 172.000 € ergibt sich eine Verbesserung des Warenergebnisses um 309.000 €, also akzeptable 8,2%, und ein Geschäftsergebnis von 7,4% vom Umsatz vor Steuern.

Die Planung für 2008 ist verhalten, der Umsatzanstieg Buch in 2007 beruhte auf einer besonderes starken Neuerscheinung, die für 2008 nicht in Sicht ist. Obwohl für 2009 wieder mit einem deutlicheren Umsatzanstieg gerechnet wird (+6,6%), stagniert das erwartete Geschäftsergebnis, weil in diversen Positionen mit steigenden Kosten gerechnet wird. Die Umsatzsteigerung für 2009 um fast 200.000 € und die entsprechende Verbesserung des Rohertrages führen folglich zu keiner Verbesserung des Ergebnisses. Die Planung zeigt damit auf, dass weiterhin – trotz steigender Umsätze – straffe Kostendisziplin walten muss. Zudem sollten Bemühungen einsetzen, den technischen Wareneinsatz zu reduzieren: Betrüge er nur 31,5% statt der geplanten 32,0%, würden allein hierdurch Rohertrag und Geschäftsergebnis (ceteris paribus) um 33.000 € verbessert auf 265.000 € (5,7% vom Umsatz). Es sei dabei daran erinnert, dass man den Wareneinsatz als relative Zahl in Prozenten auch durch mutigere Ladenpreiskalkulation senken kann, nicht etwa nur durch das Drücken des Preises bei den Lieferanten.

Das Beispiel zeigt insgesamt, dass Planung nicht immer ein »besser und besser« bedeutet, sondern dass Planung realistische Zukunftseinschätzung heißt und z.B. hier im Jahr 2007 ein starker Bestseller eingeplant ist, der sich im Folgejahr nicht wiederholen lässt. Andererseits wurde im Jahr 2007 in Personal investiert, wobei der Effekt dieser Investition sich erst 2009 im Zeitschriftenbereich niederschlagen soll. Es sei abschließend betont, wie wichtig es ist, die Spalte der Prozent-Relationen vom Umsatz zu beachten: Hier zeigen sich gerade bei erheblichen Umsatzschwankungen die tatsächlichen Leistungen bei Kostenkontrolle und -steuerung bzw. die zu erwartenden Gefahren für die Ertragslage.

Eine beliebte, aber verrufene Planungstechnik die des hockey-stick.

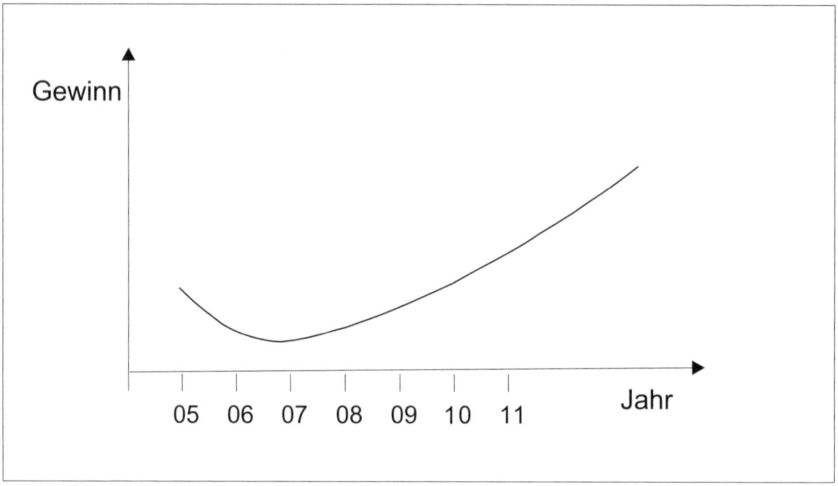

Abb. 2.13: Häufiger Verlauf einer Gewinnprognosekurve

Diese hockeyschlägerähnliche Kurve zeigt nichts anderes, als dass die Gewinne schon in den letzten Jahren rückläufig waren und das Tal noch vor einem liegt. Die ferne Zukunft aber wird wunderbar sein. Wenn solche Prognosen Jahr für Jahr nach rechts auf der Abszisse wandern, gibt es wohl grundsätzliche Probleme! Wie auch immer: besser überhaupt eine Planung (die man ja abklopfen und hinterfragen kann) als gar keine oder eine naive Fortschreibung des Vorjahres (alle Positionen + 3,5%).

In einem Verlag mit verschiedenen Programmbereichen, etwa Sachbuch, Fachbuch, Zeitschriften oder Belletristik und Jugendbuch wird die Planung sinnvollerweise für diese Bereiche separat bis zum DB II geführt, da die unterschiedlichen Entwicklungen der einzelnen Bereiche ja sonst nicht sichtbar würden, also auch nicht, dass es sich dabei um verschiedene profit center handelt. Erst hinter dem DB II werden dann die sogenannten allgemeinen Kosten zusammengestellt und durchgerechnet bis zum Gesamtergebnis des Gesamtverlags.

Neben der Jahresplanung ist auch eine auf Monate bezogene **Liquiditätsplanung** ratsam: der Saldo von Zahlungseingängen und Zahlungsausgängen belastet bzw. verbessert die eigenen Liquiditätsvorsätze oder er führt (bei knapper eigener Liquidität) zur schwankenden Inanspruchnahme von Kreditlinien im Kontokorrent. Das ist teuer – zudem sind Banken heute wenig geneigt, Kreditlinien bedarfsweise kurzfristig zu erhöhen.

In den Finanzplan sind also die in den nächsten Perioden (Monaten oder Wochen) erwarteten Zahlungsein- und -ausgänge zu erfassen. Optimistisch geschönte Zahlen wären hier besonders fatal – Liquiditätsengpässe können selbst an sich erfolgreiche Firmen gefährden. Das gilt z. B. in Expansionsphasen, bei denen im Buchverlag immer auf Vorrat produziert werden muss (=Mittelbindung), während die Erlöse (= Mittelrückfluss) erst schrittweise in folgenden Perioden anfallen und auch die aus Verkäufen entstandenen Forderungen erst über weitere Wochen und Monate zu Zahlungseingängen werden! Ein einfaches Schema für einen solchen Liquiditätsplan (nach Drukarczyk, Finanzierung 9. A. 2003) sei hier gezeigt:

Grundstruktur eines Finanzplans

	Planungsintervalle Ein- bzw. Auszahlungen	1	2	3	4 ....
1	Anfangsbestand an Zahlungsmitteln (Überschuss/Fehlbetrag)				
2	Einzahlungen aus ... ... Summe Einzahlungen				
3	Auszahlungen für ... ... Summe Auszahlungen				
4	Endbestand an Zahlungsmitteln 1+2-3 (Überschuss/Fehlbetrag)				
5	Nicht genutzte Kredite (Kontokorrentkredite, sonstige Kreditlinien)				

2.6.3 Plan-Ist-Vergleich und Vorjahresvergleich

In kleinen Unternehmen wird in der Regel zunächst ein Vergleich zu den Werten der entsprechenden Vorjahresperioden gezogen: also wie war Mai 07 gegenüber Mai 06 bzw. wie waren die Monate 1-5/07 im Vergleich zu 1-5/06. Diese Frage kann für alle Positionszeilen der GuV (s. S. 122) gestellt werden und verschafft gewisse Einsichten, ggf. auch Beruhigung, wenn es deutlich besser geht oder zumindest nicht schlechter als im Vorjahr.

Eine viel größere Bedeutung hat aber unstreitig der Soll(-Plan)-Ist-Vergleich: Sind nämlich z.B. Umsatzsteigerungen von 8% geplant, aber bisher nur 3% realisiert, muss Ursachenanalyse betrieben werden – ist es nur eine zeitliche Verschiebung (wichtige Neuerscheinungen verzögert), oder gibt es tiefere Ursachen? Jede Planabweichung im Erlös- oder Kostenbereich hat sofort Auswirkungen auf den Finanz-/Liquiditätsplan, der entsprechend zu revidieren ist. Spätestens zur Jahresmitte, oft noch einmal im Oktober, wird eine »Hochrechnung« gemacht, die alle bereits stattgefundenen bzw. nun nach neuerer Erkenntnis zu erwartenden Planabweichungen berücksichtigt. Immerhin sind seit Planaufstellung am Ende des Vorjahres dann schon 8 bis 12 Monate vergangen. Die Hochrechnung ist also ein Herantasten an das nun realistische Ergebnis des Jahres und zugleich realistischere Plangrundlage für die Folgejahre, die im Licht dieser tatsächlichen Entwicklung ggf. umzuplanen sind.

Als Beispiel einer solchen Plan-Ist-Analyse sei eine Musterrechnung aus der Publikation »Controlling im Fachzeitschriftenverlag« (2000) gegeben, weil das Zeitschriftengeschäft eine viel höhere Planbarkeit hat (s. Tabelle S. 127 sowie S. 224ff.)

Je nach Programmstruktur muss ein Schema für einen aussagekräftigen Soll/Ist-Vergleich erarbeitet werden, der sich – das ist sehr wichtig – nicht nur auf die Zahlen aus der Finanzbuchhaltung stützt. Gerade die Zahlen zum Mengengerüst (Zahl der Abonnenten, Anzeigenseiten, Einzelverkäufe) erbringen wesentliche Erkenntnisse: Der Soll-Ist-Vergleich soll also sowohl buchhalterische wie auch statistische Zahlen erfassen.

Soll/Ist-Vergleich für eine Zeitschrift

Mengen in Stück Werte in €	Plan 1. Qu.	Ist 1. Qu.	Abweichung	in %	bei Planpreis
Abozugänge	500	300	-200	-40,0	
Abokündigungen	150	130	-20	-13,3	
Abostand	4.500	4.320	-180	-4,0	
Anzahl Hefte/160 Seiten	3	3	0	0,0	
Anzeigenseiten	200	180	-20	-10,0	
Redakt. Seiten	280	300	20	7,1	
Summe Seiten	480	480	0	0,0	
Verk. Ex. Abo-Vertrieb	13.100	12.500	-600	-4,6	
Verk. Ex. Einzelverkauf	5.000	4.000	-1.000	-20,0	
Aboerlöse	163.750	150.000	-13.750	-8,4	
Erlöse Einzelverkauf	62.500	50.000	-12.500	-20,0	
Anzeigenerlöse	800.000	684.000	-116.000	-14,5	4000,00 je Seite
	1.026.250	884.000	-142.250	-13,9	
Herstellung fix	192.000	190.000	-2.000	-1,0	400,00 je Seite
variabel	27.150	23.100	-4.050	-14,9	1,50 je Heft
Honorare	22.400	30.000	7.600	33,9	80,00 je Seite
Vertrieb	19.650	18.750	-900	-4,6	1,50 je Heft
Provisionen	80.000	68.400	-11.600	-14,5	10% v. Anzeigenerl.
Werbung	75.000	75.000	0	0,0	150,00 Plan CPO
	416.200	402.250	-10.950	-2,6	
	610.050	478.750	-131.300	-21,5	
Interne Verrechnung					
Redaktion	42.000	34.000	-8.000	-19,0	150,00 je red. Seite
Marketing	25.000	30.000	5.000	20,0	33% v. Fremdwbg.
Anzeigenverkauf	20.000	25.000	5.000	25,0	100,00 je Anz.-Seite
	87.000	89.000	2.000	2,3	
Deckungsbeitrag I	523.050	389.750	-133.300	-25,5	

2.6.4 Kennziffern

Ergänzend zur Kontrolle des laufenden Geschäftsganges anhand des monatlichen Soll/Ist oder Vorjahr/Ist-Vergleich ist es nützlich, die Geschäftsentwicklung anhand von Kennziffern zu verfolgen, bei denen verschiedene Daten zueinander in Beziehung gesetzt werden; es handelt sich also bei den meisten Kennziffern um Verhältniszahlen. Solche Kennziffern werden nicht durchgehend monatlich zu erheben sein, sie geben aber wichtige Hinweise für Kosten-, Liquiditäts- und Marktentwicklungen, sind also wichtige Instrumentarien eines betrieblichen Frühwarnsystems, weil dadurch Probleme rechtzeitig erkannt werden können.

Bei den Kennzahlen unterscheidet man die deskriptiven Zahlen (Unternehmenswerte, Vergleichsgrößen) von den normativen Kenngrößen (Vorgaben, benchmarks).

Nachfolgend seien einige besonders häufig benutzte Kennziffern genannt. Diese können entweder für den Gesamtverlag, aber auch für Produktgruppen ermittelt werden. Dabei wird dann die unterschiedliche Mittelbindung, Personalproduktivität u.a. in den Bereichen deutlich und insbesondere deren Verschiebungen in günstiger oder ungünstiger Richtung. Dann ist zu prüfen, wie hierauf zu reagieren ist.

Umschlagshäufigkeit $= \dfrac{\text{Wareneinsatz}}{\text{durchschnittlicher Lagerbestand}}$

Vorratsbindung $= \dfrac{\text{Vorräte}}{\text{Umsatzerlöse}} \times 100$

Debitorenziel $= \dfrac{\text{Ø Warenforderungen}}{\text{Umsatzerlöse}} \times 360$

Ø Auslieferungskosten pro Ex. $= \dfrac{\text{Auslieferungskosten}}{\text{Exemplarmenge}}$

Reklamationsquote $= \dfrac{\text{Anzahl der Reklamationen}}{\text{Kundenanzahl}} \times 100$

Remissionsquote in % $= \dfrac{\text{Remissionsexemplare}}{\text{ausgelieferte Exemplare}} \times 100$

cost per interest (cpi) $= \dfrac{\text{Kosten einer Werbeaktion}}{\text{Anzahl Rückläufer}}$

(einfacher) cost per interest (cps) $= \dfrac{\text{Kosten einer Werbeaktion}}{\text{Anz. gewonnener (Einzel-)Aufträge}}$

Rücklaufquote $= \dfrac{\text{Anzahl der Reaktionen}}{\text{Anzahl der Werbeadressaten}} \times 100$

Kundenfluktuation $= \dfrac{\text{Zahl der neugewonnenen Kunden}}{\text{Zahl der verlorenen Kunden}} \times 100$

$$\textbf{Anzeigenquote} = \frac{\text{Anzeigenseiten}}{\text{Gesamtseiten}} \times 100$$

$$\textbf{Personalkosten pro Kopf} = \frac{\text{Personalkosten}}{\text{Ø Mitarbeiterzahl}}$$

$$\textbf{Gesamtleistung pro Kopf} = \frac{\text{Gesamtleistung}}{\text{Ø Mitarbeiterzahl}}$$

$$\textbf{Betriebsergebnis pro Kopf} = \frac{\text{Betriebsergebnis}}{\text{Ø Mitarbeiterzahl}}$$

$$\textbf{Personalkosten in \% v. Umsatz} = \frac{\text{Personalkosten}}{\text{Umsatz}} \times 100$$

$$\textbf{Eigenkapitalrentabilität} = \frac{\text{Jahresüberschuss}}{\text{Eigenkapital}} \times 100$$

$$\textbf{Umsatzrentabilität} = \frac{\text{Jahresüberschuss}}{\text{Umsatzerlöse}} \times 100$$

$$\textbf{Lagerabschreibung in \%} = \frac{\text{bilanzierter Lagerwert}}{\Sigma \text{ aller Lagerex. zu Orig.Herstellkosten}}$$

$$\textbf{Liquidität I (quick ratio)} = \frac{\text{Umlaufvermögen ./. Vorräte}}{\text{kurzfristige Verbindlichkeiten}} \times 100$$

$$\textbf{Relativer Marktanteil} = \frac{\text{eigener Marktanteil}}{\text{Marktanteil des Marktführers}} \times 100$$

Je nach Art oder Zielsetzung des Unternehmens ist festzulegen, welche Kennziffern als aussagekräftig angesehen werden. Insbesondere aber ist wichtig, die Veränderung der Werte nicht nur hausintern zu verfolgen, sondern einen laufenden Vergleich zu ziehen mit vergleichbaren Ziffern aus der eigenen Branche oder der allgemeinen Wirtschaft. Quellen dazu sind die Fachpresse, die Wirtschaftsteile großer Tageszeitungen, Betriebsvergleiche. Aus solchen Quellen müssen »benchmarks« herausgefiltert werden, d.h. Werte, die als guter Standard gelten dürfen. Beispielsweise der pro Kopf-Umsatz bei vergleichbaren Verlagen – er liegt im Branchendurchschnitt bei etwa € 250.000,–, schwankt aber je nach Struktur sehr stark. Dafür kommen insbesondere Kennziffern von Leistungsführern aus der Branche in Frage, in anderen Bereichen auch branchenübergreifende Kennziffern, z.B. aus Betriebsvergleichen.

Bei deren Interpretation ist zu bedenken, dass sie Vergangenheits- (allenfalls Gegenwarts-)Werte darstellen. Bei starken Veränderungen ist auch die Konsistenz der Datenerhebung zu überprüfen, ehe vorschnelle Schlussfolgerungen getroffen und Maßnahmen entschieden werden. Kennziffern sind ein Hilfsmittel, aber nicht per se zur Steuerung des Unternehmens geeignet. Immer aber lohnt die Analyse: Warum hat sich Wert X so oder so verändert?

Schließlich gibt es ganz hausspezifische Kennziffern, die verfolgt werden sollten:

- Rhythmus der Auflagenfolge bei Standardwerken
- Veränderung des Seitenvolumens bei Periodika
- Volumen nichtaktivierter Vorleistungen auf künftige Produkte (z. B. Digitalisierung)
- Entwicklung des Abschreibungsbedarfs bei Honorar- und Lizenzvorauszahlungen (s. S. 112).

2.6.5 Controlling

Der Begriff Controlling ruft schnell das ungute Gefühl eines permanenten Beobachtseins und allfälliger Sanktionen hervor. Daher sind Controller sehr bestrebt, den positiven Sinn ihres Handelns herauszustellen.

Controlling-Konzept nach Hahn (1996)

Informationelle Sicherung bzw. Sicherstellung ergebnisorientierter Unternehmensführung	Gestaltung und Unterstützung der Unternehmensplanung -kontrolle Gestaltung und Nutzung des Rechnungswesens als Dokumentationsrechnung und der primär ergebnisorientierten Informationserstellung und -erstattung	Ergebnisoptimierung unter Beachtung der Liquiditätssicherung

Controlling bedeutet in diesem Sinn die Bereitstellung aktueller (Zahlen-) Informationen, die die im operativen Tagesgeschäft Stehenden sich nur schwer beschaffen könnten: Ihnen fehlen instrumentelle Kenntnisse ebenso wie ein übergreifender Blick auf das Unternehmen und schließlich auch die notwendige Zeit. Controlling ist also als Dienstleistung einer Stabsstelle für die Ergebnisverantwortlichen im Unternehmen anzusehen. Controlling ist eine permanente Tätigkeit, gegebenenfalls mit situationsbezogen wechselnden Schwerpunkten neben der laufenden Berichterstattung.

In der IHK-Prüfungsordnung der IHK Stuttgart werden die Aufgaben eines Controllers wie folgt genannt:

Aufgaben des Controlling

1. Entwicklung und Einsatz von Controlling-Systemen zur Planung, Steuerung und Kontrolle des betrieblichen Leistungsprozesses
2. Mitwirkung bei der Unternehmensplanung, laufende Kontrolle der Planungsziele und Überprüfung der wichtigsten Prozess- und Steuerungsgrößen.
3. Aufbau des Berichtswesens, ständige Berichterstattung und Koordination des Informationsmanagements
4. Entwickeln von Problemlösungen und Einleiten vorausschauender Maßnahmen zur Vermeidung von Fehlentwicklungen
5. Laufende Beratung der Unternehmensleitung
6. Vermittlung der wirtschaftlichen und sozialen Bedeutung des Controlling an die Mitarbeiter des Unternehmens

Die Ziffer 6 weist hin auf die sehr wichtige Funktion der Einbindung der Mitarbeiter in die Ziele des Controlling, die ja letztlich der Verwirklichung der eigentlichen Unternehmensziele dienen sollen. Controller brauchen folglich auch Kenntnisse und Fähigkeiten bei der Mitarbeiterführung und Personalentwicklung. Sie müssen beitragen zur Stärkung der sogenannten human resources, also des Leistungspotenzials der Mitarbeiter. Langfristig bedeutet die Klarheit darüber, ob gesetzte Ziele verfehlt, erreicht oder übererfüllt wurden, auch eine Quelle der Zufriedenheit für die Mitarbeiter. Dazu soll Controlling verhelfen.

Wie komplex die Interpretation von Veränderungen ist, sei anhand der folgenden drei Diagramme verdeutlicht. Um welche Kostenposition es dabei geht, ist unerheblich, es geht um die Methodik der Deutung. Die gleichen Ausgangsdaten (Säulen im Diagramm) werden durch Kurvenverläufe über mehrere Perioden dargestellt und somit „interpretiert". Solche Versuche, aus Einzeldaten Entwicklungslinien herauszulesen, sind unverzichtbar – aber die Vielfalt der Möglichkeiten mahnt zu kritischer Überprüfung, welche Variante denn wahrscheinlich ist. Anderenfalls kann eine falsche Deutung der Daten zu falschen, ja schädlichen Maßnahmen führen.

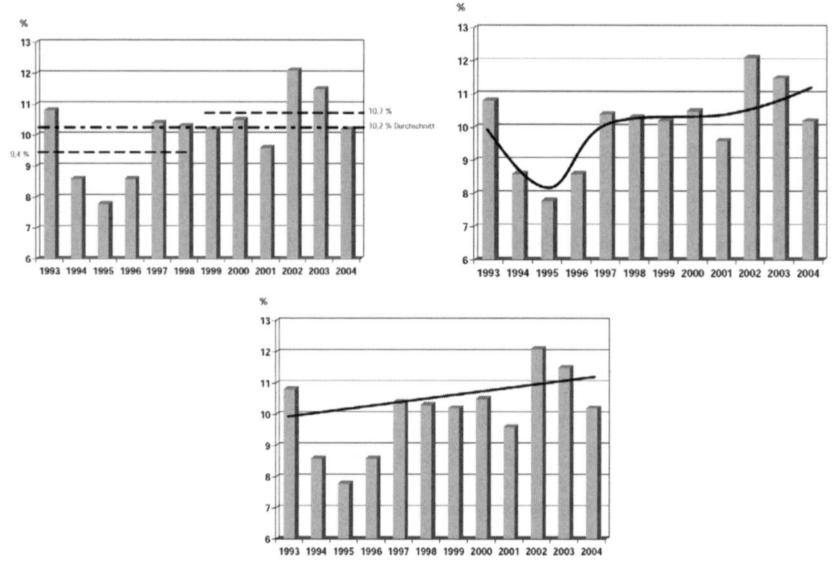

Abb. 2.14: Interpretationsvarianten für Datenschwankungen im Zeitverlauf

Die sinnloseste Deutung ist die einer Durchschnittsbildung über 12 Geschäftsjahre (horizontale Linie). Sehr interessant demgegenüber die Interpretation eines Struktursprungs, nämlich von 9.4% in den Jahren 93-98 auf 10.7% in den Jahren 99-04. Die elegante Kurve der gleitenden Durchschnitte zeigt kaum mehr als die Säulen selbst, nur Ausreißer nach oben oder unten werden gemildert. Die gängigste Interpretation ist eventuell die der errechneten Geraden, die eine schwach, aber doch merklich steigende Tendenz zeigt. Es ist Aufgabe des Controlling zusammen mit den operativ Verantwortlichen diejenige Deutung herauszufiltern, die den größten Erklärungswert hat. Das können die Darstellungsverfahren selbst, wie gesagt, nicht leisten.

Ein Bereich zwischen Controlling und strategischer Planung kann in der sogenannten SWOT-Analyse gesehen werden:

Strength
Weakness
Opportunities
Threats

Aus dieser Analyse folgt die Entwicklung von Unternehmensstrategien und deren Umsetzung.

Auch das Erkennen der »frühen Signale« als Anzeichen von Fehlentwicklungen und eventuellen Unternehmenskrisen fällt in den Aufgabenbereich des Controlling. Solche frühen Signale können aus allen Bereichen kommen, etwa der Entwicklung der Finanzdaten, des Absatzes, der Personalleistung und -kosten, der Rendite, den Konkurrenten, Zinskosten, Veränderung der Abnehmerstruktur u.s.w.

Controlling muss faktisch auch dort stattfinden, wo es keinen Controller gibt – in kleineren Unternehmen also z.B. durch ein Zusammenwirken von Geschäftsführung, Buchhaltungs- und (evtl.) Vertriebsleitung: Auf keine der in der Übersicht auf S. 131 erwähnten Tätigkeiten des Controlling (Informationsbereitstellung, entsprechende Maßnahmeeinleitung) kann ein Unternehmen verzichten und auf Dauer erfolgreich arbeiten und sei es in der pragmatischen Form einer periodischen Abarbeitung von Checklisten.

Alle vorstehend genannten Verfahren wie Benchmarking, Kennziffernvergleich etc. sind als iterativer/rückgekoppelter Prozess zu verstehen, nicht als einmalige Aktivität. Nur in der periodischen Wiederholung können diese Verfahren ihre Wirksamkeit entfalten und Entwicklungstendenzen erkennbar machen.

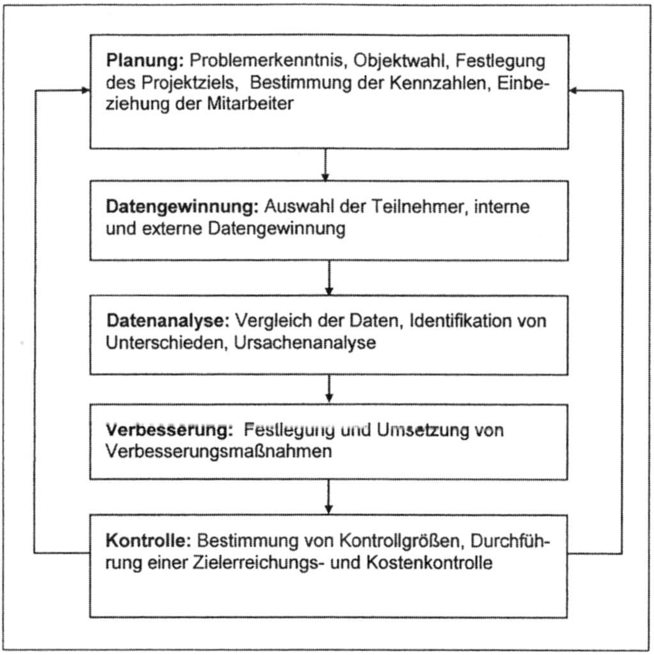

Abb. 2.15: Planung und Kontrolle als iterativer Prozess (Quelle: A. Hausmann 2005)

3. Herstellung, Kosten und Kalkulation

3.1 Technische Grundlagen

In einer Darstellung anderer Wirtschaftszweige würde dieses Kapitel heißen »Produktion, Kosten und Kalkulation«. Verlage produzieren aber in aller Regel nicht selbst – wenn ihnen technische Betriebe gehören, werden diese gesondert geführt und in der Kostenrechnung des Verlags als Fremdbetrieb betrachtet. Verlage organisieren lediglich die Produktherstellung, sie stehen damit zwischen dem Handel, der Fremdware einkauft, und dem Produktionsbetrieb, der sie herstellt. Für die Abteilung, die die Organisation und Steuerung der Produktion leistet, hat sich seit über 100 Jahren der Begriff »Herstellung« eingebürgert, obwohl im wörtlichen Sinne nichts hergestellt wird.

Grundsätzlich ist zwischen der Druckvorstufe, d.h. allem was geschieht, bis die druckfähigen Unterlagen bzw. Dateien an die Druckerei gehen, und der externen Produktion danach zu unterscheiden. Nur in der ersten der beiden Phasen ist der Verlag tätig. Daher hat im Rahmen der ökonomischen Analyse des Herstellungsprozesses eine Darstellung der technischen Grundlagen dieser zweiten Stufe keinen Platz. Historische Verfahren wie Bleisatz und Hochdruck brauchen ohnehin nicht erörtert zu werden. Von praktischer Bedeutung im Verlag sind heute nur der Offsetdruck und der Digitaldruck, wobei jeweils Bogen- und Rollendruck zu unterscheiden sind. Auch für sie soll auf eine Darstellung der technischen Verfahrensweisen verzichtet werden, dafür gibt es ausgezeichnete andere Werke wie etwa die von Blana oder Mundhenke.

Unter ökonomischer Perspektive ist primär der jeweilige Einsatzbereich der vorgenannten Verfahren wichtig.

Auflagenhöhe		geeignetes Druckverfahren
(1)	bis 300 Ex.	Digitaldruck
(2)	300-600 Ex.	Direkt Offsetdruck (opti copy)
(3)	600-2000/3000 Ex.	Bogenoffset
(4)	ab ca. 3000	Rollenoffset

Die vorstehende Tabelle gibt natürlich nur Anhaltspunkte, es gibt immer wieder Anbieter, die etwa im Digitaldruck heute schon in Bereich (2) eindringen, und zwischen den Bereichen (3) und (4) wogt ein heftiger Preiswettbewerb, den der Verlag nutzen sollte. Es ist überhaupt grundsätzlich ratsam, für jeden

Auftrag mindestens zwei Angebote bei Druckereien einzuholen, die für das betreffende Objekt grundsätzlich geeignet erscheinen. Der Aufwand ist heute mit einem geeigneten Standardformular und e-mail bzw. Fax denkbar gering, die Kostendifferenzen aber oft (z. B. je nach aktuellem Auslastungsgrad der Druckerei) sehr beträchtlich. Ob ein Verlag umgekehrt im Rahmen von Jahresabschlüssen mit versprochenen Volumina und Festpreistabellen arbeiten soll, wie es oft empfohlen wird, erscheint mir zweifelhaft, insbesondere wenn der Verlag mit einer Vielzahl von Formaten und sehr unterschiedlichen Auflagen arbeitet. Natürlich sind neben den reinen Kostenaspekten die für das jeweilige Verfahren gegebenen technischen Einschränkungen zu bedenken: So stehen beim Rollenoffset – und auch beim Digitaldruck – sehr viel weniger Papiersorten zur Auswahl, wer dort kleine Mengen von nur wenigen tausend Exemplaren beauftragt, kann keine eigenen Papierwünsche durchsetzen, sondern muss nehmen, was verfügbar ist. Auch stößt die Rolle bei hohen Anforderungen an Halbtonabbildungen bald an Grenzen (die Raster müssen auch anders gewählt werden, daher ist eine frühzeitige Entscheidung für das Druckverfahren wichtig). Schließlich gibt es bei der Rolle neben den Papiersorten und -gewichten auch enge Formatgrenzen: die meisten Betriebe bieten nur bis 15,0 × 21,5 cm an, einige wenige bis 17 × 24 cm. Darüber bleibt die Buchherstellung eine Domäne des Bogenoffsets. Anders ist das bei hochauflagigen Zeitschriften (s. Kap. 5).

Buchproduktion im Tiefdruck ist sehr selten geworden und kommt nur bei hochauflagigen Bildbänden in Betracht.

Während ein Verlag früher für ein Buch mit zahlreichen Betrieben zusammenarbeitete z. B. Setzerei, Reproanstalt, Druckerei, Papierlieferant, Buchbinderei – was einen erheblichen Organisationsaufwand bedeutete – schrumpft diese Zahl der technischen Partner heute beträchtlich (s. a. Kap. 3.3), und es sollte stets geprüft werden, ob sie nicht noch weiter reduziert werden kann. Das Prinzip »alles aus einer Hand« spart viel overhead (Dispositionsaufwand) im Verlag, minimiert beim digitalen workflow den Aufwand der Datenverwaltung und ebenso Unstimmigkeiten betreffend Qualität (wie sie früher etwa zwischen Reproanstalt, Papierlieferant und Drucker nicht selten auftraten), verringert Transportkosten und beschleunigt die Produktion. Im Idealfall braucht ein Verlag bei konsequenter DTP-Organisation nur den Autor (und den Grafiker für den Umschlag) und einen technischen Betrieb, der die druckfähigen Daten oder die Postscript/PDF-Dateien empfängt, auf die Druckplatte belichtet, auf von ihm besorgtes Papier druckt und bindet: *ein* Auftrag, *ein* Ansprechpartner, *eine* Rechnung, *eine* Ablieferung – man kann so erstaunlich viel sparen und qualitative sowie terminliche Risiken im Produktionsprozess minimieren.

Je eingespielter die Beziehung des Verlages zu seinen Lieferanten ist, desto weniger braucht er sich um produktionstechnische Details zu kümmern. Der an langfristiger Beziehung interessierte technische Betrieb wird seinen Verleger laufend über seine Neuentwicklungen informieren und damit zur Optimierung des Produktionsprozesses beitragen – etwas überspitzt gesagt: ein Verleger braucht wirklich nicht auf die Drupa oder die SYSTEMS zu gehen. In diesen Dingen soll und kann er sich auf seine Partner verlassen, wenn er die richtigen gewählt hat. Verliebtheit in technische Details und Neuerungen ist im Verlag in der Regel fehl am Platz. So wie der Verlag seinem Autor vertraut und ihm nur bedingt hineinredet, so muss er es auch mit den technischen Betrieben halten; es gibt Schnittmengen der Aktivitäten (bezüglich der Autoren deutlich größere), aber jeder sollte **sein** Geschäft betreiben. Das lässt sich mit folgendem Diagramm veranschaulichen:

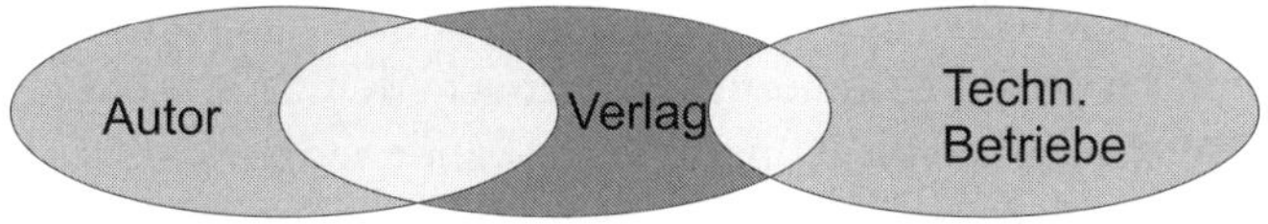

Abb. 3.1: Aktionsbereiche mit geteilter Verantwortung (weiße Flächen)

Dass es jenseits der Produktion für den Verlag genug Aufgaben und Pflichten gibt, davon handeln die anderen Kapitel dieses Buches.

3.2 Buchgestaltung und Buchtypen

Schon beim ersten Projektgespräch mit dem Autor – bzw. der Ideenfindung im Lektorat – sollte eine Vorstellung nicht nur über die Zielgruppe, sondern daraus folgend über das physische Produkt, seine Gestaltung und Anmutung und damit die Kosten und die geeigneten Produktionsverfahren entwickelt werden. Es ist überaus misslich, wenn aus einem Taschenbuchprojekt plötzlich ein großformatiges Hardcover werden muss, weil man Anforderungen bezüglich Abbildungen oder Tabellen nicht bedacht hat oder umgekehrt, wenn zu spät erkannt wird, dass mit der abgelieferten Textmenge und Abbildungszahl die vom Verlag gedachte, mit dem Autor aber gar nicht erörterte Buchgestalt nicht verwirklicht werden kann.

Das Produkt Buch ist dabei stets von der Zielgruppe her zu denken. So wird ein Buch »Internationale Rechnungslegung« als kartonierter Band mittleren

Formats zwar für Studenten attraktiv sein, für Wirtschaftsprüfer aber einfach von der Anmutung her weniger. Selbst bei völlig identischem Inhalt erwarten Letztere eher ein dickes, großformatiges fest gebundenes Buch: Die Buchgestalt signalisiert bestimmten Nutzergruppen »das ist für mich«. Verbreitet ist das Schielen auf zwei Gruppen, es misslingt meist. Der Verlag muss sich bei jedem Projekt bzw. in ganzen Programmsegmenten für eine Hauptzielgruppe entscheiden – aus dieser Entscheidung folgt diejenige für die passende Buchgestalt.

Das betrifft Format und Einband ebenso wie Typografie und Papier. Während ein Fachverlag im Blick auf studentenfreundliche Preise leicht 3.000 Anschläge/Seite in einer nur bedingt lesefreundlichen Typografie in ein kartoniertes 200 Seiten-Buch im Format 15,0 × 21,5 cm presst (Rückenstärke bei 80g Papier 10 mm), macht ein Literaturverlag aus einer mittellangen Erzählung mit 1.500 Anschlägen/Seite durch eine Typenwahl, die eher an ein Großdruckbuch erinnert, ebenfalls ein 200 Seiten-Buch, aber mit festem Einband, eventuell sogar mit teurem Leinenbezug, und erreicht durch ein 1,8faches 90 g-Papier eine Rückenstärke von 20 mm. Beide Bände mögen die gleiche Auflage von 3.000 Exemplaren haben und € 19,90 kosten. Der Student erhält dafür die doppelte Textmenge und den von ihm erstrebten Nutzwert (Bestehen der Prüfung), der Romanleser das Gefühl, ein »richtig schönes Buch« in der Hand zu halten. Dafür zahlt er pro tausend Anschläge ohne zu murren das Doppelte des Studenten (dieser aber murrt vielleicht dennoch ob des vermeintlich hohen Preises!).

Die Parameter, aus einer gegebenen Textmenge und einer ebenfalls gegebenen Anzahl von Abbildungen entweder ein bescheidenes Taschenbuch oder einen pompösen Bildband zu machen, liegen auf der Hand – von der Produktidee und Zielgruppe her ist zu entscheiden, welche Lösung jeweils die erfolgversprechende ist. Die Entscheidung darüber entsteht im Gespräch zwischen Autor, Lektor, Herstellung und Marketing. Wo es an diesem Gespräch fehlt, erhält ein Buch oft nicht seine optimale Gestalt und vermag dann auch nicht sein eigentliches Marktpotential auszuschöpfen.

3.3 Ablauforganisation der Produkterstellung

3.3.1 Texterfassung

Die klassische Verlagsarbeit war bis vor etwa 10 Jahren normalerweise weitgehend sequentiell angelegt: ein Schritt folgte auf den anderen.

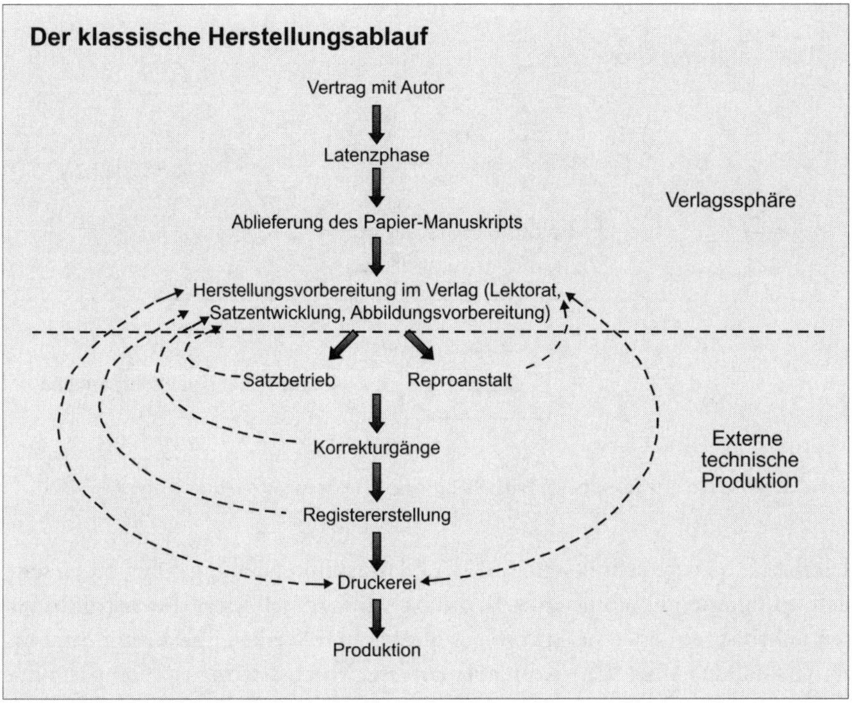

Abb. 3.2: Sequentieller Ablauf der klassischen Herstellung

Drehscheibe des ganzen Prozesses nach vorn in die technischen Betriebe und zurück zum Autor war die Herstellungsabteilung.
Durch das digitale Manuskript in Verbindung mit den Möglichkeiten des Datentransfers per e-mail oder anderer leistungsfähigerer Systeme, wie sie insbesondere bei Bilddateien erforderlich werden, entstehen ganz andere, iterative/vernetzte Abläufe, man spricht seitdem vom neuen workflow. Dann erhält der Autor schon bei Vertragsabschluss Datenformate, es werden Dateien zwischen Autor und Verlag fortlaufend im Prozess der Manuskripterstellung ausgetauscht (Abb. 3.2) und wenn nötig bereits in Teilmengen formatiert, so dass die endgültige »Manuskript«abgabe nur noch eine Dateiübermittlung (sehr selten direkt an die Druckerei) ist. Der Autor ist vielfach in der Druckvorstufe eingebunden, ein Kontakt mit dem technischen Betrieb wird zur Ausnahme.

Oft liegt nun die Koordinationsfunktion mehr beim Lektorat, dem Hersteller assistierend zugeordnet sind. Der Herstellungsprozess kann dadurch oft sehr beschleunigt werden, das Zusammenwirken von Autorenvorstellungen und

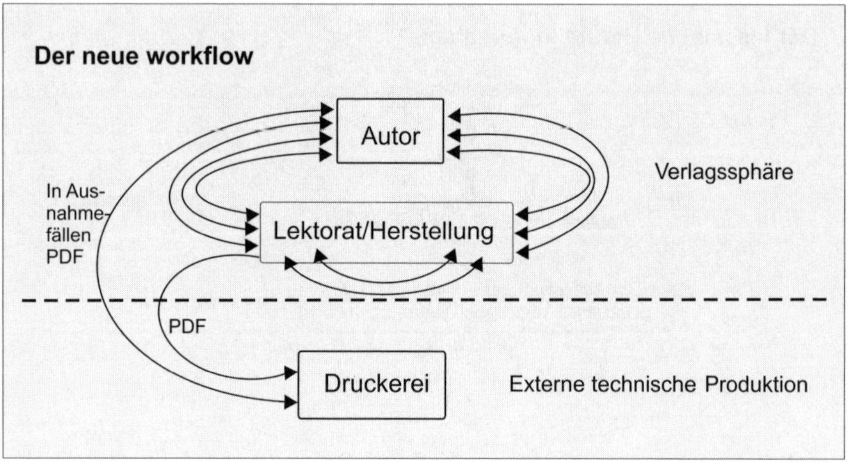

Abb. 3.3: Mehrfach rückgekoppelter Herstellungsprozeß in der digitalen Druckvorstufe

Lektoratsexpertise schon während der Manuskripterstellung führt zu wesentlich verfeinerten Ergebnissen, z. B. didaktisch sehr viel besser durchstrukturierten Lehrbüchern oder viel stimmiger illustrierten Werken und bringt dazu unter Umständen erhebliche Kostenersparnisse. Voraussetzung ist Kompatibilität der technischen Umgebung aller Beteiligten. Wenn z. B. der Autor mit PC und WORD arbeitet, der Verlag aber mit Mac und QuarkXPress, müssen frühzeitig Verabredungen getroffen und Probedateien ausgetauscht werden. Besonders anspruchsvoll wird es, wenn ein Autor TeX-Dateien abliefert (z. B. wegen des Formelsatzes). Die Einbeziehung der herstellungstechnischen Aspekte in die Phase der Manuskripterstellung ist die grundlegend neue Entwicklung.

Auch heute gibt es noch Autoren, die es einfach nicht schaffen, in vorgegebenen Datenformaten zu arbeiten, aber es werden Jahr zu Jahr weniger. Die meisten Autoren empfinden die neue Arbeitsorganisation durchaus nicht als Belastung oder gar Aufhalsung zusätzlicher Arbeit, sondern als Vorteil auch für sich selbst. Viele Verlage zahlen dem Autor für Zusatzleistungen wie Seitenformatierung eine Vergütung unabhängig vom Honorar und sparen dennoch beträchtliche Kosten. Das Setzen nach Papiermanuskript ist zur Ausnahme geworden, am ehesten wird es noch bei nur mäßig überarbeiteten Neuauflagen und Vielautoren-Werken angewendet. Auch von alten Werken, die vor der digitalen Wende erschienen sind (oder falls der Autor seine Datei verloren hat), lassen sich heute per Scanner und entsprechender Software gute und weitestgehend fehlerfreie Dateien zur Weiterbearbeitung produzieren. Die Texterfassung im technischen Betrieb ist also heute fast schon obsolet (s.a. Kap. 5.2.2.2).

Entscheidend für ein fehlerfreies und damit wirklich kostenreduzierendes Arbeiten im digitalen workflow sind klar definierte, sorgfältig abgestimmte Datenformate und entsprechende Kontrollen durchgängig über die ganze Kette vom Autor an. Die Vielzahl von Varianten und »Dialekten« in der Datenverarbeitung macht das oft zu einem wahren Hindernisrennen. Eine Standardisierung über alle technischen Betriebe hin wird einem durchschnittlichen Verlag nicht gelingen, dazu fehlt ihm die Macht. Er muss nolens volens mit unterschiedlichen Anforderungen leben, wenn er sich nicht – was aus anderen Gründen wieder sehr problematisch wäre – auf einen einzigen Druckbetrieb als Lieferanten konzentrieren will. Hier ist für die Zukunft eine weitreichende Standardisierung zu erhoffen.

3.3.2 Organisatorische Konsequenzen in den Herstellungsabteilungen

Die klassischen Herstellungsabteilungen sind daher in vielen Verlagen geschrumpft, z.T. mit den Lektoraten zu Projektteams verschmolzen, viele Hersteller zu Lektoratsassistenten geworden, die viel mit Gestaltung, insbesondere Text- und Bildverarbeitungssystemen, aber mit der Auftragsvergabe an die technischen Betriebe nur noch wenig zu tun haben. Das geschieht dann durch »Einkäufer«, die die Aufträge bündeln, zeitlich koordinieren und optimieren. Im Zuge dieser organisatorischen Bündelung der Auftragsvergabe besteht eine Tendenz zur Reduzierung von Formatvarianten, Papiersorten, Ausstattungsalternativen, die zu erheblichen Kostensenkungen führen können. Ein Beispiel dafür ist die sogenannte »gang production«, bei der in der Druckerei alle Formate nicht nur eines, sondern vieler Verlage auf bestimmte (monatliche) Termine zusammengefasst werden, was besonders im Bereich der Kleinauflagen, wo bislang die Zurüstkosten eine große Rolle spielten, sehr vorteilhaft ist. Bei allen Produktionen, in denen es nicht auf ganz spezifische Anforderungen (etwa höchste Farbdruckqualität, hohe Papiergewichte, Sonderformate) ankommt, sind solche Standardisierungen und Bündelungen im Einkauf sehr ratsam – die oben genannte Zentralisierung der Auftragsvergabe ist dafür sehr hilfreich. Viele Druckereien bieten heute via Internet tools zur Auftragsverwaltung etc.

3.3.3 Bildverarbeitung

Lange waren die Bereiche Text und Bild bei der Buchherstellung streng getrennt: Der Satz erfolgte vom Papiermanuskript in der Setzerei, die Abbildungsvorlagen wurden meist im Verlag bzw. von Grafikern überarbeitet (Ausschnitte festlegen, Beschriftung, Neuzeichnung) und dann in einer Reproanstalt klischiert bzw. verfilmt. Auch der Übergang vom Hochdruck zum Offset hatte an dieser Zweigleisigkeit der Druckvorlagenerstellung, bei der Text und Bild erst im Umbruch durch manuelle Arbeit am Satz- oder Montagetisch zusammenfanden, nichts grundsätzlich geändert. Sowohl der organisatorische Aufwand für diese Zweispurigkeit in der Verlagsherstellung wie auch die anfallenden Kosten waren erheblich.

Einen grundlegenden Wandel und große Kostenersparnisse bedeutet nun die digitale Bildverarbeitung. So werden heute die in wissenschaftlichen Arbeiten üblichen Diagramme und Kurven selbst mit WORD in guter Qualität erzeugt und können im Bedarfsfall ohne großen Aufwand im Verlag verfeinert und vereinheitlicht werden. So wie der technische Zeichner in den Architekturbüros verschwunden ist, ist es auch der Allerweltsgrafiker, der diese Diagramme zeichnet und Abbildungen beschriftet. Aber auch Halbtonabbildungen (Fotos) werden heute als Datei unmittelbar in die Textdateien eingebunden – ein Mausclick statt zeitraubender Manipulationen. Die Möglichkeiten der Bildverarbeitung am Bildschirm in Bildbearbeitungs- bzw. Layoutprogrammen wie QuarkXPress oder InDesign ersparen zudem die früher oft angefallene Mehrfachreproduktion, falls die Abbildungsgröße nicht richtig gewählt worden war. Eine optimale Bild/Textzuordnung lässt sich heute direkt per Zoom-Funktion oder Ausschnittbearbeitung erreichen.

Somit sind die Kosten für Illustrationen – ob Strich, Halbton oder vierfarbig – generell nach der ersten großen Kostensenkungsstufe beim Übergang auf Druckfilme statt Zinkklischees in den 60er/70er-Jahre nun noch einmal deutlich gesenkt worden. Das hat die positive Folge, dass die früher oft erforderliche Sparsamkeit in der Illustration von Sach- und Fachbüchern kaum noch notwendig ist und so die ästhetische wie didaktische Qualität dieser Bücher sehr gestiegen ist. Somit können nach heutigen Verfahren hergestellte Bücher bei kaum erhöhten Herstellkosten (und damit auch Ladenpreisen) sehr viel reichhaltiger und qualitätvoller illustriert werden als früher und damit den hohen Erwartungen der Käufer in einer in allen Bereichen visuell geprägten Welt entsprechen. Das gilt in begrenztem Umfang auch für farbige Illustrationen.

Einen wesentlichen Kostenfaktor stellen aber in wachsendem Maße die Honorare oder Abdrucklizenzen für die Abbildungen dar, insoweit sie nicht als Selbstillustrationen des Autors zur Verfügung stehen. Letzteres ist in der Wissenschaft und beim Fachbuch sehr oft der Fall, bei Sachbüchern viel weniger. Aufgrund der teils enormen Honorare bzw. Vorlagekosten, die von Fotografen, Bildagenturen oder Museen gefordert werden, wird oft die geschilderte Kostenersparnis überkompensiert: mittlerweile gibt es Kunstbuchproduktionen, bei denen die Bildhonorare der größte Kostenfaktor überhaupt sind (s. Kap. 7.9.1).

Dennoch: In der hochgradigen Integration von Text- und Bildverarbeitung, der kostengünstigen Möglichkeit, verlagsinterne Bilddatenbanken aufzubauen, liegt ein fundamentaler Wandel im Produktionsprozess, der sowohl Kosten erspart (besonders im Verlag selbst) als auch die Qualität verbessert. Es ist überaus lohnend, alle Möglichkeiten dieser Verfahren auszuschöpfen, wie das in hohem Maße z.B. bei Fachzeitschriften (s. Kap. 5) der Fall ist. Auch hier wird der Autor von Anfang an eingebunden, Standards abgesprochen und z.T. auch verlagsseitig die entsprechende Software zur Verfügung gestellt.

3.4 Woraus ein Buchpreis besteht

Laien (auch Autoren!) zucken oft zusammen, wenn sie erfahren, dass in dem Preis eines Buches in der Regel nur 1/7–1/12 »Warenwert« enthalten ist, also diejenigen Kostenanteile, die für die technische Herstellung des Buches aufzuwenden sind. Dieser Anteil der technischen Herstellungskosten ist in den letzten 20 Jahren deutlich gesunken und zwar in allen Printmedien – von der Tageszeitung bis zum wissenschaftlichen Buch. Die Ursachen wurden im vorangegangenen Abschnitt dargestellt. Alles andere sind sonstige Kostenelemente, die meist unterschätzt werden. Der Käufer hat auch heute noch die frühindustrielle Anschauung, dass der Preis einer Ware von ihrem Materialwert herrühre, über die »geronnene Zeit« die darüber hinaus im Produkt steckt, wird viel weniger nachgedacht. Wenn man es richtig bedenkt, gibt es ja eigentlich überhaupt keinen Materialwert: Auch eine Tonne Stahl hat ihren Preis aufgrund der Arbeitszeit, die die Bergleute für die Gewinnung von Erz und Steinkohle, für Transport u.s.w. aufwenden mussten, das Gleiche gilt für die Kosten der Hochöfen, des Walzwerks: alles ist aufsummierte Arbeitszeit. Das Erz im Berg kostet nichts, auch nicht der Rohdiamant im tiefen Schacht. Es kostet aber sehr viel, sie herauszuholen und zu bearbeiten, d.h. marktfähig zu machen. So ist es auch bei den Büchern: der Materialwert (auch er wie gesagt eigentlich Arbeitswert) ist nicht werthaltiger als all die Arbeit, die vor der Buchproduktion in

Verlagsleitung, Lektorat usw. aufgewandt werden muss, oder diejenige, die während der Herstellung notwendig ist, und insbesondere all die Arbeit, die nach Fertigstellung des Buches aufgewendet werden muss für Werbung, Vertrieb, Logistik, Rechnungswesen, Rechteverwaltung u.ä.

Etwas akzentuiert könnte man sagen: Bücher machen ist nicht so schwer (zumal, wenn man gute technische Betriebe hat). Die eigentliche Arbeit liegt in der Vorphase, d.h. in der Entwicklung und nicht-materiellen Umsetzung der Produktion und – noch stärker – in der Arbeit, die zu leisten ist, nachdem das Buch erschienen ist. Deutlich mehr Menschen in einem Verlag beschäftigen sich mit all den Funktionen, die nötig sind, um das erschienene Buch zu vermarkten, als es herzustellen. Deshalb hat sich der Anteil der Vertriebs- und Werbekosten in den letzten Jahrzehnten deutlich erhöht.

Dass die Kostenstrukturen in den Verlagen höchst unterschiedlich sind, bedarf keiner ausholenden Erklärung – das hängt z.B. schon vom Grad der Funktionsaus- oder -eingliederungen ab, ob also z.B. ein Verlag eine Satzabteilung im Hause hat, ob er selbst ausliefert u.s.w. Rationale Entscheidungen vorausgesetzt, sollte es aber insgesamt keine allzu großen Differenzen zwischen »make or buy« geben (s.a. Kap. 2.9), nur die Prozentanteile der Kostenarten sind dann unterschiedlich.

Es kommt bei den zwei nachfolgenden hypothetischen Beispielen auch gar nicht darauf an, welche Zahlenwerte dort stehen, sondern darauf, die Elemente des Buchpreises und ihr unterschiedliches Gewicht zu verdeutlichen. Insbesondere auch, dass vom Ladenpreis, den der Kunde in der Buchhandlung bezahlt, im Verlag nur 56,5% (wissenschaftliches Buch) bzw. 45% (Roman) ankommen. Das links stehende Diagramm zeigt ein wissenschaftliches Werk, das rechts stehende einen Roman eines im Ausland bereits erfolgreichen Autors, der aber hier im Markt erst noch mit überdurchschnittlichen Werbeaufwand durchgesetzt werden muss. Die Ladenpreise seien z.B. € 89,- bzw. € 32,-, aber der Vergleichbarkeit halber werden alle Kostenpositionen in Prozent angegeben. In den Säulen stehen jeweils die prozentualen Werte bezogen auf den Ladenpreis, bzw. außen daneben die auf den Verlagserlös bezogenen.

Natürlich machen die einzelnen Kosten einen wesentlich höheren Prozent-Anteil bezogen auf den Verlagsumsatz aus als auf den Ladenpreis – das verdeutlicht zugleich die fatalen Folgen von Erhöhungen der Handelsspanne. Natürlich spiegelt diese hypothetische Einzeltitelkalkulation nicht in allem die Relationen in der Gewinn- und Verlustrechnung des einzelnen Verlags, in die noch andere Elemente einfließen.

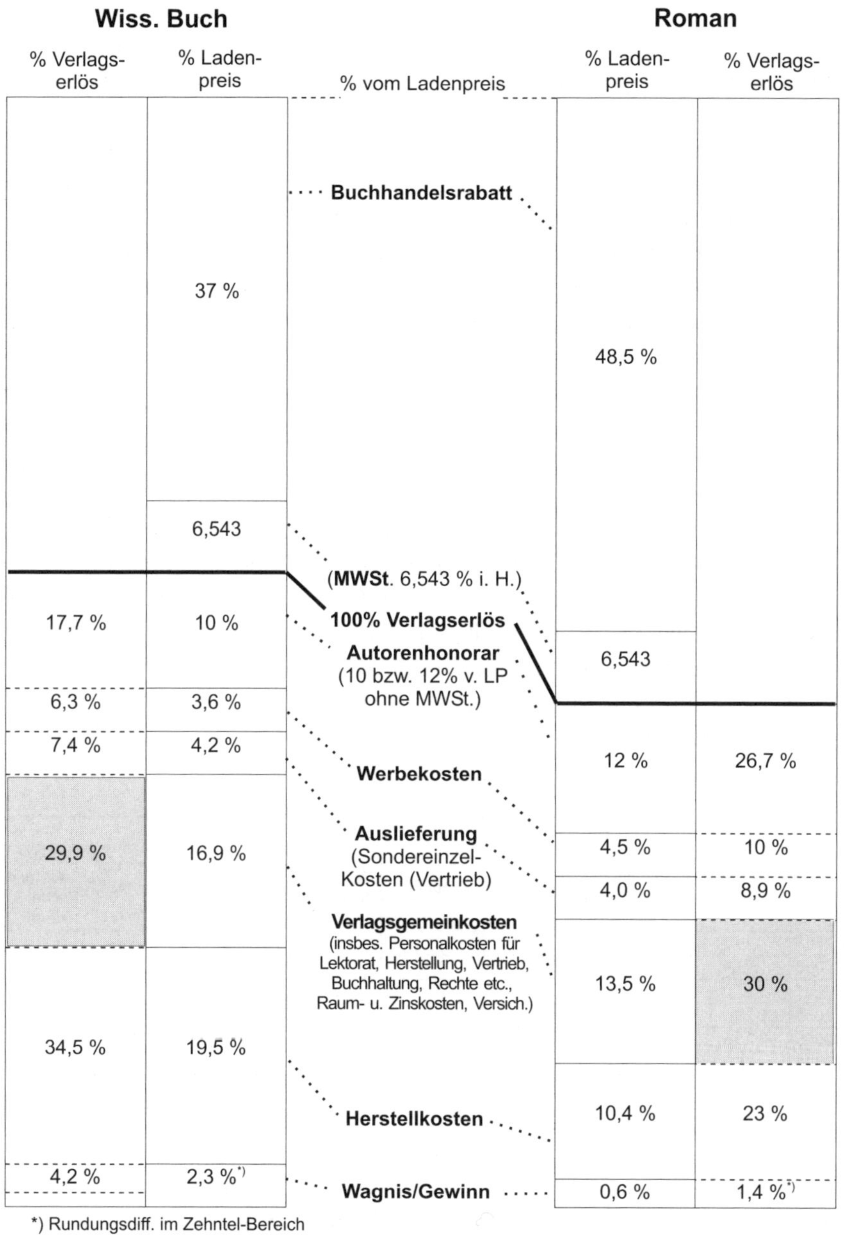

Abb. 3.4: Kostenstruktur verschiedener Buchtypen in Prozent des Ladenpreises bzw. des Verlagserlöses

Betont ist darauf hinzuweisen, dass dieses (ohnehin fiktive) Beispiel nur eine Momentaufnahme für einen Titel oder eine Produktgruppe darstellt. In der Praxis sind die aufgeführten Kostenanteile ständig in Bewegung – teils durch externe Kräfte, insbesondere aber auch aufgrund aktiven Kostenmanagements im Verlag, das auf die Senkung jeglicher Kostenposition hinarbeitet, sei es zur Kompensation anderer unvermeidlicher Kostensteigerungen oder zur Gewinnverbesserung. Zu den stetigen Kostensteigerungen zählt insbesondere der Bereich der Personalkosten und zwar nicht primär wegen tariflicher Anhebungen, sondern aus strukturellen Gründen: in den Verlagen sind immer mehr hoch qualifizierte, oft mit Hochschulabschluss ausgestattete Mitarbeiter tätig, während einfachere Tätigkeiten durch komplexe IT-Organisation oder outsourcing immer mehr verschwinden. Dadurch steigen die Kosten pro Mitarbeiter signifikant. Auch die fortwährende Qualifizierung des vorhandenen Personals führt zu erheblichen Kosten, die in dieser Art vor 20 oder 30 Jahren überhaupt nicht anfielen.

Insoweit einigermaßen stabile Kostenstrukturen im Verlag, bzw. für einzelne Produkttypen existieren, bietet sich als erstes Näherungsverfahren eine Preisermittlung mittels der sogenannten *Multiplikatorkalkulation* an, also Herstellkosten / Expl. xy. Dieser Multiplikator wäre entsprechend dem vorstehenden Diagramm bei dem wissenschaftlichen Buch 5.1, beim Roman 9.6.

Die Schnellumfrage des Börsenvereins ergab für die letzten Jahre nachfolgende durchschnittliche Kostenrelationen über alle Verlagstypen und Größenklassen, einschließlich der Zeitschriften.

Anteil der Kostenarten am Gesamterlös in Prozent								
	Herstellkosten	Personalkosten	Honorare	Werbung	Auslieferung	EDV-Kosten	Vertreterprovisionen	Kosten für freie Mitarbeiter
2001	30,7	24,0	8,0	6,5	5,4	1,2	1,4	0,4
2002	29,5	22,4	7,0	5,5	6,6	1,2	1,8	0,5
2003	27,0	21,7	6,8	5,4	6,6	1,2	1,7	0,4
2004	27,1	23,7	7,7	6,8	6,3	1,7	1,7	0,5
2005	26,6	23,4	8,2	6,2	6,2	1,5	1,6	0,7
2006	25,0	22,9	7,6	7,0	6,4	1,4	1,6	0,6

(Quelle: Börsenverein, Schnellumfrage 2006)

Die tatsächlichen Kosten liegen je nach Fachrichtung und Unternehmensgröße unterschiedlich, so sind bei großen Verlagen die Personal- und Herstellkosten in Prozent etwas niedriger als der Durchschnitt, während die Werbekosten dort tendenziell höher liegen. Zu beachten ist, dass es zwischen den beiden größten Kostenbereichen, Herstellungskosten und Personalkosten starke Substitutionsbewegungen geben kann: Hat ein Verlag die Druckvorstufe voll ins Haus (Lektorat, Redaktion, DTP) hineingenommen, steigen die Personalkosten, während die (Fremd-)Herstellungskosten sinken. In geringerem Maß gilt das auch für den Bereich Auslieferung. Unbeachtlich solcher Sondereffekte gilt aber als Faustregel: bedenklich ist, wenn Herstellkosten und Honorar zusammen über 45% liegen. Davon sind sie in dieser Erhebung allerdings weit entfernt. Interessant ist noch der außerordentlich geringe Kostenanteil für freie Mitarbeiter: er liegt bei 0,7%. Das ist z.T. vielleicht ein Definitionsproblem in der Abgrenzung zu fremdbezogenen Dienstleistungen, aber offenbar findet doch kein so entschiedenes Outsourcing (z.B. von Lektorats- und Herstellungsleistungen) statt, wie oft befürchtet.

3.5 Honorare und Zuschüsse

3.5.1 Absatzhonorar und Pauschalhonorar (s. a. 7.6)

Im heutigen Verlagswesen ist die Honorierung von Autoren weitestgehend selbstverständlich, und zwar ganz überwiegend in Form der prozentualen Erfolgsbeteiligung, die natürlich auch eine Misserfolgsbeteiligung ist: verkauft sich ein Buch mit 3000er Auflage und einem Preis von € 32,- (netto 29,90) nur in 1.200 Exemplaren, hat der Autor nur ein Gesamthonorar (bei 10%) von € 3.588,- statt erhoffter 8.970,-. Die gleiche schmerzliche Einbuße, nur in absolut wesentlich höheren Beträgen, erleidet der Verlag. Diese Honorierung ist also fair und angemessen, wenn der Autor das Buch aus eigenem Antrieb verfasste und der Verlag das Risiko einzugehen bereit war. Absatzhonorare werden i.d.R. einmal jährlich, z.T. auch halbjährlich, abgerechnet. Meist nach Kalenderjahr, manche Verlage haben die elegante Lösung jeweils 12 Monate nach dem Ersterscheinungsmonat abzurechnen: Das führt zu sehr viel gleichmäßigerem Arbeitsanfall in der Honorarabteilung und vermeidet zum zweiten die starke Liquiditätsbelastung, wenn alle Honorare zum selben Zeitpunkt fällig werden.

Anders bei einer Auftragsarbeit, etwa einer Übersetzung: hier erhält der Urheber i.d.R. eine Honorargarantie, im obigen Beispiel vielleicht € 5.000 plus eventuell einer kleinen Erfolgsbeteiligung oberhalb der kalkulierten 3.000 Exemplare.

Ob Fest- oder Pauschalhonorar oder Mischformen aus beiden: immer geht es um eine angemessene Verteilung von Chancen und Risiken – ob bei dieser Abwägung der gesetzliche Anspruch auf »angemessenes Honorar« nützlich ist, darf dahingestellt bleiben. Als moralischen Anspruch wird ihn niemand bestreiten, wie er aber inhaltlich/materiell zu ermitteln ist, ist eine andere Frage.

Als Basis für ein prozentuales Erfolgshonorar kommen zwei Werte in Betracht: der Ladenpreis (i.d.R. ohne MWSt.) oder der Verlagserlös, d.h. der um den Händlerrabatt reduzierte Ladenpreis; dann spricht man vom Nettohonorar. Natürlich muss, wenn das letztere Verfahren zum gleichen Ergebnis führen soll wie das erste, der Prozent-Satz höher liegen. Wie viel höher, hängt vom zu erwartenden Durchschnittsrabatt ab. So entsprechen:

	vom Nettopreis bei		
	35 % Rabatt	40 % Rabatt	45 % Rabatt
10 % vom Ladenpreis	15,4 %	16,7 %	18,2 %
8 % vom Ladenpreis	12,3 %	13,3 %	14,6 %
5% vom Ladenpreis	7,7 %	8,3 %	9,1 %

Stabile Rabattstrukturen vorausgesetzt, steht sich also ein Autor gleich, egal welche Honorierungsform gewählt wird, soweit die Umrechnung des gewollten Brutto-Honorars bei gegebenem Durchschnittsrabatt sachgerecht erfolgt. Der Autor profitiert bei sinkendem Durchschnittsrabatt bzw. erleidet Einbußen mit steigendem Rabatt, aber gerade darin kann man eine Verfeinerung der Erfolgsbeteiligung sehen, denn was der Verleger als Rabatt gewähren muss, kommt ja bei ihm nicht als Zahlungsstrom an, aus dem allein er das Honorar bezahlen kann.

3.5.2 Entfall von Honorar, Zuschüsse

Der Normalfall der Erfolgsbeteiligung hat zwei Gegenpole: einerseits das Null-Honorar, das dann üblich ist, wenn das Verkaufspotential des Titels sehr gering ist, der Autor aber den starken Wunsch der Veröffentlichung hat. Hier tritt der Verlag quasi nur als Dienstleister auf, erhofft sich keinen Gewinn und kann daher auch nichts mit dem Autor teilen. Eine Fortführung dessen ist der Druckkostenzuschuss des Autors: Sein Wunsch nach Publikation ist so stark, dass er sogar eine eindeutig zu erwartende Lücke zwischen Erlösen des Titels und anfallenden Kosten aus eigenen Mittelns zu decken bereit ist. Insoweit Zuschüsse von Dritter Seite (DFG, VG Wort, Stiftungen, Unternehmen etc.) kommen, gibt es in der Regel formalisierte Vergaberichtlinien und Berechnungsschemata, die die berücksichtigungsfähigen Kosten klar (und in der Regel einschränkend) definieren.

In beiden Fällen sind Vertrauen und Transparenz wichtig (s. Kap. 7.1): Der Verlag sollte die Kalkulation offen mit dem Autor erörtern und die Notwendigkeit des Null-Honorars bzw. des Zuschusses darlegen. Es empfiehlt sich dabei, eine Schwelle zu vereinbaren, ab der der Autor dann doch Honorar erhält oder eine schrittweise Rückzahlung des Zuschusses. Auf diese Weise bleibt kein Raum für den Verdacht, der Verlag verdiene ja in Wirklichkeit doch und beteilige den Autor nicht. Häufig heißt es daher in entsprechenden Verträgen: »Der Autor erhält kein Honorar für die ersten xxx Exemplare. Danach beträgt seine Beteiligung y % vom Ladenpreis« (bzw. »... danach erhält er eine Rückzahlung von z für jedes darüber hinaus verkaufte Exemplar«).

Eine umgekehrte Form des Zuschusses ist es, wenn der Verlag dem Autor über das Erfolgshonorar hinaus Beträge zahlt, etwa für die Beschaffung von Abbildungsvorlagen oder die Lieferung druckfähiger PDF-Dateien. Im Grunde geht es in diesen Fällen um Fremdkosten, die bei anderen Werken an Satzstudios oder Bildagenturen zu zahlen gewesen wären. Nicht selten treten solche Autorenleistungen heute an die Stelle eines eigentlich erforderlichen Druckkostenzuschusses bzw. senken den Zuschussbedarf erheblich.

3.5.3 Honoraranpassung

Eine stufenweise Anpassung des Honorars an den Verkaufserfolg ist ebenfalls üblich bei verkaufsstarken Büchern (s.a. Kap. 7). So sieht etwa der zwischen dem VS und Börsenverein ausgehandelte Vertrag folgendes als Normalfall vor:

Das Honorar für die verschiedenen Arten von Ausgaben beträgt für

...-Ausgaben ... Prozent vom Preis gemäß Absatz 1.
Es erhöht sich nach dem Absatz des Werkes
Von ... bis ... Exemplaren auf ... %;
Von ... bis ... Exemplaren auf ... %;
Von ... bis ... Exemplaren auf ... %.

Eine sinnvolle Variante einer solchen gestaffelten Erfolgsbeteiligung kann es sein, dem Autor den erhöhten Prozentsatz zuzugestehen, »solange der jährliche Absatz des Werkes mehr als xxx Exemplare im Jahr beträgt.«

Eine solche Regelung ist insbesondere im wissenschaftlichen Verlag sinnvoll, wo mit einer bearbeiteten Neuauflage ja wieder volle Produktionskosten anfallen (anders als beim reinen Nachdruck) und daher zunächst keine positive Differenz da ist, aus der das erhöhte Honorar bezahlt werden könnte. Das Honorar müsste daher wieder beim Eingangs-Prozentsatz beginnen. Diese Regelung verhindert einen Konflikt zwischen Autor und Verlag über die Notwendigkeit einer Neuauflage, zumindest soweit es die Honorarkonsequenzen betrifft.

Zur Honoraranpassung zählt auch die Beteiligung von Übersetzern (seltener auch Grafikern und Fotografen), die zunächst pauschal honoriert wurden ab xxx Exemplaren.

3.5.4 Pauschalhonorare

Das Pauschalhonorar wird häufig als verwerflicher »buy out« des Autors durch den Verlag negativ beurteilt. Aber ist es nicht zunächst einmal selbstverständlich und angemessen, einem Auftragnehmer ein festes Entgelt zu zahlen und ihn nicht vom Erfolg eines Werkes abhängig zu machen, das er gar nicht hauptverantwortlich trägt oder initiiert hat?

Sehr häufig erhalten Urheber, Grafiker usw. durch die Pauschalhonorierung wesentlich mehr als derjenige Autor, der absatzabhängig entgolten wird, und das sogar schon bei Erscheinen (oder in Teilbeträgen noch früher) des Werkes. Für den Verlag erhöht sich das Risiko des Fixkostenanteils aufgrund der gezahlten Pauschalhonorare stark.

Man sollte also sine ira et studio das Pauschalhonorar beurteilen. Es hat seine gute Berechtigung überall da, wo der Verlag einen Auftrag erteilt, z.B. auch bei Sammelwerken mit einer hohen Zahl von Autoren (oft hunderten), wo schon abrechnungstechnisch und wegen der Winzigbeträge bei jährlicher Auszahlung nur die Pauschalierung in Betracht kommt. Bezugsgröße für die Pauschalierung können z. B. sein:

- ein Prozentsatz (z.B. 6% des Ladenpreises), aber fällig seitenanteilig für die Gesamtauflage bei Erscheinen
- eine Zeile (es ist genau zu definieren mit wie vielen Anschlägen)
- eine Druckseite oder ein Druckbogen
- eine Abbildung (evtl. gestaffelt nach Größe und Schwierigkeitsgrad)
- eine umfangsunabhängige Pauschale pro Beitrag oder das ganze Buch.

Welche Bemessungsgröße (auch weitere sind denkbar) die geeignetste ist, lässt sich nur im Einzelfall entscheiden. Pauschalhonorare sind grundsätzlich nicht rückzahlbar und nicht verrechenbar mit anderen Projekten.

3.5.5 Vorauszahlungen

Vorauszahlungen haben dort ihren Platz, wo ein Verlag einen Autor oder Übersetzungsrechte unbedingt an sich ziehen will, also eine Garantiezahlung als Köder verwendet. Mittlerweile haben sich im Literatur- und Sachbuchbereich z.T. außerordentlich hohe Vorauszahlungen eingebürgert, bis hin zu Millionengarantien für noch nicht geschriebene Werke, für die es nur ein mehr oder weniger aussagekräftiges kurzes Exposé gibt. Dass darin sehr hohe Risiken für die betreffenden Verlage liegen, ist offenbar; die Fälle sind zahlreich, in denen Hunderttausende durch solche Garantiezahlungen verloren gingen, weil die tatsächlichen späteren Verkäufe sie bei den üblichen Prozent-Sätzen bei weitem nicht erwirtschaften konnten – auch nicht unter Berücksichtigung des Weiterverkaufs von Nebenrechten wie Taschenbuch-, Buchclub- oder Fernsehrechten (s. Kap. 2.6.1). Vorauszahlungen bedeuten immer eine Liquiditätsbelastung und erhöhtes Risiko. Ihre Höhe entspringt dem Kräfteverhältnis von Anbieter und Nachfrager: Der Anbieter Erfolgsautor erhält sehr hohe Vorauszahlungen (Verkäufermarkt), der Anbieter Lyrikautor überhaupt keine (Käufermarkt). Das macht im Prinzip Sinn – ob ein Verlag bei exzessiven Summen mitbieten will, ist seine eigene Entscheidung. Wie manchmal sonst auch im Leben, muss man hin und wieder »nein« sagen können. Ein in Vertragsfreiheit lebender Unternehmer wirkt als sich selbst bemitleidender Jammerer nicht so recht glaubwürdig (ironische Randbemerkung: ist es nicht schön zu sehen, wie der unbedachte Konkurrent sich richtig in die Verluste hineinreitet?).

3.6 Kalkulation und Preisfindung

3.6.1 Unsicherheit der Kalkulationsgrundlagen

Alles unternehmerische Handeln geschieht unter den Restriktionen von unvollkommener Information und Unsicherheit. Die Streubreite der nur nach Wahrscheinlichkeiten einschätzbaren Zukunftsereignisse muss durch (laufend wiederholte) Kontrollrechnungen eingegrenzt werden, grundsätzlich beseitigt werden kann sie nie. Insofern ist der lateinische Wortstamm »calculus« in seiner Doppeldeutigkeit sehr instruktiv: der Begriff bedeutet die Steine auf dem Spielbrett (bezeichnet also das Element von Ungewissheit und Risiko) und zugleich die Steine auf dem Rechenbrett (also das Element exakten Zählens und der Rechenoperationen).

Ziel der Kalkulation ist einerseits die möglichst zutreffende Erfassung bzw. Zuordnung angefallener Kosten auf ein Produkt, d.h. im Verlag auf die Titel, andererseits eine sinnvolle Preisfestsetzung, die bestmöglich absichern soll, dass die angefallenen bzw. später noch anfallenden Kosten durch die Verkaufserlöse auch wieder eingespielt werden.

Woher rührt die Unsicherheit in der Kalkulation? Primär darauf, dass sie zu Teilen erst zukünftig anfallende Kosten und Ereignisse wie die in die Amortisationsrechnung eingehenden zukünftigen Erlöse zugrundelegen muss. Dieser Zukunftsvektor der Kalkulation lässt sich wie folgt in der Serie erforderlicher und üblicherweise auch durchgeführter Kalkulationen skizzieren:

	Zeitpunkt	Zweck	Verlässlichkeit der zugrundegelegten Daten	wachsende Sicherheit der Daten
1. Vorkalkulation	vor Vertragsabschluss	Überprüfung der Machbarkeit	alle nur geschätzt[1]	
2. Vorkalkulation	bei Manuskriptabgabe evtl. im Herstellungsprozess weitere	Überprüfung ob Annahme der 1. Vorkalkulation noch realistisch	Umfang und derzeitiger Preisstand einigermaßen genau	
3. Vorkalkulation	kurz vor Erscheinen	endgültige Festlegung des Preises	Umfang und alle Kosten der Herstellung nahezu definitiv[2]	
Schlusskalkulation	nach Fertigstellung	Ermittlung der effektiven Stückkosten (für Lagerbewertung)	alle Kosten definitiv. Erträge immer noch weitgehend unbekannt	
Nachkalkulation	periodisch nach 12/24/36 Monaten	Überprüfung des tatsächlichen Erfolgs/Ertrags des Titels (Gesamtwerte für Kosten, Erlöse und Nebenrechte)	tatsächliche Erträge (anstelle erwarteter) werden den angefallenen Kosten gegenübergestellt. Schrittweise schält sich der Gesamterfolg heraus	

[1] aufgrund des oft großen Zeitabstands bis zur Manuskriptfertigstellung oft nur grob ermittelt
[2] in Verlagen mit langer Vorankündigungsfrist (z. B. Halbjahresprogramm) eher zu spät für die Preisfestlegung

Abb. 3.5: Kalkulation als wiederholter Prozess bei wachsender Sicherheit der Daten

Dass die **erste Vorkalkulation** überhaupt nur Schätzwerte enthält, also in höchstem Maße mit Unsicherheit behaftet ist, bedarf keiner weiteren Vertiefung: Vor Vertragsabschluss ist der Umfang ebenso unsicher wie spätere kostenrelevante Erschwernisse, ebenso die Kosten zum Zeitpunkt der Abgabe des Manuskripts, die tatsächlichen Marktbedingungen beim Erscheinen (zwischenzeitlich erschienene Konkurrenzwerke, allgemeine wirtschaftliche Entwicklung, Entwicklung des Renommees des Autors) usw. usw.

Dennoch ist diese erste Vorkalkulation unverzichtbar im Sinne einer Machbarkeitsstudie. Zu diesem Zeitpunkt besteht zudem noch eine weitgehende Gestaltbarkeit des Projekts und der Kosten im Sinne des »target costing«, d.h. einer Zielkostenrechnung, die von den erwarteten Marktgegebenheiten ausgeht und die Kosten diesen, d.h. den erzielbaren Marktpreisen, anpasst.

Die **zweite Vorkalkulation** basiert auf wesentlich genaueren Daten, das Manuskript liegt jetzt vor. Dennoch bleiben Varianten des Umfangs (je nach Typografie), unvorhersehbare Korrekturkosten und immer noch die Unsicherheit der Marktentwicklung.

Im Idealfall weicht die **dritte Vorkalkulation** (einige Monate oder Wochen vor dem Erscheinen) nur geringfügig von der vorangegangenen ab, das gleiche ist für die Schlusskalkulation zu wünschen, da der festgesetzte Preis nur noch schwer zu revidieren ist.

Erwähnt sei, dass es bestimmte Fälle gibt (besonders im Sachbuch- und Reiseführerbereich), bei denen absolut starre Vorgaben existieren, etwa 80 Druckseiten, 50 farbige Abbildungen, Pauschalhonorar für jeden Band. Dann ist die Vorkalkulation vor Vertragsabschluss praktisch identisch mit der dritten Vorkalkulation (und möglichst auch der Schlusskalkulation). Die meisten Verlage haben aber keine solche Serienfabrikation, die aus der Zusammenarbeit von Lohnschreibern und straff führendem Lektorat entsteht, sondern (Gott sei Dank) eigensinnige Autoren, die am Anfang nicht wissen, was das Ergebnis ihrer Arbeit sein wird: Sowohl bei der Literatur wie in der Wissenschaft ist ein solches Prokrustesbett für die Autoren nicht akzeptabel.

Aber auch die **Schlusskalkulation** enthält, was die anfallenden Erlöse angeht, noch weitestgehende Unsicherheit, ein von ihr ausgewiesener Gewinn beruht auf der *Annahme*, die produzierten Stücke würden auch verkauft werden und der angesetzte Verlagserlös pro Stück sei zutreffend. Muss zu erhöhten Rabatten verkauft oder gar ein Teil der Auflage verramscht werden, verbleibt trotz vollen Verkaufs dennoch ein Minus, weil der prognostizierte Stückerlös nicht erreicht wurde.

So fällt der Nachkalkulation, die i.d.R. mehrfach erfolgen wird, die entscheidende Funktion zu, um den tatsächlichen ökonomischen Erfolg eines Titels zu ermitteln. Durch sie wird offenbar, ob die Annahmen der vorangegangenen Kalkulationen tatsächlich eingetroffen sind. Die Nachkalkulation erfolgt immer auf Gesamtkosten- und Gesamterlösbasis, also inklusive von Nachauflagen, aber auch den (manchmal nicht unerheblichen) Nebenrechtserlösen. Die Nachkalkulation lebt ganz im Reich der Fakten – deren Abweichung von den davor liegenden Erwartungen (und Hoffnungen) ist überaus lehrreich (für künftige Planungen), aber nicht immer erfreulich.

Das Bewusstsein für die Vorläufigkeit und die Unsicherheiten in einer Buchkalkulation, die Erwartungen basierend auf zurückliegenden sowie über zukünftige Rechnungsperioden enthält, ist sehr wichtig, nicht zuletzt deshalb, weil es die Notwendigkeit aufzeigt, Polster in die Preiskalkulation einzubauen, um auch bei nicht vollem Eintreffen der Absatzerwartungen ohne Verlust abzuschließen.

> Alles Kalkulieren nützt nichts, wenn die zugrundegelegten Werte unzutreffend sind.

3.6.2 Kalkulationsschemata

Je nach Unternehmensgröße, Produktvielfalt und anderen Faktoren gibt es sehr unterschiedliche Kalkulationsverfahren: ganz vereinfachte pauschale und sehr differenzierte. Dabei ist die Einzelerfassung der angefallenen Fremdkosten in der Regel unproblematisch, sie ergibt sich bei zutreffender Kontierung der Eingangsrechnungen und der üblichen Verbuchung auf titelbezogenen Kostenträgerkonten auf einen Blick aus der Buchhaltung.

Viel schwieriger ist eine verursachungsgerechte Zuordnung der intern anfallenden Kosten, auch Gemeinkosten genannt. Viele Verlage begnügen sich mit einem einfachen » Gemeinkostenaufschlag«, wobei es nicht entscheidend ist, ob dieser tatsächlich als »Aufschlag« auf die Herstellkosten oder als kalkulierter Anteil des Erlöses dargestellt wird (s. dazu Kap. 3.6.3).

Wie auch immer diese Umschlüsselung der Gemeinkosten auf die Produkte kalkulatorisch erfolgen mag, entscheidend ist:

> Die Summe der für die Einzelexemplare tatsächlich verdienten Gemeinkosten muss den Gesamtgemeinkosten der Rechnungsperiode entsprechen.

Ist das nicht der Fall, tritt ein Verlust ein und damit die Notwendigkeit für die kommenden Rechnungsperioden, die Verrechnung der Gemeinkosten in ihrer Höhe und Aufteilung neu festzulegen. Eine falsche Gemeinkostenzuordnung führt zu falschen Produktpreisen und damit vermutlich zu unzureichender Ausschöpfung der Marktchancen. Erfahrungsgemäß werden die ohnehin schwächeren Produkte (C-Titel) unzureichend belastet.

Dieser Zusammenhang von
- Stückkalkulation
- Auflagenkalkulation
- Planungsrechnung (s. Kap. 3.7.6)

ist von großer Bedeutung.

Ist die Stückkalkulation zutreffend und die angenommene **zeitliche Verteilung** des Abverkaufs über mehrere Rechnungsperioden ebenfalls, entsteht eine tragfähige Planungsrechnung, in die die Erlöse und Kosten periodengerecht eingehen (s. Kap. 2.6.2).

Nachstehend ein Beispiel aus der Praxis für eine Einfachst-Titelkalkulation für ein Buch von 3.300 Druckauflage, 3.000 Verkaufsauflage.

	auf Stückbasis		auf Gesamtbetragsbasis (für Gesamtverkauf in mehreren Perioden)	
Satzkonvertierung			2.250,-	
Umschlag (Grafiker)			600,-	
Druck/Papier/Einband			8.900,-	
			11.750,-	
Ladenpreis	24,90			
./. Rabatt (38%)	9,46			
	15,44			
./. 7% MWSt.	1,01			
Verlagserlös	14,43	Erlös (3.000 Ex.)	43.290,-	
./. Herstellkosten	3,92*		11.750,-	
./. Honorar (10% abzgl. Mwst)	2,33		6.990,-	
Rohertrag	8,18	Rohertrag	24.550,-	
./. Sondereinzelk. Vertr. (7,9 % v. Erlös)	1,14	SEK	3.420,-	
DB II	7,04	DB II	21.130,-	
./. GK Verlag (42%) v. Erl.	6,06	GK Verlag	18.182,-	
»Gewinn« (Überschuß)	0,98		2.948,-	(7%) v. Erl.

* Für die Kalkulation müssen die Freiexemplare (Zuschuss) ausgeklammert werden, da sie ja keinen Ertrag bringen. Die kalkulatorischen Stückkosten betragen also 11.750:3.000 = 3,92, obwohl die technischen Stückkosten auf die Vollauflage nur 3,56 betragen. Divisor muss also immer die geplante **Verkaufs**auflage, nicht die Gesamtauflage sein.

Wesentlich verfeinert und zugleich für die Abwägung alternativer Auflagenhöhen angelegt ist folgendes Kalkulationsschema (s. S. 165ff.):

Ladenpreiskalkulation

Titel ....

Autor(en) / Hrsg. ....

Seitenumfang	192	Lektor/ in	....
Format	14 x 21	Hersteller/in	....
Papier Offset	90 gr	Übersetzung	....
Einband	kt	Satz	....
Bindung	Klebebindung	Korrektorat	....
Beigabe/Sonderausstattung	ohne CD	Druck	
Titelgruppe	35560	Ersch.-Termin	....
ISBN	3-446-22664-8	Vormerker	....
Projektnr.	14238		

	A	B	C
Ladenpreis	**€ 19,90**	**€ 19,90**	**€ 19,90**
Auflage	**2.000**	**2.500**	**3.000**
davon Freiexemplare	150	150	150
Rabattsatz in %	42,50	42,50	42,50
Nettopreis	€ 10,69	€ 10,69	€ 10,64 [69]
Fixe Herstellkosten gesamt	€ 2.265,00	€ 2.277,00	€ 2.289,00
Variable Herstellko./Expl.	€ 1,80	€ 1,60	€ 1,47
Honorarsatz NE incl KSV in %	15,75	15,75	15,75
Honorarpauschale	€ 0,00	€ 0,00	€ 0,00
Honorarsatz NLP incl KSV in %	0,00	0,00	0,00
Mehrwertsteuer in %	7,00	7,00	7,00
Vertriebskosten in %	14,50	14,50	14,50
Werbekosten in %	7,00	7,00	7,00
Fachvlg.-Gemeinkosten in %	25,00	25,00	25,00
DB II in % vom NP	10,00	10,00	10,00
Umsatz	**€ 21.387,85**	**€ 26.734,81**	**€ 32.081,7**
– Vertriebskosten	€ 3.101,24	€ 3.876,55	€ 4.651,86
– Werbekosten	€ 1.497,15	€ 1.871,44	€ 2.245,72
– Herstellkosten	€ 6.135,00	€ 6.517,00	€ 6.919,50
– Honorarkosten	€ 3.368,59	€ 4.210,73	€ 5.052,88
– sonstige Kosten	€ 0,00	€ 0,00	€ 0,00
+ sonstige Erlöse	€ 0,00	€ 0,00	€ 0,00
= Deckungsbeitrag	€ 7.285,88	€ 10.259,10	€ 13.211,81
% Deckungsspanne	€ 34,07.	€ 38,37	€ 41,18
– Gemeinkosten	€ 5.346,96	€ 6.683,70	€ 8.020,44
= DB II	€ 1.938,91	€ 3.575,39	€ 5.191,37
DB II in %	**9,07**	**13,37**	**16,18**
Herstellkosten je Buch	€ 3,07	€ 2,61	€ 2,31
Multiplikator	6,49	7,63	8,63
Mindestladenpreis	€ 9,10	€ 7,73	€ 6,84
Deckungsauflage	914	971	1.031
Soll-Ladenpreis	€ 20,57	€ 17,48	€ 15,47
Herstellkosten in % vom Umsatz	28,68	24,38	21,57

VORKALKULATION		Erstellt am 16.03.06	
Autor:	....		
Titel:	....	Auflage:	....
Umfang:	192 Seiten	Hersteller:	....
Format:	12,5x20,5 cm	Lektor:	....
Ausstattung:	gebunden m. SU		

Staffelhonorar:	7,00 Prozent bis	6.000
	9,00 Prozent ab	6.001
	10,00 Prozent ab	10.001

	Kalkulation 1	**Kalkulation 2**
Quote:	6.000	8.000
Ladenpreis:	19,90	19,90
Nettopreis:	9,86	9,86
Verkaufsauflage:	5.610	7.480
Freiexemplare:	390	520
Kosten zur Berechnung		
Fixe Herstellkosten:	8.908,00	8.908,00
Var. Herstellkosten:	1,12	1,07
Berechnungen:		
Umsatz:	55.297,82	73.730,43
./. Vertriebskosten:	8.294,67	11.059,56
./. Werbekosten:	4.976,80	6.635,74
./. Herstellkosten:	15.628,00	17.468,00
./. Honorarkosten:	7.303,49	10.288,49
./. sonstige Kosten		
Deckungsbeitrag	19.094,86	28.278,64
% Deckungsspanne:	34,53	38,35
./. Gemeinkosten:	16.589,35	22.119,13
Rohgewinn:	2.505,51	6.159,51
Gewinnspanne in %	4,53	8,35
Herstellkosten je Buch:	2,79	2,34
Nebenr. / sonst. Erlöse:	0,00	0,00
Rohgewinn zzgl. NR:	2.505,51	6.159,51

Für die Kosten/Ladenpreiskalkulation gibt es eine Vielzahl von Standardprogrammen für den PC. Wer noch höhere Ansprüche hat, muss sich sein Kalkulationsprogramm maßgeschneidert erstellen (lassen).

Zu unterscheiden von der Kalkulation ist die **Preisfestsetzung**. Die Kalkulation zeigt nur eine Preisuntergrenze für eine Vollkostendeckung bei realistischer (vorsichtiger) Verkaufserwartung auf. Wird der am Markt akzeptierte Preis höher eingeschätzt, sollte die Preisfestsetzung in diese Richtung geschehen. Umgekehrt kann die Kalkulation auch erweisen, dass das Projekt so nicht machbar ist. Dann muss die Kalkulation rückwärts, nämlich vom maximal erreichbaren Preis her aufgebaut werden und die Kosten entsprechend variiert (s. target costing S. 153).

3.6.3 Zuordnung der Gemeinkosten

In der Realität fallen für die einzelnen Titel sehr unterschiedliche Gemeinkosten an, es gibt arbeitsintensive, werbekostenintensive u.s.w. Eine unzutreffende Verteilung der Gemeinkosten nach Standard-Prozentzuschlägen auf die Produkte führt zur Gefahr falscher Preisfestsetzungen: Bei pauschalem einheitlichen Gemeinkostensatz für alle Titel werden die erfolgreichen Titel in der Regel zu hoch belastet, d.h. sie verdienen Gemeinkosten der umsatzschwachen Titel mit, da viele Kosten nicht umsatzproportional anfallen.

Es ist daher ratsam, die pauschalierte Einheitsumlage so weit als möglich klein zu halten, indem alle zurechenbaren Kosten aus dem sog. Gemeinkostenbereich wenigstens durch differenzierte Umlageschlüssel für verschiedene Kostenarten titel- oder zumindest titelgruppenspezifisch erfasst und zugeordnet werden. So wird z.B. in einem Verlag, der Bücher und Zeitschriften produziert, die Gemeinkostenbelastung in diesen beiden Bereichen durchaus unterschiedlich sein: von der Intensität der Betreuung im Produktionsprozess, über die Werbekosten und Sondereinzelkosten des Vertriebs bis zu den Kommunikationskosten (einschließlich Internetauftritt).

> Diese Kostendifferenzierung muss erfasst und in der Kalkulation abgebildet werden.

So bietet es sich an (zumindest für größere Objekte), durch Stundenaufschriebe die aufgewandte Zeit in Lektorat und Herstellung auf das betreffende Objekt zu erfassen und diesem zu belasten, so wie etwa Wirtschaftsprüfer durch solche Aufschriebe den Aufwand pro Mandant erfassen. Einfacher ist es, wenn bestimmte Mitarbeiter oder Gruppen voll auf ein Projekt oder eine Titelgruppe verrechnet werden können, weil sie nur für diese tätig sind.

Umgekehrt hat es sich in vielen Verlagen durchgesetzt, für jeden Titel einen pauschalen Grundkostenbetrag anzusetzen (etwa zwischen € 2.000,- und € 4.000,-), um auch »kleine« Titel angemessen mit für jeden Titel ungeachtet seines Umsatzvolumens anfallenden Kosten (etwa für Verlagsverzeichnis, VlB, Ausstellungen, Rezensionen und Messen) zu belasten (s. Kalkulationsbeispiel S. 165).

Das führt zur Eingruppierung aller Titel nach dem ABC-Schema: A-Titel, d.h. Titel mit hohem Verkaufspotential dürfen hohe Kostenbelastungen erfordern (z.B. in Lektorat und Herstellungsbetreuung), die aber auch titelspezifisch erfasst und verrechnet werden müssen, B-Titel (mittleres Potential) nur eingeschränkt und C-Titel nur ein unverzichtbares Minimum. Bei Letzteren steckt der größte Teil des vertretbaren Gemeinkostenaufwands in der genannten Pauschale, weitere direkt zurechenbare Kosten können hier nur in ganz geringem Umfang akzeptiert werden.

So erweist sich ein differenziertes Kostenerfassungs- und Kalkulationsschema als sehr nützliches Instrument zur Steuerung des Prozesses der Produkterstellung und damit der Gemeinkostensteuerung.

Die Problematik lässt sich grafisch wie folgt darstellen:

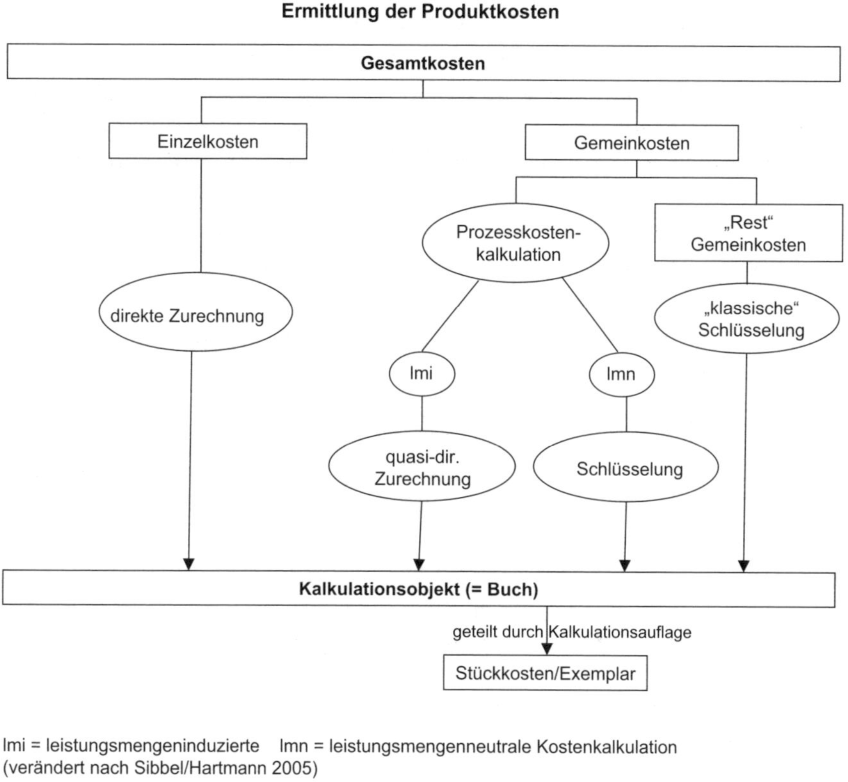

Abb. 3.6: Ermittlung der Produktkosten vermittels Umlageschlüsseln.

Ziel muss es sein, durch geeignete Kostenerfassung einem Titel (oder einer Produktgruppe) direkt so viel Kosten als möglich zuzuordnen. Am deutlichsten ist das in Verlagen mit verschiedenen Zweigen, bei denen bis zu den Raumkosten (nach effektiv genutztem m² Büroraum), dem Außendienst, den Kommunikationskosten alles verursachungsgerecht zugeordnet werden kann; damit wird die Restumlage (z.B. für Verlagsleitung, zentrale Dienste wie IT- und Personalabteilung) relativ niedrig.

Obwohl kein logisch zwingender Zusammenhang zwischen Kostenkalkulation und Preisfestlegung besteht, werden beide sehr oft dennoch als Einheit behandelt. Das macht auch insofern Sinn, als die Kostenkalkulation die Preisuntergrenze bei realistisch eingeschätzten Absatzmengen aufzeigt, davon war schon oben die Rede. Erzwingt der Markt Preise unter dem von den Kosten her erforderlichen, durch die Kalkulation aufgezeigten Niveau, gibt es nur drei Auswege: target costing, Mischkalkulation mit (hoffentlich ausreichend vorhandenen) ertragsstarken Titeln oder Aufgabe dieses Produkttyps.

Kalkulationen sind nicht dazu da, das Verlagsprogramm zu gestalten, aber sie sollen Warnlichter sein und das Bewusstsein schärfen für die tatsächliche Lage. Sehenden Auges eine Unterkalkulation eines Buches – aus welchen Gründen auch immer – in Kauf zu nehmen, ist ehrenwert. Es unwissend zu tun, ist ein Symptom mangelnder Professionalität, und die wird in der Wettbewerbswirtschaft in der Regel schnell bestraft.

3.7 Auflagenbemessung und Laufzeiten

3.7.1 Fixkosten und variable Kosten

Die nachstehenden zwei Diagramme muss jeder programmverantwortliche Verlagsmitarbeiter als Basis aller Entscheidungen verinnerlicht haben:

- Pro Exemplar sinken die fixen Stückkosten stark, die variablen Stückkosten wesentlich geringer.
- Pro Auflage steigen die Gesamtkosten mit jedem zusätzlich produzierten Exemplar

Im nachfolgenden Beispiel sind vereinfachungshalber die variablen Stückkosten linear angesetzt, also ohne die Kostendegression, die sich auch in diesem Bereich pro Stück mit wachsenden Losgrößen in der Praxis ergibt. Die Degression der gesamten Stückkosten ist also in Wirklichkeit noch ausgeprägter als in dieser schematischen Darstellung. Die resultierenden Preise sind mit gewissen Auf- und Abrundungen auf marktübliche Preise mit Faktor 7 gerechnet, also dem mittleren Wert aus den %-Relationen des Kostenstrukturdiagramms auf S. 145.

A. Die Gesamtkosten

Auflage in 1000 Exemplaren	Gesamtkosten in €	auflagenfixe Kosten in €	auflagenvariable Kosten in €	Relation fixe : variable Kosten
2	13.000	10.000	3.000	333 %
4	16.000	10.000	6.000	166 %
6	19.000	10.000	9.000	111 %
8	22.000	10.000	12.000	83 %
10	25.000	10.000	15.000	67 %
12	28.000	10.000	18.000	56 %

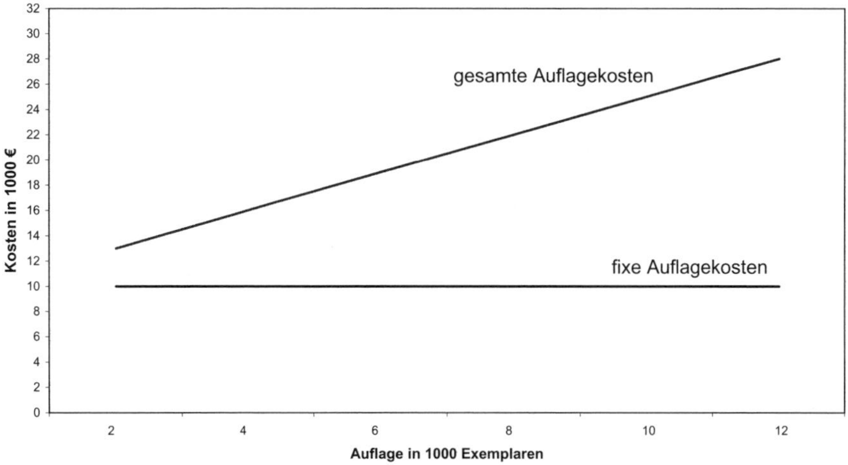

Abb. 3.7: Verlauf der Gesamtkosten

B. Die Stückkosten

Auflage in 1000 Exemplaren	auflagenfixe Kosten/Ex. in €	auflagenvariable Kosten/Ex. in €	Gesamtkosten pro Ex. in €	Ladenpreis
2	5,00	1,50	6,50	45,00
4	2,50	1,50	4,00	28,90
6	1,66	1,50	3,16	24,00
10	1,00	1,50	2,50	18,00
12	0,83	1,50	2,33	16,80

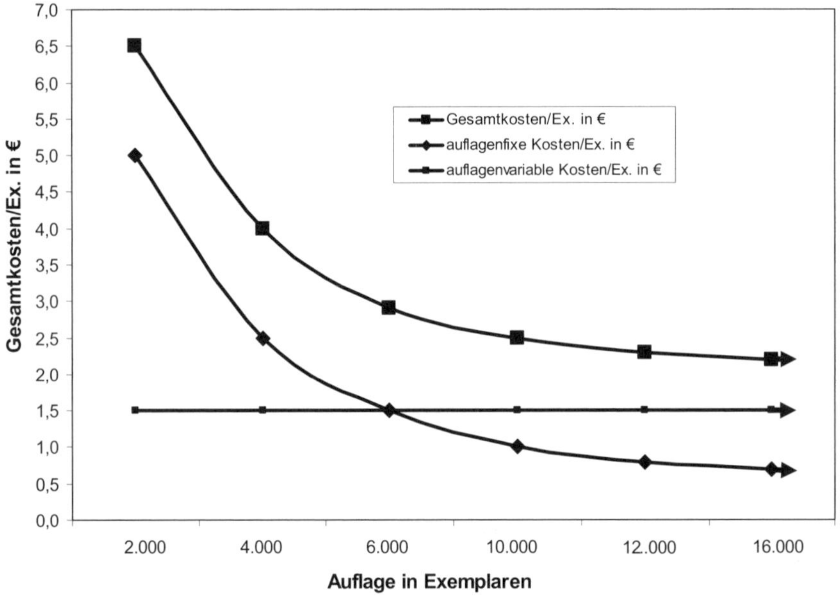

Abb. 3.8: Verlauf der Stückkostenkurven

Die Kurvenverläufe zeigen: je höher die auflagenfixen Kosten (weitgehend die Kosten der Druckvorstufe), desto nachhaltiger wirken sich Erhöhungen der Druck- (bzw. Kalkulations-)Auflage stückkostensenkend aus.

Dieses noch gar nicht besonders extreme Beispiel zeigt, wie groß die Verführung zur sog. »Flucht in die Auflage« bei nennenswertem Fixkostensockel ist. Die Verdoppelung der Auflage ermöglicht eine Senkung des Ladenpreises von € 45,- auf € 28,90. Auch wenn letzter Preis eher als »marktgerecht« eingeschätzt werden sollte – die entscheidende Frage ist, ob damit eine doppelt so hohe Anzahl von Exemplaren verkauft werden kann. Diese Frage ist bei demand-pull-Büchern sicher anders zu beantworten als bei push-Büchern (s. Kap. 4.2.3.).

Das Vordringen von DTP-Techniken reduziert wegen des geringeren Fixkostenanteils diese Gefahr, beseitigt sie aber nicht. Vielmehr ist es dann notwendig, zur Deckung der in den Verlag z.T. hereingewanderten Druckvorstufekosten eine zusätzliche interne Pauschale hinzuzurechnen. Das sei exemplifiziert an einer Variante der vorstehenden Modellrechnung für die drei untersten Auflagengrößen bei DTP-Verfahren, das zu reduzierten auflagefixen externen Kosten von nur noch € 3.000,- führt. Dazu werden nun € 2.500,- für die erhöhten internen Kosten hinzugeschlagen, es ergeben sich also insgesamt € 5.500,- Fixkosten.

Auflage	Gesamtkosten	Ges.Kosten /Ex.	auflagenfixe Kosten/ Ex.	aufl.-variable Kosten/ Ex.	Ladenpreis
2000	8.500	4,25	2,75	1,50	29,80
4000	11.500	2,88	1,38	1,50	21,-
6000	14.500	2,42	-,92	1,50	17,-
ohne den internen GK-Pauschalaufschlag zu den Fixkosten hätte sich ergeben:					
2000	6.000	3.-	1,50	1,50	22,-
4000	9.000	2,25	-,75	1,50	16,-
6000	12.000	2.-	-,50	1,50	14,-

Die Preise wären in der unteren Variante zu niedrig angesetzt worden, weil die Verschiebung von externen zu internen Fixkosten nicht berücksichtigt wäre.

3.7.2 Bemessung der Druckauflagen

Zwischen der Kalkulationsauflage und der Losgröße der technischen Produktion besteht kein zwingender Zusammenhang, weswegen i.d.R. in Verlagsverträgen zwar eine Planauflage genannt wird, der Verlag sich aber vorbehält, diese in einem Zug oder in mehreren Teilmengen (Losen) zu produzieren. Dann ist der Fixkostenbetrag auf diese Lose quotal umzulegen. Gefährlich wird dieses »Verschieben« angefallener Fixkosten auf spätere Produktionslose aber dann, wenn dies über Jahre geschieht und die Wahrscheinlichkeit solcher Nachdrucke immer geringer wird (s. S. 117f.).

Das Problem der Auflagenbemessung zwischen der Scylla hoher Stückkosten bei geringer Losgröße und der Charybdis hoher Lager-, Zins- (und am Ende gar Makulierungs-)Kosten bei großen Losen ist diffizil zu rechnen, aber als Denkansatz unverzichtbar.

Das sei an einem einfachen Beispiel kurz verdeutlicht.

Kalkulatorische Gesamtauflage (Planauflage): 6000 Exemplare

Verkauf 1. Jahr 2000 Ex.; 2 Folgejahre je 1000 Ex., 4 Folgejahre je 500

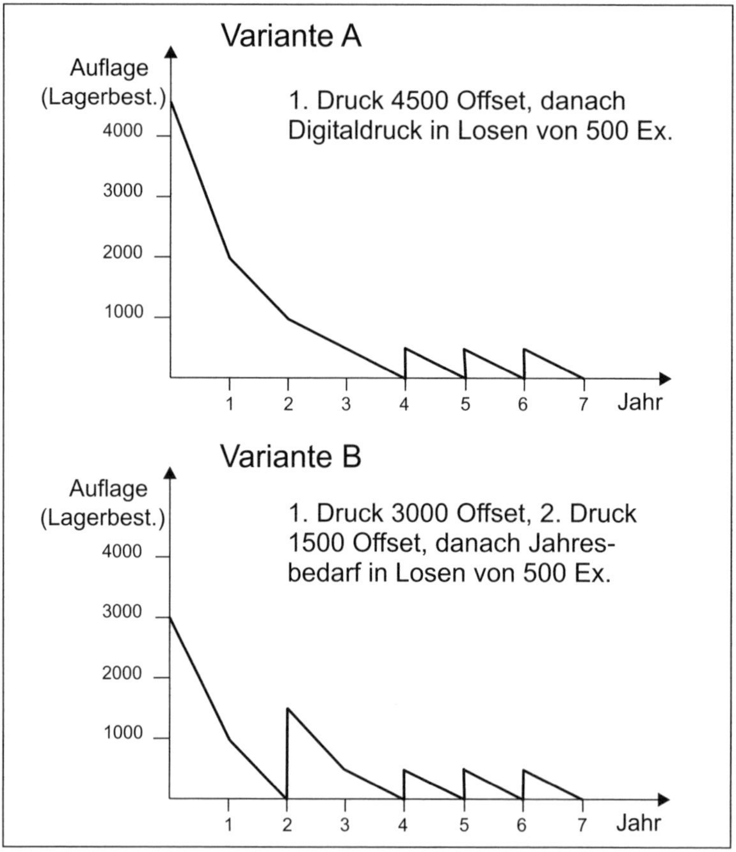

Abb. 3.9: Alternativen der Aufteilung einer Planauflage in Losgrößen

Welche Variante, oder noch eine andere, die vorteilhafteste im Blick auf die Gesamtkosten ist, muss anhand der jeweiligen Stückkosten für die verschiede-

nen Lose in den unterschiedlichen Druckverfahren, sowie der Lager- und Zinskosten entschieden werden (s.a. Digitaldruck Kap. 3.7.3).
Für die Bemessung einer Auflage (Losgröße) sind also folgende Faktoren wesentlich:

- Degression der Stückkostenkurve
- zeitliche Verteilung des vermutlichen Absatzes über mehrere Perioden
- Unsicherheit über die überhaupt erzielbare Absatzmenge
- tatsächliche Zins- und Lagerkosten für die noch nicht verkauften produzierten Stücke

Je stärker die variable Stückkostenkurve geneigt ist und je gleichmäßiger und sicherer der zu erwartende Verkauf, desto eher sind höhere Losgrößen sinnvoll. Ein Beispiel sind z.B. eingeführte akademische Lehrbücher, deren Absatz einigermaßen stabil ist, deren Verkaufsmengen pro Jahr aber zu gering sind, um damit marktgerechte Stückkosten zu erreichen. Anders ist das bei gut gehenden Schulbüchern, bei denen ein Jahresbedarf schon sehr kostengünstige Drucklose ermöglicht. Diese Argumente für höhere Drucklose verstärken sich, wenn mit Eigen- und nicht mit Fremdmitteln finanziert wird, also nur ein kalkulatorischer Zins und nicht etwa sehr hohe Fremdzinsen anzusetzen sind.

Generelle Rezepte gibt es nicht, die Entscheidung muss je nach konkreten Fakten (und Erwartungen!) erfolgen.

Auch bei der Auflagenbemessung gilt: hohe Risikofreude (d.h. hohe Druckauflage) bringt im Erfolgsfall höhere Gewinne, aber erhöht umgekehrt das Verlustrisiko beträchtlich.

Tendenziell haben die Entwicklungen in der Drucktechnik (mit sehr gesunkenen Zurüstkosten) dazu geführt, dass heute kleinere Auflagen als früher zu günstigen Stückkosten gefertigt werden können. So ist es den Verlagen möglich geworden, bei einigermaßen stabilem Preisniveau die Druckauflagen in den letzten Jahren deutlich zurückzunehmen und damit den Entwicklungen am Markt Rechnung zu tragen. Es bleibt aber die schon erwähnte eiserne Notwendigkeit, dass die angefallenen Fixkosten mit der Gesamtmenge der verkauften Exemplare (egal in wie viel Teilmengen sie hergestellt wurden) wieder verdient werden. Einen weiteren Schritt in Richtung kleinerer Drucklose eröffnet der Digitaldruck.

3.7.3 Digitaldruck und Printing on Demand

Bei der Diskussion sinnvoller Losgrößen spielt seit einigen Jahren die Möglichkeit des digitalen Druckes eine wichtige Rolle. Der Digitaldruck erlaubt, weil es keines Druckträgers bedarf und somit fixe Vorbereitungs- und Rüstkosten weitestgehend entfallen, vielmehr der »Druck« für jedes Exemplar über elektrostatisch aufgeladene Druckzylinder mit Toner(Pulver) vom Server, auf dem der Text liegt, direkt auf das Papier erfolgt, einigermaßen kostengünstige Herstellung von sehr kleinen Auflagenlosen bis hinunter zu einem einzigen Exemplar. Letzteres wäre das echte printing on demand: die Bestellung geht ein und das Buch wird hergestellt. Diese Vision eines Verlags ohne jede Lagerhaltung und ohne entsprechende Kosten und Risiken (s. S. 113f.) ist mittlerweile mit Blick auf die Stückkosten bei permanenter Losgröße 1 in den Hintergrund getreten zugunsten der Propagierung des Drucks sehr kleiner Lose und damit einer Lagerhaltung der betreffenden Titel in kleinen Mengen.

Die noch vorhandenen Restriktionen beim Digitaldruck hinsichtlich Papierauswahl, angebotenen Formaten und Einbandarten sowie -materialien seien hier unerörtert, zumal es hier in letzter Zeit erhebliche Fortschritte gegeben hat. So bieten einige Druckereien bereits Hardcover im vollautomatischen Digitaldruck an. Die eigentliche Fragestellung in diesem Buch gilt ja den ökonomischen, also besonders den Kostenfragen.

Hierzu nachstehend die Modellrechnung eines Digitaldruckanbieters.

Auflage Offsetdruck:	2000 Stück
Auflage Digitaldruck	4 Auflagen mit je 500 Stück

Fall 1: Auflage wird voll verkauft

	Offsetdruck	Digitaldruck
	Auflage 2000 Ex.	Auflage 500 Ex.
Herstellung	6.115 €	2.106 €
Lagerhaltung	1.012 €	107 €
Kapitalbindung	917 €	116 €
Schwund (2,5%)	357 €	21 €
Gesamtkosten	8.401 €	2.350 €×4 = 9.400 €
Stückpreis	4,20 €	4,70 €

Fall 2: Auflagenziel wird nicht erreicht
Annahme: Es können nur 1.500 Exemplare verkauft werden. Von der 2000er Offsetauflage müssen 500 Stück makuliert werden (kostenneutral).
Im BOD-Verfahren werden bedarfsgerecht 3 × 500 Stück produziert.

	Offsetdruck	Digitaldruck
	Auflage 2000 Ex.	Auflage 500 Ex.
Gesamtkosten	8.401 €	2.350 € × 3 = 7.050 €
Stückpreis	5,60 €	4,70 €

(Beispiel von »inprint« 2004)

Das Diagramm auf S. 166 trifft voll auch auf dieses Beispiel zu. Bei vollem Verkauf der Auflage ist der klassische Offsetdruck eindeutig günstiger, eventuell noch stärker als in der Musterkalkulation, wenn der Verkauf zügig erfolgt, also Zins- und Lagerkosten noch geringer sind als dort angesetzt.

Es darf auch nicht übersehen werden, dass eine kurzatmige Nachdruckpolitik ihrerseits Dispositions- und Verwaltungskosten auslöst, die Gesamtrechnung muss also auch die alternativen Gemeinkosten, die bei den beiden Verfahren anfallen, einbeziehen. Der Werbeslogan der Digitaldrucker »lieber volle Kassen als volle Lager« greift daher doch etwas zu kurz – im wörtlichsten Sinne: es bedarf dann doch einer Bewertung über einen längeren Zeitraum. Wer nur noch nach kurzfristigen Liquiditätsgesichtspunkten entscheiden muss, steht offenbar mit dem Rücken an der Wand und muss mittelfristig bessere Ertragschancen opfern. Das heißt: die Kasse ist dann deshalb nicht voll, weil zu teuer produziert wurde.

Abgesehen von Werken mit von vornherein minimalem Absatzpotential (< 300 Ex.), erscheint es daher eine sinnvolle Alternative, die bewusst vorsichtig anzusetzende Grundauflage (in obigem Beispiel vielleicht 1.200-1.500 Exemplare) konventionell herzustellen und dann Auflageaufstockungen in Losen von etwa 200 bis 300 Exemplaren vorzunehmen. Das würde die Kosten optimieren, allerdings wären die Gestaltungsgrenzen und damit Veränderungen im Erscheinungsbild im Digitaldruck nach Verkauf der Grundauflage hinzunehmen.

Es wäre im nachstehenden Beispiel durchaus denkbar, dass eine kostenoptimierende Auflage nur 2.500 Exemplare betragen hätte. Das unterstreicht noch einmal, dass der zeitliche Verlauf des Verkaufs ganz entscheidend für die Kostenoptimierung ist – und gerade dieser zeitliche Verlauf des Absatzes ist zum Zeitpunkt, bei dem der Druckauftrag erteilt werden muss, schwer abzuschätzen. Es ist also auch eine Sache stärker oder schwächer ausgeprägten Vorsichts-

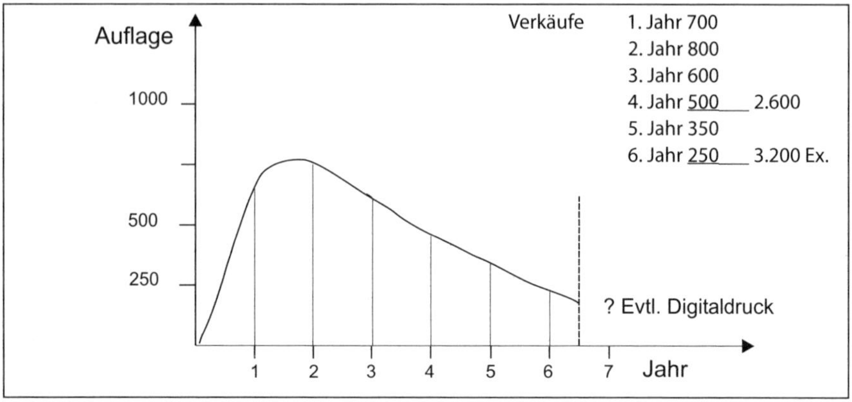

Abb. 3.10: Typischer Verlauf einer Absatzkurve

verhaltens, wie knapp die Grundauflage angesetzt wird, d.h. wie früh schon mit den kleinen stückkostenmäßig ungünstigeren Auflagenaufstockungen im Digitaldruck begonnen wird.

Jedenfalls erfordert eine solche zweigleisige Strategie eine entsprechende Gestaltung des digitalen Workflow, die Schnittstellen der beiden Druckformen müssen definiert werden. Auch diese Prozessstrukturierung löst Kosten aus. Eine aussagekräftige Vergleichskalkulation beider Verfahren bzw. eine optimierende Anwendung beider im Zeitverlauf ist also eine recht komplexe Aufgabe und muss weit über eine Einfach-Rechnung wie oben hinausgehen.

Das ist die Perspektive des Verlags. Ganz andere Gesichtspunkte gelten z.B. für Autoren, die im Selbstverlag von vornherein nur sehr kleine Stückzahlen produzieren wollen, oder für vergriffene Werke, bei denen ein regulärer Nachdruck nicht mehr lohnt.

Ein ganz anderes Argument für den Digitaldruck ergibt sich, wenn der Inhalt des Werkes laufend aktualisiert werden soll, etwa das Stammwerk eines Loseblattwerkes. Erfolgt dessen Neudruck im Digitalverfahren von der tagesaktuellen Datenbasis auf dem Verlagsserver, können die erheblichen handling-Kosten des Nachlegens von Fortsetzungslieferungen ins Grundwerk erspart werden.

Eine weitere Anwendung von Digitaldruck durch Verlage kann z.B. die Herstellung einer geringen Vorauflage (sog. Leseexemplare für den Buchhandel und Literaturkritik) anhand eines noch nicht ganz druckreifen Datenbestandes sein.

Eine weitere Stufe von Printing on Demand im Sinne eines Publishing on Demand wäre eine online-Anbietung von Inhalten, die dezentral, ggf. auf dem Drucker in einer Buchhandlung oder des Endkunden, ausgedruckt würde (sog. »verteiltes Drucken«). Das ist aber wohl eher eine Anwendung im fachlichen Bereich, für Publikumsbücher erscheint sie derzeit wenig marktgerecht (s.a. Kap. 6).

Unstreitig wird aber, auch durch das zu erwartende Sinken der Stückkosten beim Digitaldruck, der Anteil dieses Verfahrens am Gesamtmarkt deutlich steigen. Der Marktführer für Digitaldruckanlagen, Xerox, hat das »reife« Marktvolumen kürzlich auf ca. 18 Mrd. Dollar jährlich geschätzt. Diese Tendenz verstärkt sich noch durch das Hineinwachsen der Office-Printer, die einen Bruchteil der großen Anlagen kosten, in diesen Anwendungsbereich. Bei der Herstellung von Werbemitteln im mittleren Auflagenbereich ist diese Verschiebung bereits voll im Gang.

3.7.4 Deckungsauflagenrechnung

Eng verknüpft mit der Festlegung der Drucklose ist der Aspekt der Mittelbindung in den produzierten Exemplaren. Bei Knappheit liquider Mittel wird man die Drucklose eher niedrig ansetzen, auch um den Preis höherer Stückkosten.

Man kann es auch so formulieren: bei gegebenem »Investitions«volumen ins Warenlager können bei knapperer Ansetzung der Losgrößen mehr Titel finanziert, d.h. mit gegebenen Mitteln mehr Umsatz erzielt werden. Ob nun der höhere Umsatz mit aufgrund der erhöhten Stückkosten niedrigerem Ertrag/Exemplar der höheren Ertragskraft/Exemplar von (im Blick auf die Produktionskosten) optimal angesetzten Losgrößen, die mehr Mittel binden, vorzuziehen ist, ist eben im Voraus ganz schwer abzuschätzen. Es bleibt eine unternehmerische Entscheidung unter Unsicherheit, bei der eine »Gegenprobe«, ob vielleicht die andere Entscheidung einen höheren Gesamtertrag gebracht hätte, immer nur ein Nachtarocken anhand nun vollständiger Information bleibt. Allenfalls kann man aus solchem Nachrechnen das eigene Gefühl für Absatzeinschätzungen verbessern.

Ein entscheidendes Kriterium ist dabei, wie schon gesagt, der zeitliche Absatzverlauf. Es genügt nicht, nur die Gesamtauflage zu betrachten, wie das meist in den Kalkulationen geschieht, sondern den vermuteten Absatz in mehreren Perioden. Die beiden nachstehenden unterschiedlichen Absatzverläufe führen zu entsprechend unterschiedlichen Drucklosen:

	A	B
Periode 1	4.000	800
Periode 2	600	1.200
Periode 3	300	1.500
Periode 4	150	1.500
	5.000	5.000

Buch A könnte z. B. ein Roman mit rasch ausblühendem Potential sein, Buch B ein Fachbuch, das eine Phase der Markteinführung benötigt, um sein volles Potential – dieses dann dauerhaft – zu entfalten. Titel A wird man in einem Los produzieren, bei B sind zwei Drucklose erwägenswert (s.o.).

Dieser Aspekt von Mittelbindung bzw. Mittelrückfluss wird in einfacher Weise durch die Ermittlung der Deckungsauflagen dargestellt. Deckungsauflage 1 bedeutet die Zahl von Exemplaren, die verkauft sein muss, um die angefallenen Fremdkosten wieder einzuspielen, er verdeutlicht die anfallende Liquiditätsbelastung. Die Deckungsauflage 2 ermittelt die Zahl von Exemplaren, bei der die Gesamtkosten (also einschließlich der Verlagsgemeinkosten) gedeckt sind. Durch die Ermittlung der Deckungsauflagen fließt also der temporale Aspekt in die Kalkulation ein: die ermittelte Zahl zu verkaufender Exemplare macht mit Nachdruck deutlich, wie notwendig es ist, sich zu vergegenwärtigen, ob diese Exemplare innerhalb sinnvoller Frist überhaupt verkauft werden können.

Dazu ein einfaches Rechenbeispiel:

Druckauflage 3.100 Verkaufsauflage 2.900	Herstellkosten insgesamt € 12.600,- HK/Ex. der Verkaufsaufl. 4,34	
	A	B
Ladenpreis	28,90	26,90
./. 38% Rabatt	10,98	10,22
Netto	17,92	16,78
./. 7% Netto	1,17	1,10
Verlagserlös	16,75	15,58
Honorar (10% v. Ladenpreis ohne MWSt.)	2,70	2,51
Herstellkosten	4,34	4,34
Sondereinzelkosten Vertrieb (7,5% vom Erlös)	1,26	1,17

Dem Verlag fließen mithin bei Ladenpreis A nach Abzug der durchlaufenden Posten Honorar (2,70) und SEK (1,26) pro Exemplar € 12,79 zu, bei Ladenpreis B € 11,90 (15,58 ./. 2,51 ./. 1,17).

Die 1. Deckungsauflage bei Preis A beträgt: € 12.600,- : 12,73 = 990 Exemplare. Mit dem Verkauf von 990 Exemplaren (also 1/3 der Auflage) sind die Herstellkosten gedeckt (bei Preis B € 12.600,- : 15,58 ./. 2,70 ./. 1,17 bei 1.059 Exemplaren).

Es seien die Verlagsgemeinkosten 44% vom Verlagserlös, d.h. 0,44 × 16,75 = € 7,37/Exemplar, bei der Verkaufsauflage von 2.900 Exemplaren also € 21.373,- (die Gemeinkosten auf die Druckauflage bezogen, da die Freistücke keine Erlöse erzielen).

Deckungsauflage 2 also (€ 12.600,- + € 21.373,-) : 12,73 = 2.669 Exemplare (bei Preis B ergibt sich (€ 12.600,- + € 19.880,-) : 11,71 = 2.774 Exemplare).

Bei Verkauf der Gesamtauflage sind in unserem Beispiel A also die Gesamtkosten gedeckt und mit dem Erlös von 231 Exemplaren = € 2.940 ein kleiner Gewinn entstanden. Dabei wird der Vereinfachung halber vernachlässigt, dass ein (i.d.R. kleinerer) Teil der Verlagsgemeinkosten pro rata temporis anfällt, also etwas zuviel Kosten schon verrechnet wurden. Es handelt sich also um eine gerade noch auskömmliche Kalkulation mit etwas Puffer für einen die Absatzerwartungen nicht voll erreichenden tatsächlichen Verkauf. Beim Preis von € 26,90 fallen nur noch € 1.450,- (für 124 Exemplare) an – eindeutig zu wenig. Der Vergleich macht aber auch deutlich, dass € 3,- Preisdifferenz den Verlagsgewinn relativ bescheiden verbessern: die Differenz beträgt 2.940 ./. 1.450 = 1.490. D.h. von dem Mehrumsatz im Buchhandel von 2.900 x 3.- = € 8.700,- verbleiben nur 17% dem Verlag zur Ergebnisverbesserung – der Rest verschwindet durch Proportionalisierung in diversen Kostenbereichen, allerdings auch zu nennenswertem Teil zugunsten der Verlagsgemeinkosten.

In der Literatur finden sich durchaus unterschiedliche Definitionen der Deckungspunkte, je nachdem, was aus dem zunächst angefallenen Verlagserlös herausgerechnet wird (so unterscheidet z.B. Bramann drei und mehr verschiedene Deckungspunkte). Wenn man den Hauptzweck der Ermittlung von Deckungspunkten aber in der Bestimmung des Mittelrückflusses sieht, scheinen mir die hier verwendeten Definitionen und zwei Deckungspunkte die Bedürfnisse der Praxis ausreichend abzudecken.

Die Berechnung der Deckungspunkte entspricht dem Begriff der break-even-Analyse, also derjenigen verkauften Menge, bei der die Gewinnschwelle erreicht wird.

Sehr vereinfacht lässt sich das wie folgt darstellen:

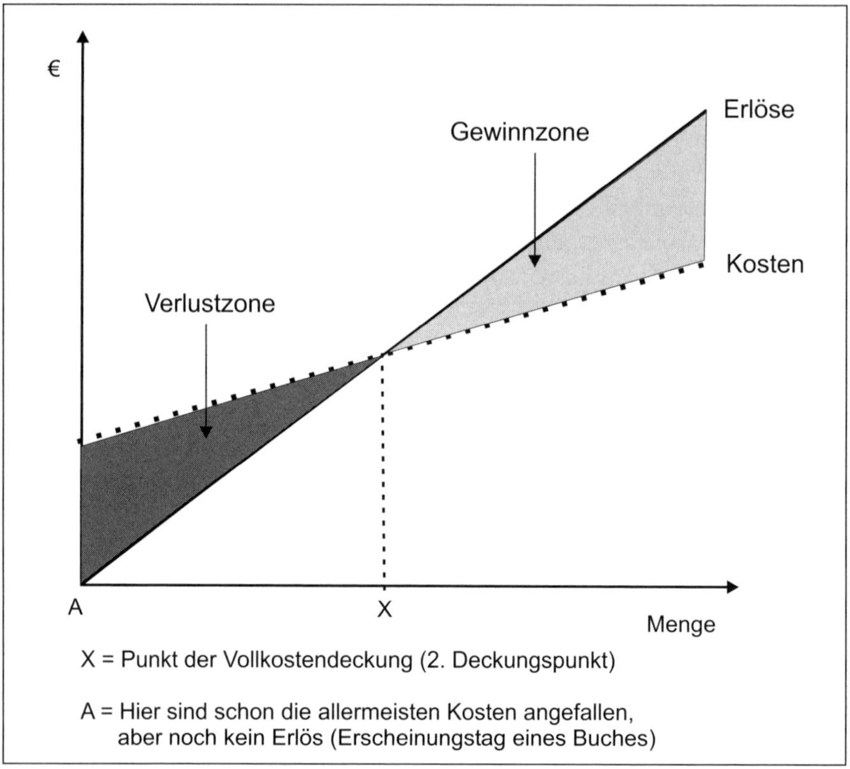

Abb. 3.11: Der break-even-Punkt (Gewinnschwelle)

Was in solch vereinfachten Rechnungen unberücksichtigt bleibt, ist der Zeitfaktor, also auch die Zins- und Lagerkosten. Diese müssen eben im Pauschalansatz der Gemeinkosten enthalten sein. Insoweit Grundpauschalen pro Titel angesetzt werden, ist der Gemeinkostensatz entsprechend zu reduzieren mit der Konsequenz, dass »kleine« Titel teurer und umsatzstarke Titel günstiger kalkuliert werden.

Auf jeden Fall geben die Deckungsauflagen einen Hinweis auf die Zeitkomponenten des Absatzes; insbesondere sollte das Erreichen der Deckungsauflage 1 möglichst nicht 12 Monate überschreiten – im Idealfall wäre dieser Punkt bereits durch die Vorbestellungen bei Erscheinen erreicht.

3.7.5 Deckungsbeitragsrechnung

Obwohl im Wortlaut ähnlich klingend wie Deckungsauflagenrechnung handelt es sich um etwas völlig anderes: Die Deckungsbeitragsrechnung ermittelt denjenigen Betrag, den ein Produkt über die ihm direkt zurechenbaren Kosten – also die Kosten, die unmittelbar durch seine Produktion und sein Vorhandensein anfallen – hinaus erwirtschaftet. Dieser Überschuss trägt dann zur Deckung des allgemeinen Kostensockels bei. Es ist also sinnvoll, Titel mit positivem Deckungsbeitrag 2 ins Programm aufzunehmen, auch wenn sie keine kalkulatorische Vollkostendeckung versprechen: der Gesamtertrag verbessert sich. Das gilt aber nur, solange sich der Fixkostensockel des Unternehmens durch diese zusätzlichen Titel nicht erhöht, also z.B. aufgrund von Lagerreserven keine zusätzlichen Lagerkosten entstehen. Wäre das der Fall, müsste die gesamte Rechnung revidiert werden und ggf. die Entscheidung für die Zukunft anders ausfallen. Dazu ein sehr einfaches Beispiel: Solange die vorhandenen Kapazitäten im Lektorat, in der Herstellung und im Vertrieb ausreichen, noch weitere Titel zu betreuen, ist deren Produktion, positiven Deckungsbeitrag vorausgesetzt, sinnvoll. Sobald aber auf einer oder allen Ebenen zusätzliches Personal erforderlich wird (»sprungfixe Kosten«), muss das bewährte Vollkostendenken wieder greifen, denn nun fallen ja wieder entsprechende Kosten neu an, die in der ersten Situation (keine Vollauslastung der Kapazitäten) ohnehin schon gegeben waren.

Hat z.B. das Lektorat noch Kapazitäten, die Herstellungsabteilung aber nicht, tritt das Problem des Flaschenhals-Managements auf: an welcher Stelle treten mit einem Titelzuwachs personelle Engpässe auf?

Die Deckungsbeitragsrechnung ist also ein wichtiges, aber auch mit großer Vorsicht (und dauernder Nachkontrolle) zu handhabendes Instrument der Produktplanung. Falsch – d.h. zu weitreichend – angewandt, führt sie wegen der Existenz sprungfixer Kosten zur Kostenunterdeckung. Doppelte Vorsicht ist zumal deshalb geboten, weil die Ertragsrechnung für ein zukünftiges Produkt (wie in Kap. 3.6.1 ausführlich behandelt) ein Bündel von Erwartungswerten ist: Wenn schon in dieser Phase keine Vollkostendeckung, sondern nur ein (unterproportionaler) Deckungsbeitrag zu erwarten steht, ist besonders kritische Abwägung geboten!

3.7.6 Planungsrechnung (s. a. Kap. 2.6.2)

Weil es wegen der verbalen Nähe der Begriffe Deckungsauflagen bzw. Deckungsbeitrag verführerisch ist, zwischen beiden eine direkte Beziehung zu sehen, ist auf den fundamentalen Unterschied zwischen der Titelbetrachtung über den gesamten Lebenszyklus der Auflage bei der Ermittlung von Deckungsauflagen und der Ermittlung der Deckungsbeiträge einer Rechnungsperiode für deren Gewinn- und Verlustrechnung deutlich hinzuweisen: Der Jahresumsatz eines Verlags entsteht aus einer zeitlich über viele Zeitschichten verteilten Produktion: Dem Verkauf von Titeln, die in Vorperioden produziert wurden, dem periodenidentischen Verkauf (z. B. Zeitschriftenabonnements) und andererseits Titeln, deren Potential weit in zukünftige Perioden hineinreicht, deren Produktionskosten aber in diese Rechnungsperiode fallen, sowie solche, für die im Kalenderjahr nur Vorlaufkosten anfallen, die aber erst später erscheinen und Umsätze erzeugen. Der Gesamtertrag eines Buches verteilt sich nahezu immer auf mehrere Rechnungsperioden.

Schematisch lässt sich das so darstellen:

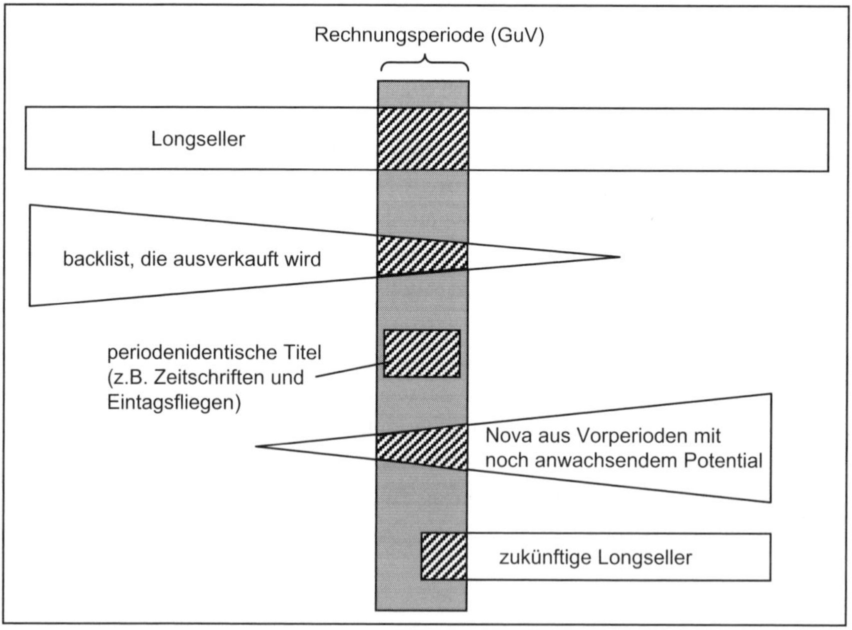

Abb. 3.12: Der Umsatzbeitrag von Titeln in verschiedenen Lebensphasen zum Periodenumsatz

Der Jahreserlös im Warenbereich entspricht der Summe der schraffierten Flächen, die ihrerseits jeweils Hunderte von Titeln bedeuten können. Das verdeutlicht die Komplexität einer rechnerisch schlüssigen Überführung von Einzeltitelbetrachtung in die periodische Rechnungslegung. Ein Verlag hat eine hochkomplexe Mischung von Produkten sehr unterschiedlicher Laufzeit, er steht also zwischen zwei betriebswirtschaftlichen Extremen: der Molkerei (Rohmilch heute rein, morgen raus) und der Waldwirtschaft (heute pflanzen, in 100 Jahren ernten).

Zu unterscheiden sind also die Auswirkungen der Ergebnisse der einzelnen Titel in einer Rechnungsperiode von dem möglichen Gesamterfolg des Titels in mehreren Rechnungsperioden. Die Gewinn- und Verlustrechnung ist eine Zusammenführung aller in einer Periode angefallenen Kosten und Erträge, also ein willkürlicher Zeitausschnitt aus dem Gesamtgeschehen, vorgegeben durch handelsrechtliche und steuerliche Vorschriften.

Welche Gefahren entstehen, wenn man diesen Zeitausschnitt zum wichtigsten Maßstab von Entscheidungen macht, die über viele Perioden wirken, dafür gibt ein Blick in die Wirtschaftsseiten der Tageszeitungen überreiche Hinweise: langfristige Ertragschancen, zukünftige Synergien werden dann untergewichtet gegenüber dem kurzfristigen Erfolg, der »bottom line« der Periodenrechnung. Etwas überspitzt: während der konservative Inhaber-Unternehmer die bottom-line eher knapp halten wird, um Steuern in die Zukunft zu verlagern, drängen Banken (wenn man sie braucht) und falsche Tantiememodelle (für Geschäftsführer und Bereichsverantwortliche) zu möglichst hohem Ausweis des Deckungsbeitrag II einer Periode als häufigster Bezugsgröße zur Messung der Ertragskraft. Zu Leichtsinn verführende Konzepte, die zur Aufblähung und Schönung der Periodenergebnisse führen, wie Ebitda, d.h. Gewinn vor Abzug von Zinsen, Steuern und Abschreibungen, tun dann das Ihre. Es werden luftige positive Bilder gemalt, deren mangelnde Tragfähigkeit sich rasch erweist: Mehrere »positive« Ebitdas in Folge, die in Wahrheit Verluste und Liquiditätsverzehr bedeuten, weil dieser Überschuss nicht zur Deckung der weiteren, bislang ausgeklammerten Position reicht, rächen sich bitter.

> Mittelfristig ist Vollkostendeckung
> durch nichts zu ersetzen.

Da hilft keine Deckungsbeitragsrechnung und keine noch so elegant erdachten neuen Ertragskennziffern! Gerade im Verlagswesen muss man Zeit haben – die gewährt die langfristige Denkweise von Inhabern in viel stärkerem Maß. Alle Planungsrechnungen müssen auf Einzeltitel-, auf Produktgruppen- und auf Unternehmensbasis auf das Ziel der Vollkostendeckung hin ausgerichtet sein: Argumentative Brillanz (z.B. warum die Zinskosten nicht in die Beurteilung des Periodenantrags einfließen sollten) kann nie kaufmännische Solidität ersetzen, es sei denn in rein zukunftsorientierten Börsenprospekten: vestigia terrent.

4. Marketing, Werbung und Vertrieb

»Die Zerstreuung eines Buches durch die Welt ist ein fast ebenso schwieriges und wichtiges Werk als die Verfassung desselben.«
F. Schiller an J. F. Cotta

4.1 Marketing als zentrale Aufgabe des Unternehmens

Der Begriff »Marketing« wird in der Praxis häufig in einer verengten Bedeutung benutzt und gleichgesetzt mit Werbung und Vertrieb. Was aber meint der Marketing-Begriff eigentlich? Nehmen wir eine gängige Definition aus der betriebswirtschaftlichen Lehrbuchliteratur, so finden wir

Marketing ist systematisch geplante marktorientierte Unternehmungspolitik.

Es ist offensichtlich, dass eine so umfassende Zielsetzung nicht in einer einzelnen Abteilung des Verlages erarbeitet werden kann, sondern dass das Marketingkonzept alle Abteilungen durchdringen muss von der Produktplanung über die Produktionsorganisation bis zu Vertrieb, Werbung, Personalpolitik usw. Die Aufgaben von Marketing in diesem eigentlichen, umfassenden Sinn können also nur von der so genannten »Verlagskonferenz« erfüllt werden, in der die Leiter aller Abteilungen zusammen mit der Geschäftsleitung über Programm, geeignetes Produktdesign, Preisfindung, Absatzkanäle, Werbemaßnahmen usw. entscheiden. Somit ist die Organisationsstruktur (s. Kap. 2.3) sehr wesentlich für eine effiziente und kostengünstige Leistungserbringung unter Wahrung des integralen Marketingansatzes. Nur die integrierte Betrachtung dieser Komponenten, also echtes Marketing, kann zu dauerhaften Erfolgen führen. Marketing ist letztlich zielorientierte Unternehmenspolitik überhaupt. Ein Beispiel: Was nützt einem Verlag ein überaus Erfolg versprechender Titel, wenn er das entsprechende Marktsegment, die spezifische Zielgruppe mit seiner Vertriebspolitik, seinen gewohnten Absatzkanälen nicht erreichen kann? Die Erschließung neuer Marktbereiche ist ein sehr kostspieliger, langfristiger Prozess – mit Euphorie und plötzlicher Geschäftigkeit ist da nichts zu gewinnen, aber viel zu verlieren: nicht nur Geld, sondern auch Glaubwürdigkeit und Ansehen nach außen und viel Mitarbeitermotivation nach innen. So kann ein auf wissenschaftliche Literatur spezialisierter Verlag eben nicht so leicht Praktikerliteratur im gleichen Themenfeld erfolgreich vermarkten.

Eine sinnvolle Einsicht in diese Grundgegebenheiten vermittelt folgendes Diagramm:

Abb. 4.1: Markt und Marktanteil

Jeder Verlag muss sich dieser Marktbegrenzungen bzw. seiner eigenen (beschränkten) Marktkompetenz bewusst sein.
Für jedes Unternehmen gibt es

- räumliche
- zeitliche
- sachliche

Marktbegrenzungen, die entweder auf der eigenen Seite oder der der Nachfrager liegen können. Sie zu durchbrechen, ist eine arbeits- und kostenintensive Sache mit großen Risiken.

Das vorstehende Diagramm darf dabei nicht als Darstellung des Gesamtmarktes »Buch« gesehen werden, da auf diesem kein Verlag tätig ist, sondern nur auf Teilmärkten. Für jede Marktanalyse ist jeweils nur dieser **Teil**markt relevant. Dessen maximales Volumen ist im Diagramm der äußere Kreis. Was auf dem Schulbuchmarkt geschieht, ist für einen Reiseführerverlag ganz irrelevant usw. Ohne eine solche sachliche Eingrenzung des Marktbegriffs wäre es ja auch praktisch unmöglich, das Hauptziel aller Werbearbeit zu erreichen: Sichtbarkeit (visibility) für das Unternehmen und die einzelnen Produkte.

Nicht nur kartellrechtlich ist dabei eine praxisnahe Definition des jeweilig relevanten Marktes schwierig. Selbst innerhalb eines Themenfeldes, z.B. »Wirtschaft«, gibt es sehr unterschiedliche Märkte, auf die dieses Diagramm sinnvoll bezogen werden kann: z.B. den akademischen Markt der Wirtschaftswissenschaften und den Markt der Praxisbücher für die Wirtschaft. In der Regel sind dafür ganz unterschiedliche Verlage tätig, denn Produkte, Zielgruppenansprache und Vertriebsstrukturen müssen den spezifischen Teilmarktgegebenheiten entsprechen und sorgfältig darauf abgestimmt sein!

Das obige Diagramm verdeutlicht zugleich die beiden möglichen Wege von Wachstum eines Unternehmens: Die Wachstumsstrategie a vergrößert durch Produktinnovation oder Erschließung neuer Käuferschichten das Marktvolumen. Das wird oft einem einzelnen Unternehmen nur bedingt möglich sein – eher geht es hier um generelle Marktentwicklungen, von denen einzelne Verlage aber überproportional profitieren können. Die Wachstumsstrategie b ist die einer Erhöhung des Marktanteils durch Verdrängungswettbewerb (z.B. entsprechende Preispolitik, aggressive Werbe- und Vertriebsmethoden u.a.) oder durch Aufkauf von Konkurrenzunternehmen. Letzteres prägt die Verlagslandschaft der letzten Jahre sehr deutlich.

Marketing hat also viel mit Produktinnovation, mit langfristiger Unternehmensplanung im Blick auf die vermutliche Entwicklung der – vom Unternehmen derzeit bearbeiteten und eventueller künftiger – Märkte zu tun: Unterschiedliche Wachstumsraten von Marktsegmenten, veränderte Distributionsstrukturen, zu erwartende Änderungen der Nutzerbedürfnisse sind zentrale Herausforderungen für das Marketing – die so genannte »Marketing-Mitarbeiterin« in der Vertriebsabteilung wird allein nicht bewältigen können, was Dauerauftrag für das Gesamtunternehmen ist.

Eine schlüssige Marketingkonzeption für ein Unternehmen erfordert eigentlich empirische Marktforschung mit Methoden der entsprechenden Institute. Das ist für Bücher weitestgehend unmöglich, da das Umsatzvolumen einzelner Titel viel zu klein ist, um die hohen Marktforschungskosten zu rechtfertigen. Es bleiben dem Verleger daher i.d.R. nur der (oft gar nicht so schlechte) Analogieschluss aus Erfahrungen mit ähnlichen Objekten und die leider nicht entbehrliche Intuition.

Mögliche Wachstumsstrategien können etwas differenzierter als im vorangegangenen Diagramm dargestellt werden, nämlich als Produktinnovation (Strategie 3) oder Erschließung neuer Marktsegmente (Strategie 2) oder als Kombination beider (Strategie 4) konzipiert werden (s. Abb. S. 182).

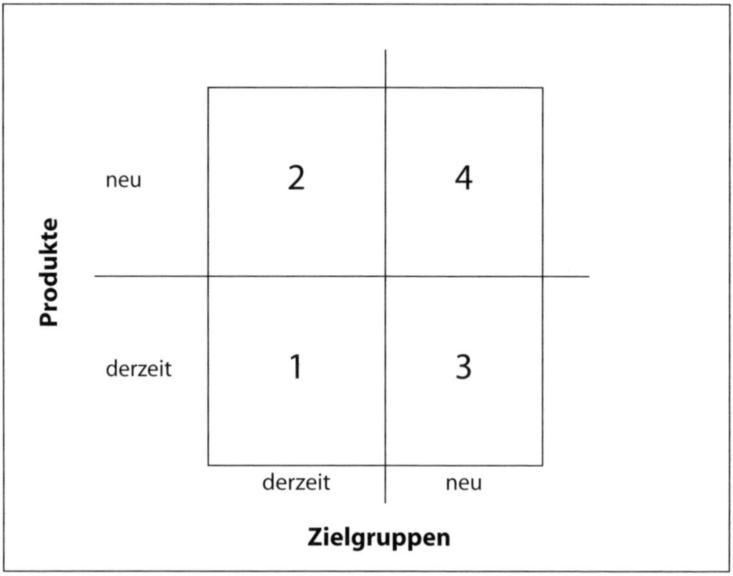

Abb. 4.2: Die Produktmatrix

Welche der Strategien dabei sinnvoll bzw. für das spezifische Unternehmen machbar ist, muss sorgfältig geprüft werden. Es kann sein, dass die Erschließung neuer Marktbereiche viel zu teuer ist im Vergleich zur Entwicklung neuer Produkte. Ebenso gut kann es umgekehrt sein – es gibt keine allgemein gültigen Regeln hierfür. Dieses Diagramm wurde bereits in Kap. 2.1 herangezogen. Die Begeisterung für Feld 4 – oft von Betriebsberatern beredt unterstützt – mit hoher Dynamik sollte nicht den Blick dafür versperren, dass selbst im einem schrumpfenden Markt ein einzelnes Unternehmen wachsen kann. Nachhaltigkeit und Qualitätsorientierung und der richtige Marketing-Mix können so erstaunliche Ergebnisse zeitigen – gerade im langfristig angelegten Verlagsbereich, wo kurzfristige Kraftakte i.d.R. wenig bringen. Das gilt in besonderem Maß für kleinere Unternehmen, deren geringes Eigenkapital hohe Risiken und Vorleistungen, wie neue Märkte sie erfordern, nicht erlaubt.

Eine gängige Strukturierung der Aufgaben des Marketing bietet das Diagramm auf der folgenden Seite.

Das Ausschöpfen **aller** Instrumente dieser vier Säulen bezeichnet man auch als **Marketing-Mix**. In ihm sind sowohl langfristige (strategische) Aspekte (Produktpolitik, Absatzpolitik) als auch kurzfristige (taktische) Aspekte wie etwa Preispolitik, Werbung, Lieferfristen enthalten. Die erste Säule ist im Ver-

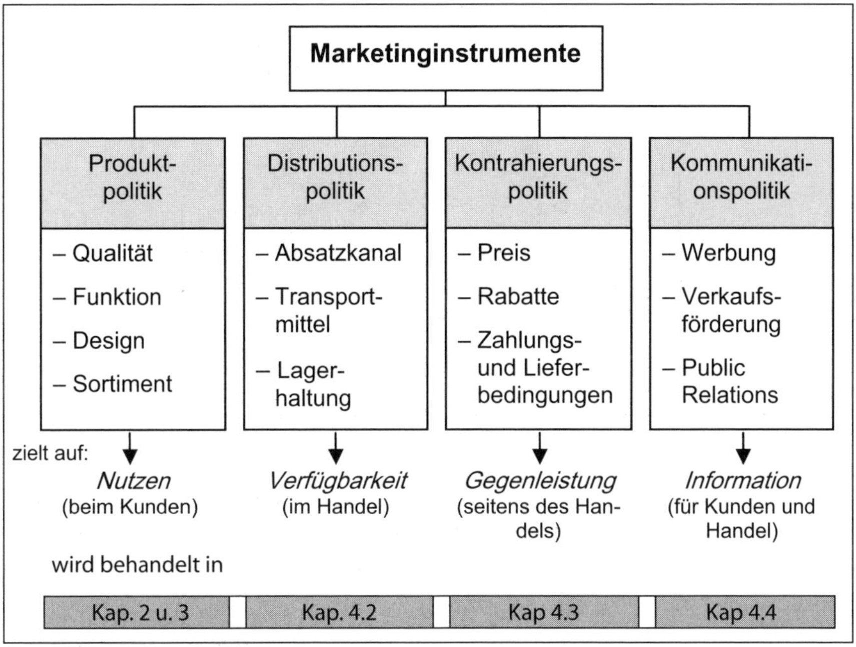

Abb. 4.3: Die vier Säulen des Marketingkonzepts

lag operativ weitgehend in Lektorat (Kapitel 2) und Herstellung (Kapitel 3) angesiedelt, während die anderen drei Säulen üblicherweise zum Bereich Vertrieb und Werbung gehören. Sie sind der Gegenstand dieses Kapitels.

Beim Begriff des Nutzens (Säule 1) geht es nicht nur um den reinen Gebrauchsnutzen (Informationswert) eines Buches, sondern im umfassenderen Sinn auch (und oft überwiegend) um ästhetische Komponenten, Lust- oder Prestigegewinn aus dem Erwerb. Voraussetzung für gelingendes Marketing ist also eine demgemäße Produktkonzeption und -gestaltung.

Das bedeutet, bei der Marketingpolitik muss auf allen Tätigkeitsebenen der Adressat der Maßnahme im Vordergrund stehen. Es geht um Antworten auf die Fragen »Wer ist anzusprechen?«, »Mit welchen Argumenten soll er wozu überzeugt werden?«.

Zudem geht es nicht nur um den (End-)Kunden, Marketingstrategien können auch ganz andere indirekte Wege gehen (siehe Abb. 4.4).

Handelswerbung braucht andere Instrumente und Argumente als Endverbraucherwerbung. Letztere wird aber nur volle Wirksamkeit entfalten, wenn die Händlerwerbung erfolgreich und mit zeitlichem Vorlauf durchgeführt wur-

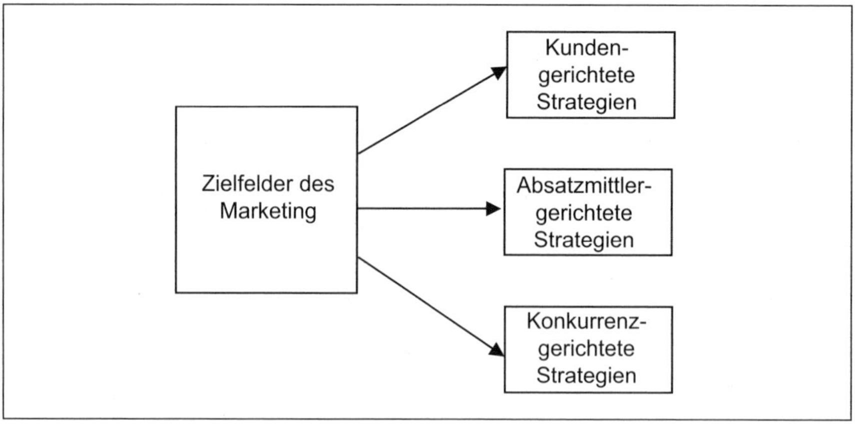

Abb. 4.4: Adressaten der Marketingaktivitäten

de. Andernfalls wird Bedarf geweckt, der mangels Warenpräsenz am point of sale nicht gedeckt werden kann. Analoges lässt sich auch für die Produktpolitik sagen. Stets sind die Marketinginstrumente so zu differenzieren und zeitlich zu koordinieren, dass die Zielfelder erreicht werden.

Es wird viel von der Notwendigkeit der Markenbildung im Verlag geredet. Im eigentlichen Sinn wird es im Buchbereich nur sehr wenige Marken geben wie etwa Langenscheidt, Brockhaus oder Duden (die interessanterweise alle zu einer Verlagsgruppe gehören), auch Gräfe & Unzer oder dtv wird man dazu zählen. Einzelne starke Titel machen noch keine Marke. Zu einer solchen gehören nach Hillebrecht:

- Markenkern: verlegerische Idee und Inhalte
- Markengestaltung: Produktpalette, Preisstrategie und Distribution
- Markenkommunikation: Bekanntheit und Image der Marke
- Markenakzeptanz: Gradmesser, wie die Marke im Handel und von Endkunden wahrgenommen wird.

Ein derart geschlossener und stimmiger Auftritt ist vielen Verlagen gar nicht möglich, es bedarf dazu auch einer gewissen Mindestgröße.

Zudem kann eine Marke auch nicht vom Hersteller allein »gemacht« werden; eine wesentliche Rolle spielt die Wahrnehmung der Käufer. Insofern spricht man auch vom »emergenten Charakter« einer Marke.

Wie begrenzt die Ergebnisse eines Bemühens, den Verlag als Marke zu etablieren, oft sind, zeigt eindrucksvoll eine von B. Renner durchgeführte Erhebung im Kinderbuchmarkt, wo sich Verlage besonders in Richtung Markenbildung anstrengen:

Ranking	Ergebnisse der Endkundenbefragung	Prozent
1	Produktqualität	85,0
2	Thema	82,7
3	Character/Hauptfigur	72,5
4	Empfehlung von Bekannten	45,8
5	Gestaltung Umschlag	40,5
6	Empfehlung im Buchhandel	36,8
7	Preis	33,0
8	Preise/Auszeichnungen	27,6
9	Illustrator	27,4
10	»Gütesiegel«	27,0
11	Autor	17,0
12	Verlag	6,5

Ranking der kaufrelevanten Kriterien für Endkunden (aus B. Renner)

In vollem Gegensatz steht dazu das Ergebnis der Händlerbefragung in derselben Untersuchung. Hier ergab sich folgende Reihenfolge auf den ersten Plätzen:

1 Vertreterbesuch
2 Covergestaltung
Autor / literarische Qualität
3 Character
4 Verlag
Rezensionen

Das unterstreicht eindrucksvoll, wie unterschiedlich die Werbeansprache in der Endkundenwerbung bzw. Handels-/Vertriebswerbung sein muss. Die Verknüpfung beider Bereiche ergibt sich dadurch, dass die Kunden an erster Stelle als Informationsquelle mit großem Abstand die Buchhandlung (sowohl die Beratung wie die Auslagen), danach die Büchereien und Buchbesprechungen nennen. Mit kleinen Abweichungen wird diese Reihenfolge auch in anderen Erhebungen bestätigt.

Am ehesten werden noch viele Fach- und Wissenschaftsverlage diesen Kriterien gerecht, die aber den Begriff der »Marke« für sich nicht explizit in Anspruch nehmen, sondern sich einfach als Qualitätsadresse mit konsquentem Corporate Design in einem klar definierten Marktsegment sehen. Gerade im Fachbuchbereich können Reihen eine Vorstufe der Markenbildung bedeuten.

Neben der Stärkung der Vertriebskraft erbringt der gelungene Aufbau einer Marke auch Spielräume in der Preis- und eventuell auch Konditionenpolitik, da dem Handel bzw. den Endkäufern das Produkt weniger austauschbar erscheint bzw. ist.

4.2 Distributionspolitik

4.2.1 Logistik

Die Distribution umfasst alle Stufen der Bewegungen des Produkts Buch von der Druckerei bis zum Kunden. Aufgrund zahlreicher Alternativen ergibt sich eine Vielzahl möglicher (und zu guten Teilen auch parallel genutzter) logistischer Wege.

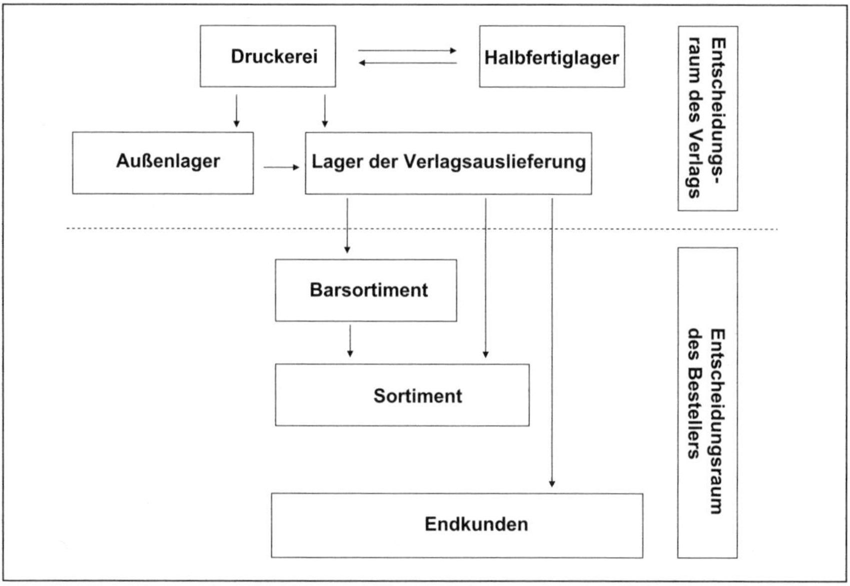

Abb. 4.5: Logistikstrukturen im Buchhandel

Es obliegt der Bestandskontrolle und Lagerdisposition, für stets ausreichende Bestände zu sorgen, z.B. aus dem Außenlager Teilbestände abzurufen, rechtzeitig Nachbinde- oder Nachdruckaufträge zu veranlassen, damit die Verlagsauslieferung – egal, ob sie vom Verlag selbst oder von einem fremden Dienstleister betrieben wird – stets lieferfähig bleibt. Hier liegt eine Dispositions- und Kontrollaufgabe des Vertriebs in Zusammenarbeit mit der Herstellung. Ziel dieser Dispositionen ist, die Lagerkosten zu minimieren und das Lagerrisiko möglichst klein zu halten. Nicht in der Entscheidung des Verlages liegen die nachfolgenden logistischen Wege, er kann sie aber mit seiner Vertriebspolitik mitgestalten. Das gilt auch für die Wahl der Frachtführer unterhalb der Trennlinie (s. Kap. 4.2.5).

4.2.2 Absatzkanäle

Welche der im vorstehenden Diagramm aufgezeigten Wege ein Verlag nutzen will, ist eine geschäftspolitische Entscheidung von größter Tragweite. So kann ein Verlag durch geeignete Konditionspolitik (s. Kap. 4.3.2) versuchen, nicht allzu viele Bestellungen über das Barsortiment laufen zu lassen oder eine Grundsatzentscheidung bezüglich Direktlieferung treffen. So gibt es viele Verlage, die diese grundsätzlich ablehnen und Direktbestellungen entweder nicht annehmen oder über Buchhandlungen ausführen. Andere Verlage haben ein erhebliches Direktgeschäft (z.B. im Rechts- und Steuerbereich mit Loseblattwerken u.a.) und pflegen dies gezielt. Sie haben also im Grund eine verlagseigene Versandbuchhandlung – egal, ob diese organisatorisch abgetrennt oder integriert in die Vertriebsabteilung betrieben wird. Das Thema Direktvertrieb ist oft kontrovers diskutiert worden. Natürlich gibt es keinen Anspruch des Sortiments darauf, dass der Verlag nicht direkt verkauft – der manchmal gebrauchte Ausdruck, ein Verlag verkaufe »hinter dem Rücken des Sortiments«, ist mehr emotional als zutreffend: in der Regel spielen diese Verlage mit offenen Karten und halten sich auch an notwendige Regeln der fairen Gleichbehandlung des Sortiments. So wäre es wettbewerblich zu beanstanden, wenn Verlage aufgrund ihrer internen Kenntnis Mailings für Titel machen, die dem Sortiment noch gar nicht bekannt sind. Umgekehrt kann überhaupt nichts Anstößiges darin gesehen werden, wenn ein Verlag ein Vierteljahr nach Erscheinen eine gezielte Direktwerbung durchführt – das Sortiment hatte bis dahin ausreichend Zeit, dies bei seinen fachspezifischen Kunden zu tun.

Leider sehen sich viele Verlage, die lieber via Sortiment liefern würden, in letzter Zeit aufgrund unzureichender Aktivitäten dieser Seite immer stärker auf eigene Werbeanstrengungen verwiesen. Dass sie diese dann aus der bei der Direktlieferung entfallenden Spanne finanzieren, ist nicht nur verständlich, sondern betriebswirtschaftlich unabdingbar. Auffallend ist jedenfalls, dass in zwei besonders umsatzstarken, auf die Berufspraxis ausgerichteten Fachgebieten, nämlich Medizin und RWS (Recht, Wirtschaft, Steuern) Buchhandelsketten existieren, die Verlagen gehören (Lehmanns, Schweitzer, Sack). Ähnliches gibt es bei Architektur und Bauwesen. Offensichtlich findet eine Marktveränderung in Spezialbereichen statt, das allgemeine Sortiment verliert Marktanteile in diesen Gebieten. Das liegt zu guten Teilen sicher daran, dass die Direktwerbung und der Direktvertrieb Zielgruppen erreichen, die das Sortiment mit seiner Arbeitsweise bzw. mit vertretbarem Aufwand gar nicht erreichen kann (z.B. aufgrund spezifischer Verhaltensweisen bestimmter Kundengruppen). Häufig ist es dabei so, dass die initialen Vertriebsbemühungen des Verlags den Markt so öffnen, dass auch das Sortiment daraus nachfolgend Vorteile erzielt. Man sollte daher die Frage des Direktvertriebs der Verlage nicht nur unter dem Aspekt der Substitution und gegenseitigen Konkurrenz, sondern auch dem der förderlichen Komplementarität betrachten.

Ähnlich umstritten wie der Direktvertrieb sind auch nichtbuchhändlerische Absatzmittler, wie Gartencenter, Apotheken u.ä. Auch hier steht für den Verlag die Frage im Vordergrund, ob diese nichtbuchhändlerischen Vertriebsformen etwa Kunden erreichen, die der Sortimentsbuchhandel nicht erreicht. Ist das der Fall, gibt es keinen Grund für Substitutionsbefürchtungen. Der Verlag muss ja sowohl aus wirtschaftlichen Gründen wie in Erfüllung der Pflichten aus dem Verlagsvertrag die Absatzkanäle so kombinieren, dass ein Absatzmaximum erzielt wird. Kunden, die das Sortiment nicht erreichen kann, können ihm nicht »verloren« gehen.

Mit der Wahl der Absatzkanäle, deren sich ein Verlag bedienen möchte, und mit deren Rangeinschätzung in der Vertriebsarbeit, werden zugleich Entscheidungen gefällt, die Produkte, Preise, Inhalte wesentlich beeinflussen. Wenn ein Verlag konsequent auf Direktvertrieb (sei es durch Mailings oder durch Vertreter) setzt, so funktioniert das i.d.R. nur ab gewissen Mindestpreisen für das einzelne Produkt. Ein Steuerfachverlag oder selbstständige spezialisierte Versandbuchhändler können, entsprechende Preisgrößenordnungen vorausgesetzt, auf diese Weise erfolgreich arbeiten. Die großen Loseblattverleger praktizieren dies, wie erwähnt, seit Jahrzehnten. Ein belletristischer Verlag kann es nicht, weil er keine Zielgruppe hat außer der amorphen Gruppe »Alle Leser«. Große, soziografisch oder berufsfeldmäßig nicht abgrenzbare Zielgruppen sind also mitnichten von vornherein ein Segen für den Verlag, viel eher sind das klar abgrenzbare und damit auch erreichbare Käufergruppen.

Ein immer wichtigerer Absatzkanal wird der **Internetverkauf** als Sonderform des Direktvertriebs. Auch wenn der Verlag diese Form nicht anstrebt, sei es, um seine guten Sortimentskunden nicht zu beeinträchtigen oder weil er aus Kostengründen eigentlich keinen Direktvertrieb will: das Kundenverhalten der intensiven Internet-Nutzer zwingt ihn dazu. Er muss auf seiner Internetseite nicht nur gute, eventuell werblich aufgemachte Produktbeschreibungen haben, sondern auch einen e-shop; ansonsten gehen ihm schnell Kaufimpulse verloren, die auch anderswo nicht mehr ankommen (s.a. 4.4.8).

Das allgemeine Publikum kann nur über geeignete Absatzkanäle erreicht werden, und da steht der Buchhandel mit weitem Vorsprung an erster Stelle. Jedes Verlagsprogramm braucht die dazu passende Distributionsstruktur. Für die meisten Verlage ist und bleibt der wichtigste Absatzkanal der durch das Sortiment. Allerdings bahnen sich hier durch die Bestellmöglichkeiten im Internet gravierende Veränderungen an und zwar primär aufgrund veränderter Käufergewohnheiten (s. Kap. 4.4.8). Die richtige Mischung und Gewichtung zu finden, ist zentrale Aufgabe der Vertriebsabteilung, ebenso die laufende Kontaktpflege durch Besuche, Telefonate und strukturierte regelmäßige Informationen der wichtigen Partner (s. Kap. 4.4.10 Key Account Management).

4.2.3 Pull- und Push-Marketing

Die wichtige Rolle des Vertriebspartners Sortimentsbuchhandel lässt sich gut mittels der Unterscheidung von Pull-Marketing und Push-Marketing darstellen (aus E. Heinold, Bücher und Büchermacher, 5. A. 2001, S. 41), s. folg. S.

Beim Pull-Marketing bearbeitet der Verlag die definierte Zielgruppe, die sodann mit einem konkreten Kaufwunsch zum Händler kommt: Der Kunde »zieht« die Ware. Bei dieser Vertriebssituation sind am ehesten Direktvertrieb des Verlags oder eine starke Rolle von Versandhändlern zu realisieren, weil der Kunde ja den konkreten Kaufwunsch bereits (durch Werbung) hat. Wie dieser nun in den alternativen Vertriebsformen erfüllt wird, ist einerseits eine Kosten- und Effizienzfrage, andererseits eine der langfristigen Vertriebspolitik, die jedes Unternehmen gemäß seiner spezifischen Situation entscheiden und in regelmäßigen Abständen überprüfen und nachjustieren muss. So müssen angesichts der deutlich schwächer werdenden Dienstleistungen vieler Sortimenter im Besorgungsgeschäft (z. B. für ältere Langsamläufer im wissenschaftlichen Buchbereich) die Verlage nolens volens hilfsweise eine Infrastruktur der Direktbelieferung aufbauen, auch wenn sie es lieber nicht täten. Die schematischen »Nichtvorhanden«-Meldungen vieler Buchhändler an Kunden nach einem flüchtigen Blick in die Barsortimentskataloge sind doppelt bedenklich, denn der Kunde, der dann doch herausbekommt, dass es diese Bücher (es sind viele hunderttausend Titel) sehr wohl noch gibt, verliert das Vertrauen in die Kompetenz seines Buchhändlers, und der fortlaufend mit solchen Fällen konfrontierte Verleger fragt sich seinerseits, ob seine bisherige bewusste Enthaltsamkeit im Direktgeschäft, aber auch seine Rabattpolitik noch richtig ist, mit der er ja Dienstleistungen des Handelspartners, die über ein reines Durchreichen der Ware hinausgehen, zu finanzieren gedenkt. Versuche mit sog. »Depotbuchhandlungen«, die für höhere Rabatte eine erhöhte Bevorratung bieten sollten, haben weithin nicht funktioniert. Hier liegt ein schwieriges Aufgabenfeld für Fachverleger und Fachbuchhändler.

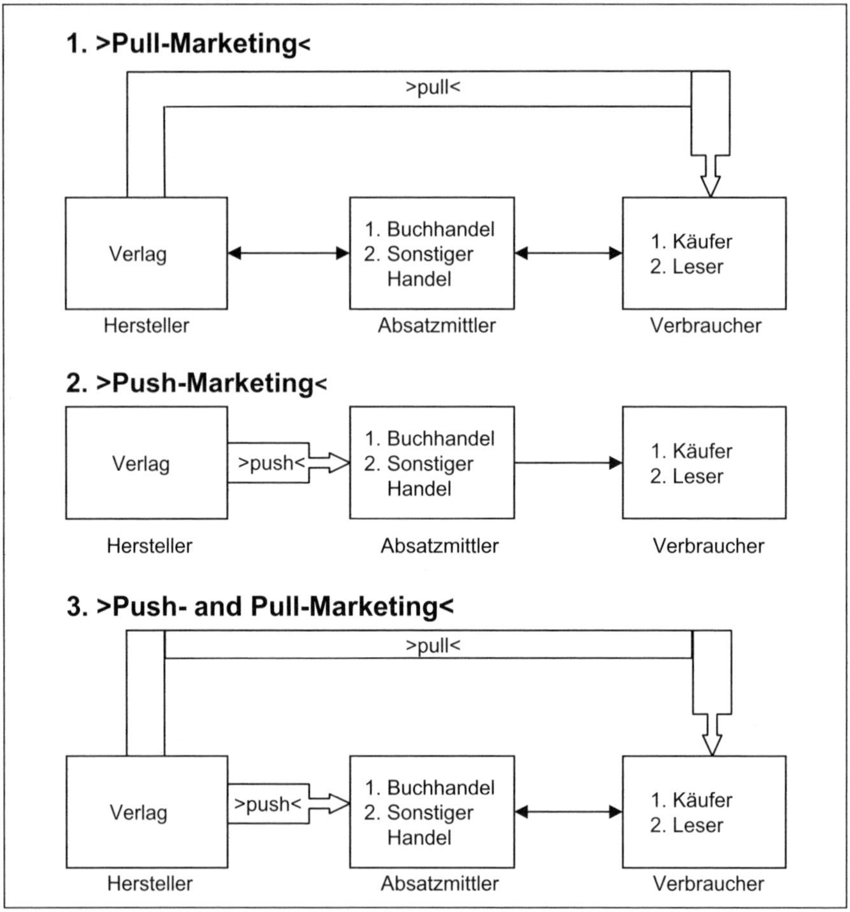

Abb. 4.6: Die drei Marketingkonzepte

Reines Pull-Marketing mit einer tendenziellen Entbehrlichkeit von stationären Händlern ist aber nur in seltenen Fällen, wie den oben erwähnten Loseblattverlagen, denkbar. Interessanterweise haben aber die meisten Direktvertreiber in den letzten Jahren bewusst Kontakte zum Sortiment geknüpft, wohl in der Erkenntnis, dass dort Absatzchancen liegen, die wiederum dem Direktmarketing kaum zugänglich sind. Multi-Channel-Strategien sind in der Regel also sinnvoll.

Umgekehrt verhält es sich beim Push-Marketing: Hier werden die Bücher in den Handel »hineinverkauft«, die Sichtbarkeit des Verlages tritt u.U. zurück hinter der »Marke« des Händlers. Dieser Verlust ist nur dann zu rechtfertigen, wenn die so erzeugte Warenpräsenz am Point of Sale tatsächlich Spontankäufe bei den Sortimentskunden auslöst bzw. durch das Beratungsgespräch des Sortimenters Bücher an den Kunden gebracht werden. Push-Marketing erfordert aggressivere Vertriebsmethoden und hohen Kostenaufwand (Vertreter, aufwändige Vorschauen, Key Account Management, s. Kap. 4.4.10 u.a.). Das Teuerste kann aber eine aggressive Rabattpolitik sein: Die Verlage sehen sich – zumal im Bereich austauschbarer Unterhaltungsliteratur oder Ratgeberbücher – gedrängt, mit hohen (überhöhten) Rabatten Einkaufsdispositionen zu erreichen, d.h. Warenpräsenz zu erkaufen. Rabattpolitik wird so zum integralen Bestandteil der Vertriebspolitik. Sehr deutlich erweist sich an diesem Beispiel die Interdependenz der Instrumente des Marketing-Mix für ein bestimmtes Verlagsprogramm. Diese unterschiedliche Bedeutung von Pull- bzw. Push-Marketing lässt sich auch an den Termini »Muss-Lesen« (professionell) und »Muße-Lesen« (Freizeit, Unterhaltung) verdeutlichen. Der Muss-Leser des Schul-, Fachbuchs- oder des wissenschaftlichen Verlags ist ganz anders erreichbar als der diffuse »Interessent« der Publikumsverlage.

In der Realität herrscht die dritte Variante vor: das »Pull-and Push-Marketing«. D.h. der Verlag bewirbt sowohl den Endkunden, um Kaufentschlüsse auszulösen, als auch den Handel, um für Warenpräsenz zu sorgen. Ärgerlich verlorenes Geld ist es, wenn der teuer beworbene Kunde im Ladengeschäft das gewünschte Buch nicht vorfindet: Im nicht streng professionellen Bereich verdampft da so mancher Kaufimpuls schnell, es wird etwas anderes (meist leider von der Konkurrenz) erworben. Sinnvolle Werbe- und Vertriebsarbeit stimmt also Endkunden- und Händlerwerbung sorgfältig aufeinander ab, so dass der Kunde die Ware vorfindet, die der Sortimenter vorerst im Vertrauen auf wirkungsvolle Werbemaßnahmen des Verlags bei den Endkunden disponiert hat. Wie nun das Verhältnis der Budgets für Käuferwerbung und Händlerwerbung konkret ist, hängt wiederum ganz vom Programm ab. Neben den Budgets selbst ist die zeitliche Feinplanung der Maßnahmen von Bedeutung: Ebenso frustrierend wie Ware im Sortiment ohne Käufer (weil die Endkundenwerbung zeitlich falsch geplant wurde) ist der Käufer im Laden ohne Verfügbarkeit seines Buches. In beiden Fällen entstehen erhebliche Effizienzverluste.

4.2.4 Das Sortiment: Titelverfügbarkeit und Warenpräsenz

Viele Bücher sind auf Spontankäufe des Kunden angewiesen, weil der Klappentext verlockend klingt oder die Illustrationen gefallen. Das erfordert, dass der Kunde das Buch im Sortiment ansehen kann. Das Sortiment ist daher trotz aller Verschiebungen unter den Absatzkanälen (s. 1.3.3) der nach wie vor wichtigste Partner der Verlage, im Bereich der Publikumsverlage der Partner schlechthin, weil hier die Warenpräsentation und Warenverfügbarkeit am wichtigsten sind. In diesem Segment ist die Rolle des Handels stärker denn je (s. 1.4.6). Der Buchhandel hat – zumindest in den größeren oder spezialisierten Läden – zielstrebig die Tendenz zu Erlebniswelten verwirklicht, die Kunden anzieht, bindet und zum Kauf »verführt«; darin also ganz analog zu generellen Tendenzen im Einzelhandel. Man spricht bereits auch im Buchhandel von einer Markenbildung, die u.U. viel stärker sein kann als die entsprechenden Anstrengungen der Verlage. So werden z.T. in Anzeigen des Buchhandels in der lokalen Presse die Verlage gar nicht erwähnt, sondern nur Autor und Titel, obwohl der Verlag einen großen Teil der Insertionskosten zahlt.

Ein wichtiger Grund für das Vordringen von Großformen bzw. Filialisierung im Handel ist die Notwendigkeit von 1a-Lagen, auf die kapitalstarke Unternehmen besser gerüstet sind und flexibler reagieren können. Der Buchhandel ist in den wichtigen Einkaufszentren und Passagen sehr gut vertreten und folgt stadträumlichen Entwicklungen.

Für die Verlage ist daher die generelle Tendenz des Buchhandels, die Lagerhaltung von Titeln zu verkürzen, sehr nachteilig – mittlerweile erfolgt die Rücksendung von Neuerscheinungen z.T. schon nach einem Vierteljahr. Durch die damit deutlich verkürzte Sichtbarkeit von Titeln im Handel werden deren Verkaufschancen natürlich beeinträchtigt. Dieses pragmatische Verhalten des Sortiments hat sich mit dem Siegeszug der elektronischen Warenwirtschaftssysteme an den Kassenterminals sehr verstärkt, etwa 90% der Sortimente arbeiten damit. So können zielgerichtet nur noch Präsenzbände der wichtigen Titel nachbestellt werden, so genannte »Langsamdreher« fallen aus der Nachdisposition heraus, weil sie durch das Warenwirtschaftssystem identifiziert werden können. Das spüren die Verlage sowohl bei der Erstdisposition wie im Nachbezug.

So sehr die Raumprobleme und die Kapitalbindung im Lager dieses Verhalten des Sortiments verständlich machen – das Ergebnis sind nicht verkaufte Bücher, und das trifft alle: Autoren, Leser, Verlage und Buchhändler. Etwaiges Ventil kann entweder das Besorgungsgeschäft oder der Internethandel sein. Beide Varianten setzen aber voraus, dass der Kunde weiß, was er kaufen möchte – beim Internetbezug kann er immerhin nach Themenstichwörtern eine Mehrzahl von Alternativen prüfen, ansonsten muss er den genauen Titelwunsch mitbringen. Verloren gehen bei reduzierter Lagerhaltung aber die Erlöse aus Spontankäufen, und das sind im Publikumsbereich sehr viele. Dem suchen viele Verlage durch intensivierte Vertreterarbeit (s. Kap. 4.4.9) und Key Account Management (s. Kap. 4.4.10) entgegenzusteuern. Instrumente zu einer verbesserten Lagerdisposition des Buchhandels können u.a. sein: längerfristige Zahlungsziele (Valuta) und eine entgegenkommende Remissionspolitik.

Aber auch im Fachbuch spielen die Sortimente, nicht zuletzt durch gezielte Anbietung an freiberufliche und gewerbliche Kunden sowie deren Betreuung im Fortsetzungs- und Zeitschriftenbereich eine unverzichtbare Rolle. Ähnliches gilt für das Lehrbuchgeschäft, obwohl hier in letzter Zeit eine Hinwendung der Studierenden zum Internetkauf (nicht zuletzt wegen des dort integrierten Gebrauchtbuchverkaufs) unverkennbar ist. Gemäß einer GfK-Studie aus dem Jahr 2006 werden bereits 31 Mio Bücher im Internet gebraucht geordert gegenüber 49 Mio neuen! In den USA rechnet man tendenziell mit 25% gebrauchter Bücher am Gesamtbuchmarkt. Die durch das Internet ermöglichte überregionale Professionalisierung des Gebrauchtbuchmarkts ist für die Verlage sehr negativ spürbar. Das Preisbewusstsein der Kunden wird sicher weiter wachsen.

4.2.5 Verlagsauslieferung

Wichtig und gar nicht einfach zu lösen ist die Frage der **Lagerhaltung beim Verlag**. Jedes Buch löst (berechnet nach kg oder Palettenplätzen) jeden Monat Lagerkosten aus. Auch Druckereien berechnen seit Jahren das dort verbliebene Fertig- oder Halbfabrikatlager. Hinzu kommen die Kapitalkosten für die schon bezahlten Herstellungsrechnungen. Der Verlag muss in dem Widerstreit sinkender Stückkosten bei wachsender Losgröße der Produktion und laufenden Lager- und Zinskosten für noch nicht abverkaufte Produkte die **optimale Losgröße** ermitteln (siehe dazu Kap. 3.7.2). Diese Ermittlung beruht natürlich auf Annahmen über den vermutlichen Absatzverlauf und ist daher mit erheblichen Unsicherheiten und Risiken verbunden. Aufgrund technischer Fortschritte in den Druckereien sind die Rüstkosten pro Drucklos deutlich gesunken, so dass heute oft die Kostendifferenz zwischen 2 × 3.000 Auflage und 1 × 6.000 nicht mehr allzu groß ist, und daher die genannten anderen Kosten oft für mehrere kleinere Drucklose sprechen. Viele Verlage streben eine Bevorratung für max. 12 Monate an, teils auch für deutlich weniger. Andererseits müssen Spitzenbedarfe (Weihnachtsgeschäft, Olympiabuch, Schulanfang) unbedingt erfüllt werden können, da eine sehr kurzfristige Disposition von Nachdrucken oft nicht möglich ist – z.B. im November, wenn alle Publikumsverlage ihre Spitzentitel nachdrucken wollen. Dann kommt es durch die Notwendigkeit von Nacht- und Feiertagsschichten wieder zu erhöhten Stückkosten, die bei frühzeitiger Disposition hätten vermieden werden können. Aber gerade hier gilt die alte Weisheit: Hinterher ist man immer klüger. Jedenfalls lohnt es sich sehr, Drucklose und Absatzverläufe sorgfältig zu planen bzw. zu analysieren.

Diese Kostenplanung der Lagerhaltung wird besonders augenfällig, wenn der Verlag – wie das heute weithin die Regel ist – diesen Bereich samt Logistik und weiteren Dienstleistungen einer Verlagsauslieferung überträgt. Mittlerweile darf man davon ausgehen, dass etwa 90% der Verlagsumsätze (nicht der Verlage) über Verlagsauslieferungen erfolgen.

Anliegen jeder Verlagsauslieferung ist Schnelligkeit, Präzision und Kosteneffizienz. Ob dies besser in einer verlagseigenen Abteilung oder einer fremden Auslieferung erreicht werden kann, muss sowohl nach qualitativen wie auch kostenmäßigen Aspekten durchleuchtet werden (s.a. Kap. 2.5 Outsourcing). Zu Letzteren gehören insbesondere auch Unternehmensgröße und Saisonfiguren der Auslieferungsvolumina. Haben diese sehr starke Spitzen, wird eine eigene Auslieferung schnell unwirtschaftlich (Leerkapazitäten in den schwachen Monaten). Größere Verlagsauslieferungen (gut ein Dutzend in Deutschland) vertreten je zwischen 60 und 200 Verlage. VVA-Arvato verfügt über 150.000 Palettenplätze, bei KNV gehen täglich im Durchschnitt 20.000 Packstücke hinaus. Die zwölf größten Verlagsauslieferungen haben (Stand 2006) über 1.150 Verlagskunden. Diese Zahlen vermitteln einen Eindruck von dem hohen Grad an Bündelung, Effektivität und logistischem know-how, das die Verlagsauslieferungen bieten. Auch kann der viel höhere Mechanisierungsgrad einer professionellen Verlagsauslieferung und deren groß angelegte IT-Abteilung viele Kosten- und Servicevorteile bieten. In der Regel ist es heute so, dass nur sehr kleine und sehr große Verlage selbst ausliefern – die überwiegende Zahl der Verlage aber durch Dienstleister. Der scharfe Wettbewerb unter diesen hat die Auslieferungsgebühren in den letzten Jahren deutlich sinken lassen.

Die nachstehende Übersicht zeigt die wesentlichen Arbeitsbereiche, die Verlagsauslieferungen anbieten. Dabei werden für manchen Verlag eine ganze Reihe nicht anfallen, z.B. wenn er keine Periodika hat oder die Fakturierung bei sich im Haus erledigt. Andererseits können weitere Dinge von der Auslieferung erledigt werden wie z.B. die Honorarabrechung.

Grundfunktionen

- Bestellabwicklung
- Adressverwaltung
- Debitorenmanagement
- Lagerhaltung
- Versand
- Reporting/Statistiken

dazu fallweise als Zusatzfunktionen

Handelsservice

- Novitäten
- Sendungsbündelung
- Parkmodelle
- Subskriptions-abwicklung
- Provisionsab-rechnung

Aboservice

- Abo-Betreuung
- Einzelheftversand
- Prämienabwicklung
- Direktmarketing

Direktversand

- Call Center
- e-Shop
- Bonitätsprüfung
- Inkasso (Kredit-karten u.a.)

Abb. 4.7: Typische Leistungsbereiche von Verlagsauslieferungen

Eine neuere Entwicklung ist bei den Verlagsauslieferungen die (zielgruppenorientierte) Faktur- und Versandstückbündelung (s.u.) Das ist ein kostensenkender Service für das Sortiment, den ein selbstausliefernder Verlag nicht erbringen kann.

Ein Kostentreiber in der Verlagsauslieferung und spiegelbildlich für die Bezieher ist die Frequenz und das Volumen der Sendungen. Ziel muss eine möglichst hohe Bündelung sein. Die Warenbezugskosten für das Sortiment verbessern sich bei erhöhter Bündelung pro Sendung ebenso wie die Kostenstruktur in der Verlagsauslieferung. Aber wie kann diese Bündelung erreicht werden? Ein kleinerer Verlag mit Titeln mittlerer Gängigkeit kann hier wenig gestalten – er erhält überwiegend Einzelbestellungen. Auch eine gesenkte Auslieferungsfrequenz bringt meist wenig, da die Bestellungen des zweiten Tags in der Regel von anderen Bestellern als denen des ersten Tages kommen – es entsteht kaum ein Bündelungseffekt. Auch so genannte »Parkmodelle«, bei denen ein Besteller den Verlag anweist, seine Bestellungen in einer Restantendatei zu parken, bis ein bestimmter Lieferwert erreicht ist, brachten keinen durchschlagenden Erfolg und haben zudem den Nachteil, dass die Sortimentskunden länger auf ihr Buch warten müssen. Viele Verlage bündeln aber bei den Nova – oft gibt es dafür nur einen Termin im Monat bis hin zu Halbjahresterminen für Erstauslieferungen, so dass wenigstens insofern ein Bündelungseffekt entsteht. Publikumsverlage gehen hier weiter und bündeln oft das ganze Frühjahrs- oder Herbstprogramm in ein oder zwei Auslieferungen, während Wissenschaftsverlage auf solche Verfahren verzichten und ihre Nova z.T. bei Verfügbarkeit der Tagesauslieferung beimischen.

Auf jeden Fall bringt die Bündelung pro Bestellzeile und pro Sendung wichtige kostenrelevante Maßzahlen, die z.B. für die Gebühren der Verlagsauslieferungen eine große Bedeutung haben, aber (oft leider unbeachtet) ebenso die Kosten der selbst ausliefernden Verlage beeinflussen. Bezüglich einer höheren Bündelung pro Bestellzeile des Sortiments lässt sich in der Regel wenig erreichen – der Verlag müsste dann im Grunde ein anderes, auf höherauflagige Werke konzentriertes Programm machen. Der Köder der Staffelrabatte ist nur begrenzt wirksam: Die Liquiditäts- und Lagerprobleme im Sortiment sind viel bestimmender für dessen Bestellverhalten.

Einen Ausweg, den derzeit viele Verlage mit ihren Auslieferern diskutieren bzw. erproben, ist Mischfaktur und entsprechende gemischte Sendungen mehrerer Verlage, die bei demselben Auslieferer sind. Sicher bedarf es dazu einiger Voraussetzungen: Programm- und damit Kundenstruktur sollten einigermaßen übereinstimmen, weil sonst ja wieder keine erhöhte Bündelung entsteht. Zudem müssen Zahlungsziele und Skontierung (ja oder nein) einheitlich gehandhabt werden – wie sollte der Kunde sonst zahlen? Gleiches gilt für den zentralisierten Zahlungsverkehr über die BAG und deren Bedingungen. Die individuellen Rabattstrukturen können die Verlage durchaus beibehalten, wodurch allerdings die Mischfaktur sehr unterschiedliche Rabatte in den Zeilen haben wird.

Viele Verlagsauslieferungen bieten eine Debitorenausfallgarantie, die natürlich dann einen Kostenfaktor in der Provision darstellt, manche Auslieferungen haben dieses Verfahren sogar obligatorisch. Ob sich das für den Verlag rechnet, sei dahingestellt. Jedenfalls ist eine gute Debitorenverwaltung samt Mahnwesen neben der rein logistischen Leistung eine entscheidende Dienstleistung jeder Verlagsauslieferung. Dazu kommen dann noch die standardisierten oder für den einzelnen Verlag maßgeschneiderten Vertriebsstatistiken und sonstige IT-Leistungen bis hin zur Honorar- oder Vertreterabrechnung.

4.2.6 Barsortiment

Die wirksamste und in der Praxis wichtigste Bündelung wird durch die **Barsortimente**, den Großhandel für Bücher, erzielt. Die beiden führenden Häuser mit zusammen über 80% Marktanteil sind Koch Neff Volckmar (KNV) in Stuttgart und Köln sowie Libri (Georg Lingenbrink) in Hamburg und Bad Hersfeld. Die Barsortimente bestellen eine relativ hohe Stückzahl (Bedarf für mehrere Wochen für ihre vielen Kunden) beim Verlag und liefern dem Sortiment täglich Pakete mit Büchern aus vielen Verlagen. Sehr positiv auf die damit erzielbare Bündelung hat sich in den letzten zehn Jahren die Politik der Barsortimente ausgewirkt, die Zahl der geführten Titel deutlich zu erhöhen, also auch relative Langsamläufer zu führen. Die Firma KNV führt mittlerweile 400.000 Titel, darunter auch viele ausländische. Die Motivation dazu kommt aus dem Bestreben, dem Sortimentskunden (insbesondere gerade dem kleineren) auch für speziellere Titel diesen Bezugsweg zu eröffnen und damit die Kundenbindung zu verstärken und die Umsätze für das Barsortiment zu erhöhen.

Der Barsortimentsdienst funktioniert vorzüglich, um die »Über-Nacht-Belieferung« beneidet uns die ganze Welt. Sie garantiert, dass der Buchhändler früh bei Ladenöffnung das entsprechende Paket mit den Bestellungen des Vortags (bis zu einer bestimmten Stunde am späten Nachmittag) vorfindet. Diese Leistungen sind allerdings nicht billig: Sie kosten den Verlag in der Regel eine um 15% erhöhte Handelsspanne, den so genannten Funktionsrabatt, allerdings bezogen auf den Basisrabatt des Verlags. Ist dieser z.B. 25%, beträgt der Barsortimentsrabatt normalerweise 40%, wobei es in beide Richtungen Abweichungen (Verhandlungsspielräume) gibt. Beträgt nun der effektive Durchschnittsrabatt dieses Verlags gegenüber dem Sortiment 33%, so sind die Mehrkosten der Barsortimentslieferungen für den Verlag nur noch 7%, denen die vorgenannten Kostenvorteile, die ja auch für den Verlag bestehen, gegenzurechnen sind.

Dennoch gibt es bei vielen Verlagen immer wieder Unzufriedenheit und Kritik an den Barsortimentern, zum einen, weil diese in oft massiver Weise das 15%-Dogma einfordern – zum Teil neuerdings sogar darüber hinausgehen – und zum zweiten unverhohlen und expressis verbis auf der Seite der Sortimenter stehen, wenn es um Konditionsgerangel zwischen diesen und den Verlagen geht. Die Sortimenter sind allerdings auch als Kunden des Barsortiments verständlicherweise deren Hauptanliegen. Viele Verlage gewähren heute nolens volens den Barsortimentern Rabatte von 50% (und mehr), was z.T. eher der

Reflex einer verhängnisvollen eigenen Rabattpolitik ist. Die Barsortimente sind also mitnichten ein »neutraler« Mittler, so gern sie diese Rolle auch für sich beanspruchen möchten. Diese naturgemäße Sortimentsgeneigtheit des Zwischenbuchhandels führt besonders zu der konfliktträchtigen Konsequenz, dass die Barsortimente höhere Rabatte als die Verlagsgrundrabatte an die Sortimente weitergeben. Große Kunden erhalten deutlich höhere Rabatte (aufgebessert noch durch Skonti und Boni), dadurch treten die Barsortimente mit ihren Konditionen in Konkurrenz zu den Verlagen. Am krassesten zeigt sich das bei bedeutenden Buchhandelsketten, die z.T. ihren gesamten Zentraleinkauf über Barsortimente abwickeln. Da fragt sich dann doch mancher Verlag, ob das 15%-Dogma nicht in Wahrheit eine zu hohe Spanne definiert, die den Barsortimentern dieses Wettbewerbsverhalten ermöglicht, und dies bei Renditen der Zwischenbuchhandelsfirmen, die oft ersichtlich über denen vieler Verlage liegen.

Eine neuere Entwicklung sind die »Standardpakete«, die die Barsortimente für gängige Titel zusammenstellen (Warengruppenpakete »fit für die Zukunft« bei KNV bzw. ANABEL Programm bei Libri). Sie ersparen damit insbesondere den kleineren Buchhandlungen, an die sich diese Angebote primär richten, erhebliche Dispositionskosten. Die breite Datenbasis der Barsortimente ermöglicht dabei die Zusammenstellung relativ risikoloser Bündel für bestimmte Buchhandelstypen bzw. Themenbereiche. Zwei mögliche negative Effekte sind aber unübersehbar: zum einen eine Standardisierung des Angebots in kleineren Buchhandlungen (anstelle von Profilierung gegen die Filialen der Großketten) und damit verbunden eine noch geringere Chance kleinerer Verlage, mit ihren individuellen Titeln im Handel präsent zu sein.

4.2.7 Warenbezugswege

Ein weiterer Aspekt der Distribution sind die **Transportmittel**. In Deutschlands Buchhandel gibt es die Besonderheit eines sehr verlässlichen, kostengünstigen brancheneigenen Logistiksystems, nämlich die Bücherwagen der Barsortimente KNV und Libri. Zusammen mit den eigenen Barsortimentlieferungen werden auch die so genannten «Verlegerbeischlüsse«, also Pakete der Verlagsauslieferungen zum Buchhandel gebracht. Für die Abholung dieser Sendungen bei der Verlagsauslieferung werden Abholgebühren berechnet. Wer die Kosten der eigentlichen Sendung trägt, hängt von entsprechenden Konditionen ab, die zwischen einem Verlag und seinem Sortimentkunden vereinbart wurden. Manche Verlage (insbesondere die Publikumsverlage) beliefern das

Sortiment portofrei, andere (so viele Wissenschaftsverlage) berechnen dem Bezieher das Porto. Es ist selbstverständlich, dass die Bestimmung des Frachtführers durch denjenigen erfolgt, der diese Kosten tragen muss. Das Sortiment gibt also bei Variante zwei mit der Bestellung (oder generell) eine Versandanweisung.

4.3 Kontrahierungspolitik

4.3.1 Preispolitik

Preispolitik richtet sich an den Endkunden. Bei einem richtig gewählten Preis erzielt der Verlag eine gute Absatzmenge und zugleich zumindest vollkostendeckende Stückerlöse. Der tatsächlich festgelegte Ladenpreis muss sich aber an den Marktgegebenheiten, dem Konkurrenzumfeld orientieren. Kann ein die Vollkosten deckender Preis (unter der ohnehin optimistischen Annahme eines Verkaufs aller Stücke) nicht festgelegt werden, liegt ein Planungsfehler vor; wurden Preisspielräume über den Kostenpreis hinaus nicht realisiert, eine Fehlentscheidung zu Lasten des Gewinns. Wer die Preis-Absatzkurve für seine Produkte im Vorhinein wüsste, könnte immer den Optimalpunkt erreichen, er hätte in der Sprache der Alchimisten den Stein der Weisen gefunden, d.h. das Geheimnis des Goldmachens. Kein Verleger aber kennt die Preis-/Absatzkurve seiner Produkte wirklich, er geht nur von erfahrungsgestützten Vermutungen aus. Oft wird er den Preis zu niedrig, hin und wieder auch zu hoch ansetzen. Das Problem wird besonders dadurch komplex, dass der Käufermarkt nicht homogen ist, sondern die Nutzerpräferenzen der einzelnen Kunden durchaus unterschiedlich sind, aber zur gleichen Zeit ja nur ein Preis gelten kann – nicht nur wegen der zwingenden Vorschriften des Preisbindungsgesetzes.

Dazu ein Beispiel: Zum Preis A werden X Exemplare verkauft, der Umsatzwert ist die entsprechende Fläche, beim Preis B wird die höhere Menge Y verkauft, aber ein geringerer Gesamterlös erzielt. Welcher Preis (unter Berücksichtigung der zusätzlichen Produktions- und Distributionskosten) der vorteilhaftere ist, kann im voraus immer nur abgeschätzt werden, da gesicherte Informationen über die tatsächlich mehr verkaufte Menge nicht vorliegen. Im obigen Beispiel wäre also der niedrigere Preis ein Fehlschlag. Es liegt an der Art des Marktsegments (z.B. Fachbuch mit Muss-Bedarf oder Taschenbuch mit Muße-Bedarf), ob eine aggressive Niedrigpreispolitik sinnvoll ist oder nicht. Bei einem Formularhandbuch für Notare lässt sich der Markt durch Kampfpreise nur wenig erweitern, allenfalls der Konkurrenz ein Marktanteil abnehmen – umge-

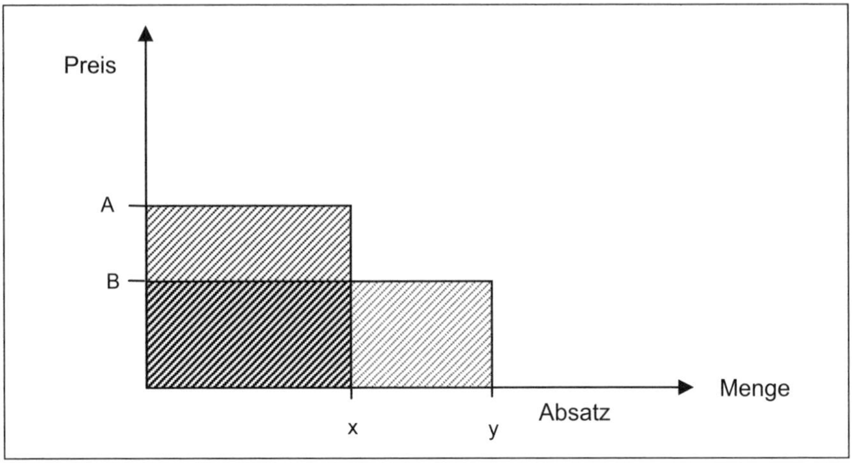

Abb. 4.8: Absatz- und Umsatzalternativen bei unterschiedlichen Preisen.

kehrt sieht es beim Taschenbuch-Krimi aus, der in hohem Maße austauschbar ist. Fachverlage neigen daher in der Regel eher zu einer (defensiven) Hochpreispolitik und verzichten auf etwaigen Mehrverkauf bei niedrigeren Preisen, weil der Gesamtumsatz dadurch eben sogar sinken kann, während Publikumsverlage oft nicht umhin können, aggressive Niedrigpreise einzusetzen, was erhebliche Risiken mit sich bringt, aber im Erfolgsfall auch hohe Gewinne.

Je flacher die Preis-Absatzkurve, d.h. je stärker die Reaktion der Käufer auf Preisvariationen, desto sinnvoller ist eine Niedrigpreispolitik, und umgekehrt ist bei einer steilen Preis-Absatzkurve eine Preissenkung wenig wirkungsvoll. Bei diesen hypothetischen Verläufen würde die Halbierung des Taschenbuchpreises den Absatz verfünffachen. Das wäre gewiss lohnend. Bei der wissenschaftlichen Monografie würde selbst ein gedrittelter Preis den Absatz nicht einmal verdoppeln. Man spricht von der unterschiedlichen Preiselastizität der Nachfrage.

Will ich also lieber weniger Käufer zu einem »guten Preis« (aus Verkäufersicht) bedienen oder möglichst viele zu einem guten Preis aus Käufersicht? Das sind strategische Grundsatzentscheidungen, die von der Produktplanung an im Zentrum des Marketing stehen. Im Muss-Markt kann hier wie gesagt anders verfahren werden (insbesondere, wenn es sich um quasi-Monopolprodukte handelt) als im Muße-Markt, wo ein Roman nicht nur mit 500 anderen, sondern auch Illustrierten, Tonkassetten und u.U. sogar mit anderen Freizeitaktivitäten (Kino, TV, Ausgehen, Sport usw.) im Wettbewerb steht, also Preise ganz anderer Produktgruppen Berücksichtigung finden müssen.

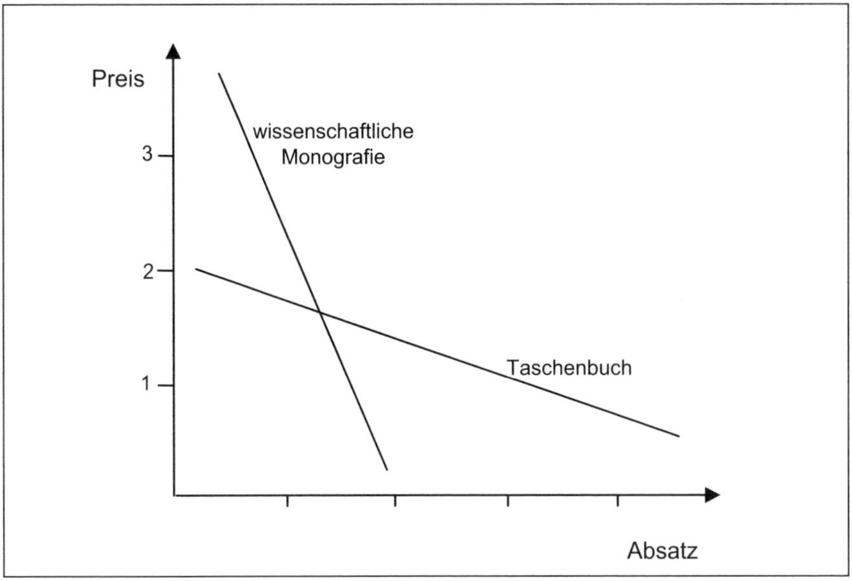

Abb. 4.9: Unterschiedliche Preis- und Absatzkurven

Ein wichtiges preispolitisches Instrument, das allerdings für Bücher durch das Preisbindungsgesetz erheblich eingeschränkt wird, sind Sonderpreise wie etwa Subskriptionspreise (seien es terminbegrenzte Vorbestellpreise oder Vorzugspreise für Fortsetzungsbezieher von Reihen), durch die entweder eine frühzeitige Bestellung (Finanzierungsvorteil für den Verlag) oder eine langfristige Bestellbasis erzeugt werden sollen. Nicht mehr zulässig sind Vorzugspreise für Studenten (früher per »Hörerschein« 20%).

Einen begrenzten Ausweg aus der im Diagramm dargestellten Problematik bietet die **Preisdifferenzierung**. Man unterscheidet die Produktdifferenzierung (Halbleder (P2)-, Leinen (P1)- und Paperback (P3)-Ausgabe), durch die bei kaufkraftstarken, prestigeorientierten Käufergruppen die Konsumentenrente durch gehobene Ausstattungsvarianten abgeschöpft wird. Das geschieht oft nicht gleichzeitig, sondern als temporale Preisdifferenzierung, bei der die verschiedenen Ausgaben nacheinander auf den Markt kommen (etwa die Taschenbuchausgabe nach einem Jahr). Eine geringere Rolle spielt (zumal bei gesetzlicher Preisbindung) die regionale Preisdifferenzierung, die aber international (Third World Editions der angelsächsischen Verlage) vielfach genutzt wird.

Die nachfolgende Abbildung stellt die Effekte der Preisdifferenzierung in vereinfachter Form anschaulich dar:

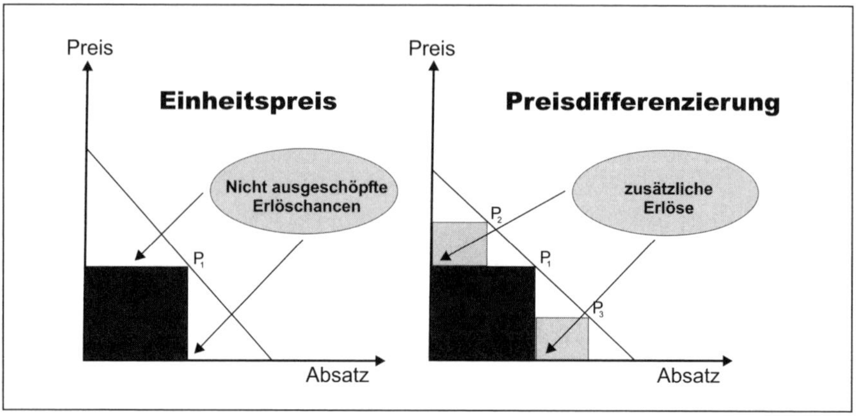

Abb. 4.10: Erlösoptimierung durch Preisdifferenzierung

Diese Verfahrensweise wird auch als Skimming (Abschöpfungs-)-Strategie bezeichnet.

Unabhängig von diesen preispolitischen Strategien ist der Verlag jederzeit berechtigt, einen Preis anzuheben oder herabzusetzen bzw. nach 18 Monaten zur Preisempfehlung überzugehen. Ersteres ist bei Langsamläufern notwendig, um Inflationseffekte und den realen Erlös stabil zu halten. Die Herabsetzung geschieht oft durch »Verramschen«, d.h. den Verkauf durch dafür spezialisierte Firmen, die Auflagenreste aufkaufen. Zu Taschenbuch- und Buchclubausgaben, die meist nicht im eigenen Verlag, sondern bei anderen Unternehmen erscheinen, siehe Kapitel 7.3.

4.3.2 Konditionenpolitik

Neben die kundenorientierte Preispolitik tritt als Marketinginstrument die den Handel betreffende Rabattpolitik bzw. umfassender die Konditionenpolitik, die auch Zahlungsziele, Rückgabemöglichkeiten, Kreditpolitik usw. umfasst. Der Verlag muss Konditionen festlegen, die in dem von ihm bearbeiteten Marktsegment konkurrenzfähig sind. Das können im Bereich wissenschaftlicher Zeitschriften Rabatte von 15% und oft noch deutlich weniger sein, im Bereich der allgemeinen Literatur und der Sachbücher kann der faktische Mindestrabatt leicht über 40% liegen.

Die tatsächliche Spannweite der gewährten Rabatte ist sehr hoch. Von 50% für Vertreteraufträge bei Publikumsverlagen kann sie hinuntergehen bis zu 5% für Spezialwerke, die bei einem Ladenpreis von € 1.000,- immer noch € 50,-

bedeuten –, also voll kostendeckend für das Sortiment für eine reine Bestellabwicklung sind. Auch innerhalb eines Verlags bestehen oft verschiedene Rabattschemata nebeneinander: so für bestimmte Produktgruppen im Buchbereich oder gesonderte (niedrigere) Rabatte im Zeitschriftenbereich usw.

Entscheidend für die Gewährung hoher Rabatte ist die (oft irrige) Vermutung, man könne damit mehr verkaufen, d.h. einen erhöhten »Einsatz« des Sortimenters für hoch rabattierte Titel erkaufen. Bei allen Demand-Pull-Titeln ist das ein falscher Ansatzpunkt, weshalb die Rabatte bei wissenschaftlichen und Fachverlagen deutlich niedriger sind als bei Publikumsverlagen mit der viel größeren Austauschbarkeit der Titel und ihren niedrigeren Preisen.

Wie in allen Branchen erhalten auch im Buchhandel große Kunden höhere Rabatte (und bessere Nebenbedingungen) als kleinere oder gar Gelegenheitskunden, die Titel des betreffenden Verlags überhaupt nicht am Lager führen, sondern nur fallweise Kundenbestellungen abwickeln. In diesen Fällen ist eine reduzierte Rabattierung sowohl angemessen als auch kostendeckend.

In der Praxis kennt man Staffelrabatte (auch diese begünstigen größere Kunden) oder Festrabatte, auch Jahresrabatte genannt.

Die Staffelrabatte können sich entweder auf jeweils einen Titel beziehen. Dafür ist das bekannteste Beispiel die Jahrzehnte alte sog. »Springer-Staffel«, die im Fachverlag z.T. noch heute angewandt wird:

1 Ex.	25%
2-4 Ex.	30%
ab 5 Ex.	35%.

Natürlich können sowohl die Mengen- wie die Rabattsprünge auch abweichend festgelegt werden.

Daneben gibt es auch die sog. »gemischte Staffel«, die entweder für Bände einer Reihe oder eines Programmbereichs oder aber auch für alle Titel eines Verlags gelten kann; sie kann z.B. so aussehen:

1-4	Exemplare gemischt	25%
5-10	Exemplare gemischt	30%
11-15	Exemplare gemischt	33%
16-24	Exemplare gemischt	35%
ab 25	Exemplare gemischt	37,5%

Eine andere Staffelungsmöglichkeit ergibt sich bei der Bezugsgröße Umsatz und einem Jahresfestrabatt. Im Beispiel sei dieser 35%, dann kann ergänzend etwa Folgendes vereinbart werden:

Ab folgenden Umsatzklassen erhöht sich der Rabatt:

ab € 2.500,-	36%	30 Tage Ziel
ab € 5.000,-	37%	60 Tage Ziel
ab € 7.500,-	38%	60 Tage Ziel
ab € 10.000,-	39%	60 Tage Ziel
ab € 17.500,-	40%	60 Tage Ziel

Diese Rabatte kommen bei einem Mindestbestellwert von € 150,- brutto zum Tragen. Liegt der Bestellwert darunter, erhält der Kunde den Grundrabatt von 25%. Das ist ein Beispiel eines kleineren Verlages, bei größeren sind die Umsatzschwellen natürlich um ein Vielfaches höher anzusetzen, denn honoriert werden soll ja eine besondere Leistung. Deshalb müssen die Schwellenwerte auch immer wieder überprüft werden.

Normalerweise wird der Gesamtumsatz zugrunde gelegt, abzgl. Remissionen des vorangegangenen Kalenderjahres. Der Vertriebsleiter bzw. Außendienstmitarbeiter legt mit dem Kunden diesen Rabatt fest. Bei Nichterreichen der Umsatzgrenze findet eine Neueinstufung statt.

Voraussetzung für diese Vorzugskonditionen ist ein intensiver Kontakt zwischen Buchhandlung und Verlag sowie die Zusammenarbeit mit dem Außendienst. Die Bereitschaft, gemeinsame Marketingaktionen (z.B. Sonderfenster) durchzuführen, wird ebenfalls erwartet. Ein Vorzugskunde führt das Verlagsprogramm in seinen angebotenen Fachbereichen in der Tiefe und in der Breite.

Der Vorteil solcher Vereinbarungen ist ihre Flexibilität, sie »atmen« mit der Volumenentwicklung der Kundenbeziehung.

Weitere handelsspannenrelevante Konditionen sind die Partie 11/10 oder gar 7/6, die eine starke Erhöhung des Rabatts bedeuten (also bei einem Grundrabatt von 40% bei 11/10 auf 45,5%, bei 7/6 gar auf 48,6%!). Immer noch gibt es auch den »Reiserabatt«, durch den der Sortimenter zu frühzeitiger und reichlicher Bestellung beim Vertreterbesuch veranlasst werden soll. Alternativ dazu können verlängerte Zahlungsziele für Vertreter- oder Semesterbestellungen angeboten werden.

Unvermeidlich führt jede Rabattstaffelung – egal ob bestellmengen- oder umsatzbezogen – zu einer Begünstigung der größeren Kunden. Höhere Rabattierung und insgesamt bessere Konditionen bei größeren Bestell- und Jahresumsatzvolumina sind ein Faktum im Wirtschaftsleben, haben aber einen unguten Konzentrationseffekt. Er bewirkt tendenziell ein schrumpfendes Netz der Points of Sale (oder der »geistigen Tankstellen«, wie es in der kulturpolitisch getönten Branchendiskussion oft bezeichnet wird) und damit verringerte Kundenkontakte und am Ende eine auf die Verlage zurückschlagende Einkaufsmacht der Großfirmen, die in Rabattverhandlungen dann am längeren Hebel sitzen. Sowohl die langfristigen Aspekte einer optimalen Verbreitung durch viele Buchhandlungen als auch dieser Aspekt des Machtzuwachses in der Handelsstufe sollte die Verlage behutsam mit dem Instrument der **Rabattspreizung** (einschließlich der Nebenkonditionen wie Zahlungsziel, Boni, Skonti, Versandkosten) umgehen lassen. Damit wird der Verlag dann auch § 6 des Preisbindungsgesetzes gerecht, wo es heißt:

§ 6 Vertrieb

(1) Verlage müssen bei der Festsetzung ihrer Verkaufspreise und sonstigen Verkaufskonditionen gegenüber Händlern den von kleineren Buchhandlungen erbrachten Beitrag zur flächendeckenden Versorgung mit Büchern sowie ihren buchhändlerischen Service angemessen berücksichtigen. Sie dürfen ihre Rabatte nicht allein an dem mit einem Händler erzielten Umsatz ausrichten.

(2) Verlage dürfen branchenfremde Händler nicht zu niedrigeren Preisen oder günstigeren Konditionen beliefern als den Buchhandel.

(3) Verlage dürfen für Zwischenbuchhändler keine höheren Preise oder schlechtere Konditionen festsetzen als für Letztverkäufer, die sie direkt beliefern.

»Eigentlich« müssten gerade die kleineren Firmen für Einzelbestellungen exotischer Titel höhere Rabatte bekommen, aber das ist in der Wirklichkeit utopisch. Übermäßige Spreizung könnte zudem vom Bundeskartellamt u.U. im Rahmen der Wettbewerbskontrolle beanstandet werden. Eine unglückliche Regelung im Gesetz bezüglich der Rabatte ist die gesetzliche Meistbegünstigungsklausel (§ 6/3) für die Barsortimente. Warum diese stets den Höchstrabatt irgendeiner Buchhandelsfirma erhalten sollen, die durch eigene Werbetätigkeit und Vertreterarbeit hohen Aufwand im Interesse des Verlags betreibt, der durch hohe Rabatte bezahlt werden muss, bleibt unerfindlich und ein wettbewerbsrechtliches Ärgernis.

Eines wird in den oft hitzig geführten Rabattdiskussionen zwischen Verlagen und Sortimentern immer wieder gern übersehen: Niemand lebt von Prozenten, sondern jeder von Geld. So oft es schon gesagt wurde, es kann nicht nachdrücklich genug wiederholt werden: 25% von € 48,- (= € 12,-) sind mehr als 40% von € 12,80 (= € 5,12). Es ist vielleicht kein Zufall, dass es im Durchschnitt dem mittelgroßen Spezialsortiment (wissenschaftlicher Buchhandel) besser geht als dem doch so viel »besser« rabattierten allgemeinen Sortiment. Ob eine Handelsspanne kostendeckend ist oder nicht, lässt sich nicht an Durchschnittswerten für ein Geschäftsjahr ersehen, sondern nur anhand der Kostenanalyse pro Geschäftsvorfall (Einkauf, Lagerkosten, Abwicklungs- und Buchhaltungskosten). Auch erscheint es z.B. angemessen, dass die Kosten für 1a-Geschäftslagen von jenen Lieferanten durch höhere Rabatte finanziert werden, die diese benötigen, nicht aber von denen, die davon (nahezu) nichts haben. Darüber hinaus ist die pauschale Rabattdiskussion ohne Beachtung aller weiteren Umstände wie der Gewährung von Skonti, Jahresboni, Werbekostenzuschüsse etc. unfruchtbar und erscheint manchmal wie Schaukämpfe mit erheblichem Emotionscharakter.

Der Verlag muss sich den Marktgegebenheiten stellen, aber er kann – je selbstbewusster er sein Programm bezüglich einer Nichtaustauschbarkeit seiner Titel sieht – durchaus überhöhte Konditionsforderungen abwehren. Die seitens des Sortiments (und besonders auch der Barsortimente) hin und wieder vorgebrachte Androhung des Delisting, d.h. die Produkte des Verlages (oder Teile davon) nicht mehr zu führen, falls bestimmte Konditionsforderungen nicht erfüllt werden, geht oft ins Leere. Je weniger austauschbar die Titel sind, desto weniger kann diese Drohung ohne Schaden für die eigene Leistungsfähigkeit der Händler realisiert werden. Es sind also Sachlichkeit, Realitätssinn und partnerschaftliche Fairness gefordert, wenn es um Rabatte und deren vergleichende Bewertung geht.

Viel wichtiger als der nackte Rabatt kann z.B. die Rücknahmepolitik des Verlages sein: Ist er hier großzügig, entfallen für den Sortimenter entsprechende Wertminderungen und daraus resultierende Einbußen der Handelsspanne für nichtverkauftes Lager. In einem solchen Fall ist daher ein geringerer Rabatt angemessen, weil damit eine – wesentliche – Kostenposition im Handel entfällt, die durch den Rabatt abgedeckt werden soll. Konditionen können nur als Bündel bewertet und verhandelt werden, Fixiertheit auf irgendwelche isolierten Zahlenwerte führt in die Irre.

Ein besonders heikler Punkt, zumal für Publikumsverlage, sind die von großen Buchhandlungen, insbesondere den Ketten, geforderten Werbekostenzuschüsse (WKZ). Diese bedeuten praktisch das »Eintrittsgeld« für Vorzugsplätze, Schaufenster und sonstigen besonderen Einsatz. Durch Werbekostenzuschüsse steigt für den Buchhändler der Deckungsbeitrag, der des Verlages wird reduziert. Auch diese Elemente sind bei der Gesamtbewertung der Konditionenpolitik von Bedeutung.

4.4 Kommunikationspolitik

4.4.1 Ziele der Werbung

Hauptgegenstand der Kommunikationspolitik eines Verlages ist die **Werbung**, die meist in einer gesonderten Abteilung durchgeführt wird. Als Ziel der Werbung lassen sich vier Hauptziele benennen:

- Bewerbung **neuer Produkte** (Novitäten)
- Schaffung neuer Märkte (Erschließung neuer Kunden)
- Absatzausweitung (im vorgegebenen Markt, d.h. Verdrängungswettbewerb)
- Erfolgssicherung (für Longseller wie Zeitschriften, Loseblattwerke, Lehrbücher und Ähnliches)

Gestaltung und Inhalt der Kommunikationspolitik, insbesondere die der Werbemaßnahmen, sind dabei eng gebunden an Art und Charakter der Produkte: die entscheidende Leistung der Kommunikationspolitik muss es sein, die Produkteigenschaften in adäquater Weise zu vermitteln. Der Auftritt und Werbestil eines Verlags muss zu seinen Produkten passen. Das wird im Begriff der »integrierten Kommunikation« beschrieben, durch die eine bessere Wiedererkennung der Botschaften beim Kunden und (durch die Vermeidung von Widersprüchen) eine Erhöhung der Glaubwürdigkeit und Akzeptanz aller Kommunikationsmaßnahmen erreicht wird.

Werbung macht kaufmännisch nur Sinn, wenn die Kosten in einem finanzierbaren Rahmen bleiben. Ob dieser auf den Einzeltitel, eine Reihe, einen Programmbereich oder den Gesamtverlag bezogen ist, ist eine geschäftspolitische Entscheidung. Bei großen Umsatzvolumina wird man eher titel- oder produktgruppenspezifisch rechnen können als bei kleineren (umsatzschwächeren) Titeln. Eine falsche Vorstellung ist jedenfalls »viel hilft viel« oder auch durch hohen Werbeaufwand lahmende Titel in Schwung zu bringen. Das funktioniert fast nie. Kostenbewusste Werbearbeit beschränkt die Kosten durch Fokussierung und Schwerpunktbildung. Gerade bei der Frage der Werbebudgets gibt es heiße Kämpfe in der Verlagskonferenz, bei der die Lektoren ihre (vermuteten) Spitzentitel mit hohen Etats beworben sehen wollen. Eine alte (ironisch gemeinte) Regel lautet: War ein Buch erfolgreich, liegt es am Autor (oder Lektor), war es erfolglos, liegt es an der unzureichenden Werbung. Dennoch: Immer muss der realistisch zu erwartende Erfolg mit den Kosten der Werbemaßnahme im Verhältnis stehen. Übereifer und Aktionismus kosten viel Geld, das meist verpufft. Oft ist der Anlass für vergebliche Werbeaufwendungen eher die Eitelkeit des Autors, der unbedingt in bestimmten Zeitschriften Anzeigen seines Buches sehen will oder sonstige teure Aktionen fordert, die seinem Ego wohl tun. Da hilft nur eines: kühlen Sinnes das zur Verfügung stehende Budget vorrechnen und damit die Grenzen des Machbaren aufzeigen (s. Kap. 4.4.4).

4.4.2 Der Werbeplan

»Ich weiß, dass die Hälfte meiner Werbeaufwendungen rausgeschmissenes Geld ist, aber leider nicht welche Hälfte.«
Henry Ford

Unverzichtbares Instrument zur Steuerung der Werbekosten und der Optimierung der mit ihnen erreichbaren Effekte ist der **Werbeplan**. Er besteht aus einem Maßnahmenteil und dem aus der Jahres- und Programmplanung abgeleiteten **Werbebudget**, das sowohl die Novitätenwerbung (in der Regel der größte Posten) wie die themenorientierte (Zielgruppen-)Werbung unter Einbeziehung der noch Erfolg versprechenden Backlisttitel umfasst. Ziel der Erstwerbung ist es dabei, möglichst eine Initialzündung für einen länger anhaltenden Erfolg zu setzen, der dann nur noch einer beschränkten Nachwerbung bedarf (s.a. Abb. 4.14).

Der sachliche Teil des Werbeplans beantwortet die Fragen

- **Was** soll beworben werden?
- **Wer** soll beworben werden?
- **Wie** soll geworben werden?
- **Wann** soll die Werbung laufen?

Auf die Fragen des Was und Wie soll hier nicht vertiefend eingegangen werden, dies ergibt sich aus den anstehenden Nova, den dazu passenden Backlist-Titeln sowie dem »Stil« des Verlags, modisch gesprochen seiner Corporate Identity. Sehr ratsam allerdings ist es – besonders bei Fach- und wissenschaftlichen Verlagen – den Autor in die Werbekonzeption einzubeziehen, damit die Werbeaussage sachlich auch wirklich korrekt ist. Zudem stellen Fachautoren zur Frage 2 (»Wer soll beworben werden?«) oft gute eigene Adressen zur Verfügung oder geben nützliche Hinweise zu Adressbeständen (z.B. Fachgesellschaften u.ä.).

Die Frage des »WER?« ist sehr kostenbestimmend. Zu groß geschnittene Zielgruppen haben hohe Streuverluste, zu kleine führen zu mangelnder Ausschöpfung des Marktpotenzials und falsch ausgewählte Gruppen eventuell gar zum Totalverlust der Werbekosten. Hilfreich ist dabei, sich mehrdimensionale Räume vorzustellen. Grafisch lassen sich nur dreidimensionale Modelle darstellen, in Gedanken lässt sich aber auch in höherdimensionalen Räumen arbeiten. Was im Einzelfall die Parameter, also die Kategorien auf den Achsen sind, muss jeweils überlegt werden. So könnte etwa anstelle der Familiengröße die Einwohnerzahl des Wohnortes stehen usw. Jedenfalls führt eine solche planvolle Zielgruppenfokussierung zu kostengünstigeren Lösungen als aktionistische Großmaßnahmen.

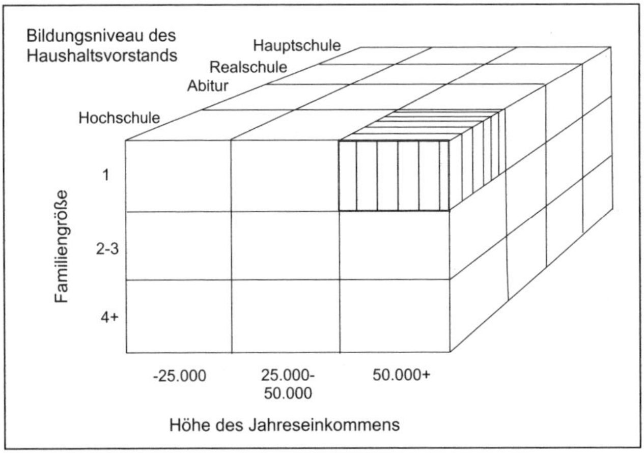

Abb. 4.11: Räumliche Darstellung der Differenzierung von Zielgruppen nach drei Kategorien

Zur Backlistwerbung sei nur gesagt: Es ist ein Fehler, einen offenbar im Markt nicht angenommenen Titel nachträglich durch verstärkte Werbung retten zu wollen, Stichwort »Sorgenkinder bewerben«. Das misslingt fast immer und bedeutet, dass neues (Werbe-)Geld dem schon verlorenen (Produktions-)Geld hinterhergeworfen wird.

> Bewerben soll man primär seine Stärken:
> die Spitzen-Nova und die Bestseller in der Backlist.

Aus dem heruntergebrochenem Gesamtbudget Werbung entsteht ein titelbezogenes Budget, auf dem der konkrete Werbeplan aufbaut.

Hierbei ist die so genannte A/B/C-Analyse praktisch unerlässlich: Sie sortiert die Titel in drei Kategorien:

> A: sehr wichtig / hohes Potenzial
> (= hoher Werbeaufwand möglich und notwendig)
> B: Durchschnittstitel
> (= durchschnittliches Werbebudget)
> C: marginaler Titel mit geringem Potenzial
> (= nur Grundwerbung)

Generell ist eine »Politik der Spitzentitel« (B. Renner) zu beobachten: die Verlage konzentrieren ihre Werbe- und Vertriebsarbeit immer mehr auf wenige Titel. So kann auch ein größerer Literaturverlag nicht mehr als vier oder fünf Spitzentitel bewerben, mit der Folge, dass für »Midlist-Titel« nur bescheidene Budgets übrig bleiben. Dass dadurch das Risiko der Verlage sich sehr erhöht und der abpuffernde Effekt der »Midlist« geringer wird, ist eine unerfreuliche Konsequenz.

Besonders im wissenschaftlichen Verlag, aber auch in vielen anderen Bereichen ist leider die Gruppe C zahlenmäßig die größte, während die Gruppe A den höchsten Umsatz- und in der Regel auch den höchsten Gewinnbeitrag leistet. Dennoch sollte man die Gruppe C nicht von vornherein als abschaffungswürdig ansehen, solange sie (und das ist das unverzichtbare Minimum) noch je einzeln oder im Verbund einer Reihe positive Deckungsbeiträge erbringt (siehe dazu Kap. 3.7.5). Wem es gelingt, die Gemeinkosten ebenso wie die Werbekosten für C-Titel straff zu steuern, der kann mit diesen gutes Geld verdienen. Im Wissenschaftsbereich gibt es sogar Verlage, die überhaupt nur C-Titel produzieren (dann oft mit Druckkostenzuschüssen) und damit solide Renditen erwirtschaften.

Oft entsteht mit diesen Titeln zudem eine hohe Autorenbindung, und durch weitere Titel, die dann den Kategorien A oder B angehören, fallen später (indirekt) gute Erträge an. Auf jeden Fall können C-Titel eine wertvolle Programmabrundung bedeuten, die die Kompetenz des Verlags in einem bestimmten Gebiet signalisiert und verstärkt.

Kein Unternehmen – in keiner Branche – kann nur A-Titel produzieren, zumal das Produkt und die Konkurrenzlage bei Vertragsabschluss noch unbekannt, zumindest mit Unsicherheit behaftet sind. Delikat bleibt allemal, wie man mit dieser kühlen Eingruppierung von Büchern intern gegenüber den Lektoren und extern gegenüber Autoren und Handel umgeht – hier sind Behutsamkeit und Taktgefühl sehr gefragt. Gemacht werden muss es aber auf jeden Fall.

Wie wenig Werbevolumen pro Titel sich bei solchen Budgetierungen ergibt, zeigt die Aufstellung am Beginn von Kapitel 4.4.4.

4.4.3 Zeitliche Planung der Werbung

Auf die Frage des »WANN? « gibt es viele Antworten bzw. Bezugspunkte:
- vor oder bei Erscheinen?
- wie lange und wie oft bei Longsellern?
- saison- und ereignisbezogene Werbezeitpunkte

Die erste Frage beantworten Publikumsverlage ganz anders als Fachverlage: Sie wollen möglichst viele Vorbestellungen bei Erscheinen, zumal die Verfügbarkeit von Neuerscheinungen im Sortiment – oft flankiert von gleichzeitiger Publikumswerbung – entscheidend ist. Anders dagegen der wissenschaftliche Verlag: Viele seiner Käufer wollen das Buch erst einmal in der Hand haben und entscheiden dann über den Kauf. Zu frühzeitige Werbung würde hier also verpuffen. Der wissenschaftliche Verlag denkt und handelt in viel längeren Zeiträumen, als dass es um einige Wochen werblichen Vorlauf ginge. Er wirbt für Bücher, die es wirklich gibt.

Werbezeitpunkte können auch durch exogene Anstöße bestimmt werden, wie etwa beim Tod Johannes Paul II. und der folgenden Wahl des neuen Papstes: Das hat hunderttausende von Büchern in wenigen Wochen an die Kunden gebracht, massiv unterstützt durch die entsprechende, natürlich nicht im vorhinein budgetierte Werbung. Solch ein exogener Anstoß zu erheblichen, ursprünglich nicht vorgesehenen Werbeaufwendungen kann auch der unverhoffte Einstieg eines Titels in die Bestsellerlisten oder die Präsentation in einer Fernsehsendung sein – auf solche Ereignisse reagiert jeder Verlag mit verstärkter Werbung, getreu der Devise »Bewerbe Deine Stärken«. Die entsprechenden Zusatzkosten über das geplante Werbebudget hinaus sind in solchen Fällen natürlich unproblematisch.

Eine nicht generell zu beantwortende Frage ist die der Werbung für Longseller. Viele davon brauchen nur noch wenig Werbung, dennoch sollten die Begriffe Erinnerungs- und Erhaltungswerbung (z.B. bei Serien und Zeitschriften) immer bedacht werden. Außerdem sind Star-Titel (Longseller) oft ein guter Aufhänger für Werbeaktionen eines Programmbereichs und dessen Nova.

Jedes Buch hat einen Lebenszyklus, der bei der Frage »wann (noch) werben?« zu beachten ist –allgemeingültige Antworten gibt es nicht. So kann z.B. bei einem Longseller ein unversehens auftauchendes Konkurrenzprodukt auch in einer späten Phase des Produktzyklus zu erneuter Werbung zwingen.

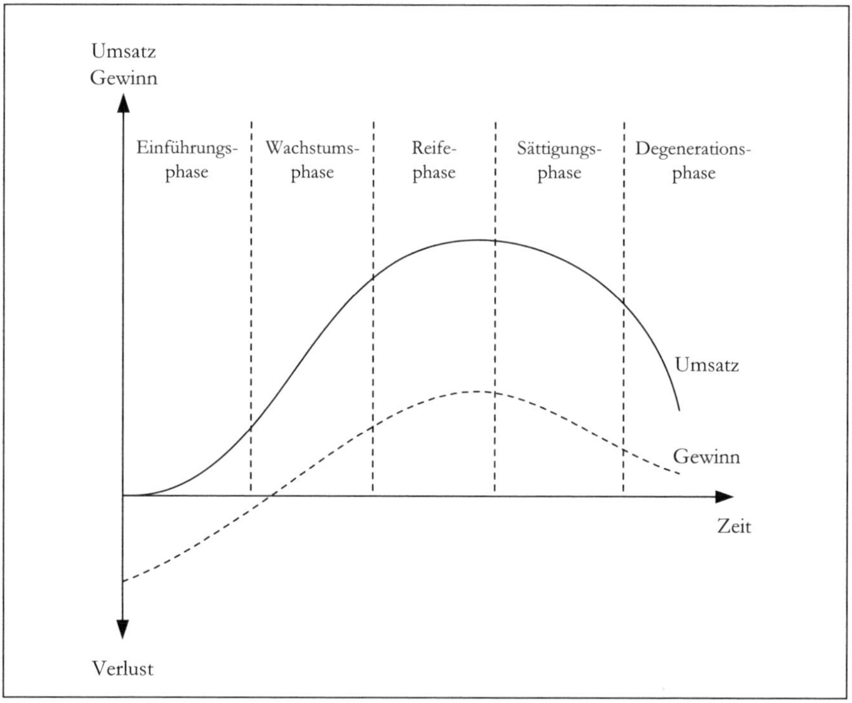

Abb. 4.12: Produktlebenszyklus (aus Sander 2004)

Vorstehendes Diagramm ist nicht untypisch für ein Fach- oder Lehrbuch, bei dem die beiden ersten Phasen vielleicht je drei Jahre dauern und die Reifephase in glücklichen Fällen bei guter Produktpflege (durch laufende Neuauflagen) auch 20 Jahre und mehr. Die stärksten Werbeaufwendungen fallen dabei in die

Phasen 1 und 2, in den folgenden geht es nur noch um Erhaltungswerbung, d.h. ein möglichst weites Hinausschieben der letzten Phase. Ganz anders etwa ein Unterhaltungsroman, dessen Produktlebenszyklus innerhalb von nur 12 Monaten alle Phasen durchläuft (in denen das Lehrbuch noch am Anfang seiner Einführungsphase steht).

Die Bewerbung eines Titels kann sich auch auf verschiedene Beteiligte erstrecken, den Verlag und später seine Lizenznehmer. Es gibt Fälle, in denen eine sehr erfolgreiche Lizenzausgabe sich noch einmal positiv auf den Verkauf der Originalausgabe auswirkt. Ebenso kann ein exogenes Ereignis (s.o.) eine Originalauflage wieder aufblühen lassen, so war es z.B. bei den meisten der Papst-Titel.

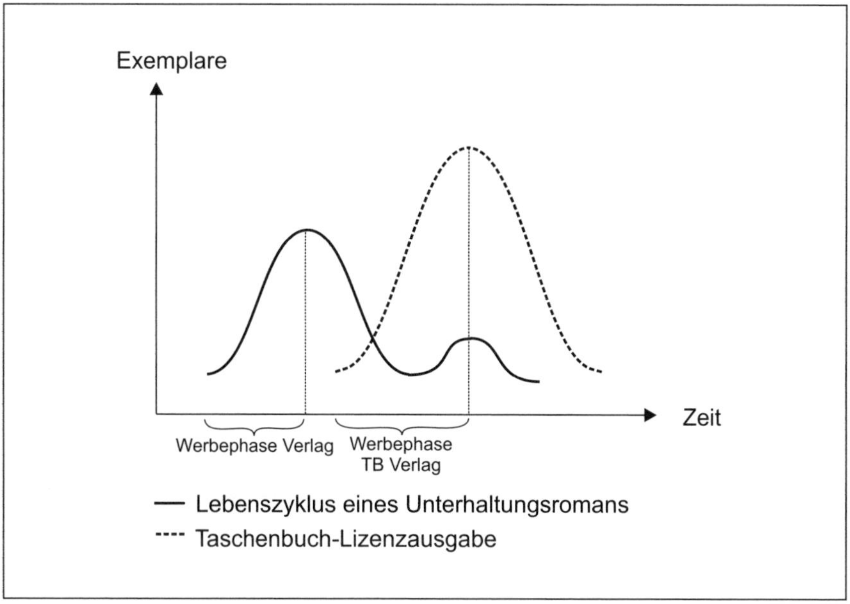

Abb. 4.13: Unterschiedliche Produktlebenszyklen

Aus solch unterschiedlichen (erwarteten) Verkaufszyklen ergeben sich Fragen für den zeitlichen Einsatz der Werbung, die in nachfolgender Abbildung veranschaulicht werden:

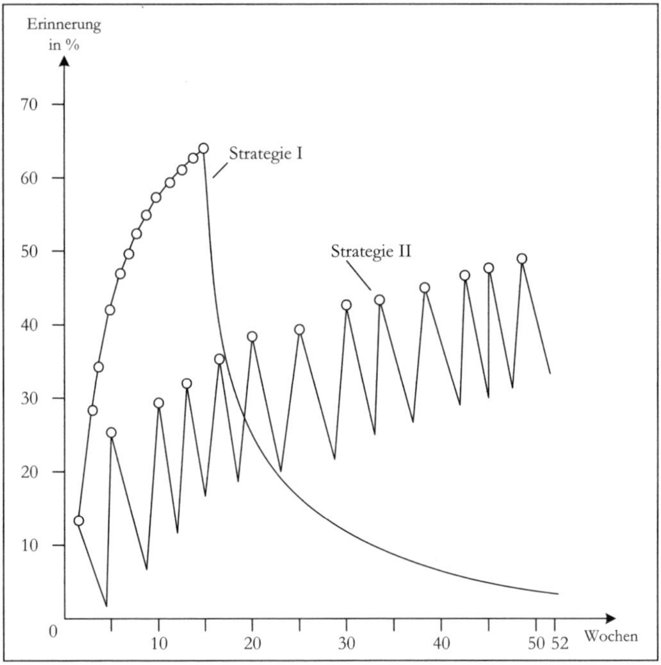

Abb. 4.14: Werbeerinnerung bei unterschiedlicher zeitlicher Verteilung des Werbebudgets (nach Zielske 1950, aus Sander 2004)

Bei beiden Vorgehensweisen werden 13 Schaltungen (oder Mailings) durchgeführt. Bei der ersten Variante (sehr dichte zeitliche Folge der Maßnahmen) wird ein sehr hoher Erinnerungswert aufgebaut, der dann rasch absinkt. Bei der alternativen Verteilung der Maßnahmen auf ein Jahr (statt weniger Wochen) wird zwar kein so hoher Erinnerungswert aufgebaut – er hält aber länger vor – die »Dauerbewerbung« hält das Produkt im Bewusstsein der Käufer. Die erste Strategie mag sinnvoll sein etwa bei einem Olympiabuch oder für einen Kalender, die langfristig angelegte für literarische Werke mit hohem Longseller-Potenzial oder auch wissenschaftliche Lehrbücher oder Fachliteratur. Das Diagramm zeigt jedenfalls die Alternativen werblichen Verhaltens, die für bestimmte Produkte gut, für andere weniger geeignet sind.
Schließlich muss bei der Bemessung von Werbebudgets das ökonomische Grundgesetz des sinkenden Grenzertrags beachtet werden: Bei steigendem Aufwand steigt der Mehrertrag (= Grenzertrag) unterproportional. Verdoppelter Werbeeinsatz erbringt eben in der Regel nicht verdoppelten Umsatz! Dies verdeutlich nachstehendes Diagramm:

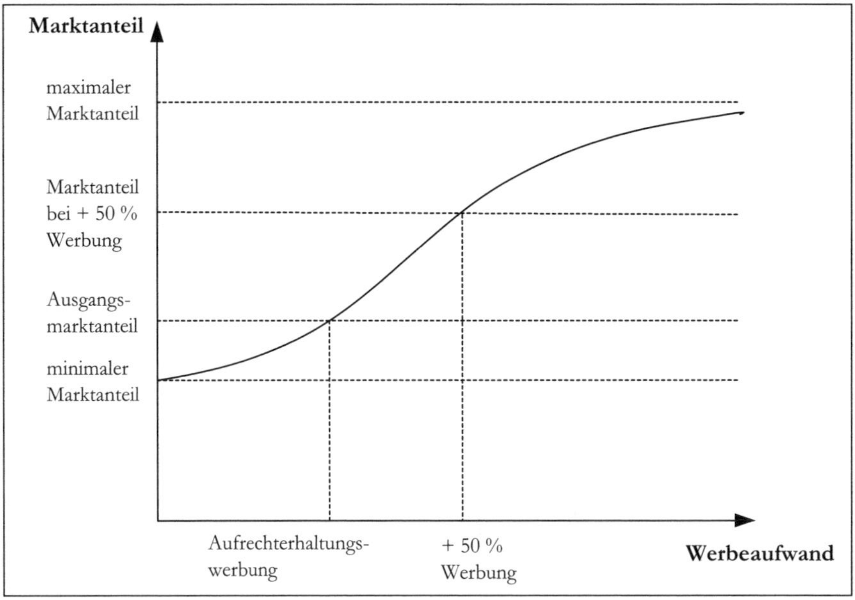

Quelle: Berndt 1996, S. 280 Werbeaufwand

Abb. 4.15: Sinkender Grenzertrag wachsenden Werbeaufwands

Es muss also einigermaßen realistisch abgeschätzt werden – verlässliches Wissen hierüber gibt es ja nicht – ob eine weitere Werbemaßnahme noch ausreichende Zusatzerträge bringen wird.

4.4.4 Das Werbebudget

Alle Werbung muss finanzierbar sein, und zwar aus den durch sie erzeugten (Mehr)Umsätzen. Wie klein die Spielräume dabei sind, erweist nachstehende Aufstellung. Ein nennenswertes Werbebudget kann also nur bei sehr umsatzstarken Einzeltiteln oder durch geeignete Bündelung thematisch passender mittlerer Titel erreicht werden (s. a. A/B/C-Analyse S. 210). Schließlich besteht für neue Titel insoweit ein Verfügungspolster, als die noch gut verkäuflichen Titel der Backlist mit geringeren Kosten beworben werden. Ein Werbekostenanteil von 7% für den Gesamtverlag ermöglicht also bei ausreichenden Backlist-Verkäufen für die neuen Titel wesentlich höhere Aufwendungen, als die Budgetplanung mit dem Durchschnittssatz erlaubt. Das Schwierigste bleibt aber die Abschätzung, ob ein vergrößertes Budget entsprechende Mehrverkäufe erzeugt. Wäre das immer der Fall, bedürfte es ja keiner Begrenzungen der Werbekosten.

Ausgehend von einem branchenüblichen Richtwert von 5–7% vom Umsatz für die Werbekosten ergeben sich z. B.:

Buch mit 3.000 Auflage, LP € 24,- (Nettoverlagserlös 13,-, darauf 6%)		2.340,- €
Buch mit 80.000 Auflage, LP € 19,90 (7%) (netto 10,-)		56.000,- €
Dem stehen folgende beispielhafte Werbekosten gegenüber		
1 Spalte (120 mm breit) in der FAZ kostet		16.755,- €
1 Spalte (144 mm breit) in der ZEIT kostet		9.548,- €
1 Seite im Spiegel kostet	sw	56.500,- €
	4c	88.500,- €
1 Mailing kostet mindestens -,80 €/Ex. (Prod.K. -,20, Porto InfoPost -,30, Adress- und Handling-Kosten ca. -,30) 5000 Werbebriefe also		4.000,- €
Teilnahme Buchmesse Frankfurt/M. 1 Messestand mittl. Größere (mit Stand-, Hotel-, Personalkosten)	ca.	12.000,- €

Schon diese punktuelle Aufstellung zeigt, dass ohne die Finanzierungskraft einer gängigen, nur noch begrenzt zu bewerbenden Backlist für einen mittleren Einzeltitel nur unzureichend geworben werden könnte – d.h. nur wenige Tausend Euro stünden zur Verfügung.
Nach Festlegung des Werbebudgets ist über folgende Grundsatzfragen zu entscheiden:

- Werbemittelgestaltung
- Medienauswahl / Platzierung innerhalb des Mediums
- »Werbedruck« / Belegungshäufigkeit
- Timing der Medienbelegungen / Mailings (s. Kap. 4.4.3)

Der Werbeplan muss sodann Entscheidungen über die einzusetzenden Werbemethoden treffen:

Die wichtigsten Werbemöglichen im Buchverlag sind folgende:

Werbemittel
- Flugblätter
- Themenprospekt
- Zielgruppenprospekt
- NE-Ankündigungen
- Verlagsverzeichnis
- Plakate/Dekomaterial für Buchhandlungen

Anzeigen
- in Presse
- in Fachzeitschriften
- in Messekatalogen
- in Kongressunterlagen

Buchausstellungen und Messen

Internet

Funk und Fernsehen

Werbewände und -säulen

Eventmarketing
(Lesenächte, Publikumsdiskussionen, Veranstaltungen auf Messen und in Bibliotheken)

Kundenclubs
(insbesondere auch im Internet)

Die letzteren Möglichkeiten kommen für Buch- und Fachzeitschriften-Verlage nur sehr begrenzt in Betracht.

Da das Werbebudget eigentlich immer als zu knapp empfunden wird, sei hier an die vier klassischen Kostensenkungsmethoden erinnert: Weglassen, Umfang reduzieren, Frequenz reduzieren, Qualität reduzieren. Schon mancher war überrascht, wieviel mit diesen Methoden ohne spürbare Negativwirkungen beim Absatz erreicht werden konnte.

Angesichts der Vielzahl der werblichen Möglichkeiten gilt es zunächst im **Inter-Media-Vergleich** zu entscheiden, welcher Medien man sich überhaupt bedienen will. Danach gilt es durch **Intramedienvergleich** sich für spezifische Trägermedien (Zeitschriften, Sender etc.) nach Kosten- und Effizienzgesichtspunkten zu entscheiden.

4.4.5 Werbemittel

Bei der Werbemittelerstellung sind inhaltliche wie gestalterische Elemente von Bedeutung, die die folgende Übersicht (nach Sander 2004) aufzeigt:

Gestalterisch	Inhaltlich
Typografische Aspekte Sprachliche Aspekte Verwendung von Farben Anzeigengröße bzw. Spotlänge Platzierungsaspekte bei Anzeigen oder Spots Verwendung von Musik bzw. akustischen Signalen Verwendung von Bildern, Grafiken, Illustrationen	Verwendung rationaler Argumentation Verwendung von Humor Neuartigkeit der Werbemittelgestaltung Einbezug erotischer Elemente Verwendung furchtinduzierender Elemente Einbezug prestigeorientierter Elemente

Bei der Konzeption von Werbemitteln ist eine Übereinstimmung von beworbenem Produkt, Werbeaussage und Werbemittelgestaltung wichtig. Man sollte für ein Fachbuch nicht wie für einen Kriminalroman oder eine Zahnpasta werben: Bild und Inhalt, Farbigkeit und Typografie müssen »seriös« in dem Sinn sein, dass sie das Produkt glaubhaft und richtig kommunizieren. Gewiss ist dabei heute, in einer allgemein laut und bunt gewordenen Umwelt, mehr erlaubt (und in manchen Fällen vielleicht auch erforderlich) als man das noch vor wenigen Jahren für möglich bzw. stilvoll gehalten hätte. Heute ist ein Vierfarbprospekt für juristische Lehrbücher mit hübschen Studentinnen als Aufhänger durchaus normal.

Auch das bestgestaltete Werbmittel bleibt wirkungslos, wenn es falsch gestreut wird. Ohne zuvor festgelegten **Streuplan** sollte überhaupt kein Werbemittel hergestellt werden – wer je gesehen hat, wie irgendwann im Jahr das Werbemittellager verschämt (am besten in der Urlaubszeit, wenn es nur wenige bemerken) ausgeräumt wird und die Hunderttausende nicht eingesetzter Flugblätter im Großcontainer verschwinden sieht, der weiß, worum es geht.

Noch teurer als nicht verwendete Werbemittel sind aber falsch eingesetzte, weil nun noch die Beilage- oder Portokosten hinzukommen. Allzu oft werden Belegungspläne für Prospekte ohne exakte Kenntnis des Themenprofils von Zeitschriften und deren Abonnentenstruktur erstellt, nur weil der Titel so passend klingt. Die Beilage für Schwesternlehrbücher in einer Ärztezeitschrift ist aber völlig sinnlos, auch wenn der verbindende Begriff »Kinderheilkunde« heißt. Gerade hier ist die Erfahrung und der Rat der Autoren überaus wertvoll und kann vor vielen nutzlosen Aufwendungen bewahren.

Entsprechendes gilt für den Prospektversand: Schlecht, insbesondere zu groß und zu unscharf definierte Zielgruppen anzuschreiben, bedeutet viel verlorenes Werbegeld. Richtige Auswahl des Trägermediums für Anzeigenwerbung bzw. der Adresskollektion bei Prospektversand sind das A und O kosteneffizienter Werbung. Unbedingt vermeiden sollte man Werbung, die erfolgt, »damit etwas gemacht wurde«, oder manchmal auch solche, zu der ehrgeizige Autoren aus reinem Prestigebedürfnis (»Das Buch des Kollegen A wurde dort auch ...«) drängen.

Daher ist die **Werbeerfolgskontrolle** von großer Bedeutung. Sie ist bei der Direktwerbung im Prinzip griffiger (Rücklauf- und Bestellquoten) als bei der Anzeigenwerbung oder gar der Bewertung einer aufwändigen Messepräsenz. Dennoch müssen natürlich auch Werbeanzeigenkampagnen zeitnahe spürbare Absatzwirkungen auslösen. Andernfalls ist von einer Wirkungslosigkeit der Maßnahme auszugehen. Ein oft sinnvolles Instrument der Werbeerfolgskontrolle sind regionale Maßnahmen mit entsprechend überprüften Regionalabsatzstatistiken. Große Verlage testen ihre geplanten großen Maßnahmen oft durch entsprechendes Vorgehen. Ein weiteres gelegentlich anzuwendendes Mittel ist die, allerdings kostenintensive, Endkundenbefragung, deren Ergebnisse nur dann aussagekräftig sein werden, wenn sie mit professionellen Methoden durchgeführt wird.

Budget und Umfang der Endverbraucherwerbung haben einen großen Einfluss auf die Dispositionsbereitschaft des Handels. Sehr häufig werden daher im Börsenblatt (und anderen Buchhandelszeitschriften wie Buchreport oder Buchmarkt) Anzeigen geschaltet, die betont den Werbeetat und konkrete Werbemaßnahmen in den Massenmedien oder einen aktuellen Anlass herausstreichen.

Eine wichtige werbliche (Wechsel-)Wirkung kann bei sog. »Medienverbundtiteln« entstehen, also zwischen Buch, Hörbuch, Fernsehspiel oder Film. Die dabei z.T. vorhandenen »Character« verbreitern die Handelsbasis (Puppen, Stofftiere, Spiel etc.), was insbesondere im Kinderbuchmarkt eine erhebliche Rolle spielen kann. Man spricht vom **Merchandising** solcher Zusatzprodukte.

Abb. 4.16: Handelsorientierte Verlagsanzeige aus Börsenblatt 21/2005 (25. Mai)

4.4.6 Rezensionen und Freistücke

Im weiteren Sinne gehören zu den Werbemaßnahmen auch die Rezensionen. Hier gilt einmal das »Viel hilft viel«: Je mehr Rezensionen erscheinen, desto besser. Auch kritische Rezensionen beleben den Absatz eines Buches oft spürbar. Durch gute Medienauswahl, stetige Kontaktpflege mit den Rezensionsorganen und Rezensenten kann viel für ein Buch erreicht werden. Hierbei, wie auch den anderen Werbemaßnahmen, sollte (zumindest im Fachverlag) der Autor mit seinen Erfahrungen und Beziehungen einbezogen werden, denn niemand kennt den Markt für ein Fachbuch so gut wie der Autor. Je mehr er bereit ist oder dafür gewonnen werden kann, an der Bekanntmachung seines Buches aktiv mitzuwirken, desto Erfolg versprechender wird die Werbung.

Bei vielen Büchern, nicht nur Fachbüchern im engeren Sinne, ist auch der Versand von Dedikationsexemplaren an sogenannte Multiplikatoren, d.h. Meinungsbildner in dem betreffenden Bereich – egal ob das ein Kreisjägermeister, ein Ordinarius oder ein Gymnasiallehrer ist – von sehr großer Bedeutung. Wiederum ist zumeist der Autor derjenige, der am sachkundigsten Adressen zur Verfügung stellen oder zumindest gezielte Hinweise geben kann. Der Versand von Dedikationsexemplaren ist vermutlich die kostengünstigste Werbemaßnahme, die es überhaupt gibt: Bei einem Buch mit Ladenpreis € 38,- mögen die Herstellkosten € 5,50 betragen. Zum Brieftarif von € 2,20 (bis 1000 g) verschickt, verbunden vielleicht mit einem persönlichen Brief des Autors oder Verlegers, kostet jede Aussendung (ohne Handling) € 7,70; 100 Dedikationsexemplare also ca. € 800,-. Dafür kann man nur eine ziemlich bescheidene Anzeige in einer mittelgroßen Zeitschrift schalten. Was wird wohl wirksamer sein?

Von vergleichbarer Bedeutung sind die Leseexemplare, die das Sortiment und Feuilletonredakteure vorab (mit strenger Sperrfrist bis zum Erscheinen) erhalten – seien es Probekapitel oder schon das vollständige Buch. Die Leseexemplare sollen Empfehlungen der Sortimenter anregen und möglichst frühzeitige Rezensionen ermöglichen. Diese relativ wenigen, manchmal noch unkorrigierten, Vorabexemplare werden heute häufig im Digitaldruck produziert.

4.4.7 Informationsquellen für die Werbung

Unentbehrliche Hilfsmittel für die Werbeplanung sind einerseits Verzeichnisse von Werbeträgern – für den Zeitschriftenbereich insbesondere »Der Stamm Leitfaden durch Presse und Werbung«, der in zwei Bänden auf über 2.000 Sei-

ten praktisch alle in Deutschland erscheinenden Zeitschriften (bis hin zu Kommunal- und Anzeigenblättern) erfasst –, mit voller Redaktions- und Verlagsanschrift, einer durchdachten thematischen Klassifikation, die die Auswahl geeigneter Zeitschriften sehr erleichtert, sowie detaillierten Angaben zu Erscheinungsweise, Satzspiegeln und Anzeigenpreisen (auch als Datenbank zu beziehen).
Für die Direktwerbung per Post sind es die Verzeichnisse der Adressbuchverlage – wie etwa Schober –, die nach Fachrichtungen und Größenklassen sowie Postleiträumen sortiert Anschriften von Unternehmen, Organisationen, Ämtern und Berufsgruppen (von Bodenlegern bis zu Akupunkteuren) bieten und als Aufkleber oder Dateien verkaufen. Die Tausenderpreise sind dabei recht unterschiedlich, bei kleinen Adresszahlen insbesondere durch Mindestpreise pro Lieferung nicht unbeträchtlich. In aller Regel aber wird der Kauf dieser Adressen aus zweierlei Gründen kostengünstiger sein als der Aufbau und die aufwändige Pflege eigener Adressbestände, die nicht mindestens viermal im Jahr benutzt werden. Bei geringerer Nutzungsfrequenz entstehen zu viele Rückläufer, also unnötige Kosten, von den vorgenannten laufenden Kosten der Adresspflege abgesehen. Einen sehr wertvollen Adressbestand haben Verlage in ihren Zeitschriften- bzw. Loseblattabonnenten, deren Interessen aus dem Zeitschriftentitel einigermaßen erschlossen werden können. Heute verkaufen Verlage häufig auch untereinander diese Adressen – viele haben die früher sehr gehegten Konkurrenzängste diesbezüglich abgelegt.

Bei größeren Mailings wird dabei häufig eine Testwerbung bei einer Teilzielgruppe von wenigen Tausend Empfängern vorgenommen. Je nach der erreichten Rücklaufquote wird dann das komplette Mailing versendet oder das Werbemittel in Text und Gestaltung verändert und ein zweiter Testlauf unternommen. Was eine befriedigende Rücklaufquote ist, hängt nicht nur am Prozentwert von den Aussendungen – 1,5-2% gelten schon als sehr guter Wert –, sondern insbesondere am durchschnittlichen Bestellwert.

Eine allgemeine werbliche Erfahrungsregel sagt, dass eine einmalige Maßnahme (egal ob Anzeige oder Mailing) nur begrenzte Erfolge erreichen kann, dass es also zur wirksamen Marktdurchdringung einer zeitlich gut gestaffelten Mehrzahl von Werbeaktionen bedarf (s. dazu Abb. S. 214). Dadurch wird Werbung oft wirklich teuer.

Markt-Nr.[1]	Selektionsstufen[2] 6	5	4	3	2	1	Adressgruppe Branche	Gesamtanzahl Adressen	WICHTIG Bestellnummer	Stückzahlen nach Postleitzonen 1	2	3	4	5	6	7	8	9	0
11 145					•	•	Rheuma-, Stoffwechsel- und Zuckerkrankheiten-Ärzte	**597**	07671 **D** 0000	31	77	50	73	75	75	68	84	42	22
11 147					•	•	Stimm- und Sprachstörungen-Ärzte	**116**	05649 **D** 0000	2	11	12	8	18	17	19	16	10	3
11 148					•	•	Serologen	**8**	03633 **D** 0000	1	1	–	–	1	1	2	1	1	–
11 149					•	•	Stomatologen	**358**	00194 **D** 0000	53	5	35	3	1	1	–	1	33	226
11 150					•	•	Transfusionsmediziner	**14**	05651 **D** 0000	1	2	2	–	5	1	1	1	1	–
11 151					•	•	Urologen	**3.321**	03395 **D** 0000	290	362	360	462	382	340	291	313	272	249
11 152					•	•	Venerologen	**271**	10105 **D** 0000	11	17	32	46	45	29	48	23	5	15
11 153				•	•	•	**Praktische Ärzte**	**49.118**	00064 **D** 0000	4.502	4.836	5.223	5.051	5.411	4.561	5.310	5.202	4.752	4.270
11 156					•	•	Ärzte in ländlichen Gebieten	**5.495**	05481 **D** 0000	1	591	659	256	546	776	926	888	852	–
11 159				•	•	•	**Tierärzte**	**13.766**	03294 **D** 0000	1.678	1.580	1.742	1.361	1.083	917	1.015	1.646	1.258	1.486
11 163					•	•	Tierärzte, angestellte	**335**	06781 **D** 0000	18	30	58	46	26	44	35	57	21	–
11 164					•	•	Tierärzte, beamtete	**500**	06782 **D** 0000	36	59	91	64	72	24	51	75	28	–
11 166					•	•	Tierärzte mit Besamungsstationen	**13**	06783 **D** 0000	–	3	1	2	1	1	1	3	1	–
11 167					•	•	Tierärzte bei der Bundesanstalt	**11**	06784 **D** 0000	1	1	–	–	–	1	3	–	5	–
11 170					•	•	Tierärzte an Hochschulen und Universitäten	**19**	06787 **D** 0000	–	1	7	–	–	3	3	5	–	–
11 171					•	•	Tierärzte bei der Industrie	**134**	06788 **D** 0000	7	7	20	16	17	32	12	20	3	–
11 173					•	•	Tierärzte bei Schlachthöfen, Fleischbeschau	**128**	06790 **D** 0000	1	21	12	26	9	7	26	16	10	–
11 174					•	•	Tierärzte beim Tiergesundheitsdienst	**53**	06791 **D** 0000	–	5	5	4	3	1	5	19	10	1
11 175					•	•	Tierärzte bei der Veterinärverwaltung	**319**	06792 **D** 0000	10	37	46	71	63	14	24	30	24	–
11 178					•	•	Tierheilbehandlung	**34**	11022 **D** 0000	–	–	34	–	–	–	–	–	–	–
11 179				•	•	•	**Zahn- und Kieferärzte**	**51.245**	03602 **D** 0000	5.185	5.077	5.496	5.684	5.130	4.538	5.042	5.038	4.781	5.274
11 180					•	•	– Inhaber, männlich	**32.291**	03602 **D** 0001	2.299	3.499	3.590	3.961	3.539	3.006	3.576	3.563	3.132	2.126
11 181					•	•	– Inhaber, weiblich	**13.636**	03602 **D** 0002	2.451	992	1.316	1.059	965	1.006	913	1.042	1.233	2.659
11 182					•	•	Kieferärzte	**16**	02017 **D** 0000	1	–	4	–	–	2	3	5	–	1
11 183					•	•	Kieferchirurgen	**75**	04679 **D** 0000	1	15	4	11	4	7	3	7	8	15
11 184					•	•	Kieferorthopäden	**3.046**	01905 **D** 0000	293	285	341	342	329	300	312	290	270	284
11 185					•	•	Zahnärzte	**49.197**	00032 **D** 0000	5.006	4.836	5.285	5.462	4.913	4.363	4.875	4.812	4.587	5.058
11 187						•	Dentisten	**34**	00635 **D** 0000	–	8	2	6	9	2	2	3	2	–

Beispielseite aus Schober, Firmenadressen nach Branchen/Privatadressen

Zeitschriften und Anzeigenblätter **31330**

31330 Apotheker
Pharmacists

Titel										
Ärzte Zeitung KlinikReport		28,0	390/286	5/54	6/	7		4470	5010	Ta.
Akzente [0072] (Ausg. Apotheke)					6/			o.A.		
Anzag [0145] (Aktuell)		18,0	268/190		5/	42		a.A.	4000	Ta.
Anzag [0144] (Angebot d. Woche)		12,2	268/190		26/	42		a.A.	1700	
Anzag [0146] (Magazin)		18,0	268/190		6/			3323	Ta.	Ta.
Anzag [0147]		18,0	268/190		12/1.			4090	Ta.	Ta.
apo online		23,5	184/252		4/1.1. ...			2250	3350	Ta.
apotheke aktiv	x	25,6	247/190	3/60	10/15.	27		2147	3528	Ta.
Apotheke heute		33,3			4/			o.A.		
Apotheken-Depesche	x	24,1	258/187	3/59	12/1.	28		2150	3350	*115*
apotheken journal		20,0	257/185	3/58	12/15.	30		2400	4140	*90*
Apotheken Magazin	x	22,7	267/185		10/1.	42		3540		170
Der Apotheker Berater					12/			o.A.		
Apotheker-Jahrbuch		3,0	180/120	2/	1/1.6.	30		956	2337	-
Apothekerkammer Nachrichten		5,9	247/175	2/85	12/20.	10				
Apotheker Zeitung	x	36,9	375/271	5/51	52/mo	14	0,00	4090	5778	*102*
Apotheke und Krankenhaus		1,4	250/182		4/20.3. ...	40		1513	2894	Ta.
Apotheke & Recht		10,0	260/184	3/58	6/	30	3,48	2147	3436	*271*
Arzneimittel-, Therapie-Kritik & Medizin und Umwelt					4/			o.A.		
Arzneimittel Zeitung		6,0	384/284	6/44	21/	7		4425	5245	*1850*
arznei-telegramm					12/			o.A.		
AWA Aktueller Wirtschaftsdienst für Apotheker	x	14,1	270/200		12/1.	28		1892	3405	Ta.
BBE Chef-Telegramm Apotheken Spezial		0,7			24/			o.A.		
Bykoskop								o.A.		
Consilium Cedip Pharmaceuticum					1/			o.A.		
Der Deutsche Apotheker		18,0	250/185	3/60	12/28.	16	3,07	1350	2500	*133*
Deutsche Apotheker Zeitung DAZ	x	37,7	262/182	4/41	52/do	14		3144	5138	*102*
Geschichte der Pharmazie		33,3			4/			o.A.		
Kammer im Gespräch		9,2			6/			o.A.		
Magazin [2223]		27,0	270/185		4/			a.A.	4499	146
markt intern Apotheke Pharmazie					52/			o.A.		

2b

Beispiel aus Stamm, Leitfaden durch Presse und Werbung; hier: Liste der Apothekerzeitschriften

4.4.8 Das Internet als Werbemedium und Vertriebskanal

Ein mittlerweile selbstverständliches, insbesondere im Fachbuchbereich höchst effizientes Kommunikationsinstrument stellt das **Internet** dar. Jeder Verlag wird bemüht sein, sein Programm vollständig und aussagekräftig darzustellen. Dazu gehört die Präsentation aller Titel mit Umschlag, Inhaltsverzeichnis, Kurztext, eventuell auch Leseproben. Bei Zeitschriften werden die Inhaltsverzeichnisse der neuen Hefte (vielleicht drei Jahrgänge) ins Internet gestellt, dazu auf jeden Fall die Abstracts zu jedem Beitrag. Manche Verlage bieten auch ausgewählte Volltexte oder Leseproben oder den Serviceteil der Zeitschrift (Kongressvorschau, Kurzberichte etc.) kostenlos an (s.a. Kap. 6) oder periodische elektronische Kundenzeitschriften (so z.B. Rowohlt und Kiepenheuer & Witsch). Neben einer übersichtlichen Grafik, guten Funktionalitäten und kurzen Ladezeiten sind zwei Dinge ganz wichtig: Laufende Aktualisierung und eine Bestellkomponente (»Warenkorb«). Letztere kann an die Verlagsadresse gerichtet sein mit Angabe der gewünschten Lieferbuchhandlung, falls der Verlag nicht bewusst Direktbestellungen abwickeln möchte, oder durch einen Link zum VlB (Verzeichnis lieferbarer Bücher) (»buchhandel.de«) mit seiner Bestellkomponente, bei der der Besteller mehrere Buchhandelsfirmen in seiner Nähe zur Auswahl angeboten bekommt.

Eine ganz wichtige Erkenntnis ist die Effizienz des Internet für den **long tail**, das heißt den langen Rattenschwanz älterer Produkte, von denen es im Verlag i.d.R. sehr viele gibt und die in großem Umfang im Barsortiment und Sortiment nicht mehr gepflegt werden (s. 4.2.4), d.h. längst keinen Regalplatz mehr haben. Der long tail ist dadurch charakterisiert, dass es um sehr viele Artikel in recht kleinen Stückzahlen geht: das Internet bietet via e-commerce das ideale Instrument, diese Lücke zu schließen und so auch Wünsche der Kunden nach entlegenen Dingen zu befriedigen. Diese Absatzpotentiale gilt es gezielt zu nutzen.

Ratsam sind auch interaktive Elemente, so dass z.B. der Kunde Kommentare etc. direkt absetzen kann. Die auch bei kleineren Verlagen heute in die Zehntausende gehenden Besucher der Homepage pro Monat beweisen die überragende Bedeutung dieses Informationsmittels. Dennoch kann ein Verlag auf absehbare Zeit nicht auf die klassischen gedruckten Werbemittel vom Flugblatt bis zum Gesamtkatalog verzichten. Viele elektronische Bestellungen beruhen auf gedruckter Information und umgekehrt, beide Bereiche sind ineinander verschränkt. Das Internet und die Pflege der Homepage bedeuten also zunächst zusätzliche Werbekosten, wenn keine entschiedene Hinwendung zum direkten e-Commerce geschieht, der Verlag das Internet also als einen weiteren Vertriebskanal in eigener Regie nutzt. Die Möglichkeiten dazu sind sehr verschieden, bei fokussierten Fachverlagen natürlich ungleich höher als im Publikumsverlag.

Neben der eigenen Homepage-Pflege ist es auch wichtig, dass ein Verlag die Verzeichnung seiner Titel auf anderen Internetseiten regelmäßig überprüft und aktualisiert. Manche dieser Seiten bieten mittlerweile (per Zugangscode) die Möglichkeit der direkten Datenpflege, z.B. bei Preisänderungen oder verändertem Lieferstatus. Entsprechendes gilt für Links.

Ein erhebliches organisatorisches und damit kostenmäßiges Problem ist die Vielzahl derartiger Internetadressen, die sich alle mit hohen Benutzerzahlen schmücken und oft wie »das« Fachportal aufzutreten versuchen. Hier ist Vorsicht und vernünftige Begrenzung anzuraten, ganz besonders bei den Betreibern, die Titelgebühren fordern. Da kann sich einer mit Gutgläubigen schnell eine hübsche Geldmaschine basteln, zumal wenn die Verlage nicht kritisch

Qualitäten, insbesondere der tatsächlichen Abrufe ihrer Titel überprüfen. Eigentlich müssten ein guter eigener Internetauftritt zusammen mit dem VlB (buchhandel.de) und den entsprechenden Barsortimenten, eventuell kombiniert mit Google, ausreichen. Die Datenpflege in zu vielen Internetseiten ist arbeitsaufwändig – ein wunderschöner Anwendungsfall für Gemeinkosten-Wertanalyse!

Eine erhebliche Erleichterung diesbezüglich wird eintreten, wenn das Datenformat ONIX zum Standard wird – die Vorbereitungen laufen schon lang, die Durchsetzung steht noch aus.

Erwähnt sei auch die Möglichkeit, Newsletter an gespeicherte, eventuell themenorientierte Empfänger per e-Mail zu schicken. Das erfordert erhebliche Vorarbeit, ist danach aber sehr kostengünstig und effizient.

4.4.9 Verlagsvertreter

Ein klassisches Kommunikationsinstrument ist der **Außendienst**. Ob dies durch provisionsentgoltene freie Handelsvertreter oder durch auf der Gehaltsliste stehende Außendienstmitarbeiter geschieht, ist je nach Zielsetzung und betrieblichen Gegebenheiten zu entscheiden. Eindeutig gibt es eine Tendenz weg von den Provisionsvertretern hin zu den angestellten Außendienstmitarbeitern. Dies beruht nicht zuletzt auf einer Verschiebung der Aufgaben. Heute soll ein Außendienstmitarbeiter nicht wie die alten wortmächtigen Vertreter wuchtig »hineinverkaufen«, wozu ein umsatzbezogenes Provisionsmodell natürlich bestens passt, sondern heute legen viele Verlage den Schwerpunkt auf Information (auch Rückmeldungen), die Absprache von Sonderaktionen etc. Diese angestellten Vertriebsmitarbeiter/innen sind dann oft Monate gar nicht auf Reise, sondern kontaktieren ihre wichtigsten Kunden zwischendurch per Telefon. Während freie Verlagsvertreter von einer Provision (in der Regel zwischen 5 und 7% des Umsatzes), oft ergänzt durch eine monatliche Kostenpauschale, also weitest gehend erfolgsabhängig, bezahlt werden, hat der angestellte Vertreter sein Gehalt plus Spesen und Dienstwagen, unter Umständen ergänzt durch eine kleine Erfolgsprovision (ca. 1%), falls er überhaupt stark verkaufsorientiert arbeiten soll. Heute wird oft gerade ein großer Vorteil des angestellten Verlagsvertreters darin gesehen, dass er nicht massiv »hineinverkaufen« muss.

Für freie Handelsvertreter gilt meist Gebietsschutz, d.h. alle Umsätze mit Besuchskunden werden provisioniert, nicht nur die Reiseaufträge.

Kleinere Verlage sind bei beiden Modellen darauf angewiesen, sich den/die Vertreter mit anderen Verlagen zu teilen. Beim Provisionsmodell ist das unproblematisch, beim Angestelltenmodell muss das Gehalt plus Nebenkosten per (Umsatz-)Schlüssel unter den beteiligten Verlagen umgelegt werden. Solche Gemeinschaftsvertretungen setzen natürlich stets voraus, dass eine gewisse Gleichgestimmheit der Verlagsprofile vorliegt. Nur dann kann eine schlüssige gemeinsame Liste der zu besuchenden Firmen festgelegt werden, die ja Grundlage aller Vertreterarbeit ist. Sehr divergente Verlagsprogramme sprechen ganz unterschiedliche Sortimentstypen an. Die meisten Fach- und Wissenschaftsverlage haben laufenden Kontakt mit allenfalls 300 Sortimentsfirmen, mit denen sie 80-90% ihres Umsatzes machen. Alle anderen sind aus wirtschaftlichen Gründen keine Besuchsfirmen. Bei einem Publikumsverlag sind es oft mehr als 1.500 zu besuchende Firmen. Dann bedarf es vieler Vertreter in zehn oder mehr festgelegten Gebieten. Die Zahl der Vertreter geht bei Publikumsverlagen heute bis zu 30 Personen. Einige Verlage haben mittlerweile auch in Deutschland begonnen, Außendienstmitarbeiter im Hochschulbereich einzusetzen, die dann im Sinn eines Demand-Pull-Marketing versuchen, Dozentenempfehlungen zu bewirken.

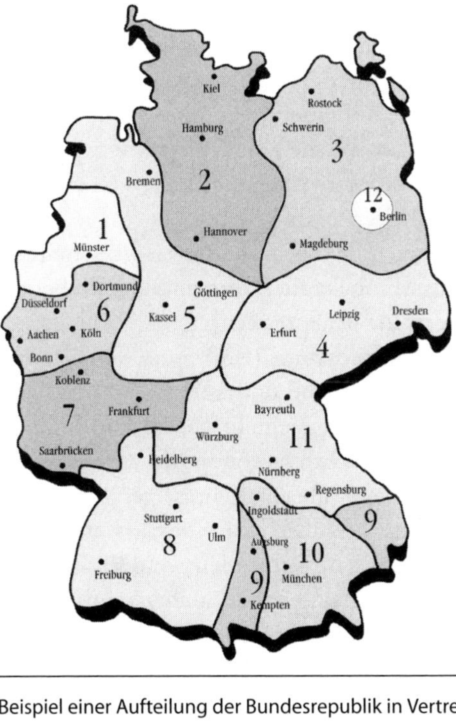

Abb. 4.17: Beispiel einer Aufteilung der Bundesrepublik in Vertretergebiete

Im Idealfall müssten diese Gebiete ausgewogen nach Umsätzen bzw. Reisedistanzen sein. Obiges Beispiel macht deutlich, dass dies keineswegs immer so ist, sondern zum Teil kurios geschnittene Gebietsgrenzen aus irgendwelchen historischen oder persönlichen Gründen vorliegen. Das kann auch sehr davon abhängen, ob bestimmte Vertreter dies nur als Nebentätigkeit ausüben. Ein wissenschaftlicher Verlag hat vielleicht nur zwei Außendienstleute, von denen jeder ca. 150 Firmen betreut. Zu diesen Gebieten kommen Österreich und die Schweiz noch hinzu. Die dortigen Vertreter sind aber häufig Angestellte der betreffenden Verlagsauslieferungen oder Kommissionäre.

Die Vertreterarbeit erfolgt dabei nicht nach gusto im freien Raum. Vielmehr werden die Besuchskunden, die Besuchsfrequenz, die Tourenplanung, die Kundenpriorisierung von der Vertriebsleitung, eventuell gemeinsam mit den Vertretern, erarbeitet. Die Rückmeldungen und Erfahrungen des Außendienstes führen dann zu laufenden Anpassungen, z.B. der Aufnahme neuer Besuchskunden und der Streichung marginal gewordener.

Ob angestellt oder nicht: Für alle Vertreter, Vertriebsleute und Programmverantwortlichen ist die in der Regel zweimal im Jahr stattfindende Vertreterkonferenz ein zentrales Ereignis, das bis zu drei Tagen intensivster Arbeit bedeutet. Die Lektoren stellen die Titel inhaltlich und mit ihren Marktchancen vor, die sehr verkaufsrelevanten Umschläge werden begutachtet (und daraufhin oftmals noch verändert), die Preisansetzungen diskutiert und besondere Werbeaktionen, vor allem die, welche eine Mitwirkung des Sortiments erfordern, erörtert. Die Programmkonferenzen sind intern **das** zentrale Marketingforum und das Briefing für die Vertreter.

Die Vertreter müssen mit aussagekräftigen Präsentationsmaterialien (Andrucke der Umschläge, Probekapitel, Informationen über die Autoren und die geplanten Werbeaktionen) ins Sortiment gehen – nur so können sie die sogenannte **unique selling proposition** (usp) eines Titels, seine Einmaligkeit im Wettbewerbsumfeld, überzeugend darlegen.

Die Erfassung der Aufträge geschieht per Laptop (Notebook) und wird regelmäßig nach nochmaliger Durchsicht an die Vertriebsabteilung des Verlages übermittelt. Unerfreulicher, aber regelmäßiger Bestandteil des Vertreterbesuchs sind die Remissionswünsche des Sortiments, die oft mit der Bereitschaft, überhaupt zu bestellen, verbunden werden. Der Buchhandel ist wohl die einzige Branche, in der (faktisch) ein nahezu unbegrenztes Rückgaberecht existiert, egal, welche Remissionsquoten (theoretisch) in den Lieferungs- und Zahlungsbedingungen stehen.

Wichtig für die Vertriebsarbeit im Verlag sind schließlich die Vertreterberichte, die über die allgemeine Stimmungslage, spezielle Urteile über den Verlag und das aktuelle Programm, über Kritik oder Begeisterung für einzelne Titel, aber auch etwaige Zahlungsprobleme, Umbauten oder Personalveränderungen berichten. All diese Fakten sind wichtig für die Vertriebsleitung, die sich bei gelegentlichen persönlichen Sortimentsbesuchen nicht annähernd ein so detailliertes Bild verschaffen könnte.

Ein weiterer Vertretertyp sei noch erwähnt: der Endkunden-/Haustür-Vertreter. Diese sind meist entweder selbständig oder als Angestellte spezieller Direktvertriebsunternehmen tätig, seltener als Angestellte der Verlage. Besonders wichtig ist diese Art des Vertreterverkaufs für teure Großobjekte wie Lexika und Fortsetzungswerke (z.T. auch für Fachkunden wie Ärzte, Steuerberater, Anwälte etc.). Solche Objekte werden oft zu mehr als 50% (bis zu 100%) auf diesem Weg verkauft.

4.4.10 Key Account Management

Schon zu Beginn dieses Kapitels war davon die Rede, dass heutzutage mehr denn je der Markt zur entscheidenden Orientierungsgröße der Unternehmen wird, und das heißt: der Kunde wird in den Mittelpunkt gerückt; dauerhaft gebundene, umsatzstarke Kunden werden als wesentlicher Teil des Unternehmenswerts gesehen. Angesichts des sich auch im Buchbereich sehr verschärfenden Wettbewerbs, der damit verbundenen immer höheren Vertriebskosten und der steigenden Ansprüche aufgrund einer stetig voranschreitenden Konzentration der immer mächtigeren (Groß-)Kunden (auch jenseits des Buchhandels d.h. bei den sog. institutional sales), findet eine besondere Hinwendung zu diesen Schlüsselkunden (Key Accounts) statt. Key Account ist geradezu zu einem Schlagwort im Marketing geworden. Es handelt sich in erster Linie um die umsatzstärksten Kunden wie Buchhandelsketten mit Zentraleinkauf, »Platzhirsche«, Marktführer in Teilbereichen wie Medizin oder RSW. Nach einer bekannten Faustregel werden mit den Key Accounts, die maximal 20% der Kunden sind, 80% der Umsätze getätigt. Es gibt aber auch weitere relevante Kriterien für diese Kunden, z.B. besonders hohe Deckungsbeiträge, die mit ihnen erzielt werden, oder eine Leitbildfunktion, etwa einer renommierten literarischen Buchhandlung in einer Großstadt, obwohl die Firma umsatzmäßig nur einen mittleren Wert erreicht. Hier kann dann das Ansehen des Kunden auf die eigenen Produkte ausstrahlen (Transferwirkung des Kundenimage). Auch das Zukunftspotential eines (neuen) Kunden kann zur Einstufung als Key

Account führen. Da für die meisten Verlage das Sortiment der Mittler zum Kunden ist, ist die Motivierung des Handels zu besonderem Einsatz, das Erreichen von Sympathie für das Verlagsprogramm von besonderer Bedeutung. Key Account Manager sind nicht nur Verkäufer, sondern in allen Belangen Kundenbetreuer und Motivatoren. Es geht um eine Optimierung der Zusammenarbeit mit den Kunden, das wird auch als Customer Relationship-Management bezeichnet:

- Steigerung der Kundenzufriedenheit
- bessere Berücksichtigung von Kundenwünschen
- Aufbau einer Vorzugsposition des Lieferanten
- ständige Zusammenarbeit bei besonderen Aktionen
- weitestgehendes Listing der eigenen Produkte bei den Key Accounts
- langfristige gegenseitige Bindung

All dies soll der Sicherung bzw. der Ausweitung der Umsätze dienen und die eigene Aktionsfähigkeit absichern i.S. der Marketingweisheit, dass nicht der Kauf eines Produkts, sondern der **Wieder**kauf entscheidendes Ziel ist. Das gilt im Verlag dann eher für sein Programm als für einzelne Titel. Je austauschbarer die Produkte, desto entscheidender ist diese gezielte Arbeit mit dem Handel, um Warenpräsenz und Beratungsleistung zu optimieren. Gerade deshalb darf sich Key Account Management nicht nur auf die wenigen Großkunden beziehen, vielmehr sollte es bewusst als Instrument des Erhalts einer ausgewogenen Kundenstruktur angesehen werden. In diesem erweiterten Sinn spricht man generell von Customer Relation Management (CRM), das heute stark von IT Technik und den damit gewonnenen Informationen gestützt wird (Computer aided marketing). Diese Funktionen werden mittlerweile auch als externe Dienstleistungen angeboten (z.B. Burda Ciscom).

Key Account Management erfordert viel mehr Zeit als Routinebetreuung, ist also kostenaufwendig, nicht zuletzt, weil dafür besonders qualifizierte Vertriebsmitarbeiter benötigt werden. In mittleren Verlagen ist es eine Teilfunktion des Außendienstes, d.h. dieser nimmt eine bewusste Fokussierung auf die Schlüsselkunden vor, in einem Teil des Jahres auch vom Schreibtisch aus. Es ist dabei wichtig, dass dadurch die anderen (Normal)Kunden nicht vernachlässigt werden.

4.4.11 Messen und Ausstellungen

Messen und Buchausstellungen, z.B. im Zusammenhang mit Fachkongressen oder als weihnachtliche »Bücherschauen«, bewirken eine hohe Besucherfrequenz in einem definierten Zeitraum von wenigen Tagen, allenfalls einigen Wochen. Sie bieten Verlagen die Möglichkeit, ihr Programm so zu präsentieren, wie sie es möchten, z.B. in der Mischung von Backlist und aktuellen Neuerscheinungen, d.h. unabhängig von den Dispositionsentscheidungen und der Präsentation des Sortiments. Sie sind ein wichtiges, aber leider auch sehr kostenaufwändiges Element der Werbe- und Vertriebsarbeit. Schon mittelgroße Fachverlage haben dafür spezielle Mitarbeiter, die einerseits laufend die einschlägigen Veranstaltungstermine (Fachkongresse, Fortbildungsveranstaltungen, Spezialmessen usw.) recherchieren, Standflächen buchen oder ausstellende Buchhandlungen kontaktieren, Displaymaterial bereitstellen bzw. in Auftrag geben, Exponatlisten aufstellen, den Versand (auch der Werbemittel und Probehefte der Zeitschriften) und ebenso den Rücklauf der unverkauften sowie die Abrechnung der verkauften Stücke organisieren. Da geht es um Hunderte von Veranstaltungen pro Jahr. Oft wird bei solchen Veranstaltungen enttäuschend wenig verkauft, weil sich die Besucher der Stände Notizen machen und über ihren heimischen Buchhändler bestellen. Das ist die Hauptursache, warum Buchhändler immer weniger bereit sind, Bücherstände bei Kongressen zu organisieren, obwohl sie erhöhte Rabatte und teils zusätzlich noch nennenswerte Titelgebühren dafür erhalten. Aber der Verlag muss sich bei solchen Gelegenheiten sichtbar machen, auch wenn die unmittelbar messbare (Umsatz)Wirkung minimal ist.

Einen eigenen Stand mit eigenem Personal zu organisieren, kommt für kleinere Verlage nur in Ausnahmefällen in Betracht, größere Verlage belegen viele Veranstaltungen im Jahr und haben dafür eine ganze Abteilung, deren Mitarbeiter dann auch Standdienste – oft mit teuren Überstunden- und Wochenendaufschlägen – leisten. Hinzu kommen die Fahrt- und Übernachtungskosten, so dass insgesamt die mit der Standbetreuung verbundenen Kosten meist weitaus höher sind als die Standkosten selbst. Zu diesen zählen ggf. auch die für einen maßgeschneiderten Messestand, der sinnvollerweise in modularer Form konzipiert wird, so dass er in unterschiedlicher Größe und bei unterschiedlichen räumlichen Vorgaben eingesetzt werden kann.

Bei großen Industriekongressen können andererseits durchaus sechsstellige Umsätze erzielt werden, dann ist der ganze Aufwand auch kostendeckend, zum Teil sogar ertragbringend. Meist aber übersteigen die Kosten solcher Messen die Erträge deutlich – diese Differenz muss dann als Werbekosten gerechnet werden. Die Beteiligung an Messen muss jedenfalls den gleichen Kosten/Nutzen-Erwägungen unterliegen wie jede andere Werbemaßnahme.

Bei Messen unterscheidet man zwischen Fachmessen, die nur für das Fachpublikum zugänglich sind, und Publikums/Verbraucher-Messen, die jedermann besuchen kann und bei denen meist auch ein Verkauf am Stand stattfindet. Es hängt ganz von der Programmstruktur eines Verlages ab, ob für ihn Publikumsmessen oder zum Teil hochspezialisierte Fachveranstaltungen Erfolg versprechender sind. Viele Fachmessen öffnen sich zu bestimmten Stunden oder Tagen auch dem Publikum. Solch eine Mischform stellt z.B. die Frankfurter Buchmesse dar, die größte Buchmesse der Welt mit (2004) 6.600 Ausstellern aus 102 Ländern. Reine Publikumsbuchmessen sind dagegen Genf oder Paris. International agierende Verlage müssen auch im Ausland stattfindende Buchmessen berücksichtigen; deren Zahl ist in den letzten zwanzig Jahren rasant gewachsen und beträgt mittlerweile über einhundert. Eine Messe mit Publikumszugang ohne Buchverkauf ist problematisch, nicht zuletzt weil ein erhebliches Spontankaufpotenzial verpufft: Manches, was vor Ort gekauft worden wäre, ist am nächsten Tag vergessen. Kunden sind nicht besonders geduldig.

4.4.12 Public Relations, Presse- und Öffentlichkeitsarbeit

Zur Kommunikationspolitik und damit zum Marketing-Mix gehört auch der Bereich der Public Relations (PR). Er umfasst nach Definition der deutschen PR-Gesellschaft den stetigen Aufbau und die Pflege von Vertrauen in der Öffentlichkeit, also ein bewusstes und professionelles Bemühen, die Zielsetzungen eines Unternehmens an die Medien und damit die Öffentlichkeit zu vermitteln und ein entsprechendes positives Image für Produkte und Verhaltensweisen des Unternehmens zu erzeugen. Eine andere Definition (N. A. Besson) spricht vom »Management von Beziehungen zwischen Organisationen und ihren relevanten Teilöffentlichkeiten.« Es geht um Information, Profilierung, Motivation und die Erzeugung von Dialog. Das können mit eigenen professionellen PR-Mitarbeitern nur Verlage ab einer bestimmten Größe. Angesichts der enorm gewachsenen Bedeutung dieses Arbeitsfeldes haben heute aber oft schon auch kleinere Verlage eine Presseabteilung (eventuell nur in Teilzeit). Gerade aufgrund der Akzeptanzprobleme für das Programm kleinerer Verlage im »standardisierten« Handel ist die PR- bzw. Pressearbeit heute von so entscheidender Bedeutung. In der Tagesarbeit geht es um die Pressekontakte zu

Feuilleton-, Wirtschafts- und Wissenschaftsredakteuren. Vertrauenbildende Maßnahmen können die Aufmerksamkeit der Redakteure für die Titel eines Verlages dabei durchaus positiv beeinflussen. Wo die Unternehmensgröße für eine solche selbstständige Abteilung oder Stelle nicht ausreicht, muss diese Funktion entweder vom Verlagsleiter oder den verantwortlichen Lektoren übernommen werden bzw. einer der zahlreichen freien PR-Agenturen übertragen werden. Jedenfalls sollte diesem Aspekt gebührende Aufmerksamkeit über die übliche Werbetätigkeit hinaus gewidmet werden. Das setzt natürlich auch die Bereitstellung entsprechender finanzieller Mittel voraus. Kürzlich gaben 70 Prozent der Verlage in einer Befragung an, eine eigene PR-Abteilung zu besitzen!

Auch die PR-Arbeit erfordert Erfolgskontrolle und daraus folgende Verbesserungen, die z. B. (nach B. Renner) in folgenden Maßnahmen bestehen kann:

- Prüfen der Rücklaufquote (Versand der Vorschauen, Rezensionsexemplare, Messe-Bestellungen)
- Nachfassaktionen
- Statistiken (Versand der Vorschauen, Rezensionsexemplare, Messe-Bestellungen)
- Sammlungen von so genannten Clippings (Ausschnittdienst)
- Befragung
- Pressereise
- Gespräche mit Journalisten
- Datenpflege der Empfängerlisten

PR-Arbeit ist durchaus im Zusammenhang mit dem Bemühen um ein eindeutiges, positives Erscheinungsbild des Unternehmens (nicht nur im optischen Sinn bei Produkten und Werbemitteln) zu sehen, also dem Corporate Identity-Konzept (CI). Das Unternehmen soll quasi als Persönlichkeit in Verhalten, Erscheinungsbild und Kommunikation – bei großen Firmen durchaus auch nach innen – konsistent, glaubwürdig und sympathiegewinnend dargestellt werden. Das setzt die Entwicklung eines eigenen Leitbilds, einer sog. Unternehmensphilosophie (auch »mission statement« genannt) voraus. PR und CI eines Unternehmens erfordern daher nicht nur gute Fachleute, sondern ein intensives Mitwirken der Verlagsleitung.

Zielgruppen nach außen sind nicht nur die Endkunden, sondern ebenso die Lieferanten (im Verlag also die Autoren), der Handel, Meinungsbildner, Fachgesellschaften und eventuell auch die Banken. Für alle diese Gruppen sind die

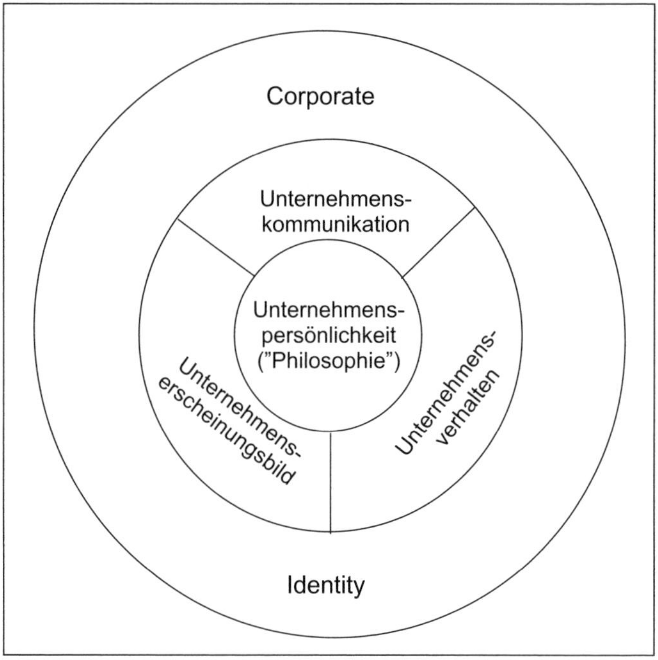

Abb. 4.18: Das Corporate Identity-Konzept

Zielgrößen der CI-Arbeit wie Glaubwürdigkeit, Qualitätsanmutung, Sympathie, Verlässlichkeit usw. von großer Bedeutung. Für so verschiedene Adressaten sind teils auch verschiedene Botschaften und Medien notwendig. Die Methode der Wahl ist dafür nicht einseitige Information, sondern das Bemühen um Dialog. Unerlässlich ist eine langfristig angelegte, kontinuierliche CI-Tätigkeit. Instrumente sind Pressemitteilungen bis hin zu den fragwürdigen »infomercials«, also bezahlten, aber redaktionell aufgemachten Texten, individuelle (Hintergrund-)Gespräche und Präsentationen sowie Pressekonferenzen (z.B. zu wichtigen Buchpremieren). CI-Arbeit kann also sehr direkte ökonomische Effekte auslösen.

4.5 Vertriebliche Statistiken und Kennziffern

Unverzichtbar für jeden Unternehmer und alle verantwortlichen Mitarbeiter sind aktuelle Daten und Zahlen zum betrieblichen Geschehen (s.a. Kap. 2.6.3-2.6.5). Sie dienen der rechtzeitigen Reaktion (z.B. Warnbestand nach unten erreicht: Bindequote oder Nachdruck?), der Vorplanung (z.B. Autor muss jetzt wegen Neuauflage angesprochen werden), der Finanzdisposition (Tagesgelder anlegen oder abrufen), der Revision von Konditionen (z.B. Durchschnittsrabatt steigt stetig, Remissionsquote wächst), dem Benchmarking (Konkurrenz hat mehr Titel auf Sellerlisten oder sehr viel mehr Punkte im Amazon score) u.v.a.m. Das Stichwort heißt: Vertriebscontrolling. Es müssen Ziele formuliert, ihre Erreichung nachgeprüft und ein entsprechendes Berichtswesen aufgebaut werden.

Es muss festgelegt werden, in welcher Frequenz und welcher Aufbereitung sowie Verdichtung solche Informationen auf den verschiedenen betrieblichen Organisationsebenen zur Verfügung stehen sollen, ebenso, welche Mitarbeiter bzw. Bildschirmarbeitsplätze keinen Zugang zu sensiblen Daten außerhalb des eigenen Arbeitsbereichs haben sollen. Eine sorgfältige Planung der Zugangshierarchien und der zuverlässigen Software dafür sind unerlässlich.

Die Geschäftsleitung wird in der Regel seltener (z.B. monatlich) Daten wünschen und brauchen als der betreffende Sachbearbeiter, der viele Daten täglich benötigt.

Das gravierendere Problem ist angesichts der voll entfalteten IT-Struktur in allen Betriebsgrößen nicht Informationsmangel, sondern Überinformation bzw. mangelnde Aufbereitung und Verdichtung. Man sollte Informationen nur wahrnehmen, wenn daraus handlungsrelevante Erkenntnisse resultieren. Das lustlose Lesen von meterlangen detaillierten Absatzstatistiken ist pure Zeitverschwendung. Ein bedeutender, sehr energischer Kollege, Inhaber eines sehr großen Verlags, sagte einmal abends beim Wein ganz gelassen zu mir: »Eigentlich sollte man seine Absatzlisten nur quartalsweise lesen. Machen kann man ja sowieso nichts.« Der das sagte, war gewiss kein lahmer Defätist, allerdings auch kein Publikumsverleger; man sollte sich seinen Gedanken aber in der Weise zu eigen machen, dass man nutzlose Information vermeidet, insbesondere als Routine, und seine Zeit besser mit produktiver Arbeit nutzt: Disziplin bei der Informationsaufnahme setzt viel produktive Zeit frei.

Soviel zum Grundsätzlichen. Doch nun einige konkrete Beispiele, die im Zusammenhang dieses Kapitels alle den Vertrieb betreffen (zu sonstigen Kennziffern s. Kap. 2.6.4). Zentrales Informationsmittel sind die Absatz/Umsatzstatistiken, die kumulierte Werte und vorjahresperiodengerechte Vergleichszahlen enthalten sollten.

Z-TITEL / ISBN	PREIS	AUFL. JAHR	ABS. MONAT	ABS: JAHR / VGL.VJ.	ABS. VJAHR / GES.	FREI-J / FREI-G	REM.	ZUGANG	END BST.	AC- BST.	UMSATZ MONAT / UMS.JAHR	DRAB. M.°) / DRAB.J.	GUTSCH-SCHRIFT	RESTUMSATZ O.MWST. / GES.UMSATZ *)
S-Plus, learning by doing			0	3	4-	3	0	0	77	0	0,00	,0	0,00	0,00
0049-4	28,00	1/97		4-	160	244					65,95	15,9		2.619,43
Nachh.Marketing-M.			18	18	0	4	0	760	738	0	313,06	36,1	0,00	313,06
0188-1	29,00	1/03		0	18	4					313,06	35,8		313,06
Standortmarketing			15	106	57	1	0	0	1032	0	212,96	38,3	0,00	212,96
0125-3	24,50	1/00		57	446	8					1.487,89	38,6		6.314,81
Von der Theorie			0	0	3-	0	0	0	54	0	0,00	,0	0,00	0,00
0084-2	53,00	1/98		3-	88	230					0,00	,0		2.743,28
Soziol. f.soz.Berufe			3	16	79	0	0	0	912	0	16,65	40,0	0,00	16,65
4500-5	9,90	1/94		79	606	0					88,81	40,0		3.488,17
Produktivität 5.A.			27	333	91	49	0	0	2548	0	387,72	38,6	0,00	387,72
0222-5	24,90	5/02		91	424	52					4.780,67	38,3		6.113,23

°) Durchschnittsrabatt

*) das ist der Gesamtumsatz seit Erscheinen – auf einen Blick kann so der Gesamterlös den Kosten laut Schlusskalkulation gegenübergestellt werden.

Viele Verlage haben auch mehrere Vorperioden in der Statistik, was diese aber unübersichtlicher und dicker werden lässt. Eine pragmatische Einfachstatistik könnte wie die auf S. 236 aussehen.

Diese Statistik informiert über die monatlichen Verkäufe und die Vorjahresvergleichszahlen, den Freistückverbrauch, Lagerzugänge, die Umsatzwerte und Durchschnittsrabatte. Das wird oft ausreichen. Eine verfeinerte Variante hiervon stellt die Statistik auf den Seiten 238/239 dar.

Diese Statistik enthält z.B. taggenau den Erscheinungstermin, interne Codes, sowie die technischen Herstellkosten pro Exemplar. Das ermöglicht eine rasche Hochrechnung der durch die verkauften Stücke bereits eingespielten Herstellkosten (s. Kap. 3.7.4 Deckungsauflagen). Aussagekräftig ist des weiteren die Entwicklung der Durchschnittsrabatte, die bei einem dauerhaften Trend in die Kalkulationsschemata übernommen werden müssen.

Schließlich weist die verfeinerte Statistik auch ein gesondertes Remittentenlager aus, was Anstoß zu gezielten Verkaufsbemühungen um diese (leicht beschädigten) Stücke führen sollte. Nicht ins Remittentenlager gehören diejenigen vom Buchhandel zurückgesandten Exemplare, die mängelfrei sind und wieder ins Hauptlager gehen.

Titeltext				Verkauf		Drab
Vlg./Titel-Nr.	ISBN	Titelstatus	Zeitraum	Absatz	Umsatz	in %
Krause, Der Bestseller		N	Monat	1.227	8.997,73	47,66
			Jahr	3.374	25.420,37	46,14
LP: 14,90	Ersch.-Datum:	30.01.03	Vorjahrvgl.	34.980	261.507,80	46,70
HWS: 28			Vorjahr	51.149	382.256,80	46,79
PG: 00020	TG: 20002	TK: 2,73	Seit Ersch.	54.523	407.677,17	46,39
Müller, Die Neuerscheinung		N	Monat	1.497	11.299,23	45,76
			Jahr	23.421	176.099,34	46,31
LP: 14,90	Ersch.-Datum:	06.02.04	Vorjahrvgl.	0	0,00	0,00
HWS: 28			Vorjahr	0	0,00	0,00
PG: 00020	TG: 20002		Seit Ersch.	23.421	176.099,34	46,31
Weber, Lahme Ente		N	Monat	-3	-19,66	40,01
			Jahr	-36	-229,17	41,00
LP: 12,90	Ersch.-Datum:	22.08.03	Vorjahrvgl.	0	0,00	0,00
HWS: 28			Vorjahr	651	4.262,25	46,54
PG: 00020	TG: 20002	TK: 3,20	Seit Ersch.	615	4.033,08	45,67
Werner, Es war einmal		N	Monat	1	8,70	33,03
			Jahr	1	8,70	33,03
LP: 13,90	Ersch.-Datum:	05.02.96	Vorjahrvgl.	0	0,00	0,00
HWS: 28			Vorjahr	28	189,21	47,98
PG: 00020	TG: 20002	TK: 2,67	Seit Ersch.	7.636	52.539,06	44,63

Gutschriften		Frei-	Sonderverkauf		Lagerbestände			
Absatz	Umsatz	Expl.	Absatz	Umsatz				
-118	-913,30	-2	0	0,00	Verk	1.541	Verf	1.508
-530	-4.059,41	12	0	0,00	Anti	0	Res	0
-19	-147,89	529	0	0,00	Kom	5	Dispo	0
-735	-5.129,84	738	0	0,00	Rem	-10	WAZ	0
-1.265	-9.189,25	750	0	0,00	Sperr	0	GSA	56.551
-9	-72,69	2	0	0,00	Verk	5.144	Verf	4.972
-9	-72,69	456	0	0,00	Anti	0	Res	0
0	0,00	0	0	0,00	Kom	20	Dispo	0
0	0,00	0	0	0,00	Rem	-40	WAZ	0
-9	-72,69	456	0	0,00	Sperr	0	GSA	30.570
-5	34,13	0	0	0,00	Verk	2.122	Verf	2.122
-44	-286,08	1	0	0,00	Anti	0	Res	0
0	0,00	0	0	0,00	Kom	0	Dispo	
-4	-23,51	206	0	0,00	Rem	-8	WAZ	0
-48	-309,59	207	0	0,00	Sperr	0	GSA	2.948
0	0,00	0	0	0,00	Verk	255	Verf	255
0	0,00	0	0	0,00	Anti	0	Res	0
0	0,00	0	0	0,00	Kom	0	Dispo	
0	0,00	2	0	0,00	Rem	0	WAZ	0
-1.105	-7.600,81	874	0	0,00	Sperr	0	GSA	11.415

Weitere nützliche Statistiken sind z.B.:

Verhältnis von Neuauflagen zu Neuerscheinungen

Jahr	Zahl der lieferb. Titel	Neuauflagen	Neuerscheinungen	% Anteil und Verhältnis NA zu NE
2000	782	59	66	47,2 : 52,8
2001	765	50	92	35,2 : 64,8
2002	757	49	121	28,8 : 71,2
2003	818	78	117	40,0 : 60,0

Das entsprechende Verhältnis sollte auch für die Umsätze ermittelt werden.

Auftragseingang
Direkt-, Reiseaufträge, Privatbestellungen

Jahr	Buchhandel	Barsortiment	Privat	Gesamt	+/- %
2000	12.742	1.402	3.695	17.839	+ 5,3
2001	14.002	1.054	3.321	18.377	+ 3,0
2002	13.866	1.029	4.868	19.763	+ 7,5
2003	12.907	1.036	4.230	18.173	– 8,0

Prozentuales Verhältnis von Barsortiments- und Sortimentsumsatz im Inland

	2000	2001	2002	2003
Sortiment	41,1	45,1	46,3	45,1
Barsortiment	58,9	54,9	53,7	54,9

Buchhandelskunden

Jahr	Gesamtkundenzahl	Kunden ab Jahresumsatz DM/€ 500,-	% Anteil
1993	2.902	616	21,2
1994	2.638	589	22,3
1995	2.521	567	22,4
1996	2.351	533	22,6
1997	2.191	501	22,8
1998	2.122	517	24,3
1999	1.986	525	26,4
2000	2.001	485	24,2
2001	1.915	480	25,1
2002	1.843	354	19,2
2003	1.714	354	20,7

Gesamtdurchschnittsrabatte

Jahr	
1992	39,7
1993	40,1
1994	39,8
1995	40,2
1996	40,2
1997	40,6
1998	40,1
1999	40,1
2000	40,2
2001	40,15
2002	40,3
2003	40,3

Remittenden (Wert und Menge)

Jahr	Wert DM/bzw. EUR	Menge / Expl.	% vom Umsatz
2000	415.307	20.364	5,1
2001	421.831	21.452	4,9
2002	278.577	25.059	6,0
2003	270.384	23.967	5,7

So manches Firmenspezifische, aber auch manche generelle Entwicklung lassen sich anschaulich aus solchen Zahlen ersehen: Einigermaßen stabiler Durchschnittsrabatt (bei ebenfalls in etwa stabilem Barsortiments-Anteil), ein gesundes Verhältnis von Neuproduktion (insgesamt fast ein Viertel des Titelbestands), ein guter Backlist-Wert der Neuauflagen und stabile Remittendenquote können aus obigen Beispielswerten erschlossen werden. Aber auch dauerhaft Negatives ist zu beobachten: Die Zahl der Buchhandelskunden ist in 10 Jahren um 40%(!) gesunken, die der Kunden ab dem sehr bescheidenen Jahresumsatz von mehr als € 500,- gleichermaßen. Nur ein Fünftel aller Kunden erreicht diesen Wert.

Bei einer guten Datenstruktur (relationale Datenbank) lassen sich sehr aussagekräftige Sondererhebungen zu Produktgruppen, zu regional oder nach dreistelligen Postleitzahlen aufgegliederten Verkäufen, zu Umsätzen mit bestimmten Kunden (auch als Ranglisten) usw. erstellen, ebenso Titelhitlisten nach Absatz oder Umsatz und anderes mehr.

Neben diesen vertriebsbezogenen Zahlen treten die buchhalterisch/finanztechnischen Kennziffern, die in Kapitel 2.6.4 angesprochen werden.

Externe Daten liefern die **Bestsellerlisten**, die es in vielfältigster Form auf z.T. sehr verschieden erhobener Datenbasis gibt: für Literatur, Sachbuch, Taschenbuch, Hörbücher, aber auch für Wirtschaftsbücher etc. Eine vergleichbare Information für kleine, fachlich eingegrenzte Themenbereiche liefern auch die Punktzahlen bei Amazon. Diese Listen sind gleicherweise gefürchtet und erhofft: Wer hier aufsteigt, erhält weiteren Rückenwind (Lemmingeffekt), wer absteigt, den trifft es nächste Woche noch härter. In den push-Märkten können Bestsellerlisten das Schicksal von Titeln entscheiden – sie sind mitnichten nur ein neutrales Protokoll. Die Repräsentativität der Erhebungen ist dabei recht unterschiedlich, am verlässlichsten sind sicher diejenigen, die direkt aus den Kassenterminals einer repräsentativ zusammengestellten Stichprobe von Händlern gezogen werden. Neben der Rangposition sind Verweildauer und die Auf- und Abwärtsbewegungen von großer Bedeutung, ebenso wie viele Titel ein Verlag auf der Liste hat. Der Laie schaut meist nur auf die ersten 10 oder 20 Positionen, der Buchhändler und Vertriebsmann im Verlag mindestens bis zum 50. Platz. Natürlich wird die Stellung eines Titels auf den Listen auch stark von exogenen Ereignissen geprägt, einer Weltmeisterschaft, einem Kinostart, einem Nobelpreis, einem Auftritt in einer Talkshow u.s.w.

Die Bestsellerlisten sind zugleich ein Spiegel des sich laufend verkürzenden Lebenszyklus von Titeln: Der Aufstieg und das Herausfallen aus der Liste vollziehen sich oft in wenigen Monaten – das Allerneueste verdrängt das gestern Neueste. Im

Grunde wären kumulierte Jahreslisten aussagekräftiger – aber der Käufer und daher das Einkaufsverhalten des Sortiments kleben an der Wochenliste.

Die Bestsellerlisten erfassen, wie ihr Name schon sagt, nur das oberste, verkaufsstärkste Absatzsegment und dies nur in wenigen Buchkategorien. In der Buchhandelsfachpresse werden sehr viel längere Bestsellerlisten veröffentlicht als etwa im Spiegel, mit 50 Rangstufen und mehr, zudem differenzierter in den Warengruppen. Auch die Barsortimente führen Bestsellerlisten, in denen dann auch die »ewigen« Bestseller wie etwa der Duden aufscheinen. Die gewohnten Bestsellerlisten sind Nova-orientiert.

Daher haben – insbesondere für die Publikumsverlage – die Erhebungen von **Media Control** eine große Bedeutung erlangt, die u.a. Handelspanelforschung für die Bereiche Buch, Musik, Spiele, Video/DVD betreibt. Gegen zu zahlende Teilnehmergebühren erhalten die Verlage valide, ganz aktuelle Daten nicht nur zu ihren eigenen Titeln, sondern auch der entsprechenden Werke im gleichen Marktsegment. In dieser Möglichkeit des direkten Konkurrenzvergleichs liegt der hohe Informationswert der Daten für die Marktanalyse der Verlage.

Dem **Handelspanel-Buch** von Media Control GfK International liegt eine breite und solide Datenbasis zugrunde, wobei es das Bargeschäft der drei Vertriebswege, Sortimentsbuchhandel, Warenhauskonzerne sowie Internetanbieter abdeckt. Basis der Auswertungen/Marktanalysen sind die Abverkaufsdaten der an der Stichprobe teilnehmenden Händler. Die Daten werden täglich über entsprechende Schnittstellen aus den Kassen-/Warenwirtschafts-Systemen an die Großrechner von Media Control GfK übertragen, anonymisiert und unter hohem Anspruch des Datenschutzes weiter verarbeitet. Die elektronische Datenübertragung beinhaltet neben weiteren Informationen das Abverkaufsdatum, EAN-/ISBN-Code, Verkaufsmenge, Verkaufspreis sowie ein Buchungskennzeichen (Bar/Rechnung). Erfasst werden also wirklich abverkaufte, nicht in den Buchhandel zunächst nur hineinverkaufte Stücke, wie sie die Verkaufsstatistik des Verlags ausweist.

Um die Qualität der von den Panelteilnehmern eingehenden Daten zu überprüfen, führt Media Control GfK INTERNATIONAL eine umfassende Qualitätskontrolle durch: Die eingehenden Daten zu den Abverkäufen werden u.a. auf die Komponenten »Preis« und »Menge« hin untersucht. Plausibilitätsprüfungen werden durch spezielle Computerprogramme durchgeführt.

Im Bereich des Sortimentsbuchhandels liegt eine Quotenstichprobe vor, auf deren Grundlage die Hochrechnung in diesem Vertriebsweg durchgeführt wird. Die Quotenstichprobe versucht die Repräsentativität der Stichprobe dadurch zu sichern, dass sie eine beschränkte Zahl von Strukturmerkmalen vorgibt – im Sortimentsbuchhandel sind dies beispielsweise Umsatzgrößenklassen und Gebiete.

Mit den Media Control-Marktforschungsdaten wird ein viel breiterer Überblick über die Konkurrenzsituation erreicht als etwa vermittels der Bestsellerlisten. Das hat allerdings auch seinen Preis.

5. Zeitschriften

5.1 Besonderheiten von Zeitschriften im Überblick

Zeitschriften unterscheiden sich nicht nur medientheoretisch und in der praktischen Nutzung in zahlreichen Aspekten von Büchern, sondern sehr stark auch in ökonomischer Hinsicht. So insbesondere durch ihre Periodizität: Nahezu jede Zeitschrift ist auf Dauer hin geplant, erfolgreiche Zeitschriften existieren viele Jahrzehnte, im Wissenschaftsbereich nicht wenige nun schon deutlich über 100 Jahre. Nur in ganz seltenen Fällen werden kurzlebige Zeitschrifteb für bestimmte Ereignisse (Weltmeisterschaft, Fernsehserie) herausgebracht. Daraus ergeben sich im Gegensatz zu Büchern, bei denen Longseller allenfalls 10 bis 20% des Verlagsumsatzes ausmachen, eine ganze Reihe von Konsequenzen. Der andere wichtige Unterschied liegt in der Rolle der Anzeigenerlöse, die bei Büchern in der Regel keine Bedeutung haben. Die nachfolgende Darstellung konzentriert sich ganz auf jene Zeitschriftentypen, die einen eher fachlichen Bezug haben. Große Publikumszeitschriften, Wochenblätter oder gar Zeitungen unterliegen sehr eigenen Marktgesetzen und wirtschaftlichen Voraussetzungen, die nicht Gegenstand dieses Buches sind. (s.a. Kap. 5.1.6).

5.1.1 Situation am Zeitschriftenmarkt

Ganz generell – und das in Deutschland ebenso wie in Amerika und anderswo – sind zwei für die Ertragskraft von Zeitschriften ungünstige Tendenzen zu beobachten: Die Zahl der Titel nimmt zu, die Auflagen pro Titel sinken und der Anteil der Werbeeinnahmen sinkt. Verschärfend hinzu kommt für kleinere und mittlere Zeitschriften eine Tendenz der Inserenten, sich auf die größten und daher vermuteterweise erfolgreichsten Werbeträger zu konzentrieren. In der Konsequenz ist zu beobachten, dass sehr ertragsstarken Marktführern eine Vielzahl kleinerer, sich unterdurchschnittlich entwickelnder Objekte gegenüber steht.

Im Fachzeitschriftenbereich besteht nach Jahren sinkender Anzeigenerlöse jetzt eine leichte Aufwärtstendenz, aber die Gesamt-Erlöse liegen immer noch unter denen von 2001, wie die kürzlich veröffentlichte Grafik der »Deutschen Fachpresse« verdeutlicht (s. S. 246, 272).

Mittlerweile sind Vertriebserlöse und Anzeigenerlöse bei den Fachzeitschriften praktisch gleich groß – das drückt auf die Ertragskraft (s.u. Kap. 5.1.5), da Anzeigenerlöse i.d.R. einen höheren Deckungsbeitrag erzielen als Vertriebserlöse:

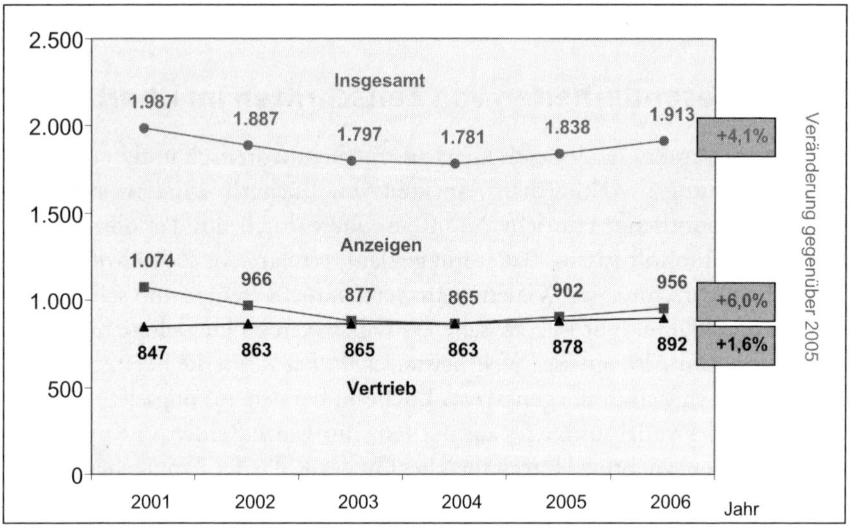

Abb. 5.1: Entwicklung der Erlöse bei Fachzeitschriften

Die Produktionskosten für Anzeigenseiten sind relativ niedrig im Vergleich zum Anzeigenerlös/Seite.

Jahresauflage deutscher Fachzeitschriften in Mio. Exemplaren

Jahr	2004	2005	2006	Veränderung 2006/2005
Verbreitete Auflage	451	476	491	+3.2 %
Davon verkauft	54%	53%	50%	

Die verbreitete Auflage ist deutlich gestiegen, der Anteil der verkauften Hefte sinkt aber; daher ergeben sich trotz gestiegener Auflagen stagnierende Verkaufserlöse.

Titelanzahl deutscher Fachzeitschriften

Jahr	2004	2005	2006	Veränderung 2006/2005
Gesamt	3.623	3.637	3.753	+3,2%

Gegenüber 2002 mit nur 3.563 Titeln als Tiefpunkt ist die Zahl der Fachzeitschriften insgesamt – Einstellungen und Neueinführungen also saldiert – wieder um 5,3% (190 Titel) angestiegen.

Dennoch werden immer wieder neue Titel gestartet, und deren Zahl liegt höher als die der eingestellten Titel. Ein deutliches Anzeichen des härteren Wettbewerbs ist die Zahl der »relaunches«, also mehr oder weniger kompletter Neugestaltungen von Zeitschriften.

Die Gesamtzahl der Zeitschriften in Deutschland ist sehr viel höher als in vorstehender Tabelle ausgewiesen, die ja nur Fachzeitschriften erfasst: So weist das viel genutzte Banger'sche Zeitschriftenverzeichnis rund 9.000 Titel aus, die Deutsche Bibliothek in Frankfurt verzeichnet derzeit einen jährlichen Zugang von 47.000 Zeitschriften als Pflichtstücke deutscher Verlage. Daraus folgt eine außerordentliche Differenzierung der wirtschaftlichen Eckdaten, der Arbeitsabläufe usw. bei den diversen Objekten. Dennoch wird in diesem Kapitel versucht, gewisse weithin gültige Sachverhalte kurz zu umreißen.

Ganz neue Perspektiven ergeben sich gerade im Zeitschriftenbereich durch elektronische Publikationsformen. Diese Thematik wird in Kapitel 6 insgesamt abgehandelt, das Kapitel 5 beschränkt sich ganz auf die klassischen Printversionen und deren Abwicklung.

5.1.2 Steuerungskompetenz des Verlags

Während Bücher weitgehend autorenbestimmt sind, also dem Verlag nur in begrenztem Umfang Einwirkungsmöglichkeiten bieten, ist das bei Zeitschriften grundsätzlich anders: Da an einer Zeitschrift viele Autoren beteiligt sind, hat der Einzelne nicht die Möglichkeit, das Produkt bestimmend zu gestalten. Ein schlechter oder einige sehr gute Artikel bestimmen nicht das Urteil der Nutzer über eine Zeitschrift, sondern deren dauerhafte (nachhaltige) Qualität, der Gebrauchsnutzen und die besondere Fokussierung im Vergleich zu Konkurrenzobjekten. Diese Gesamtheit »Zeitschrift« unterliegt den Entscheidungen des Verlags bzw. der von ihm beauftragten Redakteure oder Herausgeber.

Die Verlage haben diese Möglichkeit schon immer genutzt, aber in den letzten Jahrzehnten ist die Chance, von Seiten des Verlags die Zeitschriften gemäß den Nutzerwünschen beeinflussen zu können, noch stärker ins Bewusstsein gerückt im Sinne echten Marketingdenkens. Dies lässt sich besonders im Bereich der Fachzeitschriften beobachten: Viele, gerade oft die angesehensten Fachzeitschriften, waren stark von universitär angebundenen Experten geprägt mit langen Beiträgen auf akademischem Niveau und in entsprechender Sprache. Während Autoren in der Regel an ihre Fachkollegen denken und deren vermutliches Urteil ihr Schreiben bestimmt, denken Verlag und Redakteure an den Leser. Hier hat ein Umdenken im Sinne einer Steigerung des Nutzwerts in der Praxis eingesetzt: Kürzere Artikel, bessere Veranschaulichung in Grafiken, farbige Abbildungen, Editorials, Praxisberichte etc. haben den Charakter vieler Fachzeitschriften grundlegend verändert, damit die Akzeptanz bei den Abonnenten gestärkt und so die Chancen der Anzeigenakquisition verbessert (s. Kap. 5.3). Eine Zeitschrift ermöglicht dieses nachführende Steuern eines Objekts aufgrund ihrer Langlebigkeit.

Das Bestreben um die Etablierung von Marken ist im Zeitschriftenbereich besonders deutlich zu beobachten und im Hinblick auf deren langjährige Existenz (im Gegensatz zu den meisten Büchern) auch naheliegend. Dabei spielt sowohl für Leser wie für Anzeigenkunden die Titelmarke eine größere Rolle als die Verlagsmarke. Experten sehen noch große Handlungsreserven bezüglich der Markenführung bei Fachmedien (so eine Studie der Deutschen Fachpresse, Sommer 2006).

5.1.3 Optimierungsfähigkeit

Während ein Buch nach seinem Erscheinen einfach da ist, sich im Markt bewähren muss und (das ist die Regel) auch nach guten Erfolgen in ein oder zwei Jahren wieder von dort verschwindet, ist es für Zeitschriften typisch, dass sie sich in einem jahrelangen Durchsetzungsprozess im Markt etablieren und dann dort im Erfolgsfall sehr lange verbleiben. Sowohl der Durchsetzungsprozess wie auch die Dauerphase beruhen auf den Anpassungsmöglichkeiten von Zeitschriften. Durch Markt- und insbesondere Konkurrenzbeobachtung, durch Leserumfragen und Kontakt zu den Anzeigenkunden können Zeitschriften laufend den gegebenen bzw. veränderten Kundenwünschen angepasst werden – darauf beruht ihre Chance zur Langlebigkeit.

Im nachstehenden Kasten sind einige solcher Anpassungsparameter und Aktionsmöglichkeiten eines Verlags bei Zeitschriften aufgelistet.

All diese Möglichkeiten werden im Zeitschriftenverlag immer wieder überprüft und entweder in stetigen kleinen Schritten oder großen Maßnahmen wie Relaunch, Zusammenlegung oder Aufspaltung umgesetzt. So wird einer »Alterung« einer Zeitschrift und ihrer schrittweisen Entfernung von den (gewandelten) Leserinteressen aktiv entgegengewirkt. Kontinuierlich sollten in diese Richtung auch Herausgebergremien und Beiräte wirken.

Gesteigerte Anforderungen werden diesbezüglich auch an die Redakteure gestellt, die nicht nur für die Alltagsroutine, sondern auch die Fortentwicklung des Objekts gemäß den Anforderungen der Zielgruppe verantwortlich sind und zwar sowohl der redaktionellen Aufbereitung wie der Inhalte in Niveau

Zeitschriften gestalten

- Relaunch (d.h. inhaltliche und/oder grafische Neukonzeption)
- Schaffung neuer Rubriken und Servicefunktionen
- Zielgruppenbindung durch Kooperation mit Fachgesellschaften (redaktionelle Sonderteile)
- Auslandsausgaben
- Themen- oder Sonderhefte
- Umstellung auf englische Sprache
- Niveau (Zielgruppe) ändern
- Zeitschriftentitel ändern (unter Beibehaltung des Abonnentenstamms)
- Umfang oder Frequenz erhöhen oder senken
- Zusammenlegen zweier Titel (oft durch Aufkauf)
- Aufspalten in selbstständige Titel
- Digitalisieren

und Themenspektrum. Dafür bedarf es einer engen Zusammenarbeit der Redaktion mit der Anzeigenabteilung und dem Vertrieb sowie laufender Überlegungen zu etwaigen Zusatzprodukten (s. 5.1.7).

Etwas über den Terminus »gestalten« hinaus geht der Verkauf unbefriedigender Titel bzw. der Ankauf von solchen, aus denen man etwas machen zu können hofft. Ein solches Handeln von Zeitschriftenobjekten ist gang und gäbe, jeder relevante Zeitschriftenverlag kauft immer wieder Objekte an und gibt andere, deren Zielgruppe nicht zur sonstigen Verlagsarbeit passen oder deren Ertrag nicht befriedigen, ab. Jeder Erwerber geht davon aus, dass die Zeitschrift zu ihm passt und er mehr daraus machen kann als der Vorbesitzer.

Nachstehend ein konkretes Beispiel für eine solche Mehrjahresanalyse, die ebenso als **Plan**rechnung geführt werden kann (s. dazu S. 250/251):

Das XX-Journal

GuV 2006 / 2005 / 2004

Erlöse in €	**1-12/2006**	**%**	**1-12/2005**	**%**	**1-12/2004**	**%**
Zeitschriften Abo	890.844	**33,46**	**898.810**	**25,65**	**893.336**	**28,96**
Anzeigen	1.624.439	**61,02**	**2.432.554**	**69,42**	**2.031.830**	**65,88**
Portoerlöse	86.633	**3,25**	**82.275**	**2,35**	**100.259**	**3,25**
Sondererlöse	33.288	**1,25**	**101.397**	**2,89**	**64.780**	**2,10**
Lizenzhonorar	42.676	**1,60**	**12.152**	**0,35**	**15.339**	**0,50**
Bruttoerlös	2.677.881	**100,58**	**3.527.189**	**100,65**	**3.105.544**	**100,69**
./. Skonti	15.569	**0,58**	**22.948**	**0,65**	**21.226**	**0,69**
Nettoerlöse	2.662.312	**100,00**	**3.504.241**	**100,00**	**3.084.318**	**100,00**
Techn. Herstellkosten (HK) (inkl. Festhon.)						
Satz und Druck	368.333	**13,84**	**550.921**	**15,72**	**500.056**	**16,21**
Repro	25.421	**0,95**	**43.211**	**1,23**	**65.183**	**2,11**
./. Liefer. Skonti	10.922	**0,41**	**16.811**	**0,48**	**11.668**	**0,38**
HK der verk. Produkte	382.832	**14,38**	**577.321**	**16,47**	**553.572**	**17,95**
Honorare	89.298	**3,35**	**120.337**	**3,43**	**91.941**	**2,98**
Schriftleitung	4.886	**0,18**	**7.608**	**0,22**	**11.228**	**0,36**
Nebenkosten	6.866	**0,26**	**5.000**	**0,14**	**15.913**	**0,52**

Wareneinsatz	483.881	18,18	710.265	20,27	672.654	21,81
Deckungsbeitrag (DB 1)	2.178.431	81,82	2.793.976	79,73	2.411.664	78,19
Personalkosten	834.817	31,36	936.620	26,73	768.804	24,93
Raumkosten	24.499	0,92	25.791	0,74	23.402	0,76
Auslieferung	65.909	2,48	110.516	3,15	127.963	4,15
Werbung	67.082	2,52	128.929	3,68	103.402	3,35
Vertrieb/Messen	42.452	1,59	60.613	1,73	58.611	1,90
Aboverwaltung	44.390	1,67	49.348	1,41	43.656	1,42
Provisionen Anzeigen	238.603	8,96	334.577	9,55	325.300	10,55
Provisionen Abo	15.495	0,58	4.984 1	0,14	1.932	0,06
Lizenzen	16.550	0,62	21.691	0,62	15.339	0,50
Presse/Marktforschung/Direkt	412	0,02		0,00	2,329	0,08
Freistückversand	44.616	1,68		0,00	344	0,01
Kommunikation / Internet / EDV	19.162	0,72	26.727	0,76	24.193	0,78
Fotokopien / Bürobedarf	7.279	0,27	8.612	0,25	7.134	0,23
Sonstige Kosten	11.840	0,44	15.172	o,43	14.700	0,48
Reisen / Bewirtung	38.639	1,45	64.236	1,83	56.576	1,83
Operative Kosten	1.471.745	55,28	1.787.816	51,02	1.573.684	51,02
Deckungsbeitrag II	706.686	26,54	1.006.160	28,71	837.979	27,17

Aus dieser dreijährigen Übersicht einer Zeitschrift lassen sich einige charakteristische Sachverhalte aufzeigen. Das Sinken der Anzeigenerlöse von 2002 auf 2004 um rund 400.000 Euro hat voll auf den Nettoerlös durchgeschlagen. Da bei den technischen Herstellkosten in diesen zwei Jahren eine Einsparung von 170.000 Euro erreicht werden konnte, ist der Rohertrag deutlich weniger gesunken als die Erlöse. Da auch die operativen Kosten gesenkt werden konnten, steht am Ende einer Erlösminderung von 14% ein Sinken des Rohertrags um weniger als einen Prozentpunkt gegenüber, der gute Wert von mehr als 25% DB II konnte nahezu gehalten werden. Dass dennoch absolut deutlich weniger Geld verdient wurde (./. 18%), bleibt eine betrübliche, aber unabweisliche Tatsache. Die reaktive Anpassungsleistung des Verlages auf die ungünstige Entwicklung ist aber durchaus zu würdigen.

Die Optimierung einer Zeitschrift ist eine permanente, unverzichtbare Aufgabe. Konsequenterweise ist die laufende Kosten/Ertragskontrolle (Abweichungsanalyse gegenüber Vorjahr und Plan für das laufende Jahr) bei Zeitschriften ungleich besser durchzuführen als bei Büchern: Man vergleicht ja die Werte der laufenden Periode mit denen der Vorperiode(n) **am gleichen Objekt** und kann so – auch unterjährig – aussagekräftige Zahlenvergleiche zu Vorjahres- bzw. Planabweichungen anstellen. Bei Büchern hat das in der Regel sehr viel weniger Sinn: Der Vorjahresvergleich müsste ja unter Zugrundelegung des produktspezifischen Lebenszyklus am Markt erfolgen, während der titelweise Vergleich von Plan-Ist-Zahlen bei Neuerscheinungen nur die Abweichung von Erwartungen (manchmal gar Illusionen) aufzeigt, woraus sich wenig konkrete Maßnahmen ableiten lassen. Eine gescheiterte Hoffnung ist eben eine solche und sonst nichts. Ganz anders beim Dauerobjekt Zeitschrift: Hier werden Abweichungen vom Ist des Vorjahres zum Ansatzpunkt möglichst rasch greifender Gegenmaßnahmen im kontinuierlichen Geschehen. Solch eine Mehrjahres-Vergleichsrechnung einer Zeitschrift kann etwa aussehen wie auf S. 250 dargestellt. Das Schema ist formal nicht unähnlich einer Buchkalkulation, hat aber, wie dargelegt, andere praktische Bedeutung.

Anhaltspunkte für die generelle Kostenstruktur bietet die nachstehende Übersicht aus dem Ergebnisbericht »Deutsche Fachpresse in Zahlen 2003«.

Kostenentwicklung nach Erlösgruppen
Mittlere Kosten je Verlag 2003 – nach Erlösgruppen

(in Tausend €)	Alle	Erlösgruppe			
		(A)	(B)	(C)	(D)
		bis 1,5 Mio €	1,5-4 Mio €	4-10 Mio €	10 Mio € und mehr
Anzahl Verlage	47	7	9	18	13
Gesamtkosten Fachzeitschriften	10.420	670	1.883	5.725	28.082
davon Personalkosten FZ	3.720	370	883	1.856	10.068
davon IT-Kosten FZ	311	15	87	182	803
Herstellungskosten	2.517	203	571	1.590	6.395
Redaktionskosten	2.367	139	360	935	6.939
Vertriebskosten	1.903	83	365	827	5.436
Anzeigenkosten	1.501	30	296	790	4.113

Dabei zeigen sich (allerdings auf sehr schmaler statistischer Basis) bemerkenswerte strukturelle Unterschiede in den verschiedenen Verlagsgrößenklassen (die in gewissem Umfang auch mit der Größenklasse der Objekte korrelieren): Bei der kleinsten Gruppe betragen die Personalkosten 55% der Gesamtkosten, die Herstellkosten 30%, bei der umsatzstärksten Gruppe sind die Werte 35% bzw. 23%. Dafür liegen die Vertriebskosten in der kleinen Gruppe (A) bei 1,2%, bei den größten Verlagen 19%. Das beruht sicher zum Teil auf feinerer Kostenzuordnung in größeren Verlagen, erweist aber auch die viel größere Vertriebsintensität bei großen Objekten.

Als Konsequenz der höheren Stetigkeit und Planbarkeit von Zeitschriftenerlösen folgt: Je größer der Zeitschriftenanteil eines Verlages, desto eher kann dieser mit verlässlichen Gesamtplanzahlen die Folgeperioden planen. Zur Verlässlichkeit können dabei auch durchaus stetig sinkende Abonnentenzahlen (z.B. rückläufige Zahl aktiver Architekturbüros) oder strukturelle Effekte bei den Anzeigen (Konzentration bei den inserierenden Firmen, hohes oder stagnierendes Innovationstempo einer Branche) zählen. Gerade die oben geschilderte vielfältige Reaktionsmöglichkeit des Verlags muss solche Entwicklungen, anders als beim gescheiterten Roman, noch lange nicht zu Verlustquellen werden lassen. Es gibt viele Zeitschriften, die mit deutlich geschrumpftem Abonnentenstand unverändert hohe Deckungsbeiträge ausweisen, weil beim Kostenmanagement, der Umfangssteuerung und der Preispolitik die richtigen Gegenmaßnahmen ergriffen wurden.

5.1.4 Finanzierung

Jedes neue Buchprojekt wird entwickelt auf Basis von Einschätzungen und Erwartungen, nur selten lassen sich einigermaßen verlässliche Verkaufszahlen prognostizieren. Demgegenüber ist der neue Jahrgang einer Zeitschrift von ungleich höherer Sicherheit der Planzahlen geprägt, für die oft einfach eine Fortschreibung der Vorjahreswerte mit Trendanpassung ausreicht, ggf. unter Berücksichtigung zu erwartender Einmalereignisse.

Während daher jedes neue Buch eine – oft sehr erhebliche – risikobehaftete Vorleistung des Verlages erfordert, die erst schrittweise durch die Verkäufe wieder eingespielt wird, ist eine etablierte Abonnementszeitschrift bereits zu Jahresbeginn nach Bezahlung der Jahresrechnungen voll finanziert (bis hin zum Gewinn). Etwas überspitzt hat man daher davon gesprochen, dass ein Zeitschriftenverlag im ersten Halbjahr eine Bank sei. Auf jeden Fall verfügt er über eine sehr gute Liquidität, deren Abflüsse durch jedes erscheinende Heft und die laufend anfallenden Redaktionskosten gut planbar sind.

Daher streben viele Fachverlage einen nennenswerten Umsatzanteil von Zeitschriften an, der die Finanzplanung wesentlich komfortabler werden lässt als im Buchbereich, der immer pro Objekt und pro Jahr planen muss und das bei großer Unsicherheit – man hat daher schon vom ›Schrotflintenprinzip‹ im Buchverlag gesprochen: viele Kugeln, wenigstens einige Treffer.

Sehr anders ist die Situation bei der **Gründung** von Zeitschriften und der meist mehrjährigen Phase bis zur Erreichung des Break Even (Deckungspunkt). In dieser Phase fallen volle Produktions- und Redaktionskosten an, ohne dass schon ausreichende Erlöse vorhanden sein können: Sowohl der Subskribentenbestand als auch der Kreis fester Anzeigenkunden müssen erst mit erheblichen Kosten aufgebaut werden, beide sind in den letzten Jahren durchaus »flüchtiger« geworden. Was im Buchbereich sich zumeist innerhalb eines Zeitraums von 12 bis 18 Monaten abspielt, dass nämlich (im positiven Fall) dann alle Kosten eingespielt und ein Gewinn erzielt wurde, geschieht bei Zeitschriften in aller Regel erst nach drei bis fünf Jahren, hält dann aber lange an. Entsprechend werden bei Verlagsverkäufen oft die Altrechte an vergriffenen oder marginal gewordenen Büchern nur gering bewertet, dagegen eine ertragbringende Zeitschrift mit einem finanztechnischen Multiplikator (ähnlich einer Immobilie) bewertet. Ein stabiler Abonnentenstand ist ein wertvolles Wirtschaftsgut, das erfreulicherweise, da selbst erarbeitet, in der Bilanz nicht aktiviert werden darf oder gar muss.

Der Kurzatmigkeit des Buchgeschäfts mit ständig neuen Einsätzen im Roulette der jährlichen Neuerscheinungen steht die lange Dauer des Zeitschriftengeschäftes kontrastreich gegenüber. Es ist daher kein Zufall, dass Zeitschriftenverleger i.d.R. in viel höherem Maße planende Kaufleute sein können als Buchverleger, die immer wieder mit hochgradiger Ungewissheit konfrontiert sind, die sich bei manchen durch emotionales Engagement z.B. für einen schwierigen Autor noch steigert.

5.1.5 Erlösquelle Anzeigen (s.a. Kap. 5.3)

Während Bücher meist nur aus den Verkaufserlösen finanziert werden können, kommt bei Zeitschriften eine wichtige zweite Erlösquelle hinzu – die Anzeigen.

Zeitschriftenverlage arbeiten somit gleichzeitig in zwei Märkten, die je eigenen Gesetzen und Anforderungen unterliegen. A. Bayer/P. Carl formulieren das anschaulich wie folgt: »Aufgrund ihrer Finanzierung agieren Medienunternehmen in zwei ganz verschiedenen Märkten: Einerseits ist der Rezipient und andererseits die werbetreibende Wirtschaft als Nachfrager zu befriedigen. Dieser Dualismus führt nicht nur zu doppelten Planungssystemen, sondern kann auch Zielkonflikte erzeugen. Dies ist dann der Fall, wenn Bedürfnisse und Wünsche der Rezipienten an das Medienunternehmen nicht den Vorstellungen und Wünschen der werbetreibenden Wirtschaft an das Medienunternehmen entsprechen.«

Der Erlösanteil der Anzeigen schwankt stark je nach Zeitschriftentyp, von 0% bei streng geisteswissenschaftlichen Zeitschriften bis zu 100%. Das veranschaulicht die bewusst vereinfachende Grafik, die keine Definition etwa einer Fachzeitschrift anhand der Quote der Anzeigenerlöse suggerieren will – es geht nur um eine Tendenzaussage, von der einzelne Objekte sehr stark abweichen können (siehe Abb. 5.2 S. 256).

Aus dieser unterschiedlichen Gewichtung ergeben sich entsprechend sehr unterschiedliche Zeitschriftentypen: Nur auf Abonnementserlöse angewiesene Spezialzeitschriften mit Auflagen zwischen 150 und ca. 5.000, dahinter Fachzeitschriften und Special Interest-Zeitschriften – Letztere wenden sich nicht an die Berufspraxis, sondern an private Interessenten – mit Anzeigenanteilen zwischen ca. 10 und 60% und am Ende der Skala die CC-Zeitschriften (= Controlled Circulation Journals), bei denen der Verlag für die Streuung und die für

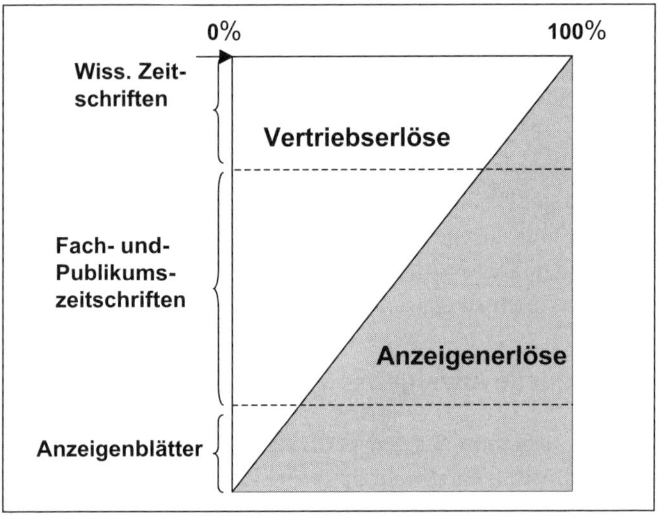

Abb. 5.2: Unterschiedliche Erlösanteile bei verschiedenen Zeitschriftentypen

die Anzeigenkunden relevanten Empfänger sorgt und diese im besten Fall auch voll erreicht. Diese optimale Zielgruppenabdeckung kann nur durch die kostenlose Abgabe der Abonnements erreicht werden, d.h. die Erreichung der Leser muss zu 100% aus Anzeigenerlösen finanziert werden. Dieser Zeitschriftentyp ist allerdings deutlich rückläufig, einige Verlage haben ihn ganz aufgegeben bzw. eine Umwandlung in Abonnentenzeitschriften vorgenommen.

Die Fachpressestatistik gibt für 2003 als durchschnittlichen Anteil der Anzeigen 23,5% des Heftumfangs an. Zu den Vertriebserlösen aus Abonnements treten die Erlöse aus Einzelheftverkäufen (bei manchen Zeitschriften höher als erstere) sowie (z. B. bei medizinischen Fachzeitschriften) Sonderdruckverkäufe, die in die Tausende gehen können. Neben diesen drei Quellen der Vertriebserlöse treten bei bestimmten Zeitschriften, sogenannte Page-Charges, d.h. Kostenbeiträge der Autoren, oft auch in Form von Zuzahlungen für Farbabbildungen sowie seit einigen Jahren eventuell Erlöse aus digitalen Lizenzen, die an Datenbankbetreiber gegeben wurden (s. Kap. 6.4.4).

Eine Zeitschrift hat umso größere Chancen auf gute Anzeigenaufträge, je mehr der Inhalt im Sinne der Inserenten ist (z. B. rasche und positive Berichterstattung über technische Neuerungen) und insoweit der Verlag durch Leseranalysen (s. 276f.) den hohen Nutzwert und eine entsprechende Marktdurchdringung insbesondere bei den so genannten »Entscheidern« nachweisen kann.

Die Bedeutung der Anzeigen für den Unterhalt von **Redaktionen** zeigt folgende Übersicht, bei der zeilenweise das Volumen der Anzeigenerlöse geringer wird:

Zeitschriftentyp	Käufer	Auflage	Anzeigenteil	Redaktions-aufwand im Verlag
Publikumszeitschriften	Private	hoch	hoch	sehr hoch
Special Interest	Private	mittel	mittel bis hoch	sehr hoch
Fachzeitschriften	überwiegend Unternehmen	klein bis mittel	mittel bis 100%	i.d.R. mittel bis hoch
Wissensch. Zeitschriften	überwiegend Bibliotheken	sehr klein bis mittel	klein	i.d.R. klein (author driven)

Auch dieses Schema zeigt nur Tendenzen auf – es gibt sehr wohl hoch wissenschaftliche Zeitschriften mit hohem Redaktionsaufwand und umgekehrt mit geringem redaktionellem Einsatz betriebene Fachzeitschriften.

Auch gibt es Experten, die die Special Interest Zeitschriften nicht als eigenständigen Typ sehen, sondern den Publikumszeitschriften zuordnen.

Je nach verlagsinterner Redaktionsleistung schwankt der Anteil der (Fremd)Honorare an den Gesamtredaktionskosten in den diversen Fachgebieten zwischen 20% und nahezu 45%. Diese Werte spiegeln das Gewicht nichtredaktioneller Beiträge. Viele rein wissenschaftliche Zeitschriften zahlen allerdings keine Autorenhonorare, und es gibt dort meist auch nur sehr geringe, meist pauschal entgoltene Redaktionskosten.

Der unauflösliche Zusammenhang von redaktionellem Teil und Anzeigenaufkommen hat natürlich zwei Seiten: Zum einen ist er ein stetiger Antrieb, das Objekt zu optimieren, zum anderen aber besteht die Gefahr – wie auf S. 265, 271 näher angesprochen –, abhängig zu werden von wichtigen Inserenten, also Hofberichterstattung und redaktionell daherkommende, in Wahrheit aber interessengesteuerte Artikel zu drucken. Hier ist verlegerische und journalistische Redlichkeit und Ethik gefragt, die eine klare Trennung von redaktionellem Inhalt, gekennzeichneten Beiträgen von Interessenten und Anzeigenteil fordert. Eine Stütze, sich auch tatsächlich gegen laufend vorhandene Versuchungen doch »ethisch« zu verhalten, liegt gewiss in der Erkenntnis, dass eine Zeitschrift, die erst einmal als käuflich entlarvt ist, ihre Reputation schnell verliert und damit à la longue auch für die Inserenten weniger attraktiv wird. Im gut marktwirtschaftlichen Sinn steuert der Markt in diesem Konflikt in die richtige Richtung.

Ganz anders ist die Situation bei Zeitschriften, die bewusst und ersichtlich z.B. als Industrieplattform konzipiert sind, in denen z.B. neue Methoden und Instrumente vorstellen. Das kann nicht »neutral« geschehen. Entscheidend bleibt, dass der Leser darüber Klarheit hat, mit welcher Art von Berichterstattung er es zu tun hat (s. a. S. 265).

Die Anzeigenerlöse zeichnen sich wie schon erwähnt durch besonders hohe Deckungsbeiträge aus: Ihre Produktionskosten sind – auch unter Einbeziehung der Akquisitionskosten – günstiger als die einer redaktionellen Seite (Einzelheiten zum Anzeigengeschäft finden sich in Kap. 5.3).

5.1.6 Zeitschriftentypen

Die Bandbreite verschiedener Zeitschriftentypen ist sehr groß. So unterscheidet z.B. die Pressestatistik folgende Gruppen:

- Politische Wochenblätter
- Konfessionelle Zeitschriften
- Publikumszeitschriften
- Fachzeitschriften mit überwiegend wissenschaftlichem Inhalt
- Andere Fachzeitschriften
- Kundenzeitschriften
- Amtliche Blätter
- Kommunale Blätter
- Sonstige Zeitschriften

Weitere Zeitschriftentypen sind zu nennen: Anzeigenblätter, Mitarbeiterzeitschriften, Verbands- und Vereinszeitschriften. Wo Verlage für Unternehmen im Bereich der Kunden- und Mitarbeiterzeitschriften tätig sind, spricht man neuerdings von Corporate Publishing.

Der VDZ (Verband Deutscher Zeitschriftenverleger) unterscheidet lediglich drei Gruppen:

- Fachzeitschriften
- Konfessionelle Zeitschriften und
- Publikumszeitschriften

In beiden Aufzählungen fehlt eigenartigerweise die von der Titelzahl ebenso wie vom wirtschaftlichen Volumen her bedeutende Gruppe der **Special Inter-**

est-Zeitschriften, in denen thematisch fokussiert, mit teils erheblichem fachlichem Anspruch Themen behandelt werden, die persönliche (nicht berufliche) Interessengebiete von Lesern ansprechen, etwa Segeln, Campen, Hobbywerken, Waffensammeln, Garten u.s.w. Diese Zeitschriften stehen in Stil und Anspruchsniveau zwischen Fach- bzw. Publikumszeitschriften. Sie können in ihrer internen Organisation nach betriebswirtschaftlichen Kriterien und dem Anteil der Anzeigen als eng verwandt mit den Fachzeitschriften angesehen werden, die Schwerpunkt dieses Kapitels sind. Von der Marktseite her wird man sie eher bei den Publikumszeitschriften anzusiedeln haben.

Eine für die Positionierung einer Zeitschrift nützliche Veranschaulichung ist die nachstehende.

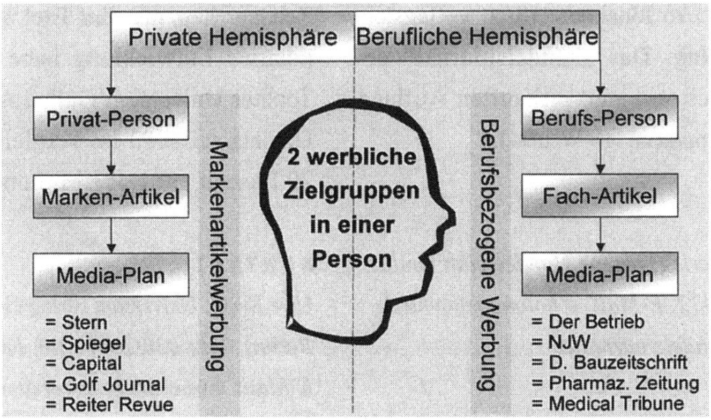

© Karl-Heinz Wimmer, RANGE GmbH

Abb. 5.3: Zwei unterschiedliche Bereiche der Verlagsbranche

Betriebswirtschaftlich werden Zeitschriften ganz unabhängig von ihren Inhalten nach dem Anteil der Anzeigenerlöse (s. S. 256) und der Existenz bzw. Nichtexistenz einer vom Verlag finanzierten Vollredaktion unterschieden. Beide Kriterien treffen nur für den kleineren Teil der gut 6.000 Zeitschriften laut Banger-Verzeichnis und für einen noch viel kleineren der über 40.000 Titel laut Deutscher Bibliothek zu.

Der Zusammenhang von nennenswerten Anzeigenerlösen und Vollredaktion ist offensichtlich: Abgesehen von wenigen sehr teuren internationalen Organen kann kaum eine Wissenschaftszeitschrift die Kosten einer Vollredaktion tragen, wenn sie nicht erhebliche Anzeigenerlöse erzielt. (s. Kap. 5.3).

Die weit überwiegende Zahl von Zeitschriften sind »graue Mäuse« aus äußerlicher, ökonomischer Sicht. Auf den Inhalt gesehen sind viele dieser »grauen Mäuse« Riesen, ungleich bedeutungsvoller als farbenfrohe Journale, die auf gute Anmutung bedacht sind. Wie auch immer: Die meisten Zeitschriften sind bestimmt durch überwiegend Text, wenig Abbildungen, keine Farbe, kleine bis kleinste Auflagen, lebensfähig nur durch den nicht von finanziellen Interessen gesteuerten Einsatzwillen von Herausgebern und Autoren – oft sind sie ein Kommunikationsorgan kleiner, nahezu geschlossener Zirkel, ob in der Wissenschaft oder anderen Lebensbereichen. Das jährliche Umsatzvolumen vieler solcher Objekte übersteigt oft kaum 10.000 Euro, die Deckungsbeiträge sind minimal. Viele dieser Zeitschriften erscheinen gar nicht in Verlagen – wo doch, handelt es sich quasi um eine Serviceleistung des Verlags im Interesse der Themenabrundung oder Autorenpflege. Sie dienen also allenfalls indirekt der Gewinnerzielung.

In der Regel ist das Abonnement für eine Zeitspanne (halb- oder ganzjährig) fixiert und wird so im voraus berechnet. Man unterscheidet zwischen Abonnements, die jährlich vom Kunden erneuert werden, und solchen, die zur Fortsetzung bis auf Widerruf gelten – das kann bei institutionellen Beziehern ein Zeitraum von vielen Jahrzehnten sein. Die effektive durchschnittliche Lebenszeit der Abonnements ist Maß für deren Wert. Man unterscheidet das rollierende Abonnement (Eintritt jederzeit möglich) bei publikumsnahen Zeitschriften von der bandweisen Subskription bei Fach- und wissenschaftlichen Zeitschriften. Bei Fachzeitschriften gibt es z. T. ebenfalls das rollierende Abonnement, das im Verwaltungsaufwand natürlich diffiziler ist.

5.1.7 Zusatzleistungen als weitere Erlösquellen

Zunehmend bieten Zeitschriften zusätzliche Leistungen für ihre Abonnenten an, mit denen sie einerseits die Abonnentenbindung festigen und andererseits Zusatzerlöse erlangen wollen. Das geht von preisgünstigen Readerbänden oder retrospektiven CD-ROM-Ausgaben, die wichtige Aufsätze der Zeitschrift zusammenfassen, über Reisevermittlung (sei es zu Kongressen oder themenbezogenen Ereignissen im Special-Interest-Bereich) bis zum bevorzugten, nicht unbedingt kostenlosen Zugriff auf Volltexte in der Datenbank des Verlags, der Beantwortung oder Weiterleitung von Leseranfragen (Interessentenkarten), Lieferantennachweise, Literaturdienste etc. Ein weiteres Feld ist Direktmarketing für verlagseigene oder sonstige Produkte. Hier hat das Internet neue, vielfältige Möglichkeiten eröffnet, in dem sowohl Ergänzungen des Printprodukts (vertiefende Informationen, Dokumentarchiv, Diskussionsforen u.ä.) wie auch evtl. Parallelprodukte (Digitalversion zum Zusatzpreis) angeboten werden können (s.a. Kap. 6).

Weitere Instrumente sind ergänzende **Newsletter**, die wiederum als Anzeigenwerbeträger dienen können. Seit einigen Jahren gibt es die Möglichkeit elektronischer Newsletter und Profildienste, die z.T. mehr dem Ziel der Kundenbindung durch Zusatznutzen dienen als der direkten Generierung von Zusatzerlösen. Schließlich entspringt dem Know-how der Fachredaktionen das Zusatzgeschäft mit **Fachseminaren**, oft unter dem Label der Zeitschrift, so dass deren Bekanntheitsgrad gestützt bzw. gesteigert wird. Die Redakteure der betreffenden Zeitschriften können dabei aktuelle Themen auswählen und aus dem Autorenstamm der Zeitschrift kompetente Referenten gewinnen. Das Seminargeschäft hat bei vielen (Fach-)Zeitschriftenverlagen einen erheblichen Umfang angenommen.

Die Dauerhaftigkeit der Zeitschrift und ihres Nutzens ermöglicht die Ausschöpfung dieses Potenzials in einem derart erweiterten Angebotsmix.

Nach diesem kurzen Überblick über einige Strukturverschiedenheiten zwischen Zeitschriften und Büchern aus verlagswirtschaftlicher Sicht (die medientheoretischen Aspekte können hier nicht behandelt werden) sollen in den nachfolgenden Abschnitten einige ökonomische Aspekte ausführlicher dargestellt werden.

5.2 Produkterstellung im Zeitschriftenverlag

5.2.1 Redaktionen/Herausgeber

Wie schon vorstehend in Kap. 5.1.1 dargestellt, sind Zeitschriften mit einer eigenen Redaktion in hohem Maße auch inhaltlich, insbesondere in ihrer Mischung und thematischen Fokussierung der Beiträge ein Ergebnis der Tätigkeit im Verlag (ggf. im Zusammenwirken mit externen Herausgebern). Gemäß einer redaktionellen bzw. fachlichen Zielvorgabe sind Beiträge einzuwerben, zu begutachten, zu redigieren und zu Heften zu komponieren. Das erfordert eine deutlich andere Arbeitsweise als bei der Produktion von Büchern.

Herausgeber und Redaktion müssen, soweit sie nicht bestimmte Beiträge selbst schreiben, geeignete, möglichst im Fach bereits bekannte Autoren ansprechen, zur Einreichung von Arbeiten ermutigen, Beiträge zu bestimmten

Themen beauftragen und laufend Qualitätskontrolle betreiben. Diese erfolgt bei wissenschaftlichen Zeitschriften durch zweifache anonyme Begutachtung durch Experten (sog. Peer Review), in allen anderen Fällen in der Regel weniger formalisiert durch Herausgeber bzw. Redaktion.

Oft wird die Zielsetzung einer Zeitschrift auch in der Zeitschrift selbst abgedruckt, um potenziellen Lesern ebenso wie potenziellen Autoren zu verdeutlichen, was die Zeitschrift sein und bieten will und was nicht. Dafür ein Beispiel (Zeitschrift für Soziologie):

> Die Zeitschrift veröffentlicht Beiträge aus allen Bereichen der Soziologie und ihren Randgebieten einschließlich methodologischer und forschungstechnischer Arbeiten, Beiträge, die sowohl einen theoretischen als auch einen empirischen Bezug aufweisen, werden besonders begrüßt. Kritische Kommentare (maximal 3 Druckseiten) zu einzelnen in der Zeitschrift erschienenen Beiträgen sind erwünscht und können zusammen mit Erwiderungen der betroffenen Autoren abgedruckt werden. Die Annahme zugegangener Manuskripte bleibt vorbehalten.

Jede Zeitschrift muss bestrebt sein, zu einer Qualitätsadresse zu werden. Je anspruchsvoller eine Zeitschrift bei der Auswahl der Arbeiten ist, desto höher ist ihr Ansehen bei den Autoren und Lesern. Es bildet sich eine Art von Pyramide heraus, bei der es einige Spitzenzeitschriften gibt, ein Mittelfeld und die Junk-Journals, die den Rest veröffentlichen – unveröffentlicht bleibt wenig. Hochrangige Zeitschriften erreichen leicht Ablehnungsquoten von 70 bis 80 Prozent und mehr und verlangen von den Autoren mindestens eine Umarbeitung sowie Geduld: Die Spitzenzeitschriften haben oft längere Wartezeiten, bis eine Arbeit für ein Heft eingeteilt wird – Junk-Journals schleusen alles ein.

Für die Publikumspresse gibt es zur Überwachung berufsethischer Verhaltensregeln (Sorgfalt, Beachtung von Persönlichkeitsrechten der Dargestellten, Fairness) den Deutschen Presserat, dessen Träger der BDVZ, der VDZ, der Deutsche Journalistenverband und die IG Medien sind. An ihn können Beschwerden gerichtet werden, er erteilt Rügen oder Missbilligungen oder unternimmt Vermittlungen.

Die Redaktion muss also für einen stets ausreichenden Bestand von Manuskripten sorgen, weil es eine Vielzahl von Manuskripten in verschiedenen Bearbeitungsstadien gibt, die ständig nachverfolgt werden müssen.

Neben die Fremdbeiträge externer Autoren treten bei vielen Zeitschriften die hausintern erstellten Beiträge der Redaktion. Eine dritte Textart sind in der Regel auch (zum Leidwesen der Buchautoren) die Rezensionen. Die beiden

Manuskriptzustände

- eingereichte Erstfassung
- im Zustand der Begutachtung
- Rückgabe an Autor zur Überarbeitung
- überarbeitete Fassung (ggf. zweiter Review-Prozess)
- eingeteilt ins Heft
- Korrekturlauf
- Druck bzw. digitale Veröffentlichung

letzteren Inhaltsgruppen können teils als disponible Messung zur Erreichung der vorgegebenen Heftumfänge benutzt werden.

Die Verwaltung von oft mehreren hundert Manuskripten in den verschiedenen vorgenannten Aggregatzuständen erfordert Sorgfalt und Initiative. Sie geschieht heute in Form einer Datenbank (früher aufwändig in einer Art mehrspaltigem Hauptbuch oder Karteiform). Zur Frage der ausreichenden Rechteübertragung seitens der Autoren s. S. 351f.

Jede Zeitschrift sollte einen gewissen Puffer, das heißt einen Vorrat bereits angenommener, druckreifer Arbeiten haben, um flexibel die Hefte einteilen zu können. Es ist fatal, wenn man auf eine verschleppte Korrektur warten muss und dadurch das Heft verspätet erscheint. Hat man Vorrat, wird der säumige Autor ans Ende der Schlange gestellt, und eine andere Arbeit gelangt ins Heft.

Es sollte also das Badewannenprinzip gelten, d.h. Zugang und Abfluss sollten sich grob entsprechen, Schwankungen fängt der Sicherheitsbestand auf.

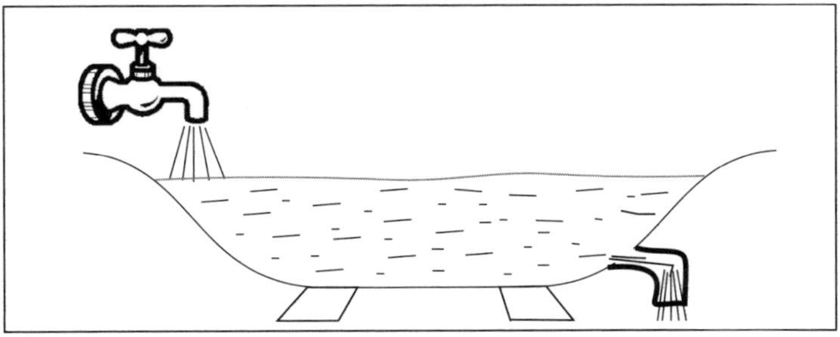

Abb. 5.4: Badewannenmetapher: eine Zeitschrift braucht immer einen disponiblen Bestand an Beiträgen.

Wird der Zustrom dauerhaft größer als das bisherige Abflussvolumen, würde die Publikationsfrist aufgrund der entsprechenden Warteschlange steigen. Dagegen gibt es zwei Möglichkeiten der Abhilfe: entweder Reduzierung des Zustroms, d.h. Verschärfung der Annahmekriterien, oder Vergrößerung des Volumens der Zeitschrift durch mehr Hefte oder größere Heftumfänge. Wenn Letzteres mit angemessenen Preisanpassungen möglich ist, verstärkt sich die Ertragskraft der Zeitschrift. Die andere Politik, eine weitere Anhebung des Niveaus, wirkt kurzfristig nicht in dieser Weise, kann es langfristig aber u. U. noch stärker. Natürlich gibt es viele Zeitschriften, insbesondere im Publikumsbereich, bei denen eine Anhebung des Niveaus kontraproduktiv wäre: Es ist stets an die Zielgruppe zu denken.

Eine ganz andere Arbeitsplanung ist erforderlich, wenn die Hefte einer Zeitschrift nicht nach dem Zufluss-/Abfluss-Prinzip bunt gemischt zusammengestellt werden, sondern vielmehr thematisch komponierte Hefte generell oder zu bestimmten Anlässen entstehen sollen. Viele Zeitschriften verfahren auch im Wechsel: Ein Teil der Hefte ist thematisch gestreut, einige thematisch fokussiert, sei es als Themenheft oder zumindest als gekennzeichnetes Schwerpunktheft, der Rest zufallsgemischt. Für Themenhefte sind natürlich viel längere Vorlauffristen erforderlich, z.T. werden heftweise besondere (Gast-)Herausgeber dazu beauftragt. Im Grundsatz aber leben Zeitschriften vom Prinzip des vielfältig gefüllten Fruchtkorbs: Möglichst in jedem Heft sollte jeder Leser etwas finden, das ihn interessiert.

Eine wesentliche Redaktionsleistung sind auch die diversen Rubriken, die oft in besonderem Maße Lesernutzen schaffen: Editorials zu aktuellen Themen, Diskussionsforen, Interviews, Kurzberichte, Personalia, Veranstaltungskalender, Zeitschriftenschau und Buchrezensionen u.a. All diese Rubriken erfordern intensive, laufende Recherchearbeit, verursachen also erhebliche Kosten. Sie können aber für viele ein Hauptargument dafür sein, eine Zeitschrift zu abonnieren.

Insgesamt versuchen moderne Zeitschriften mehr zu bieten als nur die periodische Lieferung gedruckter Information. Das heißt, die Zeitschriften werden zu Produkten, die mehr leisten als nur Autoren- und Prozessmanagement, vielmehr sollen unter der »Adresse« der Zeitschrift viele (manchmal wird kühn sogar gesagt »alle«) Nutzerbedürfnisse befriedigt werden. Stichworte zu dieser Ausweitung der Zielsetzung von Zeitschriften sind z.B.

- Moderieren von Kommunikationsprozessen (Community Organizing)
- »Beratungsjournalismus« (Nutzwert fürs praktische Handeln steigern)
- Qualitätssteigerung der redaktionellen Leistung (Auslese-, Bewertungs- und Filterfunktion)
- Expertenwissen für Experten
- Informationen managen

Größere Fachverlage verarbeiten im Jahr Hunderttausende von Leserdienstkarten und beantworten weitere Hunderttausende Leseranfragen. Diese Kontakte verstärken einsichtigerweise die Kundenbindung und bedeuten gleichzeitig ein enormes Potenzial für Direktmarketing.

Redaktionen kosten also viel Geld. Sie sind daher nur möglich ab einem bestimmten minimalen Umsatzvolumen, das deutlich über 200.000 Euro pro Objekt liegt. Darunter muss mit Teilzeitredakteuren, free lancern oder ehrenamtlichen Herausgebern gearbeitet werden, die diese Funktion z.B. als Wissenschaftler aus ganz anderen Gründen als dem Gelderwerb zu übernehmen bereit sind.

Wie groß die Redaktion sein kann und wie hoch die Zahl der zu veröffentlichenden Seiten, hängt oft vom Anzeigenvolumen ab – Redaktion und Anzeigenabteilung stehen daher in engstem Kontakt, nicht nur wegen der gezielten Ansprache von Anzeigenkunden für Themenschwerpunkte bestimmter Hefte. Angesichts dieses engen wirtschaftlichen Zusammenhangs von Anzeigengeschäft und redaktioneller Arbeit sei noch einmal darauf hingewiesen, dass (intern gesetzte oder extern vorgegebene) **ethische Regeln** zur sauberen Trennung beider Bereiche existieren sollten: Es muss klar sein, wer einen Beitrag verantwortet, ob er aus der Industrie stammt oder gar reine Produktinformation darstellt (dafür gibt es korrekterweise besondere Rubriken). Klare Trennung dieser Textarten ist also unbedingt geboten, auch wenn es manche Inserenten gerne anders hätten.

Größere Redaktionen bestehen aus dem Chefredakteur, weiteren Redakteuren (evtl. einem Bildredakteur) und sonstigem Personal, sie haben dann meist Tausende von Seiten im Jahr zu betreuen und zu erheblichen Teilen selbst zu verfassen.

Schließlich ist noch die Steuerung der Heft- bzw. Jahrgangsumfänge anzusprechen, für die Herausgeber bzw. Redaktionen verantwortlich sind: Bei anzeigenintensiven Zeitschriften werden die Umfänge laufend in einer kostenrechnerisch vorgegebenen Proportion zum tatsächlichen Anzeigenvolumen gesteuert. Bei anzeigenarmen oder anzeigenlosen Zeitschriften muss der Bandumfang **im Voraus** festgelegt werden, da ja über die Abonnementserlöse hinaus keine Einkunftsquellen zur Verfügung stehen – jeder Mehrumfang geht damit zu Lasten des Verlags.

5.2.2 Organisation der Arbeitsabläufe

Für den technischen Ablauf der Produkterstellung gilt im Zeitschriftenbereich noch viel konsequenter, was über die tief greifenden Wandlungen des »Workflow« im Abschnitt über Buchherstellung (s. Kap. 3.3) gesagt wurde. Gerade weil Zeitschriften stärker als Bücher organisatorisch und inhaltlich im Verlag gesteuert werden, ist hier viel leichter ein streng definierter Arbeitsablauf möglich. Dateiformate, Verarbeitungsprogramme, Schnittstellen vom Autor über Redaktion bis zur Druckerei etc. lassen sich gestalten. Viele Verlage haben mittlerweile, z.T. basierend auf verfügbaren Softwarelösungen wie etwa Manuscript Central (von Scholar One in den USA), hauseigene Redaktions- und Herstellungssysteme eingerichtet, durch die der Publikationsprozess deutlich beschleunigt wird: Über solche Plattformen eingereichte Manuskripte brauchen nur noch wenige Wochen bis zur Publikation. Solche Systeme verwalten Manuskripteingang, das Reviewsystem, die Redaktionsaktivitäten, Korrekturgänge bis zur Publikation in Papierform oder digital und bei Bedarf auch den gesamten Anzeigenbereich. Hier spricht man von CAAS (Computer Aided Advertising Systems). Die Akzeptanz bei Fachautoren ist dabei sehr hoch, d.h. das Manuskript kommt per e-mail, geht auf demselben Weg zu den Gutachtern bzw. wird in der Redaktion bearbeitet, Bilder werden eingestellt, Überschriften eingebaut u.s.w.

Die ALPSP hat in einer Umfrage festgestellt, dass mit der Etablierung solcher Systeme der Manuskripteingang sich spürbar verstärkte: d.h. der positive Effekt solcher Systeme beschränkt sich also nicht auf Kostenersparnisse und Beschleunigung.

Wie beim Buch obliegt es dem Verlag zu entscheiden, ob er die Druckvorstufe ins Haus nehmen oder der Druckerei überlassen will. Die Mehrzahl der Zeitschriftenverlage hat sich für die Inhouse-Lösung entschieden und übermittelt fertig umbrochene Seiten zur Plattenbelichtung in die Druckerei.

Die Umstellung und Beschleunigung der Arbeitsabläufe hat zu einer enormen Beschleunigung auch im zweiten Bereich einer Zeitschrift, nämlich bei den Anzeigen, geführt: Hatten früher viele Zeitschriften Anzeigenschluss zehn Tage vor Erscheinungstermin des Heftes, ist das weithin analog zum redaktionellen Teil auf bis zu drei Tage geschrumpft, weil ja beim jetzigen Verfahren bis zur Absendung der Komplettdatei der redaktionelle Teil und der Anzeigenteil verändert und verschoben werden können; bis zu diesem Zeitpunkt kann gekürzt und erweitert werden. Die Positionierung von Anzeigen, das Layout, die gleichmäßige Auslastung und die Wahrnehmung kurzfristig möglicher zusätzlicher Anzeigenerlöse werden so optimiert. Damit dies effizient geschieht, ist der Anzeigenbereich möglichst voll in den Workflow zu integrieren, es bedarf also auch hier einer sorgfältigen Abstimmung von Datenstandards etc. Darauf weist der Arbeitskreis Mediainformationen Fachzeitschriften (AMF) in seinen »Hinweisen zur Bearbeitung von Anzeigenaufträgen« hin (s. nachstehenden Kasten und S. 276f.).

Digitale Übermittlung von Druckunterlagen (nach AMF)

Um die Produktionsabläufe zu optimieren und Produktionszeiträume zu verkürzen, setzt sich das Drucken »computer to plate« durch. Dieses Verfahren macht es notwendig, dass alle Druckunterlagen in digitaler Form vorliegen. Kostengünstig ist, die Druckunterlagen gleich digital als Dateien an die Druckerei zu übermitteln. Wegen der unterschiedlichen technischen Ausstattungen ist es sinnvoll, die Bedingungen dafür in einem Merkblatt »Elektronisch übermittelte Druckunterlagen« aufzuführen. Das Merkblatt kann als Ergänzung zur Anzeigenpreisliste und zur Auftragsbestätigung mitgegeben werden. Ein Muster findet sich in der AMF-Schriftenreihe Band 1 »AMF-Standard für Media-Informationen« der Deutschen Fachpresse.

Detailspezifikationen müssen von Verlag und Druckerei erarbeitet werden und zwar möglichst so, dass den Kunden keine Erschwernisse in ihrer Arbeit zugemutet werden.

In nicht wenigen Verlagen ist der Workflow in den letzten zehn Jahren mehrfach verändert worden mit allen Kosteneffekten und Risiken dieser Umstellungen, und ein Ende dieser Veränderungsprozesse ist noch nicht abzusehen.

Trotz all dieser Änderungen ist der Anteil der Druckvorstufekosten mit durchschnittlich etwa 20% laut Kostenstruktur 2003 der Deutschen Fachpresse durchaus beachtlich.

Zu den neuen Arbeitsabläufen gehört auch die Entscheidung für eine ausgabenneutrale/medienneutrale Datenaufbereitung, konkret also, ob die Dateien per XML (Xtended Markup Language) und ähnlichen Verfahren so aufbereitet werden sollen, dass sie auch andere Nutzungsformen ermöglichen als nur die Ausbelichtung für das gedruckte Produkt. Eine wesentliche Rolle spielt sodann im Informationsfluss zwischen Verlag, Bibliotheken und anderen Partnern die Anwendung von ONIX. Das ist gerade bei Zeitschriften von großer Bedeutung, die heute schon in großer Anzahl fakultativ auch online verfügbar gemacht werden oder als kumulierte Datenbank auf CD-ROM. Das Wesentliche am XML-Konzept ist, dass damit die Inhalte einer (Text-)Datenbank in klar definierten Strukturen beschrieben werden können, d.h. Überschriftenränge, Textarten etc. klar kodiert werden.

Diese zusätzlichen Bearbeitungsgänge verursachen erhebliche Kosten. Es müssen also konkrete Anwendungsmöglichkeiten vorliegen oder solche in absehbarer Zukunft geplant sein, um die Kosten zu rechtfertigen. Eine XML-Überarbeitung »auf Vorrat«, nur um modern oder für alles gewappnet zu sein, sollte gut bedacht werden, zumal es hier viele Varianten gibt und schnell weitere Anforderungen auftauchen wie Anfügung von Metadaten, Links oder Semantic Tagging.

Es ist nicht zu verkennen, dass hier kleinere Verlage, die nicht über das entsprechende Know-how verfügen und angesichts des finanziellen Rahmens auch entsprechende Stellen nicht schaffen können, ins Hintertreffen geraten können. Der Ausweg ist dann der Rückgriff auf externe Kräfte mit entsprechendem finanziellem Mehraufwand, dafür aber ohne Fixkosten mit der Gefahr mangelnder Auslastung. Die Wettbewerbsfähigkeit kleinerer Verlage wird hier harten Bewährungstests unterzogen werden.

Jedenfalls führt der neue Workflow zu Kostenreduktion im technischen Bereich und zu Zeitgewinn. Angesichts des zusätzlichen harten Wettbewerbs in der Druckindustrie haben alle Zeitschriftenverlage auch über diese Effekte hinaus ihren Wareneinsatz in den letzten Jahren deutlich reduzieren können und somit die aufgrund von Abonnenten- und Anzeigenrückgang eigentlich bedrohliche Tendenz der Ertragsentwicklung wenigstens teilweise kompensieren können. Ohne diese technische Revolution der letzten zehn Jahre sähe es in vielen Zeitschriftenverlagen sehr schlecht aus. Sonstige Aspekte der Produkterstellung im Zeitschriftenbereich sind weitgehend analog zu denen in der Buchherstellung zu sehen, daher wird hier auf Kapitel 3 verwiesen, um Wiederholungen zu vermeiden.

5.3 Das Anzeigengeschäft

5.3.1 Grundlagen

Die grundsätzliche wirtschaftliche Bedeutung des Anzeigengeschäfts wurde schon mehrfach angesprochen. Ein wichtiger Aspekt aus Nutzerperspektive ist noch hinzuzufügen:

Auch Anzeigen sind (nützliche) Informationen

Es wäre ganz verfehlt, sie nur als finanziell erfreulich (weil die ansonsten viel höheren Abonnementspreise senkend) anzusehen oder gar aus Lesersicht als ärgerliche Belastung oder Belästigung. Anzeigen machen mit neuen Produkten bekannt, senken, insoweit erfolgreich und damit für die Inserenten stückzahlsteigernd, die Kosten der beworbenen Produkte und verschaffen dem Nutzer bessere Informationen über Neuentwicklungen, Preise und Bezugsquellen. Zugleich entlasten sie die Käufer zu Teilen beim zu bezahlenden Preis für die Zeitschrift.

Jeder – ob privat oder beruflich – braucht ständig Informationen, die in Anzeigenform zu ihm gelangen.

Also:

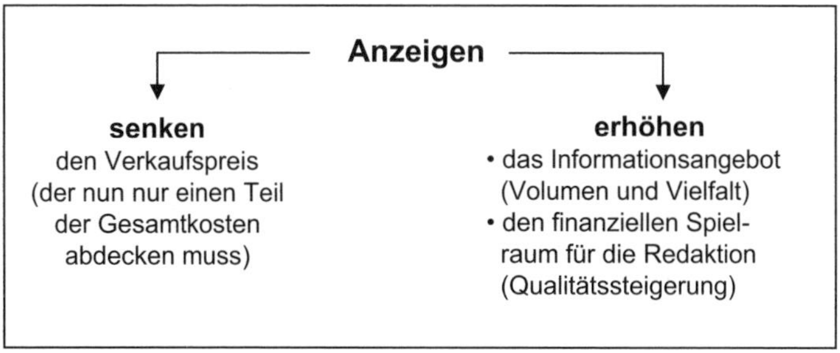

Abb. 5.5: Der doppelt positive Einfluß der Anzeigen für den Leser

Daher hat der Zentralverband der Werbewirtschaft (ZAW) sehr berechtigt vor einiger Zeit das folgende Werbemotiv lanciert:

Abb. 5.6: Werbung für Werbung

Im fachlichen Bereich sind Anzeigen eine geradezu unentbehrliche Information. Von manchen Zeitschriften, wie etwa dem Börsenblatt des Deutschen Buchhandels, wird gesagt, sie würden primär **wegen** der Anzeigen gehalten und gelesen. Ob das nun überspitzt ist oder nicht, auf jeden Fall machen solche Aussagen deutlich, dass Anzeigen oft hohen Informationswert besitzen.

Ohne Anzeigenerlöse könnten viele Redaktionen nicht im bisherigen Umfang arbeiten, d.h. der Inhalt der Zeitschriften würde an Qualität verlieren, ggf. auch der redaktionelle Inhalt stark reduziert. Die Tageszeitungen sind dafür in den letzten Jahren ein betrübliches Beispiel. Bei hochauflagigen Zeitschriften gibt es Fälle, wo die Vertriebserlöse gerade mal das Papier finanzieren – alles andere muss von den Anzeigenerlösen gedeckt werden, d.h. der Leser verliert viel, wenn es keine Anzeigen gibt. Ein kritischer Aspekt der hohen Bedeutung des Anzeigenaufkommens ist die daraus mögliche Beeinträchtigung der journalistischen Unabhängigkeit. Artikel werden abgemildert oder gar nicht gedruckt, um große Inserenten nicht zu verärgern. Tatsächlich hat es seitens wichtiger Anzeigenkunden auch schon manches Mal »Strafaktionen« mit Reduktion oder gar völligem Stopp von Anzeigen gegeben. Das setzt die »Schere im Kopf« in der Redaktion u.U. in Bewegung. Das Stichwort dazu heißt »**Innere Pressefreiheit**«, also die Wahrung der Autonomie des Inhalts. Allerdings gibt es in milderer Form Ähnliches auch in Bezug auf Leser, insbesondere Abonnenten. Ganz frei von ökonomischen Einflüssen kann eben eine Zeitschrift nicht sein.

Wegen der hohen Bedeutung der Anzeigenerlöse betreiben Zeitschriftenverlage eine permanente, sorgfältige Konkurrenzbeobachtung: Die Hefte der wichtigsten Wettbewerber werden auf Zahl und Art der Anzeigen hin analysiert, es wird geprüft, welche Kunden etwa in anderen Objekten Anzeigen schalten, nicht aber im eigenen oder gar abgewandert sind. Hieraus ergeben sich dann direkte Anstöße für die Anzeigenakquisition, aber auch indirekte für eine Überprüfung und verbesserte Fokussierung der Zeitschrift im Inhaltlichen, bessere Präsentierung bei bestimmten Anlässen etc. Ein Absinken des eigenen Anzeigenaufkommens gegenüber der Konkurrenz, d.h. ein schrumpfender Anteil am Anzeigenmarkt des betreffenden Spezialbereichs ist stets ein Alarmsignal.

Die jahrelang ungünstige Entwicklung der Anzeigenerlöse in den letzten Jahren hat sich gemäß folgender Aufstellung des ZAW (Zentralverband der deutschen Werbewirtschaft) wieder stabilisiert.

Entwicklung der Werbeerlöse in Deutschland
in Mio. Euro

Werbeträger	2003	2004	2005	2006	%Veränd. 06 auf 03
Tageszeitungen	4 454,90	4 502,30	4 476,60	4 532,90	+1,8
Fernsehen	3 811,27	3 860,38	3 929,55	4 114,26	+ 8,7
Werbung per Post	3 303,87	3 398,43	3 398,12	3 318,87	- 0,5
Anzeigenblätter	1 746,00	1 836,40	1 898,00	1 943,00	+11,3
Publikumszeitschriften	1 861,50	1 839,20	1 791,40	1 855,89	- 0,3
Verzeichnis-Medien	1 219,51	1 195,73	1 197,00	1 198,60	- 1,2
Fachzeitschriften	877,00	865,00	902,00	956,00	+ 9,0
Außenwerbung	709,97	720,11	769,14	787,43	+ 10,8
Hörfunk	579,24	617,99	663,71	680,48	+ 17,4
Online-Angebote	246,00	271,00	332,00	495,00	+ 201,2
Wochen-/ Sonntagszeitungen	225,10	239,50	252,80	260,20	+15,6
Filmtheater	160,68	146,77	132,39	117,48	-27,3
Zeitungssupplements	85,50	90,00	91,00	89,90	+4,7
Gesamt	19 280,54	19 582,81	19 833,71	20 350,01	+5,5

Netto: nach Abzug von Mengen- und Malrabatten sowie Mittlerprovisionen, sofern nicht anders bezeichnet vor Skonti, ohne Produktionskosten
Quelle: ZAW-Jahrbuch »Werbung in Deutschland« und eigene Berechnungen

Alle Zeitschriftentypen haben Anzeigenvolumen verloren, nur die Online-Formen verzeichnen einen Zuwachs, sind aber insgesamt meist in der Verlustzone verblieben.

Aufschlussreich ist schließlich die unterschiedliche Bedeutung der Anzeigenerlöse in verschiedenen Fachgebieten (nach Deutsche Fachpresse in Zahlen 2003. Die strukturelle Aussage ist auch weiterhin zutreffend.

Themenfeld	Anzeigenerlöse	Vertriebserlöse
Industrie	76%	24%
Handel (Dienstleistung)	68%	32%
Medizin (Gesundheit)	72%	27%
RWS	11%	89%
Handwerk	55%	44%
Andere	21%	79%
Ohne Schwerpunkt	48%	52%

Rundungsdifferenzen nicht korrigiert

Dabei ist ein hoher Anteil von Anzeigenerlösen durchaus zweischneidig zu beurteilen: Er ist in guten Jahren sehr positiv, wegen des schon erwähnten wesentlich höheren Deckungsbeitrag II gegenüber den Vertriebserlösen. Dem steht aber negativ die viel höhere Konjunkturanfälligkeit der Anzeigenerlöse gegenüber. Fallweise ist bei den Objekten zu differenzieren zwischen Produktanzeigen und Stellenanzeigen. Bestimmte Zeitschriften haben sich auf dem letzteren Markt eine dominante Stellung erarbeitet; allerdings sind Stellenanzeigen noch konjunkturanfälliger als die sonstigen. In schlechten Jahren schauen die anzeigenintensiven Blätter neidvoll auf die mit einem hohen Anteil von Vertriebserlösen, die wesentlich stabiler sind und leichter durch Abonnementspreissteigerungen abgestützt werden können.

5.3.2 Mediadaten

So wie um die Abonnenten muss sich der Verlag auch um die Inserenten bemühen, er muss sie kontaktieren, informieren, umwerben. Das geschieht in der einfachsten Form durch die Insertionsunterlagen, auch Media-Informationen genannt.

Aussagen zum Werbeträger	Media-Informationen unterrichten über: • Titel (und dessen Zielsetzung) • Auflagen • Zielgruppen • Regionale Verbreitung • Reichweitenanalyse
Kosten u. technische Angaben	• Formate • Erscheinungsweise/-termine • Heftthemen • Preise • Technische Einzelheiten (Farbe, Beschnitt, Beilagen, Beikleber, Einhefter usw.) • Rabatte/Malstaffeln für Mehrfachschaltung

Üblicherweise werden diese Informationen als A5 quer (evtl. gefaltete Doppelkarten) gestaltet. Jeder Zeitschriftenverlag schickt diese Informationen auf Verlangen zu bzw. stellt sie in seine Homepage ein.

Solch eine Karte kann etwa wie folgt aussehen (Beispiel Zeitschrift Buchreport):

buchreport.express

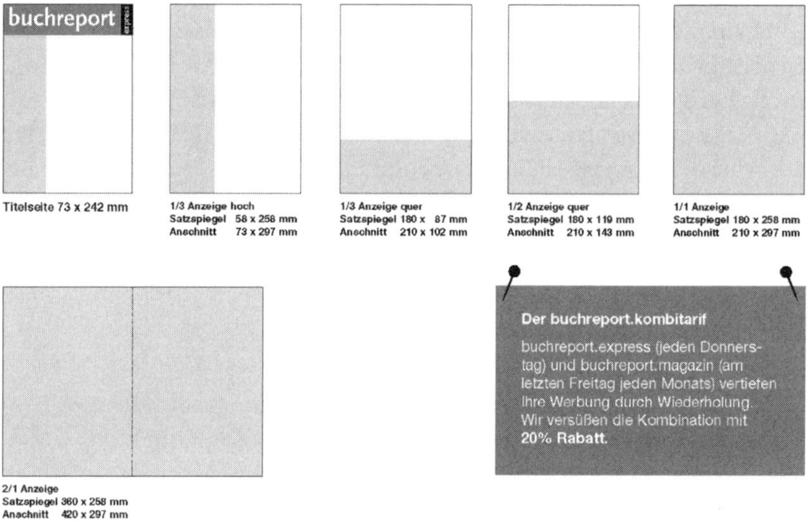

buchreport.express (wöchentlich, jeweils am Donnerstag)

Platzierung	Größe	**Format** (Breite x Höhe in mm)		**Preise** (€)	
		Satzspiegel	**Anschnitt***	**SW**	**4-farbig**
Titelfeld* (links und unten Beschnitt)			73 x 242		1780,–
Bundstegseite	2/1	360 x 258	420 x 297		1850,–
Umschlagseiten (U2, U3, U4)	1/1		210 x 297		1330,–
1/1 Seite	1/1	180 x 258	210 x 297	590,–	970,–
1/1 neben den Bestsellerlisten	1/1	180 x 258	210 x 297	770,–	1300,–
Doppelseite	2/1	360 x 258	420 x 297	1180,–	1850,–
1/2 Seite quer	1/2	180 x 119	210 x 143	380,–	700,–
1/3 Seite hoch	1/3	58 x 258	73 x 297	280,–	570,–
1/3 Seite quer	1/3	180 x 87	210 x 102	280,–	570,–
pro Zusatzfarbe					180,–
Coverabbildung unter der Bestsellerliste		ca. 25 x 40			190,–
Coverabbildung über Themenbestsellerliste		ca. 20 x 32			150,–

Abweichende Anzeigenformate nach telefonischer Vereinbarung

***Titelfeld** bitte unbedingt als **offene** QuarkXPress-Datei versenden

Abb. 5.7: Beispiel einer Seite mit Mediadaten für Anzeigenkunden

Hinzu kommen Werbemöglichkeiten wie eingeklebte CD's, Probenbeutel, Postkarten, Aufklebefolien sowie die nachstehend dargestellten Sonderformen.

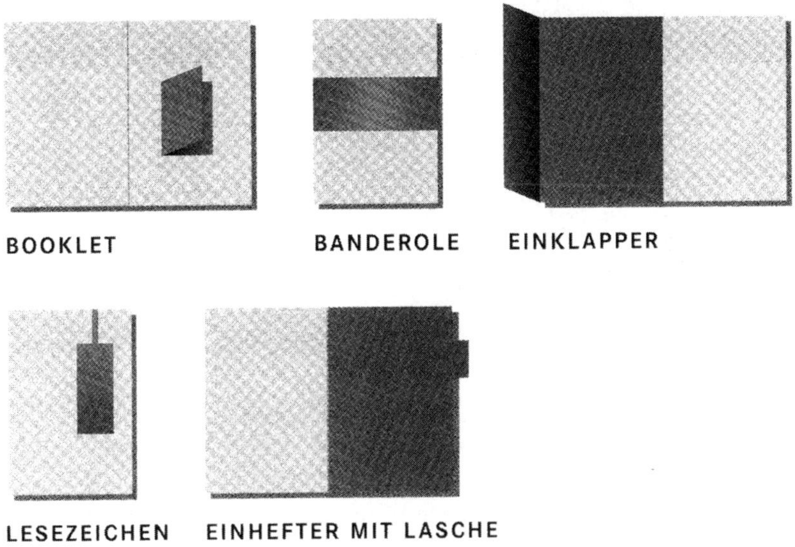

Abb. 5.8: Besondere Gestaltungsformen für Zeitschriftenanzeigen

Weitere Beispiele dieser Art sind der sog. Altarfalz, eingeklebte Hologramme, Post-its u. a. Die kompletten Detailinformationen für eine Zeitschrift umfassen nicht selten ein Heft von 16 Seiten mit technischen Daten für die Dateianlieferung: von Terminplan, Formaten und Preisen, Konditionen und Anzeigenkombinationen mit anderen einschlägigen Zeitschriften des Verlags über die Charakterisierung der Zeitschrift, Titelporträt nach AMF-Schema und Auflagen- und Verbreitungsanalyse (IVW-kontrolliert, s.u.) bis hin zu den Allgemeinen Geschäftsbedingungen. Also alles, was der Inserent wissen sollte. Immer mehr werden heute Mediadaten als PdF im Internet bereitgestellt und abgerufen. Jedenfalls sind Mediadaten – ob gedruckt oder online bereitgestellt – sehr viel mehr als nur Preislisten!

Da auch im Anzeigenbereich mittlerweile ein digitaler Workflow zum Standard geworden ist, enthalten die Media-Unterlagen auch hierzu wichtige Informationen. Dafür ein Beispiel aus den Anzeigenbedingungen des Hanser-Verlags:

ISDN-Anschluss (Leonardo ProXL)	Sellier Druck GmbH: 08161/41 71 20 oder 08161/78 97 32
E-Mail	sellier.druck@real-net.de (nicht größer als 2 MB)
Ansprechpartner/ Druckerei	Herr Franz Hagn, Tel. 08161/187-30 Frau Sonja Riedl, Tel. 08161/187-12 Fax 08161/187-39 Senden Sie bitte eine Kopie des Anzeigenmotivs und den Namen des übertragenen Datei-Ordners an die Fax-Nr. 089/998 30-623
Datenträger	MAC oder PC: ZIP/CD-Rom/DVD
Software/Dateiformate für Anzeigen	Bevorzugtes Dateiformat: High-End-PDF, mind. 300 dpi Auflösung, bei Anzeigen mit Beschnitt bitte 3 mm Beschnittzugabe an jeder Seite berücksichtigen. QuarkXpress, Photoshop, Freehand, Illustrator. Alle verwendeten Schriften, Bilder, Grafiken, Logos usw. müssen auf dem Datenträger abgespeichert sein!
Proofs	Bitte legen Sie von jeder Anzeige, die belichtet werden soll, einen verbindlichen Farbausdruck oder je Farbe einen s/w-Ausdruck bei. Vermerken Sie die Farben (CMYK oder HKS/Pantone) auf jedem Ausdruck. Bei 4c-Anzeigen benötigen wir einen Proof/Andruck mit Medien-Kontrollstreifen. Farbausdrucke von Farbkopierern sind nicht farbverbindlich.
Bitte immer als Info mitschicken	• Zeitschriftenname • Heftnummer • Format/Größe • Papierabzug beifügen (Fax) • Anzeigen unter Kundennamen abspeichern – nicht unter dem Namen der Agentur
Abbildungen	**Qualität und Auflösung:** Um eine gute Ausgabequalität zu gewährleisten, müssen die Abbildungen bei einer Übernahme im Größenverhältnis von 1:1 eine Auflösung von mindestens 300 dpi aufweisen, bei einer Übernahme von 1:2 eine Auflösung von 600 dpi usw. **Modus:** CMYK oder Graustufen. **Dateiformate:** PDF, TIF, EPS – geschlossen, Schriften als Pfade/Kurven umgewandelt. Photoshop EPS – nicht DCS- oder JPEG-komprimiert, Beschneidungspfade bei Freistellern mitspeichern.
Gewährleistung	Die für uns tätigen Druckereien können nur das belichten, was auf Ihren gelieferten Datenträgern vorhanden ist. Für Abweichungen in Texten, Abbildungen, Schriften und Farben können wir keine Haftung übernehmen.

Carl Hanser Verlag GmbH & Co. KG · Kolberger Str. 22 · 81679 München · Telefon 089/99830-222 · Telefax 089/984809 und 089/99830-157

Abb. 5.9: Informationen für Anzeigenkunden betr. Anforderungen an digitale Daten

Nur bei Beachtung solcher Angaben kann schnell und in garantierter Qualität gearbeitet werden. Neben der Bereitstellung digitaler Anzeigenvorlagen spielen mittlerweile auch Systeme der online-Buchung von Anzeigen in Zeitschriften eine Rolle. Dafür hat der VDZ das Online-Business System OBS entwickelt.

Über die Aufstellung von unverzichtbaren Mediainformationen auf S. 273 hinaus nennt die AMF (Anzeigenmarketing Fachzeitschriften innerhalb der Arbeitsgemeinschaft Deutsche Fachpresse) als weitere Leistungseckdaten einer Zeitschrift diverse Informationen, die einen am Kundennutzen orientierten Anzeigenverkauf unterstützen. Dabei handelt es sich teils um spezifisch für das Objekt erhobene Primärdaten als auch sekundärstatistisches Material:

- Mediadaten nach den AMF-Standards
- Auflagenzahlen und Auflagenentwicklungen
- Empfänger-/Leser-Strukturanalysen
- Untersuchungen über Nutzung, Leseort, Lesezeit usw.
- Zielgruppenuntersuchungen
- Reichweiten, Kontaktverteilung, Kontakte
- Tausenderpreise, Tausend-Leser-Preise
- Media-Gemeinschafts-Analysen
- Copytests (Leserverhalten)
- Marktstudien, Markt- und Konkurrenzbeobachtung (Share of Voice)
- Intermediale Vergleiche (z.B. Kostenvergleich Beilage mit Mailings)
- Key-Account-Untersuchungen und Service-Studien

Eine Leser-Strukturanalyse kann z.B. nachfolgende Daten erfragen:

Leser-Strukturanalyse

• Stichprobenverfahren / Befragung neutrales Institut	
• typische Fragen	Wie oft in der Hand?
•	Wie viele Nr. des letzten Quartals gelesen?
•	Lesehäufigkeit (-zeit)
•	Doppelleser (mit anderen Zeitschriften)
•	Dauer der Leserschaft (Abo-Dauer)
•	Was gefällt Ihnen an X?
•	Was gefällt Ihnen nicht?
• persönlich	Alter, Bildung, Berufsbildung, berufl. Position / Funktion
• Betrieb	Alter, Größe

Alle diese Daten, insbesondere auch die soziodemografischen der beiden letzten Zeilen, sollen die potenziellen Inserenten dazu veranlassen, das angebotene Objekt alternativen Möglichkeiten vorzuziehen, d.h. sie sollen die besondere Positionierung der Zeitschrift im Lesermarkt und die daraus resultierenden positiven Leistungsmerkmale des angebotenen Objekts unterstreichen. Stichworte dazu sind u.a. Kontaktqualität und Leser-Blatt-Bindung. Zu Einzelheiten siehe »Die Anzeigenpraxis in Fachzeitschriften« (AMF Schriftenreihe Bd. 4, 2. A. 2000). Die Darstellung in dieser Publikation hat Relevanz auch über den bezeichneten Bereich der Fachzeitschriften hinaus.

Ergänzend zur Schaltung von Anzeigen bieten viele Zeitschriften auch die Möglichkeit von Beiheftern oder Beilagen an, bei denen der Inserent die betreffenden Seiten nach vorgegebenen Maßen selbst herstellt und anliefert. Hierfür werden dann besondere Tarife aufgestellt (ebenso für Einkleber wie CD-Roms, Parfümproben etc. s.a. S. 249). Hierzu gibt es besondere Tarife der Post, seit 2005 nur noch für Beilagen über 2 mm Dicke.

Schließlich gibt es in größeren Verlagen mit mehreren Objekten in einem Fachgebiet z.T. die Option mehrere dieser Zeitschriften gleichzeitig zu belegen. Damit erhöht sich zu eher günstigen Mehrkosten die Reichweite der Anzeige.

5.3.3 Auflagen und Auflagenkontrolle. Werbeträgeranalysen

Eine zentrale Information für den Inserenten ist die Auflage, die in enger Korrelation zum Anzeigenpreis zu sehen ist: Zunächst interessiert den Kunden der Tausenderpreis und die Sicherheit, dass er die richtige Zielgruppe und keine viel zu große (mit entsprechend hohen Streuverlusten) und damit zu teure erreicht.

Die wichtigste Angabe für den Inserenten ist aber sicher die klare Aussage der Zeitschrift über die erreichbare Zielgruppe: Was nützt ein günstiger Tausenderpreis, wenn damit ein riesiger Streuverlust verbunden ist? Da kann die scheinbar im Tausenderpreis wesentlich teurere Schaltung in einem Spezialorgan viel wirtschaftlicher sein. In diesem Argumentationsfeld arbeitet der Anzeigenverkäufer.

Jedenfalls ist die Auflage einer Zeitschrift ein zentraler Orientierungspunkt. Der Auflagenbegriff ist vielfältig, man kennt die

- gedruckte Auflage
- verbreitete Auflage
- verkaufte Auflage
- abonnierte Auflage

Von oben nach unten handelt es sich um immer kleinere Zahlen: die verbreitete Auflage ist kleiner als die gedruckte, die verkaufte wegen der Freistücke (s. Tabelle S. 246) beträchtlich kleiner als die verbreitete. Schließlich gibt es die Überzeugung, dass Abonnements als Ausdruck einer dauerhaften Bindung an diesen Werbeträger ein wichtiges Indiz für dessen Qualität sind, also Abonnentenzahlen mehr Gewicht haben als der Einzelheftverkauf.

Der Verlag versucht in Leseranalysen darüber hinaus die Leserfrequenz, also die Leser pro Ausgabe zu erheben, eine Zahl, die wiederum einen Multiplikatorwert für die zu erwartende Werbewirkung bedeutet.

Weil die Aussagen über Auflagen und Streuung entscheidend für eine Anzeigenschaltung und eine zutreffende Kosteneinschätzung seitens des Inserenten sind, stellen sie eine wesentliche Vertragsgrundlage dar. Die Angabe falscher (überhöhter) Auflagen ist unredlich und führt zu Schadensersatzansprüchen der Inserenten.

Die Verlage haben daher eine Kontrollorganisation, die Informationsgemeinschaft zur Feststellung der Verbreitung von Werbeträgern (IVW) als Unterorganisation des ZAW (Zentralausschluss der Werbewirtschaft), und ein Gütesiegel geschaffen.

Dieses bürgt für die Richtigkeit der Angaben in den Mediaunterlagen. Nur Firmen, die sich den laufenden Meldepflichten auf vorgegebenen Formularen und fallweisen Kontrollen auf Grund von Zufallsstichproben stellen, dürfen dieses Sigel in ihren Mediaunterlagen und der Zeitschrift selbst führen. Die meisten mittel- und hochauflagigen Zeitschriften sind beteiligt, bei kleineren, anzeigenarmen Zeitschriften ist es nicht von Bedeutung. Der IVW-Auflagenkontrolle sind über 1200 Verlage mit rund 3.400 Objekten angeschlossen.

Für Fachzeitschriften führt das IVW über die eigentliche Auflagenkontrolle hinaus anhand von Verlagsmeldungen Stichproben betreffend die Richtigkeit der vom Verlag angegebenen Empfänger-Daten durch. Dies ist für die Inserenten ebenfalls von großer Bedeutung.

Eine ganze Reihe von Marktforschungsinstituten bietet weitere Leser- und Werbeträgeranalysen sowie Copytests an, die bei publikumsnahen Zeitschriften eine wichtige Rolle spielen, aber auch in manchem Fachbereich wie etwa die LA-MED für medizinische Fachzeitschriften oder die LAE (Leseranalyse Entscheidungträger in Wirtschaft und Verwaltung), die von der Gesellschaft Werbeagenturen und einzelnen Verlagen erarbeitet wird. Insgesamt gibt es für verschiedene Branchen bzw. Bereiche ca. 15 solcher Leseranalysen für Fachzeitschriften. Der Rangwert einer Zeitschrift in solchen Untersuchungen ist von erheblichem Einfluss auf die Insertionsentscheidungen der Kunden; die neue Liste ist jedes Jahr daher sowohl erhofft wie gefürchtet, ähnlich den Bestsellerlisten in der Belletristik.

Nachstehend noch einige der bekannteren Instrumente der Werbeträgerforschung:

- Auflagenkontrolle der Anzeigenblätter (ADA)
- Leseranalysen (z.B. LAMed)
- ZAW-Rahmenschema für Werbeträger-Analysen
- Die Media-Analyse (MA)
- Die Leseranalyse Entscheidungsträger (LAE)
- Allensbacher Werbeträger-Analyse (AWA)
- Verbraucher-Analyse (VA)

Eine weitere Initiative des ZAW ist der Werberat, der für Lauterkeit und ethische Standards in der Werbung sorgen soll. Zu seinen Hauptzielsetzungen gehören

- Konsumentenschutz
- verantwortungsbewußte Werbung (z.B. Frauenfragen)
- Schutz gegen unlauteren Wettbewerb

Durch die Aktivitäten des Werberates im Sinne einer freiwilligen Selbstkontrolle sollen Selbstverantwortung und Vertrauen der Öffentlichkeit gestärkt und ein direktes staatliches Eingreifen präventiv verhindert werden. Gerade Letzteres könnte sehr verhängnisvoll werden, da man auch Anzeigen als Teil der Informations- und Pressefreiheit ansehen muss und daher zensurartiges staatliches Eingreifen möglichst vermieden werden sollte.

5.3.4 Anzeigenverkauf

Natürlich ist es mit Media-Informationen allein nicht getan – das hieße ja warten, bis zufällig ein Insertionskunde auftaucht und die Unterlagen anfordert. Unentbehrlich ist die laufende Ansprache der Anzeigenkunden durch
Für Letztere gilt im Prinzip dasselbe wie für die Vertreter der Buchverlage: es gibt angestellte Anzeigenvertreter und freie Vertreter. Welche Lösung die jeweils passende ist, hängt vom Objekt (bzw. einem im Verlag vorhandenen Objektbündel) und auch der Größe des Verlags ab. Gute Anzeigenvertreter verschaffen in ihren Gesprächsberichten auch Informationen über Markttendenzen und Kundenwünsche, sie sind daher wichtige Gesprächspartner der Redakteure.

- Mailings und Anzeigen (in anderen Organen) (mit Hinweisen auf Themenhefte, erhöhte Auflagen aus bestimmten Anlässen, Termine, Sonderaktionen mit gesenkten Insertionspreisen etc.)
- Telefon-Kontakt und Anzeigenverkauf (besonders gegenüber regelmäßigen Inserenten)
- Anzeigenvertreter

Anzeigenmarketing und Anzeigenverwaltung (Fakturierung, Rabatte, Gutschriften, Nachbelastungen etc., Vertreterabrechnungen, Buchunterlagenverwaltung) sind heute komplexe, sehr stark IT-gestützte Vorgänge, die dank dieser Möglichkeiten zwar deutlich kostengünstiger als zuvor bewerkstelligt werden können, aber nach wie vor wesentliche Kostenfaktoren darstellen. Anzeigenverkauf bzw. -verwaltung basieren auf speziellen ausgefeilten Softwarelösungen, seien sie maßgeschneidert für einen Verlag entwickelt oder als Standardsoftware (ggf. mit Anpassungen) verfügbar. Verkaufssteuerung, Betreuung der Anzeigenkunden und Ablauforganisation der Auftragsabwicklung werden durch solche Systeme besorgt. Die Qualität dieser Leistungen ist gegenüber den Inserenten ein wichtiges Element im Wettbewerb.

Neben den vorgenannten verlagseigenen Aktivitäten gibt es im Anzeigenbereich als wichtige Mittler die **Agenturen**, die entweder fallweise Anzeigen in eine Zeitschrift einbringen (als Agentur des Anzeigenkunden) oder auch im Auftrag des Verlags bestimmte Objekte exklusiv betreuen, also als Anzeigenakquisiteur ähnlich dem verlagseigenen Anzeigenvertreter agieren. Die Agenturen erhalten Provisionen – oft von beiden Seiten. Diese Kosten müssen sich durch höhere Effizienz beim Verkauf bzw. Kostenersparnisse in den Anzeigen- bzw. Werbeabteilungen rechtfertigen. Die Agentur ist ein typisches, schon sehr lange existierendes Beispiel für Outsourcing.

Wesentliche Voraussetzungen eines Anzeigenauftrags sind neben Kosten/Auflage u.a.

- Erscheinungstermin
- etwaiger Themenschwerpunkt oder anlassbezogenes Erscheinen (Kongress, Messe)
- Platzierung im Heft (z.B. Textanschluss, ggf. an einer bestimmten Stelle)

Sie sind ggf. wesentliche Vertragsgrundlage – bei verspätetem Erscheinen oder Nichtbeachtung der Platzierungsvorschrift kann u.U. die Zahlung verweigert werden. Hier geht es um sorgfältige Weitergabe von Informationen durch den Anzeigenverkäufer an die Anzeigenverwaltung. Auch Farbvorschriften und Druckqualität sind wesentliche Vertragsbestandteile, Mängel können hier zu Minderungsansprüchen des Auftraggebers führen.

Um einen geordneten Ablauf sicherzustellen, geben daher die Verlage einerseits Anzeigenschlusstermine an oder sagen andererseits oft ausdrücklich keine bestimmte Platzierung zu.

5.4 Zeitschriftenvertrieb

5.4.1 Absatzkanäle

Die Absatzkanäle für Zeitschriften sind vielfältiger als die für Bücher und die Gewichte je nach Zeitschriftentyp durchaus anders verteilt:

- Buchhandel
- Kiosk (vorgeschaltet Pressegrosso)
- Bahnhofsbuchhandel
- Internationale Zeitschriftenagenturen
- Direktvertrieb ab Verlag
- Sonderformen (z. B. Mitgliedsstücke für wissenschaftliche Gesellschaften oder Berufsvereinigungen)

Das Pressegrosso bedient über 120.000 Kunden, davon sind 22.000 Zeitungskunden, rund 97.000 Vollkunden.

Zu der unterschiedlichen Gewichtung dieser Vertriebswege ist Folgendes zu sagen: Viele Buchhandlungen befassen sich nicht mit dem Zeitschriftenvertrieb, insoweit er an Rechnungskunden geht, sondern allenfalls mit dem Verkauf publikumsnaher Zeitschriften. Das hat einerseits zu einer hohen Konzentration des Zeitschriftengeschäfts auf die (wenigen) Buchhandlungen geführt, die sich damit befassen. Viele von ihnen sind daher überregional tätig. Zum zweiten ist der Anteil der Direktlieferungen der Verlage an die Endkunden/Abonnenten viel höher als im Buchgeschäft. Auch die Sonderformen der Mitgliedsabonnements sind in aller Regel dem Direktvertrieb zuzuordnen (s. Abb. 5.10).

Das Abonnementgeschäft ermöglicht durch die sich wiederholenden Geschäftsvorfälle einen hohen Automatisierungsgrad, alles ist IT-basiert. Hierfür

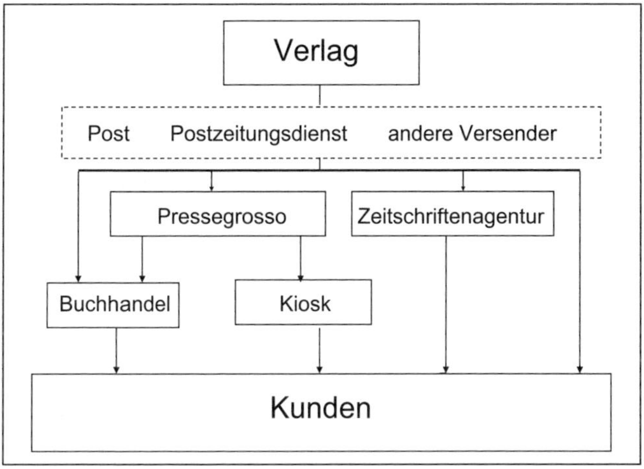

Abb. 5.10: Vertriebswege für Zeitschriften

gibt es am Markt ausgefeilte Software für Adressmanagement, Wechselversand, Leserdienstabwicklung, Adressanalyse, Protooptimierung, Zielgruppenanalyse und das Customer Relationship Management sowie Komponenten für E-Commerce. Sowohl im Abonnentenbereich wie bei den Anzeigen kann ergiebiges Data-Mining (s. Kap. 6.4.8) betrieben werden.

Es ist noch einmal zu betonen, welch hohen wirtschaftlichen Wert gut gepflegte Adressbestände darstellen: nicht nur als Basis der Abonnementsabwicklung. Wenn die Adressen personalisiert mit aussagekräftigen Qualifizierungsmerkmalen angereichert werden, sind sie eine wichtige Basis für weitere Aktivitäten im Sinne von Cross-Selling, z.B. für Buchverkäufe, Seminarveranstaltungen des Verlags.

Im Zeitschriftengeschäft jenseits der Publikums- und Special-Interest-Zeitschriften bedarf es keiner Warenpräsenz, keines Point of Sale, sondern der Markt ist völlig vom Demand Pull-Prinzip bestimmt. Damit tritt die Kosteneffizienz des Vertriebskanals ganz in den Vordergrund. Solche Kostenvorteile lassen sich besonders deutlich an den **Internationalen Zeitschriftenagenturen** verdeutlichen, die Hunderttausende von Bibliotheken beliefern und das bei sehr niedrigen Funktionsrabatten (bis hinunter zu 5% oder auch 0%).

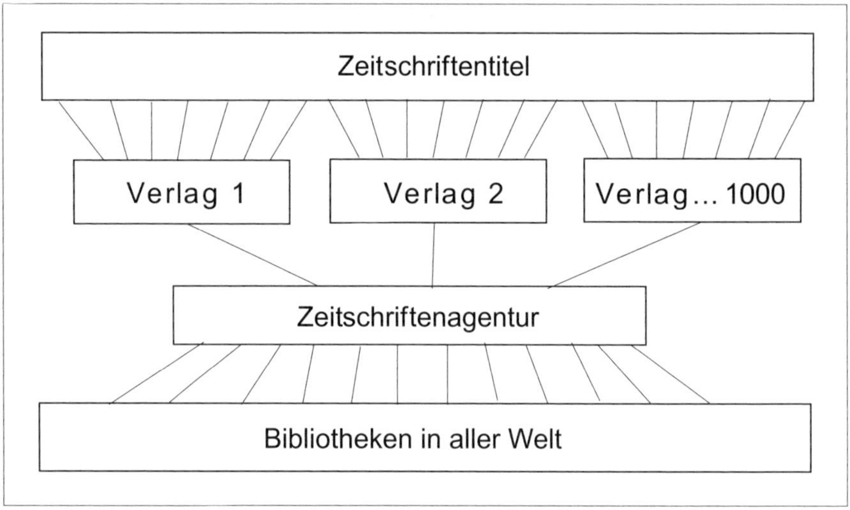

Abb. 5.11: Bündelungseffekt durch internationale Zeitschriftenagenturen

Die Zeitschriftenagenturen haben also eine ähnliche Bündelungsfunktion wie die Barsortimente im Buchbereich: Sie reduzieren die Zahl der Geschäftsvorfälle sowohl für Lieferanten wie für Kunden, womit die Einzelkosten des Vertriebs deutlich verringert werden. Wie erwähnt, geschieht dies im Zeitschriftenbereich zu wesentlich niedrigeren Rabatten als beim Buch.

Eine andere Form des Zwischenhandels liegt beim Pressegrosso vor: Nur durch diese regionalen Vertriebsmonopolisten können Kioske erreicht werden. Verlage, die Zeitschriften veröffentlichen, die diese Verkaufsstellen brauchen (besonders bei Special Interest-Zeitschriften), müssen also mit diesen Grosso-Firmen zusammenarbeiten und deren Geschäftsbedingungen akzeptieren – Alternativen gibt es ja nicht. Das Pressegrosso wird deshalb von den Wettbewerbshütern im Bundeskartellamt immer wieder kritisch hinterfragt – im Grundsatz aber bleibt diese Organisationsform trotz des eigentlich wettbewerbswidrigen Gebietsmonopols wohl unverzichtbar, nicht zuletzt im Hinblick auf die komplexen Vorgänge der Rücknahme nicht verkaufter Hefte und der Gutschriftenabwicklung. Angesichts von Remissionsquoten von effektiv mengenmäßig über 30% und wertmäßig über 40% ist das ein arbeitsintensives Gebiet.

Typische Regelungen beim Pressegrosso sind:

Kernbedingungen im Pressegrosso

- volles Remissionsrecht (effektiv mengenmäßig bei 25%)
- Ganzremission, Titelleistenremission, körperlose Remission
- Das Sortiment umfasst i.d.R. 1800-2000 Titel (Zeitungen und Zeitschriften, auch ausländische Titel), z.T. auch Taschenbücher
- Weitergegebene Einzelhandelsspanne zwischen 18 und 20,3%
- Kaum Lagerhaltung

Eine sehr wichtige Rolle spielen für den Zeitschriftenvertrieb die **postalischen Vorzugstarife** der Versandarten Postvertriebsstück oder Streifbandzeitung. Für deren Inanspruchnahme gibt es detaillierte Vorschriften, die einzuhalten sind, um in den Genuss dieser gesellschafts- bzw. kulturpolitisch motivierten Vorteile zu kommen. Der Bereich Pressedistribution der Deutschen Post setzt dabei sehr differenzierte Tarife fest. Kriterien sind:

Preiskomponenten im Post-Pressevertrieb

- Erscheinungsweise (Tagestitel/Wochentitel/Monatstitel)
- Werbeexemplare
- Beilagen
- Gewicht

Der Tarif gliedert sich in

- Grundentgelt pro Jahr/Titel
- Stückpreis pro Versand

Hinzu kommen Zusatzentgelte für Abholung, »next-day service«, Sonntagszustellung, Überschreitungen von Höchstmaßen und -gewichten u.a.m. Eine sorgfältige Einhaltung der Vorschriften und ggf. eine Optimierung der Zeitschriftenhefte hinsichtlich Gewicht, ein Verzicht auf unnötige Extras, kann erhebliche Kosten sparen: die Versandkosten sind eine nicht unerhebliche Position bei höherauflagigen Zeitschriften. Für eine niedrigauflagige und zugleich hochpreisige wissenschaftliche Zeitschrift hat das wesentlich geringere Bedeutung. Aus diesem Grund betreiben die Verlage hochauflagiger Zeitschriften bzw. die von ihnen beauftragten Dienstleister Adressanalyse, Doublettencheck und Portooptimierung (z.B. durch Bündelung der Versandstücke nach Postleitzahlen). Die Rolle von IT beim Vertrieb ist nicht zuletzt deshalb hoch.

5.4.2 Abonnentenadressen

Jeder bekannte Kunde stellt für ein Unternehmen einen Wert dar, der gepflegt und genutzt werden sollte.

Daher treiben die Verlage einen hohen und wachsenden Aufwand für gutes eigenes Adressmaterial auf Basis ihrer Abonnementsbestände, die bei sachgerechter Dateiorganisation unmittelbar für Werbezwecke zur Verfügung stehen können.

Aus diesen Gründen wird in Zeitschriftenverlagen der Kundenrückgewinnung große Aufmerksamkeit geschenkt. Die Abbestellungen werden analysiert, es wird versucht (ggf. z.B. durch Anfragen), die Ursachen zu klären und soweit möglich zu beheben. Das kann bis in redaktionelle Konzeptionen hineinführen. Zudem wird durch aktive Kundenbetreuung und eventuelle Zusatzleistungen die Kundenbindung weiter verbessert. Um den hohen Wert solcher Aktivitäten (und Kosten) richtig einzuschätzen, muss man nur in Erinnerung rufen, dass die Gewinnung eines neuen Abonnenten oft deutlich über € 100,- kostet.

Der Wert der Kundenadresse eines Zeitschriftenabonnenten geht aber viel weiter. Durch das Themenprofil der Zeitschrift ist (zumindest ein Teil vom) Interesseprofil des Kunden bekannt und kann für Werbezwecke, z. B. für einschlägige Bücher des Verlags, gezielt eingesetzt werden. Auch ein Weiterverkauf der Adressen oder ein Einbringen in eine Kooperation ist denkbar.

Aus einer reinen Abonnentenverwaltung muss also eine komplexe vernetzte **Vertriebsdatenbank** werden, die alle Adressen aller Objekte sowie sonstige Werbeadressen verwaltet und pflegt (Adressqualifizierung). Darüber hinaus bietet eine moderne Datenbankorganisation Möglichkeiten für Auswertungssysteme des Kundenverhaltens im sog. Consumer Relationship Management (CRM) und damit einen Ansatz für eigene Marktforschung sowie Werbeerfolgskontrolle. Die Qualität der Organisation und Nutzung der eigenen Daten kann somit zu wichtigen Wettbewerbsvorteilen führen und ist die Basis der Entwicklung eines nachhaltigen verlagseigenen online-Vertriebs bzw. neuer Geschäftschancen im Anzeigengeschäft. Auch aus dieser Perspektive hat ein nennenswerter Bestand an Zeitschriften für einen Verlag erhebliche Bedeutung und Vorteile.

5.4.3 Werbung

Die Werbung für Zeitschriften unterscheidet sich nicht grundsätzlich von der für Bücher, so dass auf Kapitel 4 verwiesen wird.

Ein wichtiges Stichwort für die Zeitschriftenwerbung muss aber noch angesprochen werden: die **Erhaltungswerbung**. Aus den verschiedensten Gründen (Tod, Versetzung, Berufswechsel, höherer Qualifizierungsgrad, erlahmtes Interesse u.s.w.) werden Zeitschriftabonnements laufend abbestellt. Auch eine gut geführte, attraktive Zeitschrift mit Marktführerschaft erleidet laufend – quasi naturgesetzlich – solche Abonnentenverluste.

> Allein um den Abonnentenstand zu halten, muss eine Zeitschrift laufend (Erhaltungs-)Werbung betreiben.

Ob diese Bemühungen sich primär an mögliche neue Kunden oder im Sinne von Kundenrückgewinnungsprogrammen an die Abbesteller richten bzw. eine Kombination beider Verfahren gewählt wird, soll hier nicht weiter erörtert werden.

Eine Besonderheit der Zeitschriftenwerbung stellen auch die Prämien für Neuabonnenten (vom Fotoapparat bis zum Reisekoffer) dar. Sie werden als Köder geboten in der Hoffnung, dass die so gewonnenen Abonnenten eine lange Verweildauer haben werden – der wirtschaftliche Bewertungsfaktor der Abonnementsdauer wurde ja schon oben angesprochen. Mit der Prämie wird ein Teil des erreichbaren Deckungsbeitrags aus dem neuen Abonnement wieder geopfert (oft für mehr als ein Abonnementsjahr), um – im Blick auf die Inserenten – einen möglichst hohen Abonnentenstand zu erreichen bzw. zu halten. Je höher die vermutete Haltbarkeit solcher Neuabonnements ist, desto höher können und werden die (Fang-)Prämien ausgelobt. Um hier eine Eskalation zu vermeiden, enthalten die VDZ-Wettbewerbsregeln eine Prämienbegrenzung

Eine weitere spezifische Werbemaßnahme für Zeitschriften ist der laufende Versand von Probeheften auf Anforderung, ebenso die Auslage von Heften zur kostenlosen Mitnahme bei Kongressen, auf Flughäfen, in Hotelzimmern u.Ä. Die oben (S. 246) aufgezeigte große Differenz von gedruckter und bezahlter Auflage beruht zu großen Teilen auf solchen Probeexemplaren.

Eine gezieltere Maßnahme ist der zeitlich befristete laufende Versand von Freistücken an potenzielle Abonnenten, seien es sog. »Entscheider« im Industriebereich, Mitglieder einschlägiger Vereine oder Gesellschaften (insbesondere fachlicher und wissenschaftlicher) oder soziografisch ausgelesene Zielgruppen

(Hausbesitzer, Top-Verdiener etc.) Umgekehrt gibt es, allerdings mehr im publikumsnahen Bereich, auch das befristete Frei-Abonnement auf Anforderung – oft verbunden mit dem fragwürdigen automatischen Übergang in ein bezahltes Abonnement, wenn keine ausdrückliche Abbestellung erfolgt.

Im weiteren Sinne zur Werbung gehört auch der Internet-Auftritt. Die Wirkungsanalyse Fachmedien 2006 ergab, dass eine intensive Wechselbeziehung zwischen Internet und der gedruckten Zeitschrift besteht: Lektüre von Fachzeitschriften führt zur vertieften Internet-Recherche und umgekehrt suchen Nutzer nach Internet visits weitere Informationen in Fachzeitschriften Das ist ein wichtiges Argument im Anzeigengeschäft.

5.5 Loseblattwerke

Loseblattwerke stehen zwischen Buch und Zeitschrift: Sie sind Periodika, die aber sodann durch das Abheften der einzelnen Beiträge in die Rubriken wie Handbücher dauerhaft genutzt werden. Dieser Doppelnutzen hat über viele Jahrzehnte die Loseblattwerke zu besonders geschätzten Verlagsprodukten gemacht, die laufende und aktuelle Information mit der handbuchähnlichen Kumulation und der abschnittsweisen Austauschbarkeit von veralteten Texten verbinden. Dieser Doppelnutzen erlaubt relativ hohe Preise – Loseblattwerke sind in der Regel sehr ertragsstark.

Vom Konzept her muss ein Loseblattwerk so gestaltet werden, dass klar getrennte Textmodule jeweils austauschbar sind, ohne den sonstigen Textbestand in Mitleidenschaft zu ziehen. Der Stoff muss also sehr systematisch (oft im dekadischen System) gegliedert werden, damit das Gesamtwerk weitestgehend von der Paginierung unabhängig nutzbar ist. Diese Strukturierung ist eine entscheidende Leistung der Loseblattredaktion. Darüber hinaus die planvolle laufende Aktualisierung durch neue Abschnitte, durch Austausch überholter Abschnitte und das Streichen obsoleter Inhalte, die nicht ersetzt werden.
Dazu hat ein Kollege folgendes formuliert:

»Loseblattwerke müssen, anders als gebundene Bücher, in ihrer formellen und inhaltlichen Ausgestaltung für die »Ewigkeit« geplant werden. Man muss sich schnell in ihnen zurecht finden. Auch müssen bei Werken mit potenziell schnell wachsenden Umfängen Vorkehrungen getroffen werden, um im Rahmen von Ergänzungslieferungen geschickt und flexibel mit Textergänzungen oder Textstreichungen umgehen zu können (z.B. bei Neuerscheinungen engmaschiges Randnummernsystem, um nicht ständig alle Verweise, etwa im Register, ändern zu müssen).«

Die Strategie der Loseblattverleger ist dabei oft die, das Grundwerk, das oft mehrere Ordner und viele tausend Seiten umfasst, sehr preiswert anzubieten, quasi als Köder für neue Subskribenten. Verdient wird an den (relativ teuren) Ergänzungslieferungen. Die Gefahr existiert allerdings, dass bei sehr großen Preisdifferenzen der Kunde immer wieder das extrem verbilligte Grundwerk kauft, ohne die dazwischenliegenden Ergänzungslieferungen. Es gilt also eine ausgewogene Linie zu finden zwischen dem Preis des Grundwerks und der Ergänzungen. Daher gilt: je mehr Volumen ein Loseblattwerk pro Jahr hat, desto besser für den Verlag. Naheliegenderweise haben sich daher Loseblattwerke besonders in Gebieten mit hoher Änderungsrate etabliert, insbesondere im Recht und im Steuerbereich. Aber auch in Medizin, Technik bis hin zur Kunst wird dieses Instrument benutzt.

Loseblattwerke erfordern, wie gesagt, hohen redaktionellen Aufwand: je höher der Anteil der verlagsintern geschaffenen bzw. zusammengetragenen Inhalte ist, desto planbarer werden Volumen und Lieferungsfrequenz. Loseblattwerke mit hohem Anteil an Texten außenstehender Autoren geraten dagegen oft in Schwierigkeiten. Noch von einem zweiten Gesichtspunkt aus steht das Loseblattwerk zwischen Büchern und Zeitschriften: Während Letztere schon zu guten Teilen vorfinanziert sind, andererseits bei Büchern eine erhebliche Vorleistung auf Risiko seitens des Verlags nötig ist, haben Loseblattwerke nur z.T. Vorauserlöse. Insoweit die Fakturierung wie üblich nicht für ein Kalenderjahr, sondern pro Lieferung an einen kostendeckenden Abonnentenstamm erfolgt, gibt es allenfalls kurzfristig Liquiditätsbelastungen: Loseblattwerke finanzieren sich im Prinzip selbst laufend und kurzfristig.

Das vielleicht größte Problem der Loseblattwerke sind die Unbequemlichkeiten für den Nutzer: das »Nachlegen« der Lieferungen in die Ordner ist höchst unbeliebt, kann aber im Grunde nur von qualifiziertem Personal getan werden, es ist also auch kostspielig. Nicht selten scheitern sogar Akademiker beim Eingliedern in die Rubriken. Dennoch sind Loseblattwerke oft die ökonomischste Methode, sich fortlaufend über aktuellen Stand und Änderungen in einem Fachgebiet zu informieren.

Hier bietet sich nun ein neuer, sachgerechter Ausweg an: Das Loseblattwerk wird statt als periodisches Papierprodukt den Abonnenten als Datenbank angeboten. Als Jahresabonnenten oder dokumentweise im Pay-per-View-Konzept können sie in die Datenbank hineinschauen, herunterladen oder ausdrucken (Einzelheiten dazu in Kapitel 6). Im Hintergrund überarbeitet die Redaktion laufend die alten Beiträge und stellt neue ein – das Loseblattwerk aktualisiert sich nun täglich und ist für den Nutzer ohne das mühselige Nachlegen immer auf dem neuesten Stand. Der – für die Verlage überaus kostspielige – Prozess dieser Umstellung ist in vollem Gang. Gerade Loseblattwerke sind von der digitalen Revolution besonders betroffen, nämlich als Existenzgefährdung der traditionellen Form, aber zugleich mit der Chance auf Basis eines hohen Bestands an Papiersubskribenten den Übergang in den Datenbankbetrieb zu bewältigen. In diesem Weg ins E-Publishing spielen Loseblattwerke eine Vorreiterrolle.

6. Digitale Produkte

6.1 Thematische Abgrenzung

Digitale Verfahrensweisen sind mittlerweile in Unternehmen jeglicher Art, in allen Branchen und allen Tätigkeitsbereichen selbstverständlich, von der Projektverwaltung bis zur Auftragserfassung und -abwicklung für Produkte (Bücher und Zeitschriften) ebenso wie im Anzeigenbereich. All das sind keine Produkte, sondern Instrumente für die Geschäftsabwicklung und wurden in den Kapiteln 2 bis 5 angesprochen. Ebensowenig ist Gegenstand dieses Kapitels die heute weitestgehend völlig digitale Druckvorstufe, soweit sie zu Papierprodukten führt – das wurde in Kapitel 3 behandelt. Erst mit dem Schritt in ein unmittelbar digitales Endprodukt beginnt die Thematik dieses Kapitels. Dabei können digitale Produkte aber eng verzahnt sein mit den Printprodukten, weil beide aus derselben inhaltlichen Substanz entwickelt werden. Mit der dafür erforderlichen medienneutralen Datenstrukturierung bzw. Datenvorhaltung, d.h. einer Inhaltsaufbereitung, die den Weg in beide Produktformen ermöglicht, ist der Bereich der digitalen Produkte auf der Druckvorstufe angesprochen (s. Kap. 3). Nicht zum Gegenstand dieses Kapitels gehört schließlich der Internetauftritt der Verlage, weil er weitestgehend dem Bereich der Werbung und PR-Tätigkeit zuzurechnen ist. Allerdings wird man beim kostenlosen Anbieten von Inhalten wie etwa Inhaltsverzeichnissen und Abstracts in Zeitschriften, Probetexten u.s.w. keine ganz scharfe Trennlinie zwischen werblichem Internetauftritt und digitalem Produkt ziehen können.

Vorwiegend wird im Nachstehenden von Online-Produkten die Rede sein, obwohl physisch gebundene Digitalprodukte (CD-ROM oder DVD) weiterhin eine nicht unerhebliche Rolle spielen. Die zu erwartende Dominanz des Online-Geschäfts wirft angesichts der in den folgenden Abschnitten darzustellenden sehr erheblichen finanziellen und organisatorischen Anforderungen für kleine Verlage jedenfalls erhebliche Probleme auf, durchaus mit der Gefahr, aus bestimmten Geschäftsbereichen verdrängt zu werden, falls sie nicht geeignete Kooperationspartner finden (s. Kap. 6.4.4 und 6.6).

Während in allen anderen Kapiteln dieses Buches von bewährten Verfahrensweisen die Rede war, handelt es sich im digitalen Bereich noch zu erheblichen Teilen um ein Versuchsfeld mit vielen Experimenten und Trial-and-Error-Prozessen. Dazu kommt eine tief greifende Unsicherheit vieler Marktteilnehmer – der Verleger ebenso wie der Bibliotheken über sich wandelnde Rollen, schwindende Relevanz oder gar völligen Funktionsverlust. Abgesehen von einigen sehr großen internationalen Verlags- oder Medienkonzernen hat noch kaum jemand mit dem Anbieten von Inhalten im Netz Geld verdient, aber sehr viele haben sehr viel Geld verloren – oft beschönigend als F+E-Kosten gerechtfertigt. Zwar sind die Innovatoren die Triebkraft des Wettbewerbs – letzterer wird aber erst marktwirksam durch die Imitatoren, die die Diffusion der Neuerungen bewirken. Solchen Nachrückern sind aber im Digitalbereich faktisch hohe Eintrittsschwellen gesetzt – mit dem Anlegen einer Internetseite allein, auch wenn ihr Inhalt substanziell sein mag, ist es ja keineswegs getan.

Ein weiteres nicht zu unterschätzendes Problem ist die mit dem Internet entstandene Nutzereinstellung, alles müsse allen nicht nur ungehindert, sondern auch kostenlos zur Verfügung stehen. Das Schlagwort dazu ist »Open Access«. Das wird teils stilisiert bis zu einem Menschenrecht der kulturellen Teilhabe und der Kampfansage, das Urheberrecht sei im digitalen Zeitalter obsolet. Leider vertreten solche Ansichten nicht nur jugendliche Konsumenten ohne Unrechtsbewusstsein für illegale Kopien, sondern auch beamtete Bibliothekare, einige Bildungspolitiker und Ministeriale. Dass auf dieser Grundlage die Anbietung von Inhalten durch Verlage oder andere nichtsubventionierte Anbieter unmöglich wäre, bedarf keiner weiteren Begründung.

In diesem Kapitel steht nicht die Vermittlung von praxisorientiertem Basiswissen im Vordergrund, sondern ein skizzenhafter Überblick über ein hochdynamisches, sehr komplexes Gebiet, das sich derzeit für ein Engagement »normaler« Verleger nur sehr bedingt eignet. Abgesehen vom Internetauftritt betätigen sich über 90% aller Verlage nicht im Online-Bereich, im Fach- und Wissenschaftsbereich ist die Quote der digitalen Anbieter allerdings deutlich höher. Diejenigen, die Online-Angebote entwickelt haben, sind bisher hinsichtlich der Ertragslage dieses Produktsbereichs bemerkenswert schweigsam, zumal wenn man die jahrelang aufgelaufenen Vorkosten samt Zinseszins anspricht. Unverkennbar aber ist das Thema Digitales Publizieren nach dem Zusammenbruch des ersten Internet Hype seit gut zwei Jahren erneut mit Dynamik erfüllt, nun aber auf der Basis eines pragmatischen Optimismus nicht mehr unausgereifter Wunschträume. Diese Entwicklung wird gestützt durch die stetig wachsende Akzeptanz des Internet als Instrument fachlicher Arbeit ebenso wie der Freizeitunterhaltung.

Nachsicht wird von den Leserinnen und Lesern dahingehend erbeten, dass in diesem Kapitel viele englische Termini unübersetzt bleiben, also ein gewisses Sprachkauderwelsch entsteht; das lässt sich aber bei dieser Thematik, in der das Englische so sehr dominiert, nicht gut vermeiden.

6.2 Ziele und Erwartungen an Online-Produkte

Zunächst ist festzuhalten, dass online-Produkte sehr unterschiedlich konzipiert sein können, woran sich jeweils unterschiedliche Nutzererwartungen und -gewohnheiten sowie Vermarktungsstrategien knüpfen.
Man kann unterscheiden:

- Digitale Produkte als inhaltlich weitestgehend unverändertes Parallelangebot
- Ergänzungsprodukte zum (gedruckten) Kernprodukt
- Eigenständige Digitalprodukte (e only), allenfalls in Verknüpfung mit anderen Produkten
- Bereitstellung verlagseigener (ggf. überarbeiteter) Inhalte durch Lizenzierung an Dritte (Content Syndication)

Kein eigentliches Produkt, aber in der Praxis von großer Bedeutung sind schließlich

- (kostenlose, eventuell zeitlich befristete) Teilpräsentationen von Inhalten im Netz (Inhaltsverzeichnissen, Abstracts, Probekapiteln etc.) i.S. von trailern als Werbung für das e-Produkt.

An digitale Produkte knüpfen sich sehr viele Wünsche, insbesondere auf Nutzerseite. An erster Stelle stehen sicher rasche Zugänglichkeit und Ortsunabhängigkeit der Nutzung: Der Internetnutzer kann außerhalb seines Arbeitsplatzes, seiner Wohnung oder einer Bibliothek heute mit Laptop per Netz-Modem und LAN-Anschluss fast überall im Zug, im Auto, im Hotel u.s.w. rund um die Uhr auf sehr große Datenmengen zugreifen, nicht auf nur die firmeninternen, die nicht zum Gegenstand dieses Kapitels gehören, sondern weltweit auf alle digitalen Informationsprodukte sowie bibliographischen Datenbanken der Bibliotheken im Netz. Dadurch ändert sich tendenziell in der Zukunft die Arbeitstechnik, die Arbeitszeit, die Trennung bzw. Nicht-Trennung von privatem und professionellem Lebensbereich tief greifend. Hier liegt eine große Chance für neue Verlagsprodukte bzw. zusätzliche Nutzungsmöglichkeiten alter (Print-)Produkte oder deren angepasster Inhalte.

Eine weitere Erwartung knüpft sich an eine hohe Aktualität der Informationen, da neue Fakten laufend in die Datenbasis eingegeben werden können und diese also online jederzeit, bei periodisch gelieferten Updates auf CD-ROM immerhin relativ kurzfristig und kostengünstig, verfügbar sind. Es liegt auf der Hand, dass eine solche permanente Datenpflege hohen redaktionellen Aufwand und entsprechende Kosten auslöst. Dies ist der Bereich der Faktendatenbanken, die nur zum geringeren Teil Verlagsangebote i. S. von Textdokumenten sind.

Andererseits besteht bei Volltextdokumenten die Anforderung auf Stabilität und Integrität, die konstitutiv für den Wissenschaftsbetrieb sind, der ja auf definitive, persistente zitatfähige Dokumente zurückgreifen muss. Daran hängen in Fällen der Priorität verwertbarer Neuentwicklungen oft hohe finanzielle Interessen. Digitale Zeitschriften dokumentieren daher heute nicht nur in Tagesangaben, sondern nach exakter Uhrzeit den Eingang von Manuskripten und deren Einstellung ins Netz.

Der vielleicht größte Vorteil digitaler Produkte liegt aber in den Recherchemöglichkeiten über große Datenbestände: Bei geeigneter Aufbereitung können diese mit Suchbegriffen und Metadaten rasch erschlossen und die betreffenden Dokumente identifiziert werden. Doch die Recherchefähigkeit ist nicht naturwüchsig gegeben, sondern muss ebenfalls mit hohen Kosten erarbeitet werden! Navigationshilfen sowohl breitgestreuter, allgemeiner Art wie bei »Google« wie spezielle fachbezogene Recherchehilfen in wissenschaftlichen Datenbanken sind überaus bedeutungsvoll geworden. Andernfalls werden viele Nutzer die gesuchte Information in der übergroßen Informationsmenge im Netz nicht finden können. Da liegen neue Marktchancen für Verlage, ggf. in Kooperationen. Wer gute Navigation und zielgenaue Suchergebnisse bieten kann, wird einen großen Wettbewerbsvorteil haben.

Diesen medienspezifischen Vorteilen stehen aber auch negative Aspekte entgegen: Die fehlende Haptik vermittelt kaum die Wertanmutung, die ein kiloschweres Handbuch ausstrahlen kann, ebenso wenig ein spontanes Gefühl für den gebotenen Stoffumfang. Mit dem weniger sichtbaren Werkcharakter (zugunsten punktueller Einzelinformation) besteht die Gefahr einer geringeren Produktbindung.

Auf der Anbieterseite sind die im Online-Geschäft entfallenden Produktions- und Distributionskosten für die physischen Produkte ein weiterer großer Vorteil. In einem schematischen Überblick kann man das wie folgt darstellen:

	Kostenstruktur		
	Druckvorstufe	Vervielfältigung und Distribution	Sonstige
gedruckte Zeitschrift	30%	35%	35%
rein digitales Produkt	60%	10%	30%

Natürlich zeigt diese Übersicht nur grob gegriffene %-Relationen, die für verschiedene Produkte und in unterschiedlichen Verlagen erheblich abweichen werden. Es geht hier nur um die Charakterisierung einer Tendenz. Über die absolute Höhe der betreffenden Kosten in den beiden »Welten« ist damit ohnehin noch nichts gesagt.

Zum zweiten bieten Netzprodukte ungleich höhere Möglichkeiten eines Eingehens auf Nutzerinteressen mit maßgeschneiderten Produkten hinsichtlich Umfang, Tiefe und spezifischer Interessenprofile. Online-Produkte als »Customized Information« eröffnen Perspektiven für völlig neue Geschäftsmodelle und eine bis dahin unbekannte Verzahnung mit den Kunden (s. a. Kap. 6.6, Abschnitt Web 2.0). Darin kann ein entscheidender Weg für die Zukunftssicherung der Verlage als Informationsanbieter gesehen werden. Der Weg dahin ist aber, wie oben erwähnt, kosten- und risikoreich. Nicht zu übersehen ist allerdings, dass derzeit viele Konzeptionen noch sehr techniklastig sind – sowohl hinsichtlich der Komplexität wie auch andererseits der gegebenen Einschränkungen durch das derzeit verfügbare digitale Umfeld. Da werden an vielen Stellen noch stärkere Bemühungen um den wahren Nutzen für die Kunden erforderlich sein. In den Diskussionen um die neuen Chancen im Internet werden häufig die »4 C« genannt: Content, Connection, Commerce und Context. Der Schwerpunkt verlegerischer Betätigung wird auch in Zukunft beim Content liegen, gewisse Funktionsanreicherungen im Bereich Context und Commerce sind aber möglich (s. Abb. S. 305).

6.3 Neue Geschäftsmodelle

In der Gutenberg-Welt gibt es im Grunde drei Geschäftsmodelle:

1. Der Anbieter (Verlag) produziert sein Produkt auf Vorrat und verkauft es in einer Periode X, die oft viele Jahre umfasst, an Interessenten (Buch).
2. Der Anbieter finanziert sein Produkt durch Werbeeinnahmen und gibt das Produkt dann kostenlos ab (s. Kap. 5, CC-Zeitschriften).
3. Eine Mischform der Modelle 1 und 2 ist das typische Zeitschriftenmodell, bei dem ein Teil der Erlöse aus Verkaufserlösen, ein anderer Teil aus Anzeigenerlösen besteht.

Für die Gutenberg-Welt gilt immer (s.o.), dass ein sehr wesentlicher Teil der Gesamtkosten in dem physischen Produkt (Papier, Buch, Bindung) steckt und dass darüber hinaus die physische Distribution weitere Kosten verursacht.

Die grundlegend neue Gegebenheit der digitalen Produkte liegt darin, dass die Vervielfältigungskosten minimal werden (Presskosten einer CD-ROM gegenüber den hohen Produktionskosten einer vielbändigen vierfarbigen Enzyklopädie) und sogar gegen Null tendieren beim Online-Produkt. Was bleibt, sind die oft sehr hohen und wegen spezifischer Aufbereitungserfordernisse der Text- und Bilddateien für den Netzbetrieb noch zusätzlich anfallenden (Druck-)Vorstufekosten.

Die vermutete große Kostendifferenz zwischen den beiden Welten führte zu der Hoffnung, man könne die nun viel niedrigeren Erstellungs- und Übermittlungskosten der Information ganz durch Werbeeinnahmen finanzieren (s. obiges Modell 2) und dem Kunden/Endverbraucher das Produkt kostenlos zur Verfügung stellen. Das Platzen des Internet-Hype und der New-Economy-Blase zeigte, dass diesbezüglich unrealistische Erwartungen bestanden. Dennoch zeigen die Suchmaschinen, dass im Netz Leistungen für den Kunden kostenlos angeboten werden können, die voll durch Werbeeinnahmen finanziert werden. Für die kostenlose Anbietung von Inhalten gibt es dagegen nur wenige Beispiele, die z.T. zudem (wie bei Wikipedia) nicht als kommerzielle Modelle konzipiert sind (s.u.).

So stehen die Verlage und ebenso die Nutzer vor der alten Erkenntnis, dass gute Information nicht billig sein kann, dass sie den Nutzern bzw. den Trägern der Bildungseinrichtungen also ihren Preis wert sein muss.

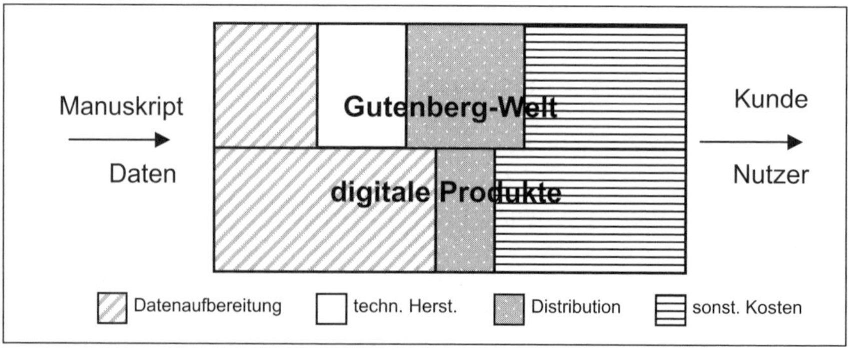

Abb. 6.1: Unterschiedliches Gewicht der Kostenarten bei Print- bzw. Digitalprodukten

Die obenstehende Übersicht zeigt, warum das so ist. Zwischen Autor und Lesern liegen auch ohne Produktionskosten für ein physisches Produkt entscheidende kostenträchtige Bearbeitungsstufen. Es ist ein großer Irrtum zu glauben, dass Autoren das erzeugen, was Leser nutzen. Autoren erzeugen zunächst Inhalte und Fließtexte, keineswegs Bücher oder strukturierte Dokumente, weder im Papier- noch im digitalen Bereich. Diese zu schaffen, ist Aufgabe der Verlage, und diese Aufgabe ist für digitale Produkte hochkomplex und arbeitsintensiv. Abgesehen von diesen entscheidenden Aufwendungen für den Mehrwert digitaler Produkte auf der Ebene der Informationserstellung gibt es unverändert die Notwendigkeit einer professionellen Verbreitung: Das schlichte Einstellen von Informationen in Netzwerke ist – ungeachtet aller Suchmaschinen – fast ebenso nutzlos wie das Einlagern gedruckter Bücher in eine Lagerhalle, wenn keine Verbreitungsaktivitäten hinzukommen. Zu diesen wird man auch inhaltliche und qualitative Bündelung und Strukturierung von Angeboten zählen müssen: Das ist die Orientierungsfunktion, die wichtiger wird denn je zuvor.

Einen aufschlussreichen Praxistest zur Akzeptanz digitaler Produkte macht derzeit der Brockhaus-Verlag, der die größte Enzyklopädie seiner Geschichte nicht als Online-Projekt, sondern in 30 Bänden voll vierfarbig als klassisches Papierprodukt publiziert hat. Parallel bietet er den vollen Inhalt auf USB-Stick zu einem 40% niedrigeren Preis an. Der Verlag erwartet dennoch das weit überwiegende Geschäft mit der gedruckten Version, obwohl er wie die Nutzer bei einer Digitalversion viel Geld sparen würden. Die bisherigen Verkäufe bestätigen dem Vernehmen nach diese Einschätzung, obwohl die kostengünstigere USB-Stick-Version zahlreiche Zusatzangebote enthält, u.a. umfassende Recherchemöglichkeiten, Zugang zu sehr vielen weiteren Abbildungen, 300 Videos, 140 Animationen, über 20.000 Weblinks, 3.000 Hörbeispiele u.a. Dennoch ist die Situation so, dass ein konventionelles Papierprodukt in diesem Fall bessere Akzeptanz und höhere Gewinnchancen bietet – auch bei einer finanziell gut gestellten und ebenso gut ausgebildeten Käufergruppe wie den Käufern einer großen Enzyklopädie, bei denen ein PC zu Hause in sehr hoher Quote gegeben ist.

Für solche Nutzerkreise sind kombinierte Print-/Digitalangebote oft besonders sinnvoll. Dabei ist der (Zusatz)preis für die Digitalversion oft nur gering. Hier zeigen sich erhebliche Unterschiede zwischen den Geschäftsmodellen im B2B-Bereich, also dem Informationsverkauf an Unternehmen und Institutionen (zu denen in diesem Zusammenhang auch die Bibliotheken zu rechnen sind) und dem B2C-Geschäft, also dem Verkauf an Endkunden im Privatbereich (s. Kap. 6.5).

Nur ein Beispiel für kostenlose Information, die sich dem Engagement von Einzelpersonen oder Gruppen verdankt (oder in anderen Fällen als staatliche Leistung für die Nutzer kostenlos erbracht wird und eine ernst zu nehmende Konkurrenz für Verlagsprodukte darstellt), sei erwähnt: Die in der deutschen Version mittlerweile 540.000 Stichwörter (und gute Illustrationen) umfassende Internet-Enzyklopädie »wikipedia«, die seit 2001 von Enthusiasten betrieben wird. Die englische Version liegt bereits bei über 1.700.000 Einträgen. Täglich benutzen hunderttausende Besucher die deutsche Version.

Die Dynamik eines solchen Webauftritts wird daran deutlich, dass sich die Zahl der Stichwörter innerhalb von gut 2 Jahren in der deutschen Version verdoppelt, in der englischen verdreifacht hat. Über die Verlässlichkeit der aus der community der Nutzer heraus entstehenden Inhalte gibt es allerdings in letzter Zeit kontroverse Diskussionen, die eher in die Richtung gehen, dass eine – natürlich kostenträchtige – Bewertung und Filterung von Informationen doch in Interesse der Nutzer ist bzw. wäre. Dem versucht ein komplementäres Produkt »Scholarpedia« gerecht zu werden, das nur Artikel von eingeladenen Autoren, die einer peer review unterzogen werden, veröffentlicht.

Damit sind zwei höchst aufschlussreiche Modifikationen gegenüber Wikipedia verbunden: derzeit beschränkt sich Scholarpedia nur auf einige Spezialgebiete der Naturwissenschaften und die Artikel sind (wieder) urheberrechtsgeschützt.

Auch die für Nutzer kostenlose Suchmaschine »Google« wird man wohl bereits als Produkt bezeichnen dürfen, obwohl keine selbst erstellten Inhalte angeboten werden. Die über Milliarden Internetseiten erarbeiteten Fundstellenverweise sind aber selbst ein eigenständiges, werthaltiges Produkt. Google gelingt es bisher, obwohl voll im kommerziellen Sinne gewinnorientiert, das ursprüngliche Internetmodell der kostenlosen Leistungsabgabe aufrechtzuerhalten, die eigenen (hunderte von Millionen Dollar betragenden) Kosten also durch Werbeeinnahmen zu finanzieren. Ob das auf die Dauer so bleibt oder doch eines Tages eine Jahresabonnementsgebühr zu zahlen sein wird, bleibe dahingestellt: Wenn es nur 10 Dollar/Jahr und Nutzer wären, würde dies Milliarden an Einnahmen generieren. Es ist schwer vorstellbar, dass bisherige Nutzer bei Kostenpflichtigkeit auf die enormen Leistungen dieser Suchmaschinen verzichten sollten, Leistungen, die sich nochmals erheblich steigern werden, falls durch »Google Book« auch Buchinhalte erschlossen werden (s. S. 321f.). Die zentrale Rolle von Suchmaschinen bzw. thematischen (Fach-)Portalen steht außer Frage, weil Nutzer ja nicht einzelne Websites suchen, sondern bestimmte Informationen. Eine einzelne Website, die nicht durch Links z.B. bei Google erschlossen wird, ist wie ein Verlag, dessen Bücher im Sortimentsbuchhandel nicht vorhanden sind.

Die Geschäftsmodelle von wikipedia (und ebenso die bestimmter wissenschaftlicher oder staatlicher Organisationen), die auf kostenlose Informationsbereitstellung hin konzipiert sind, bedeuten ebenso wie die großen branchenfremden Internetanbieter jedenfalls das Auftreten neuer mächtiger Konkurrenten um Inhalte und Kunden, aber andererseits auch neue Verwertungschancen für die Inhaber relevanter Inhalte als Lizenzgeber oder Kooperationspartner. Nicht wenige dieser neuen Anbieter nutzen die im neuen Medium gegebene Möglichkeit, »communities« zu bilden, viel stärker als Verlage (s. Kap. 6.6). Diese können von ihren Wettbewerbern manches lernen, was zu dem veränderten Verhalten (insbesondere junger) Internetnutzer passt.

Die meisten Verlage können auf absehbare Zeit mangels Know-how, mangels entsprechender Mittel und mangels ausreichend umfassender Inhalte an eine eigenständige kommerzielle Verwertung im Internet gar nicht denken: Sie brauchen Kooperationspartner und Dienstleister, um eine effiziente Verwertung bewirken zu können. Dabei bezieht sich effizient sowohl auf eine zureichende Marktdurchdringung wie auf eine kostengünstige Abwicklung der Transaktionen (s. Kap. 6.5.4).

6.4 Fallbeispiele

6.4.1 Grundlagen

Die Variationsbreite kommerzieller Internetangebote – und nur solche sind ja im Rahmen einer verlagswirtschaftlichen Darstellung relevant – ist sehr groß. Vieles ist noch im Stadium der Erprobung, so manches Modell schon wieder eingestellt oder grundlegend verändert worden.

Abgesehen von den rein werbefinanzierten und damit für die Nutzer kostenlosen Angeboten gibt es grundsätzlich zwei Grundkonzepte:

- Abonnementsmodell
- Pay-per-Document-/Pay-per-View-Modell

Das erstere führt zu Access-based Pricing Models, das letztere zu Usage-based Models.

Dabei passt das Abonnementsmodell, bei dem der Nutzer den Zugang zu einer Datenbank periodisch pauschal bezahlt, gut zum klassischen verlegerischen Handeln. Es bietet auch eine höhere Einnahmensicherheit als das Pay-per-Document-Modell, bei dem vermutlich viele Dokumente nie nachgefragt werden. Empirische Unternehmungen haben ja vielfach belegt, dass ein großer Teil von Zeitschriftenartikeln niemals zitiert wird, also zu erheblichen Teilen vermutlich nicht einmal gelesen worden ist. Umgekehrt befassen sich daher einige Anbieter schon mit der Überlegung, den Preis für stark nachgefragte Dokumente im Laufe der Zeit anzuheben, so dass viel Gefragtes teurer zu bezahlen wäre als marginale Dokumente. Das wäre ein interessanter Schritt, um den geringerwertigen Dokumenten aufgrund niedrigerer Preise doch gewisse Verbreitungschancen zu verschaffen, ohne dass diese Bewertung im Voraus durch den Anbieter getroffen würde: Vielmehr würde die Häufigkeit der Nachfrage schrittweise zu einem Parameter der Preisbestimmung.

Derzeit überwiegen die Abonnementslösungen bzw. Pauschallizenzen eindeutig, zumal im institutionellen Bereich, wo Bibliotheken, Hochschulen oder ganze Bundesländer als Vertragspartner auftreten. In jüngster Zeit betreibt die Deutsche Forschungsgemeinschaft ein Projekt von Nationallizenzen, bei denen sie von den Wissenschaftsverlagen große digitalisierte Zeitschriftentextbestände (gerade auch backlist) erwirbt, um diese dann kostenlos an Bibliotheken und Forschungsinstitutionen weiterzugeben. Das Aushandeln solcher Lizenzen ist mitnichten trivial, sondern bedarf erfahrener Spezialkräfte, die als Außendienst die entsprechenden Verhandlungen führen: Bei großen Einzelvertragspartnern oder den sog. Bibliothekskonsortien kann es dabei um Hunderttausende von Euro/Jahr gehen. Je mehr die Digitalnutzung die gedruckte Form verdrängt, desto höher wird der Erlösanteil aus diesen Lizenzen sein müssen. Generell gilt also für die digitalen Produkte die Tendenz »weg vom Kauf hin zur Lizenz«. Diese kann allerdings (besonders für backlist-Bestände) einmalig pauschaliert sein.

Nur beiläufig sei angemerkt, dass dies ganz der von Jeremy Rifkin formulierten These entspricht, dass generell in der modernen Gesellschaft die Teilhabe an der Nutzung wichtiger sei als der Besitz. Privatnutzer wie Bibliotheken haben in solchen Fällen mithin keine eigenen Bestände, sondern erwerben Zugangs- bzw. Nutzungsrechte, z. T. nur befristet.

Vorherrschend ist derzeit das gekoppelte Abonnementsmodell für beide Versionen, Papier und digital. Der Aufschlag auf den Abonnementspreis der gedruckten Zeitschrift für die zusätzliche Digitalversion ist dabei heute gering – er schwankt zwischen 0% und 30%. Damit lassen sich – so lange die Zahl der Abonnements für die Papierversion unverändert bleibt – die Mehrkosten für die Digitalversion abdecken. Sollten die Abonnements aber absinken, muss der Aufschlag steigen bzw. der Preis für die reine Digitalversion so bemessen werden, dass die Gesamterlöse für das Objekt nicht absinken bzw. nur insoweit als Druck- und Distributionskosten gespart werden. Das ist aber, solange überhaupt noch die Druckversion aufgrund von Käuferwünschen hergestellt werden muss, keine sehr große Ersparnis: Die Fortdruckkosten für die letzten Exemplare sind ja gering. Andererseits müssen die Mehrkosten, die durch die Aufbereitung der Inhalte zum netzfähigen Digitalprodukt entstehen, durch entsprechende Erlöse gedeckt werden.

Insgesamt erfordert die digitale Revolution, dass die Verlage von der Produktentwicklung über die Anbietungsform und die Abrechnungsmodalitäten alles ganz neu gestalten müssen: Der Schritt ins digitale Publizieren ist nicht eine Fortschreibung des Gewohnten mit modernen Mitteln, sondern es handelt sich eben wirklich um eine Revolution bzw. das Betreten einer ganz neuen Welt, die neue Marktchancen eröffnet, wenn die Unternehmensstrategie und die Preismodelle für diese neuen Märkte maßgeschneidert werden – Analogiemodelle aus der Gutenberg-Welt können nicht ausreichen.

6.4.2 Preismodelle im Internet

Mittlerweile gibt es eine Unzahl differenzierter Preismodelle bzw. Preisbemessungsparameter für Netzpublikationen und Datenbanken. Preisbemessungsgrößen können u. a.sein:

Die Berechnung der Nutzung erfolgt:

- per Dokument (Einheitspreis)
- per Dokument differenziert nach Inhalt/Umfang
- nach heruntergeladenen (Kilo-)Bytes oder Zeichen (proportional oder mit Mengenrabatt)
- per Dokument differenziert nach Nutzertyp (z.B. Preisdifferenzierung für Geschäfts- und Privatkunden)
- nach Wertklassen
- nach Verweildauer in der Datenbank
- Zuschläge für download bzw. Ausdruck
- aktueller Informationsbereich kostenlos, Zugriff auf Archiv kostenpflichtig
- neuere Dokumente kostenpflichtig, ältere kostenlos (Moving Wall)
- Preis differenziert nach bestimmten Tageszeiten oder Wochentagen
- kostenloser (Teil-)Browse, danach kostenpflichtig
- Abonnementsmodell für bestimmte Objekte/Datenbanken, Rest Pay per View
- Flat Rate/Monat für »alles«
- Flat Rate für X Dokumente oder Y Bytes, danach Zusatzberechnung
- Zugang für Zeitschriftenabonnenten bzw. Buchkäufer kostenlos (Zugangscode)
- Campus- und Regionallizenzen

Viele dieser Preismodelle stammen aus dem Bereich der Telekommunikation und entsprechen nicht den klassischen Preismodellen der Verlage. Je nach Art der Dokumente und der Nutzertypen ist zu entscheiden, welches Preismodell das passendste ist. Alle (außer dem Abonnementsmodell) setzen sog. Digital Rights Management Systeme (DRM) mit entsprechenden Inkasso-Komponenten (Micropayment systems) oder Prepaid-Konzepte voraus, die kleinere und mittlere Verlage nicht eigenständig installieren und betreiben können. Auch die kontrollierte Freischaltung dieser zusätzlichen Digitalversion bedeutet erheblichen organisatorischen Aufwand (s.a. S. 320). Die meisten Verlage brauchen dafür entsprechende Dienstleister.

Insoweit sowohl eine gedruckte als auch eine digitale Version angeboten werden, ist zudem grundsätzlich zu entscheiden, ob die digitale Version vor (Digital Preprint), gleichzeitig oder nach der Druckversion im Netz zugänglich gemacht werden soll. Im Wissenschaftsbereich verlangen große wissenschaftliche Institutionen wie das National Institute of Health NIH in den USA oder die Max-Planck-Gesellschaft in Deutschland z.B. den freien Netzzugang (Open Access) spätestens sechs Monate nach Erscheinen der Druckversion für Publikationen ihrer Mitarbeiter. Innerhalb dieser kurzen Frist für den Verkauf der Inhalte müssen also alle Kosten eingespielt sein.

Zentrales Anliegen des Austestens der diversen Preismodelle und Anbietungsformen muss dabei immer eine möglichst große Marktdurchdringung und -ausweitung sein, nicht etwa – wie immer wieder von Gegnern kommerziellen digitalen Publizierens geargwöhnt wird – ein Zurückhalten von Information. Zwischen dem völlig kostenfreien Zugang und vermeintlich restriktiven Hochpreisangeboten gibt es eine sehr große Spannweite. Der Wettbewerb wird hier den Weg zu Lösungen erzwingen, die die Verbraucherinteressen bestmöglich (aber eben nicht kostenlos!) erfüllen. Die Erfahrung lehrt, dass Wettbewerb immer zu einer Preisanpassung nach unten führt, zumal es ja Autoren völlig freisteht, diejenigen Verlagspartner zu wählen, die günstige Preise fordern oder mit sonstigen Leistungselementen die Wünsche des Autors am besten bedienen – wobei die Frage effizienter Leistungen des Verlegers/Datenbankbetreibers sicher nicht unabhängig von den Preisen und damit den erzielbaren Erlösen ist. An der Distributionsleistung (Marktdurchdringung) wird ja auch Autoren sehr gelegen sein, die spontan zu Open Access Modellen neigen. Die Autoren müssen sich entscheiden, was ihnen am wichtigsten ist: die kostenlose Bereitstellung auf einem Hochschulserver ohne professionelle Dienstleistungen (besonders der Vermarktung) oder eben letztere, die zu einer Kostenpflichtigkeit der Dokumente führen müssen. Leider beruht ein erheblicher Teil des Streits um kostenpflichtige bzw. kostenlose Netzinformationen ja zudem auf der nur scheinbar kostenlosen, in Wahrheit aber sehr kostenträchtigen Tätigkeit der öffentlichen Hand. Gegen per Subvention alimentierte digitale Hochschulverlage kann niemand im Wettbewerb bestehen. Es werden dann aber auch sehr viele Leistungen, die der Verlagsbereich bisher vermittels der Tätigkeit tausender kompetenter, gut bezahlter Mitarbeiter erbracht hat, in Frage stehen.

6.4.3 Verlage als Anbieter im Netz

Zahlreiche, insbesondere größere Fachverlage treten im Netz selbst als Anbieter auf, sowohl für Buch- wie für Zeitschrifteninhalte, des weiteren auch die Zeitungsverlage. Viele Verlage bedienen sich dabei auch vorhandener Dienstleister wie etwa Ingenta für Zeitschriften oder CIANDO, die komplette Bücher und auch einzelne Kapitel zu vom Verlag festgesetzten Preisen im Netz anbieten (s. S. 316ff.). Diese Preise entsprechen oft in etwa denen des Printprodukts. Hier bleibt der Markencharakter des Verlagsangebots auch bei der digitalen Version einigermaßen erhalten, es handelt sich nicht um eine unüberschaubare Datenbank.

Aus den nachfolgenden Beispielen wird insbesondere auch deutlich, wie unterschiedlich die Preissysteme für verschiedene Zielgruppen sind. Die Differenzierung ist viel feiner als die grobe Aufteilung des Internetgeschäfts in B2B und B2C, also das Geschäft mit kommerziellen bzw. privaten Nutzern.

Bei den Fachverlagsangeboten handelt es sich oft um mehrstufige Modelle, bei denen der erste Zugang bzw. einfache Basisinformationen kostenlos sind, etwa bei Zeitschriften die Inhaltsverzeichnisse und Abstracts oder für Abonnenten einer Zeitung die tagesaktuellen Inhalte – alles Weitere ist dann kostenpflichtig.

Online-Nutzungen können entweder als Einzeldokumentelizenz oder durch umfassendere Lizenzen erworben werden (s.a. Kap. 6.5). Dabei ist der letztere Weg sowohl für die Nutzer wie für die Anbieter der organisatorisch einfachere und finanziell überschaubarere.

Lizenzmodelle

- Einzelplatzlizenz
- Mehrplatzlizenz (z.B. eine Kanzlei, ein Unternehmen)
- Campus-Lizenz
- regionale/nationale Lizenzen
- LAN-Lizenz (z.B. für ein Unternehmen, evtl. weltweit)
- Im Lizenzvertrag zu definieren ist immer:
  - wer ist berechtigter Nutzer (User)?
  - welche Titel, Inhalte, Materialien umfasst die Lizenz?
  - was ist lizenziert (Suchen, Ansehen, Anzeigen, Drucken, Downloading)?
  - für welchen Zeitraum gilt die Lizenz, wenn es sich nicht um pay per document handelt?

Wie solche Angebote konkret aussehen können, verdeutlicht die Struktur des Lizenzangebots des Banger-Verlags:

Einzelplatzversion						
Version	Lizenz für	mtl. Grundgebühr		jährliche Abonnementen Grundgebühr	jl. Inklusiv-Volumen 1)	Verbrauchstarif 2)
Basic	Einzelplatz	5,95 €		71,40 €	-	0,14 €
Standard	Einzelplatz	14,95 €		179,40 €	1000	0,12 €
Premium	Einzelplatz	19,95 €		239,40 €	1500	0,09 €
Premium LAN Netzwerkversionen						
Version	Lizenz für Arbeitsplätze	Parallele Zugriffe	mtl. Grundgebühr	jährliche Abonnementen Grundgebühr	jl. Inklusiv-Volumen 1)	Verbrauchstarif 2)
LAN I	2-4	1	26,95 €	323,40 €	1000	0,14
LAN II	5- 8	3	+ 35 %*		1350	0,13
LAN III	9-12	4	+ 70 % *		1700	0,12
LAN IV	13-20	6	+ 100 %*		2000	0,11
LAN V	21-30	9	+ 200 % *		3000	0,10
LAN VI	31-40	12	+ 300 %*		4000	0,09
LAN VII	41-50	15	+ 400 %*		5000	0,08

* Aufschlag auf den Abonnementenpreis von LAN I. Alle angegebenen Preise gelten nur für den Buchhandel. Preise für Endkunden bitte beim Verlag erfragen. Lizenzen für LAN Netzwerke über 50 PC und WAN Netzwerke sind ebenfalls auf Anfrage erhältlich

Abb. 6.2: Beispiel einer differenzierten Gebührenstruktur für ein Internet-Angebot

Neue Partner

Neben den veränderten Angebotsformen ist es die veränderte Wertschöpfungskette für digitale Dokumente, die die Verlage vor hohe Herausforderungen stellt. Während in der klassischen Verlagswelt der Buchhandel den Weg der Produkte zum Nutzer vervollständigte, treten an dessen Stelle nun Unternehmen ganz anderer Art, Größe und Marktmacht: die Telekommunikationsdienstleister im weitesten Sinne. Zwar kann ein Verlag ähnlich dem Direktgeschäft für Printprodukte auch in der digitalen Welt einen Teil der Kette (bis evtl. hin zu den Mehrwertleistungen) selbst erstellen, spätestens auf der Ebene des technischen Zugangs aber ist er auf Fremddienstleister angewiesen.

Die Medienberatungsfirma Diebold formulierte schon vor Jahren hinsichtlich der entstehenden sehr hohen neuen Anforderungen an die Verlage Folgendes: »Verlage müssen sich mit Service-, Technologie- und Medienpartnern vernetzen, um eine Chance auf eine dauerhafte Etablierung im Internet zu haben. Online-Verlagsauftritte ohne Kooperationspartner sind zum Scheitern verurteilt.«

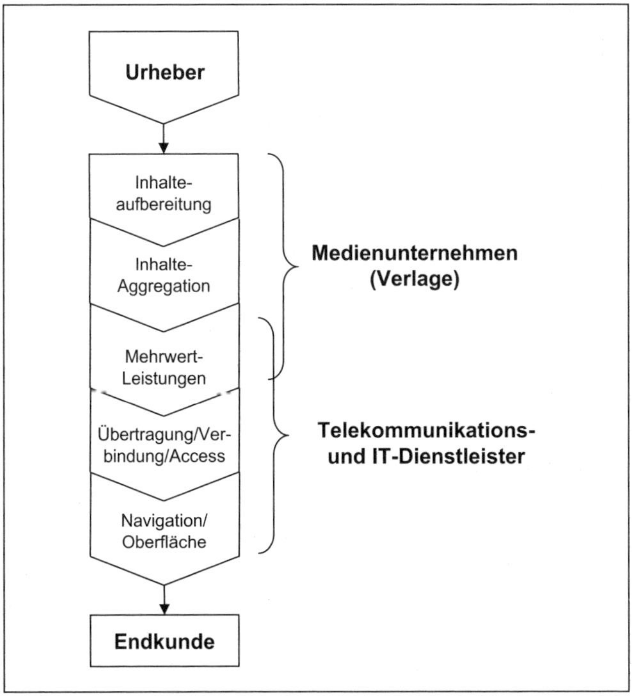

Abb. 6.3: Veränderte Wertschöpfungskette für digitale Inhalte

Der Begriff der Mehrwertleistung ist für jedes digitale Produkt entscheidend: Ohne Mehrwert, also höhere Funktionalitäten (z.B. beim Retrieval) bleibt ein Digitalprodukt hinter den Nutzererwartungen zurück. Eine 1:1-Umsetzung von Printprodukten wird keine Marktakzeptanz finden. Ein gutes Beispiel für eine solche Mehrwertleistung ist das CrossRefSystem, das eine Gruppe internationaler Wissenschaftsverlage auf der Basis DOI-gekennzeichneter Zeitschriftenartikel eingerichtet hat. Der DOI (Digital Object Identifier) wird von einer internationalen DOI Foundation, zu der neben Verlagen als Gründern auch mehrere Nationalbibliotheken gehören, verwaltet. Er ist eine vielstellige Nummer, die an einzelne Dokumente (oder Teile von Dokumenten) geknüpft werden kann. Dieses CrossRefSystem ermöglicht dann, dass beim Anklicken einer Literaturangabe in einem Zeitschriftenartikel unmittelbar das Volltextdokument dazu aus einem ganz anderen Verlag in einem anderen Land verfügbar gemacht werden kann insoeit in das System eingebunden. Also eine Vielfachverknüpfung von Millionen von Dokumenten untereinander (Näheres s. www.crossref.org). Das System wird noch verfeinert durch die Möglichkeit, Metadaten für die Dokumente zu hinterlegen.

Im Folgenden werden in aller Kürze einige Praxisbeispiele aus verschiedenen Verlagsbereichen skizziert. Diese entstammen z.T. dem B2C-Bereich (wie etwa Zeitungs- und Lexikon-Angebote) oder mehr dem B2B-Bereich, wie die Angebote der Wissenschafts- und Fachverlage bzw. der entsprechenden Dienstleister.

Zeitungsverlage

Neben der Recherche und dem Erwerb von Einzeldokumenten bieten viele Zeitungsverlage auch volle Digitalabonnements (z.T. für einen gestrafften Inhalt) an. Die derzeit weltweit höchste Subskribentenzahl für eine digitale Zeitung hat das Wall Street Journal mit über 730.000 Abonnenten (Stand: Frühjahr 2005). Diese hohe Zahl ist wohl primär damit zu erklären, dass das Wallstreet Journal digital keine Einzeldokumente anbietet, sondern nur das Abonnement.

Ein kooperatives Zugangsmodell führender Zeitungs- und Zeitschriftenverlage für den B2B-Bereich bietet die **Presse-Monitor Deutschland GmbH (PMG)** (www.pressemonitor.de), die elektronische Pressespiegel anbietet und dabei den Mitgliedern der 36 im BDI zusammengefassten Verbände Sonderkonditionen einräumt. Spätestens ab 7.00 Uhr des Erscheinungstages kann – gesteuert durch individuell festgelegte Suchprofile – auf Artikel aus den jeweils relevanten Themen zugegriffen werden, bzw. mit der gezielten Pressespiegel Software PMGbox ein eigener Pressespiegel generiert und ins Intranet gestellt werden. PMG hat über 700 Titel von rd. 200 Verlagen im Angebot. Der Grundpreis (1-10 Leser) liegt zwischen 1,50 und 3,50 Euro und steigt auf 9 bis 10 Euro für 1000 Leser pro Artikel in verschiedenen Download-Formaten. Dazu kommen zwischen € 50,- für Modul Basic und € 200,- für Modul Professional als monatliche Pauschale für verschieden umfangreiche Recherchen und Dienstleistungen. Dem Bezieher dieses Dienstes werden erhebliche Recherche- und Organisationskosten für den hausinternen Pressespiegel erspart, die Zeitungsverlage erzielen andererseits Zusatzerlöse. Die Nutzung der bezogenen Artikel ist beschränkt auf haus-, betriebs- oder amtsinterne Zwecke, Weitergabe an Dritte ist unzulässig.

Die Geschäftsbedingungen erlauben dem Bezieher des Weiteren nicht den Aufbau einer internen Datenbank, die maximale Nutzungsdauer beträgt vier Wochen, danach sind die Artikel zu löschen. Lediglich ein Exemplar jedes Pressespiegels darf für 12 Monate archiviert, aber nicht mehr zugänglich gemacht werden. Das Angebot der PMG ist ein gutes Beispiel für nutzerorientierte Content Syndication, d.h. das gemeinsame Angebot von Inhalten verschiedener Verlage (Content Producer).

Das Angebot einer einzelnen Zeitung kann wie folgt aussehen:

Die FAZ bietet folgende Alternativen an:

Premiumkunde: 16 Euro/Jahr

Leistungen:

- Login für Premiumkunden mit eigener Kennung und Passwort
- bis zu 5 Artikel im Monat ohne weitere Berechnung
- Nutzung des persönlichen Nachrichtendienstes F.A.Z.-Update
- Recherche unmittelbar nach Registrierung möglich (Sie erhalten Ihre Kennung von uns per E-Mail)
- monatliche Abrechnung Ihrer Recherche

Business-Paket: 49 Euro/Jahr

Leistungen:

- Login für Businesskunden mit eigener Kennung und Passwort
- bis zu 100 Artikel im Jahr ohne weitere Berechnung
- Nutzung des persönlichen Nachrichtendienstes F.A.Z.-Update
- Recherche unmittelbar nach Registrierung möglich (Sie erhalten Ihre Kennung von uns per E-Mail)
- Wöchentlicher Bezug der F.A.Z.-Termin-Mail mit den wichtigsten Wirtschaftsterminen der folgenden Woche

Wissenschafts- und Fachverlage

Eine wichtige Angebotsform ist das Internet insbesondere für Fach- und Wissenschaftsverlage, zumal im Zeitschriftenbereich. Manche dieser Verlage erlösen mittlerweile über 50% des Zeitschriftenumsatzes aus Digitallizenzen.

Bei wissenschaftlichen Verlagen sind die Preise wie bei den gedruckten Produkten objektbezogen sehr differenziert, die Digitalversion für ein relativ geringes Aufgeld (0-30%) auf den Abonnementspreis der gedruckten Ausgabe verfügbar. Nachstehend ein knapper Auszug aus den Vertragsbedingungen eines großen Wissenschaftsverlags für seine Bezieher. Daraus werden wesentliche, auch bei anderen ähnlichen Anbietern geltende Definitionen und Verfahrensweisen deutlich:

www.springerlink.de

Allgemeine Online-Vertragsbedingungen für Einzelnutzer (Auszug)

Zugangsberechtigung

1. Der Lizenznehmer erhält die Zugangsberechtigung zur Datenbank nach den nachstehenden Regelungen:
a) Der Springer-Verlag richtet dem Lizenznehmer eine Zugangsberechtigung ein und vergibt Username und Password.
b) Ein Zugriff auf die Datenbank ist nur für den Lizenznehmer gestattet.
2. Username und Password sind streng geheimzuhalten und dürfen Dritten nicht zugänglich gemacht werden. Zur Verhütung von vertragswidriger oder unsachgemäßer Nutzung ist der Springer-Verlag berechtigt, bei mehrfacher Falscheingabe von Username und Password den Zugang vorläufig bis zur Klärung und Beseitigung der Ursache zu sperren. Ein Anspruch auf Rückzahlung der Vergütung für die Zeit der Sperrung besteht nicht.

Rechte

1. Alle Rechte an der Datenbank stehen im Verhältnis zwischen den Vertragsparteien allein dem Springer-Verlag zu.
2. Dem Lizenznehmer stehen folgende Rechte an der Datenbank und deren Teilen zu:
a) Der Lizenznehmer ist berechtigt, ausschließlich zu eigenen wissenschaftlichen Zwecken oder zu Ausbildungszwecken auf die Datenbank zuzugreifen und zu diesem Zweck eine Auswahl der Daten in den Arbeitsspeicher zu kopieren.
b) Der Lizenznehmer darf ausschließlich zum in a) definierten Gebrauch in der

Datenbank enthaltene Daten in angemessenem und zu dem genannten Zweck erforderlichen Umfang dauerhaft abspeichern und Papierkopien hiervon anfertigen. Ein systematischer Download der gesamten Datenbank oder wesentlicher Teile hiervon (z.B. mehr als 30 % eines Zeitschriftenjahrgangs) ist nicht gestattet. Der Springer-Verlag behält sich weiterhin vor, Umfang und Anzahl der Kopien und Ausdrucke in sachgerechter Weise zukünftig weiter zu beschränken. Der Springer-Verlag wird den Lizenznehmer hierauf rechtzeitig hinweisen. Der Lizenznehmer hat dann die Möglichkeit, auf den Zeitpunkt des Eintritts der Beschränkung außerordentlich zu kündigen.

c) Eine Weitergabe der Daten ganz oder teilweise – gleich, ob auf einem elektronischen Datenträger, per Datenfernübertragung oder als Papierkopien – ist nicht gestattet. Eine Nutzung der Datenbank für Zwecke Dritter, z.B. in Online-Diensten für Dritte sowie das Einspeisen der Daten in Netzwerke (Intranet, Internet etc.) und die gewerbliche Informationsvermittlung sind nicht gestattet.

d) Jede über a) und b) hinausgehende Vervielfältigung sowie Übersetzung, Bearbeitung, Anordnung und andere Umgestaltungen der Datenbank oder von Teilen der Datenbank ist untersagt, ebenso wie die öffentliche Wiedergabe, Vorführung oder Aufführung. Ein Vertrieb der Datenbank oder von Teilen der Datenbank ist nicht gestattet.

3. Die genannten Rechte sind nicht auf Dritte übertragbar.

Pflichten des Lizenznehmers

1. Der Lizenznehmer ist verpflichtet, durch geeignete Maßnahmen sicherzustellen, daß die Datenbank nur sachgerecht genutzt wird. Er wird sich insbesondere verpflichten

a) den Zugriff und die Nutzung der Datenbank nicht vertragswidrig oder unsachgemäß auszuüben und insbesondere die Zugriffs- und Nutzungsbeschränkungen gemäß § 2 und § 3 einzuhalten;

b) Username und Password streng geheimzuhalten und Dritten nicht zugänglich zu machen;

c) festgestellte Fehler und Störungen der Datenbank oder der einzelnen Daten dem Helpdesk des Springer-Verlages unverzüglich unter genauer Beschreibung der Art und der festgestellten Ursachen zu melden. Dies gilt auch für Störungen, die durch vertragswidrige oder unsachgemäße Nutzung durch den Lizenznehmer selbst entstanden sind.

2. Der Lizenznehmer verpflichtet sich, alle technischen und rechtlichen Möglichkeiten zur Überprüfung der ordnungsgemäßen Nutzung und zur Verhinderung von Missbrauch und Störungen auszuschöpfen und Hinweise auf vertragswidrige oder unsachgemäße Nutzung oder sonstige Fehler oder Störun-

gen unverzüglich unter genauer Beschreibung der Art und festgestellten Ursachen dem Helpdesk des Springer-Verlages zu melden. Er stellt dem Springer-Verlag alle Informationen, Unterlagen und Daten zur Analyse und Behebung zur Verfügung.

Als Beispiel für unterschiedliche Lizenzmodelle für institutionelle Großabnehmer sei das Angebot des internationalen Wissenschaftsverlags J. Wiley/Interscience (www.interscience.wiley.com) dargestellt. Es richtet sich also insbesondere an Bibliotheken, die ihren Nutzern den Zugang zu den subskribierten Inhalten anbieten. Der Verlag hat zwei unterschiedliche Modelle.

Basis Access License (BAL)
für Bibliotheken an einem Standort und eine begrenzte Auswahl von Zeitschriften (eröffnet keinen Zugang zu sonstigen elektronischen Angeboten wie Nachschlagewerken und chemischen Datenbanken). Die Preise werden sodann nach Umfang des subskribierten Materials und der Größe der Institution ausgehandelt.
BAL umfasst:

- eine beliebige Zahl von autorisierten Nutzern
- innerhalb der Institution = Site (Site ist dabei definiert als ein einziger, geografisch unmittelbar aneinander liegender Komplex von Gebäuden)
- der Nutzungsumfang kann vom Subskribenten frei gewählt werden (Druck, nur online oder ein Print-online-package)

Enhanced Access License (EAL)
für Bibliothekskonsortien oder Einzelinstitutionen, die ihren gesamten Nutzerbereich auf breitester Basis über verschiedene Sites versorgen wollen.
EAL bietet:

- unbegrenzte gleichzeitige Nutzungen auf verschiedenen Sites der Institution über das ganze Land oder transkontinental von jedem beliebigen Rechner aus (Roaming)
- kostenlosen Zugang zu den Backvolumes
- monatliche Nutzerstatistiken
- möglich sind Mehrjahresverträge (bis zu 5 Jahren)

Dazu gibt es gesonderte Nutzungsbedingungen für Mitglieder bei wissenschaftlichen Zeitschriften, die von wissenschaftlichen Fachgesellschaften publiziert werden.

Schließlich bietet auch Wiley Interscience die Pay-per-View-Nutzung für Nutzer, die keine Subskription haben und nur einzelne Dokumente kaufen wollen (Zahlung per Kreditkarte). Dies ist insbesondere dann eine sinnvolle Alternative, wenn Nutzer Dokumente aus Zeitschriften benötigen, die ihre Institution nicht subskribiert hat, weil sie nur selten benötigt werden. Dann kann der Bezug von Einzeldokumenten deutlich kostengünstiger sein. Der Nutzer darf diese Dokumente für die eigene Forschungsarbeit archivieren. Zusätzlich wird ein kostenloser »profiled alerting service« geboten, der den Nutzer auf entsprechende neue Dokumente verweist.

Das gesonderte Angebot für Nachschlagewerke umfasst bei Wiley ebenfalls verschiedene Varianten (insbesondere hinsichtlich späterer Updates), die Preise schwanken zwischen 500 und 12.000 Dollar. Wer alle Nachschlagewerke des Verlags digital verfügbar haben will, muss dafür knapp 140.000 Dollar bezahlen.

Es wurde bereits erwähnt, dass das Aushandeln so großvolumiger Verträge hohes Spezialwissen und den Einsatz entsprechender Außendienstmitarbeiter erfordert. Per Preisliste lassen sich solche Lizenzen nicht verkaufen.

Fachverlage

Anders strukturiert ist das Angebot von Fachverlagen, die sich direkt z.B. an Freiberufler wie Ärzte oder Anwälte wenden wie das beck.online-Angebot des juristischen Verlags C.H.Beck:

> Der Verlag bietet vielfältige Alternativen. Beispielhaft sei *Anwalt Premium* skizziert. Unerlässlich ist der Bezug des Grundmoduls Zivilrecht. Es umfasst Rechtsprechung, Leitsätze, Formularhandbücher, Kommentare, Gesetztexte. Das Grundmodul kostet € 44,-/pro Monat für einen Einzelplatz, zweiter und dritter Arbeitsplatz je € 22,-, danach bis zum 9. Arbeitsplatz je € 11,-. Ergänzend dazu existieren sieben Ergänzungsmodule, u.a. »Miet- und Wohnungsrecht plus«. Dies kostet bis zu drei Nutzern € 29,-/Monat, Bezieher der Beck-Zeitschrift NZM (Neue Zeitschrift für Miet- und Wohnungsrecht) zahlen nur € 19,-. Das ist eine interessante Verknüpfung von print- und online-Angebot. Über die Ergänzungsmodule hinaus gibt es Fachmodule. Schließlich können die online-Subskribenten auch Einzeldokumente aus Werken bzw. Datenbanken beziehen, die nicht in den Modulen enthalten sind. Diese Funktion heißt beck-treffer, Do-

kumente kosten je nach Typ und Umfang € 1,80 bis € 12,-. Als Service bietet der Verlag noch einen newsletter, der täglich über Gesetzregelung und Rechtsprechung aus allen Rechtsgebieten informiert.

Die Grundstruktur dieses Angebots besteht also aus einer Bündelung ausgewählter Bücher und Zeitschrifteninhalte für bestimmte Themenfelder mit der Option, aus selten anfallenden Gebieten Einzeldokumente zu beziehen.
Alle Dokumente können gelesen und ausgedruckt werden. Viele Nutzer werden z. T. auf Letzteres verzichten, weil sie das betreffende Werk gedruckt besitzen und nach Auffinden der Stelle im online-Betrieb auf das Buchexemplar zugreifen.

Auch bei den Fachverlagen gibt es eine große Breite von unterschiedlichen Modellen. Thieme z.B. bietet kostenlose Testzugänge für einen befristeten Zeitraum und eine definierte Anzahl von Objekten, die jeweils nur beschränkt häufig getestet werden können. Zudem bieten viele Verlage nach Registrierung – die ihnen den Vorteil einer potenziellen Kundenadresse samt Interessenprofil verschafft – kostenfreie Recherchemöglichkeiten in ihren Zeitschriften (Lesen von Inhaltsverzeichnissen und Abstracts).

Ein anderes Digitalangebot des Thieme-Verlags betrifft den Lehrbuchbereich, die Thieme E-Book Library, die durch eine Bündelung zahlreicher Lehrbuchinhalte zu einem elektronischen Standardnachschlagewerk wird. Angeboten wird dieses Produkt für Institutionen bzw. einen Campus und ermöglicht einen Zugriff über 24 Stunden an jedem Tag.

Auch der Springer Verlag bietet umfangreiche e-book-Pakete an (für alle Bücher ab 2005 sowie einen Teil der Erscheinungsjahre ab 1997). Solche Angebote können sowohl für gebündelte Titel als Bibliothekslizenzen konzipiert werden, wie auch als Einzelangebote an Endverbraucher (dann im e-book Internetshop des Verlages oder eines Dienstleisters).

Einen anderen Ansatz wählt das Produkt des Deutschen Apotheker Verlags ›apotheken.de‹, das als »unabhängiges Gesundheitsportal ihrer Apotheke« beworben wird. Der Verlag erstellt den redaktionellen Inhalt dieser elektronischen Kundenzeitschrift, die ergänzt wird durch die individuelle Präsentation der betreffenden Apotheken (z.B. mit Öffnungszeiten, Spezialisierungen, Sprachenkenntnis, Sonderdiensten). Eine bundesweite Datenbank samt Orientierungskarten bietet dem Endnutzer ein komfortables Suchsystem. Das Erlösmodell ist gestützt auf die Teilnehmer-Gebühren der Apotheken, Zweitverwertungen der Inhalte in anderen Portalen (bis zum Navigationssystem bei BMW), sowie Banner Werbung. Dieses Produkt ist sehr vertriebsintensiv und erfordert einen eigenen Außendienst. Dieses Konzept entspricht der weitverbreiteten Nutzererwartung, dass er alles kostenlos erhält.

Schließlich sind zu erwähnen ergänzende Internetangebote zu gedruckten Büchern wie etwa Software, größere Datenbestände, die im Buch nicht gedruckt vorliegen, Abbildungen des Buches als Powerpoint-Dateien (für Dozenten) oder e-learning Materialien für Schüler oder Studierende. Inwieweit solche ergänzenden online-Angebote zu Büchern als Kundenservice kostenlos oder als Zusatzprodukte und damit weitere Ertragsquelle kostenpflichtig angeboten werden, ist fallweise bzw. im Blick auf das Verhalten wichtiger Wettbewerber zu entscheiden.

Fast alle in diesem Abschnitt genannten Beispiele für Verlagsprodukte im Internet betreffen professionelle oder zumindest fachbezogene Produkte – schöne Literatur und Sachbücher sind von der Digitalisierung bisher ungleich weniger erfasst. Schlüssige Geschäftsmodelle sind im reinen Konsumentenbereich auch viel schwieriger zu formulieren, was nicht zuletzt durch das bisherige Scheitern aller e-book-Projekte unterstrichen wird.

Demgegenüber besitzen Produkte wie Enzyklopädien, Wörterbücher eine prinzipielle Eignung für digitale Versionen. Am stärksten aber ist die Digitalisierung (z.T. auch als direktes Substitutionsprodukt) im Bereich der Loseblattwerke und wissenschaftlicher und Fachzeitschriften vorangeschritten. Für diese Verleger wird das Internet – insoweit es nicht bereits heute der Fall ist – der wichtigste Vertriebskanal. Für professionelle Zielgruppen bietet sich dabei als quasi neues Produkt das »customizing« an, die einem individuellen Interessenprofil gemäß maßgeschneiderte Information.

Eine weitere Preismodellvariante bietet LexisNexis des Verlagskonzerns Reed Elsevier, ein internationaler Anbieter von Wirtschafts-, Presse- und Rechtsinformationen. Diese weltweit angebotene Datenbank hat 3,2 Millionen Kunden in 100 Ländern und täglich über 2 Millionen Suchanfragen auf die 4,5 Milliarden hinterlegten Dokumente. Wöchentlich werden über 25 Millionen Dokumente bereitgestellt. Die deutsche Datenbank LexisNexis enthält derzeit 525.000 Einträge.

Das Preisschema bei LexisNexis ist wie folgt:

Anzahl Rechtsanwälte pro Kanzlei	Basismodul mit 1 Landesrecht	
	Preis pro Anwalt pro Monat	Preis pro Kanzlei pro Monat
1	95,00 EUR	95,00 EUR
2	71,00 EUR	142,00 EUR
3	59,00 EUR	177,00 EUR
4	52,00 EUR	208,00 EUR
5	47,00 EUR	235,00 EUR

Anzahl Rechtsanwälte pro Kanzlei	1 zusätzliches Landesrecht	
	Preis pro Anwalt pro Monat	Preis pro Kanzlei pro Monat
1	10,00 EUR	10,00 EUR
2	8,00 EUR	16,00 EUR
3	6,00 EUR	18,00 EUR
4	5,00 EUR	20,00 EUR
5	5,00 EUR	25,00 EUR

Anzahl Rechtsanwälte pro Kanzlei	15 zusätzliche Landesrechte	
	Preis pro Anwalt pro Monat	Preis pro Kanzlei pro Monat
1	22,50 EUR	22,50 EUR
2	17,00 EUR	34,00 EUR
3	14,00 EUR	42,00 EUR
4	12,00 EUR	48,00 EUR
5	11,00 EUR	55,00 EUR

Die ersten 14 Tage nach Vertragsbeginn gelten als kostenlose Testzeit. Eine Nutzungsgebühr wird nicht erhoben, es sei denn, es handelt sich um Nutzungen außerhalb des Vertragsumfangs (Transaktionsgebundene Abrechnung, Einzeldokumentkauf etc.). Ist der Vertragspartner eine Kanzlei, so erhält die Kanzlei grundsätzlich maximal so viele Zugänge, wie Anwälte in der Kanzlei arbeiten. Jede Kanzlei zahlt entsprechend der Anzahl der praktizierenden Anwälte. Weitere Anbieter in diesem Feld sind www.juris.de, www.legios.de und www.beck.online unter www.beck.de.

Bezüglich Rentabilität und erreichter Kundenzahlen halten sich derzeit alle Anbieter sehr bedeckt. Die Erfolgszahlen in den USA beruhen auf den dortigen Gegebenheiten des Rechtssystems und sind kein Indikator für das Marktgeschehen in Deutschland. Aber auch auf diesem Gebiet scheint mittlerweile eine Schwelle überschritten: Angebot und Nutzung wachsen deutlich.

Schulbuchverlage

Eine weitere spezielle Form von Verlagsangeboten im Internet bieten einige Schulbuchverlage, z.B. das Portal des Schulbuchverlages Cornelsen unter www.techweb.de, aus dem registrierte Lehrer gegen eine monatliche Pauschale zahlreiche Unterrichtsmaterialien herunterladen können. Dies Angebot ist wohl eher wieder dem B2C-Bereich zuzuordnen. Von den 50.000 registrierten Nutzern haben viele bereits zusätzlich im Internetshop des Verlags sonstige Produkte gekauft: ein schönes Beispiel für die Potenziale im Cross Media Selling.

Im Kooperationsprojekt der Verlage Klett und Cornelsen für nordrhein-westfälische Schulen (selgo) gibt es Optionen für Lehrer und Schüler mit differenzierten Zugriffsberechtigungen. Hier einige weitere solcher Internet-Adressen:

www.selgo.de
Ernst Klett Verlag und Cornelsen Verlag in Zusammenarbeit mit dem Land NRW.
Zugang nur für registrierte Nutzer
www.teachweb.de
Cornelsen Verlag. Zugang nur für registrierte Nutzer
www.klett.de
Ernst Klett Verlag bietet unter anderem den monatlichen »Aktualitätendienst«
www.schuelerlexikon.de
Paetec Verlag und Duden (B.I. & F.A. Brockhaus).
Freischaltcode für Fachlexika wird mit CD-ROM zum Buch mitgeliefert
www.schule-online.de
BMW Bildungsmedien (Westermann Gruppe)
www.grundschulmaterial.de
Medienwerkstatt Mühlacker. Freier Zugang begrenzt

Vergleichbares bieten einige Medizinverlage mit Fortbildungsportalen im Internet für Ärzte (z.B. www.aerzteblatt.de, www.schattauer.de, www.thieme.de oder Urban & Vogel mit www.cme-punkt.de). Hier können Punkte für die gesetzlich geforderte zertifizierte Fortbildung der Ärzte erworben werden. Auch Fernhochschulen und Institutionen der Erwachsenenbildung bedienen sich solcher Angebote, z.T. auf Lizenzbasis mit Substanz aus Verlagen. International haben sich hier die Begriffe »distant learning« und »e-learning« durchgesetzt.

6.4.4 Dienstleister im online-Geschäft

Datenbankbetreiber

Weil Verlagen oft der organisatorische Rahmen und das Know-how fehlen, und weil zudem Verlage immer nur ein begrenztes eigenes Angebot haben, spielen Datenbankbetreiber eine große Rolle. Eingangs in diesem Kapitel war schon von CIANDO die Rede. Nutzer wollen gerne in ihrem Gebiet unter einer Adresse umfassend recherchieren und das im fachlichen Bereich auf einem ungleich höheren Niveau und mit entsprechend höherer Effizienz, als es die gängigen Suchmaschinen ermöglichen. Deshalb ist die Aggregation (Syndication) von Inhalten so wichtig, um die Informations-, Interaktions- und Transaktionsbedürfnisse einer Nutzergruppe möglichst optimal zu bedienen. Verlage müssen also über das »Selbstgemachte« hinausgehen und zu Informationsdienstleistern (Brokern) werden oder umgekehrt ihr eigenes Material solchen Anbietern anvertrauen. Das ist Basis der Tätigkeit der Datenbankbetreiber als Dienstleister, deren Angebot auf den per Lizenzverträgen erworbenen Inhalten vieler Inhaltsanbieter in einem Fachgebiet beruht. Auf solcher Ebene ist dann auch eine erweiterte Dialogisierung und Profilsuche sinnvoll, die der generellen Tendenz einer individualisierten Mediennutzung und -kommunikation entspricht. Mittlerweile gibt es eine Unzahl bibliografischer Nachweissysteme, Rezensions-Websites, »Portale« und Volltextkonzepte. Jeder Verlag muss daher sehr kritisch prüfen, welcher dieser Dienste er sich bedienen will – nicht nur insoweit von diesen laufende Kostenbeiträge gefordert werden. Denn auch bei kostenloser Vermittlung der vom Verlag gelieferten Informationen darf nicht der hohe interne Arbeitsaufwand im Verlag übersehen werden, den die Bereitstellung der Daten in den jeweils verschiedenen Formaten erfordert. Nur nachgewiesene hohe Nutzungsintensität kann solche verlagsinternen Vorkosten rechtfertigen. Hier ist eine Marktbereinigung zu erwarten und zu erhoffen.

Beispielhaft sei hier GBI – the content machine vorgestellt. GBI bietet Recherche aus mehr als 400 qualitativ hochwertigen Quellen (z.B. Zentralhandelsregister, Jahresabschlüsse, Firmenprofile, 9.000 sonstige Einzelquellen, darunter Volltexte zu 250 deutschsprachigen Fachzeitschriften, sowie 40 deutschsprachige Tages- und Wochenzeitungen). GBI übernimmt verlagseigene Datenbestände und erzielt durch die Verwertung Erlöse für die Verlage.

GBI bietet dem Kunden folgende Bedingungen:

1. Pay-as-you-go (Gastkunde)

a) Kreditkarte (VISA, Mastercard, Amex)
Sie bezahlen die anfallenden Kosten für die Dokumente per Kreditkarte. Die Suche und Trefferlistenanzeige ist kostenfrei. Die Anzeige von Dokumenten ist kostenpflichtig. Fällt ein Rechnungsbetrag unter € 4,64 brutto an, wird ein Mindestrechnungsbetrag von € 4,64 brutto berechnet. Als Pay-as-you-go-Kunde können Sie die persönlichen Vorteile des Profikunden nicht nutzen.
Sicherer Zahlungsverkehr durch SSL Verschlüsselung bei GBI:
SSL (Secure Socket Layer) schützt Ihre Kreditkartendaten durch eine Verschlüsselung vor Lauschangriffen und Manipulationen.
b) T-Pay
Sie können Ihre Dokumente auch über unseren Partner T-Pay bezahlen. Hier wählen Sie zwischen Micro-Money, Telekom-Rechung und Lastschrift.
2. Subscription service (Profikunde)
Wenn Sie sich bei uns einschreiben, sind Sie für uns keine Registriernummer, sondern ein Profikunde, für den wir folgende persönliche Dienstleistungen gegen eine geringfügige Servicegebühr von nur € 2,32 brutto pro Monat (€ 27,84 brutto pro Kalenderjahr) bereithalten:

Ihre Vorteile:

- Persönliche Kennung
- Persönliche Gestaltung der Trefferliste
- Persönliche Datenbanken (Zusammenstellung persönlicher Datenbankblöcke aus den mehr als 400 GBI-Quellen)
- Persönliche Statistik
- Persönliche Kontoeinsicht
- Persönliche Passwortänderung
- Persönliche Subaccounts (Abrechnungskennungen zur Zuordnung von Recherchen auf Projekte oder Kostenstellen)
- Vergünstigter Dokumentabruf bei Print-Abonnement von ausgewählten Veröffentlichungen
- Kostenloser monatlicher Newsletter
- Persönlicher Abo-Service (automatische Lieferung neuer Treffer zu Ihren Suchanfragen per E-Mail an Ihren Schreibtisch)

- Persönlicher Mengenrabatt von bis zu 20 %
- Mengenrabatt von bis zu 20 %

Profikunden erhalten einen kontinuierlich steigenden Rabatt ab einer Mindestnutzung von € 100/ Monat netto.

Nutzung pro Monat in €*	100	150	200	250	500	1000	1500	2000	3020 und mehr
Mengenrabatt in %	2,9	3,2	3,5	3,8	5,2	8,2	11,1	14,0	20

*zzgl. der gesetzlichen MwSt. von 19%

Die Preise pro Dokument belaufen sich bei GBI von € 0,- bis über € 50,-, festgesetzt von den Inhabern der betreffenden Rechte. Besonders hohe Preise werden verlangt von Wirtschaftsdatenbanken. Fachzeitschriften liegen in einer Region von € 5,- bis € 8,-, Zeitungen im Durchschnitt bei ca. € 2,20. Für Kunden werden Suchprofile eingerichtet. Weitere Dienstleistungen für Verlage sind Beratung für Online-Publishing etc.

Diese propagiert GBI wie folgt: kompetentes Projektmanagement, professionelle Suchstrukturen und ergonomisches Design für die verlagseigenen Inhalte.

Ähnlich ist das Angebot des Datenbankanbieters **Genios**, der für viele Verlage das komplette Angebot digitaler Ableger von Printprodukten einrichtet. Für Dauernutzer gibt es die registrierungspflichtigen Dienste »Genios Classic« (Einzelkunden) bzw. »Genios Premium« (für Mehrfachnutzer). Gelegenheitsnutzern wird der »Genios Recherche Shop« angeboten.

Als Beispiele im internationalen Rahmen seien noch zwei weitere Beispiele gebracht. Zunächst der englische Anbieter **Ingenta**. Ingenta bietet für verschiedene Nachfragegruppen (Akademiker, Berufspraxis, Private) die Inhalte aus mehreren tausend digitalen Periodika von 270 Verlagen aus aller Welt an. Allein der Springer Verlag hat neuerdings über 1.200 Zeitschriften dort verfügbar – d.h. auch ein so großer und durch eigene Aktivitäten erfahrener Verlag geht solche Lizenzkooperationen neben der eigenen Plattform springerlink.de ein, um neue Vertriebskanäle zu erschließen. Die Kunden sind über 17.500 registrierte Bibliotheken und ca. 25 Millionen Nutzer pro Monat! Ingenta ist zugleich Dienstleister für die Verlage und entwickelt netzfähige Produkte aus den vorhandenen Inhalten für bedeutende Verlage, aus Büchern wie Zeitschriften, setzt Links in Fußnoten und Bibliografien etc. und baut Sicherheitsdevisen gegen unbefugten Gebrauch der Dokumente ein. Ingenta berichtet z.B. von ei-

Preise, Tarife & Konditionen GENIOS Recherche-Shop

Die unten stehenden Dokumentenpreise gelten ausschließlich für den Recherche-Shop.
Tipp: Die Dokumentpreise im Recherche-Shop sind höher als in GENIOS Classic oder Premium.
Wenn Sie regelmäßig Recherchieren und die Vorteile eines Vertragskunden genießen wollen, empfehlen wir Ihnen, sich für GENIOS Classic oder Premium zu registrieren.

Tarife & Konditionen

- Keine Anmeldung und Vertragsabschluß mit GENIOS notwendig
- Kostenlose Suche
- Keine Rechnung von GENIOS
- Keine Fixkosten, da ohne Grund und Abogebühren
- Zahlung per Kreditkarte, T-Pay (Telekom-Telefonrechnung, Prepaidkarte MicroMoney) oder FIRSTGATE Click & Buy.
- Steuerlich absetzbare digitale Quittung bei Kreditkartenzahlung

Dokumentpreisstruktur für den GENIOS Recherche-Shop

Die Preise für ein angefordertes Dokument werden allein vom Typ der Datenbank bestimmt. Stets sind Gesamtpreise in Euro genannt, es erfolgt keine Zusatzberechnung nach Seiten etc.

Zeitungsdatenbanken	2,30	bis	2,90
Fachzeitschriften	2,50	bis	3,50
Firmenadressen:	1,90	bis	3,80
Firmenprofile:	4,20	bis	9,90
Bilanzdatenbanken/Firmenreports:	15,00	bis	39,00
Faktendatenbanken:	6,20	bis	9,80
Rechtsdatenbanken:	2,00	bis	5,00

nem Anstieg der Nutzung von Dokumenten der OECD um 300%, seitdem diese sich des Systems bedient: ein Hinweis auf die Marketingkraft gebündelter Angebote im Netz.

Ingenta ist seinerseits wieder verknüpft mit den CrossRef-System (s.o.), der digitalen Zeitschriftendatenbank Jstor, den Websites internationaler Zeitschriftenagenturen und bietet speziellen Kundenservice z.B. für Mitglieder wissenschaftlicher Gesellschaften oder durch die Zusammenstellung bestimmter Inhalte und Kundenprofile.

Diese Leistungen sind nicht billig, aber sie eröffnen den Zugang zu neuen Erlösquellen für den Verlag und helfen ihm insbesondere, die Erwartungen von Autoren, Herausgebern und Nutzern zu erfüllen.

Ähnlich tätig ist ProQuest, die allein 2004 39 Millionen Seiten in ihren »digital vault« einspeisten, d.h. ca. 750.000 s/Woche (www.il.proquest.com).

Auch die klassischen internationalen **Zeitschriftenagenturen** (s. S. 283f.) haben Dienstleistungen im elektronischen Bereich aufgebaut, durch die sie analog zum Printprodukt als Mittler zwischen Anbietern und (insbesondere institutionellen) Beziehern tätig werden. Beispielhaft sei dafür RoyalSwets & Zeitlinger aus Holland genannt oder die international größte Zeitschriftenagentur EBSCO. Beide bieten differenzierte Digitalangebote als Dienstleister sowohl für die inhaltsgebundenen Verlage wie der nutzenden Bibliotheken. Der Komfort für letztere besteht (ähnlich dem Printbereich, s. Kap. 5) in der hohen Bündelung des internationalen Angebots. Besonders attraktiv für kleinere Anbieter (Verlage) ist dabei, dass das überaus komplexe Geschäft mit Konsortial-Lizenzen (s. S. 311) durch Experten des Dienstleisters verhandelt wird – eine Hürde, die sonst einzelne Anbieter kaum meistern können. Der Sonderservice Extenza bietet zusätzlich die Konversion zu internetfähigen Dateien und das Hosting derselben. Die Zeitschriftenagenturen sind natürlich besonders geeignet, die Verwaltung von gekoppelten Subskriptionen, d.h. von gedruckter Zeitschrift und digitaler Version, zu verwalten, so dass nur Abonnenten den Zugang zur Digitalversion freigeschaltet erhalten. Die Agentur verwaltet dann also die IP-Adressen, Passwords und ID-Nummern.

Angesichts des rasanten Wachstums der elektronischen Nutzungen (über 50% des Zeitschriftengeschäfts dieser Agenturen sind zumindest parallel auch digital) wächst die Bedeutung der Kundenbetreuung der vielfältigen Differenzierung der Vertragsangebote (cross access, full collection, subject collection, backfiles, Mehrjahresverträge, perpetual access, course packs etc.). EBSCO verwaltet derzeit 4.7 Mio Abonnements, davon mittlerweile mehr als ein Viertel als »e-only«, ein weiteres Viertel Kombi-Abos, 47% print only. E-only-Angebote liegen preislich bei 80%-100% des Abonnements für die Druckversion, die kombinierten Angebote bei 105%-125%. Die Preis- und Lizenzmodelle sind weiterhin stark in Bewegung. Aus zwei Gründen sind die Agenturen für die Verlage von großer Bedeutung: zum einen sind verlagseigene Plattformen nicht beliebt: die Bibliotheken wollen keinen Plattformenkrieg, der ihnen viel Arbeit macht. Zum anderen werden nur wenige Verlage die enorm erhöhte Prozesskomplexität der digitalen Produkte bewältigen können. Die Rollen der Akteure im internationalen Zeitschriftengeschäft verschieben sich daher derzeit stark.

Sich solcher Datenbankdienstleister für den Inhalteverkauf zu bedienen, bedeutet für einen Verlag eine Antwort auf die klassische Frage »make or buy« (s.o. u. Kap. 2.5). Gerade bei den digitalen Aktivitäten gilt: entweder richtig machen – und das heißt hohe Startkosten und erhebliche laufende dazu – oder konsequentes Outsourcing.

Obwohl nicht eigentlich zu den Datenbanken gehörig, sollen hier noch einige wichtige spezielle Suchmaschinen genannt werden, die der Inhaltserschließung dienen, also wichtige Partner für Verlage (und nicht nur hinsichtlich deren digitaler Produkte) darstellen.

http://A9.com/{search}

Das in die Homepage von Amazon.com integrierte Suchinstrument recherchiert Online-Dokumente, Bilder und Videosequenzen und durchsucht auch Volltexte von Büchern und Zeitschriften.

www.crossref.org

Bietet Mitgliedsverlagen und -institutionen den Zugriff auf die Inhalte von mehr als 200 Verlagen, Bibliotheken, Agenturen und angeschlossene Unternehmen.

www.scholar.google.com

Neuer Suchdienst für Studenten und Wissenschaftler, der mit einem semantischen Such-Algorithmus arbeitet und Fundstellen aus Zeitschriften, Konferenzbibliotheken, Bibliothekskatalogen und Büchern auflistet.

www.scirus.com

Suchdienst von Elsevier Science, der auf naturwissenschaftliche, technische und medizinische Inhalte spezialisiert ist.

Schließlich können Verlage, die nicht mit einem Datenbankbetreiber zusammenarbeiten wollen, sich Dienstleistungen von Spezialfirmen für Zahlungsclearing erbringen lassen (s. Kap. 6.4.5.).

Hohe Aktualität hat das Konzept der **Volltextsuche** im Internet, initiiert durch Google mit seinem Projekt ›Google.book‹, bei dem unter vorheriger vertraglicher Vereinbarung mit den Verlagen Bücher eingescannt werden (mittlerweile viele Millionen) und dann bei Eingabe eines Suchbegriffs passende Textproben (niemals das ganze Buch oder längere Abschnitte) zugänglich werden. Der Börsenverein des Deutschen Buchhandels hat ein ähnliches Projekt gestartet: vto (Volltextsuche online), dessen mittelfristige Perspektive aber weit über das ursprüngliche Konzept hinausgeht und zu einer Vertriebsbasis für Volltexte an Endnutzer werden soll. vto bietet auf einer Plattform auf Basis der von den Verlagen gelieferten PDF-Dateien die Recherchemöglichkeiten ähnlich wie Google. Während die Leistungen von Google kostenfrei sind, berechnet vto den Verlagen voraussichtlich € 4,-/Jahr pro Titel, dafür ist aber vto in den Händen der Verlage selbst.

Auch **Bibliotheken** sind als Datenbankbetreiber und Dokumentelieferanten tätig – eigentlich ein positiver Ansatz, aber nur dann, wenn deren Dokumentelieferung zu Preisen erfolgt, die der Verlag festgesetzt hat. Wenn es wie beim deutschen Dokumentelieferer SUBITO oder dem Document Supply Service der British Library (BLDSC) zu den Cent-Beträgen der Reprografievergütung geschieht, ist darin ein unzulässiger Eingriff in das Verbreitungsrecht der Verlage zu sehen. Dieser Bereich ist daher derzeit heiß umstritten.

Eine noch viel größere grundsätzliche Gefährdung der Eigentumsrechte der Urheber und damit der Verwertungsrechte am Markt stellt die sog. Open Access-Bewegung dar, die fordert, alle an öffentlichen Institutionen erarbeiteten wissenschaftlichen Ergebnisse ins Netz zu stellen und jedermann kostenlos zugänglich zu machen. Ähnliche Intentionen stehen hinter der parallelen Open Archive-Initiative. Die Befürworter übersehen dabei, dass, wie am Anfang dieses Kapitels dargestellt, auch in diesem Zusammenhang hohe Kosten anfallen. Bisherige Berechnungen (auch von kommerziellen Open Access-Anbietern wie BioMed Central) gehen von 1.500 bis 3.000 Dollar/Artikel aus, die dann von den Autoren bzw. ihren Trägerinstitutionen zu zahlen wären, da ja Vertriebserlöse nicht anfallen. Open Access ist also eine durchaus fragwürdige »Lösung« der Finanznöte von Bibliotheken und Hochschulen – sie könnte angesichts der schwer überschaubaren Konsequenzen sogar zu höheren Kosten im Gesamtsystem führen. Die Fähigkeit zu kosteneffizienter Dienstleistung seitens der Verlage wird von den Open Access-Befürwortern vielleicht doch stark unterschätzt.

6.4.5 Zahlungssysteme

Allein die vorstehende kleine Auswahl von Angeboten für digitale Angebote zeigt die hohe Professionalität, die Bezahltangebote im Internet voraussetzen. Die Probleme der Verschlüsselung (Encryption) und der Zugangskontrolle über Passwords oder höherwertige, sicherere Vorkehrungen (z.T. mit Termingrenzen) können hier nur erwähnt, nicht dargestellt werden. Verschlüsselungen müssen die berechtigten Nutzer wieder auflösen können, sei es durch entsprechende Software, durch Hardwarekomponenten oder spezifische Konfigurationen des Betriebssystems. Gerade bei hybriden Abonnements, also solchen, die sowohl die Druckversion wie die digitale umfassen, ist eine Vertrauensbasis zwischen Abonnent und Verlag besonders wichtig.

Kurz soll aber auf die Modelle des Inkasso eingegangen werden. Sie sind wichtig, wenn Verlage direkt als Internet-Anbieter auftreten, ansonsten liegen diese Funktionen in der Hand der im vorangegangenen Abschnitt dargestellten Dienstleister.

Man unterscheidet zwei bzw. drei Bezahlsysteme:

Vorausbezahlung (prepaid)	Abonnement, Pauschallizenz, vorausbezahlte Punktekarten, Geldkarte u.s.w.
Belastung bei Nutzung (pay now)	Lastschrift über T-pay, Kreditkarten, Inkassosysteme, z.T. auch in offener Rechnung (dann handelt es sich um pay later)

Die Vielfalt von Lösungen für das recht komplexe Management der Zahlvorgänge sei beispielhaft mit dem T-Pay-Angebot der t-com (andere Stichworte sind cyber cash etc.) dargestellt:

Vier Varianten für das Bezahlen im Internet

Bei der Variante **T-Com-Rechnung** bezahlen vorab registrierte T-Pay Nutzer die Kaufsumme per Passwort – der Betrag wird einfach auf der nächsten T-Com Rechnung ausgewiesen.

MicroMoney – die Prepaid-Karte von T-Pay – ist ideal, wenn Ihre Kunden anonym Waren und Leistungen für kleinere Beträge einkaufen möchten. Die MicroMoney-Karte ist bereits in ca. 10 000 Verkaufsstellen wie den T-Punkten und Postfilialen mit einem Guthaben von 15 oder 30 Euro erhältlich. Zur Abrechnung wird einfach ein 16-stelliger PIN eingegeben, der sich auf der Karte befindet. Im Lastschriftverfahren zahlt der registrierte T-Pay Nutzer ebenfalls über Angabe seines individuellen Passworts. Der Betrag wird dann von seinem Bankkonto abgebucht.

Auch bei Bezahlung per Kreditkarte reicht die Angabe des persönlichen Passwortes. Der Betrag wird der Kreditkarte des T-Pay Nutzers belastet.

Bei **Pay by Call** erfolgt die Abrechnung durch Anruf bei einer Service-Rufnummer (z.B. 0190…). Die Zahlung erfolgt absolut anonym. Die fälligen Beträge werden einfach auf der nächsten Telekom-Rechnung ausgewiesen.

Weitere Dienstleister auf diesem Gebiet sind:

Paypal, eine Tochtergesellschaft von eBay, die – weltweit online – Zahlungsdienstleistungen für viele Unternehmen anbietet. Der Käufer ordert auf der Website des Lieferanten und zahlt via Paypal Website Standard Payments. Die Transaktionsgebühren betragen 1,9% + 0,35 €, im Ausland 2,4% bis 3,9% + 0,35 €. Paypal bietet zwei unterschiedliche Kontotypen: Privatkonto und Geschäftskonto, letzteres mit bestimmten Zusatzfunktionalitäten.

Hierfür ein Beispiel, wie eine ganz einfach gestaltete Seite für eine Fachzeitschrift aussehen kann:

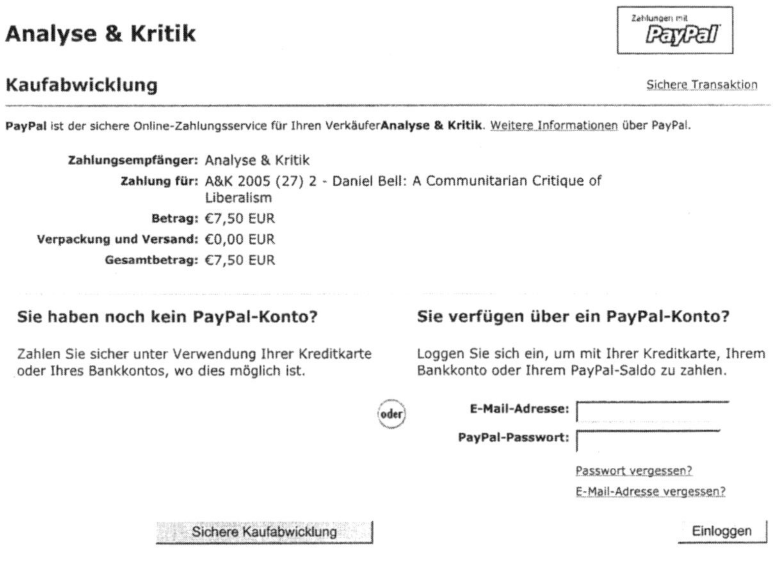

Abb. 6.4: Zahlung per Paypal (1. Bildschirmseite)

FirstGate bezeichnet sich als Marktführer in Deutschland im Bereich Internet-Abrechnungssystem für kostenpflichtige Inhalte. Registrierte Kunden (bereits über 5 Mio) können bei über 3.500 Anbietern weltweit bezahlen. Prominente Partner sind im Medienbereich u.a. Bild, Spiegel, Financial Times Deutschland. Die Zahlung erfolgt monatlich über Lastschrift, Kreditkarte, Rechnung oder im Prepaid Verfahren.

Ein letzter Hinweis: Wer im Internet geschäftlich tätig wird, hat jenseits solcher operationaler Fragen auch die gesetzlichen Erfordernisse des Teledienstgesetzes (TDG) und der Datenschutzregeln zu beachten.

6.4.6 Sonstige Erlösquellen im Internet

Ergänzend zu den Erlösen aus dem Inhaltsverkauf ist auf mögliche weitere Einnahmequellen im Internet hinzuweisen, wie sie z.T. in ähnlicher Form auch im Printbereich gegeben sind.

Zusätzliche Erlösquellen für Internet-Angebote

(verändert nach Gallaugher 2001)

- Anzeigen/Werbeleistung
- Cross-Selling: Verzahnung von online- und offline-(Print)Angeboten
- Inhaltsverwertungsrechte (»Syndication«)
- Eigene Zusatzprodukte (»Merchandising«, Jobbörsen)
- Anbahnung von Transaktionen anderer Unternehmen (»Affiliate Program«) (Verkaufsanbahnungsprovisionen)

Wie schon erwähnt, liegen die Erlöschancen aus Anzeigen bisher weit unter den ursprünglichen Erwartungen, können aber im Einzelfall durchaus zur Kostendeckung beitragen. Eindeutig sind die Werbeerlöse im Internet in den letzten Jahren sehr stark gestiegen, es scheint ein klarer Tendenzumschwung gegenüber der Skepsis am Ende des Internethype eingetreten zu sein. So sind die Werbeerlöse im Internet von 2004 auf 2006 um mehr als das Doppelte gestiegen, wobei die Suchwortvermarktung sich sogar vervierfachte: Nur ein kleiner Anteil ist aber klassischen Verlagen und ihren Produkten zuzuordnen.
Grundsätzlich sollte die Kalkulation eines Online-Produkts den gleichen Grundsätzen folgen wie der für gedruckte Erzeugnisse (s. Kap.3). Unübersehbar ist allerdings, dass die Aufteilung/Abgrenzung und Zurechnung von Kosten bei Nutzung derselben Inhalte in beiden Medienbereichen nicht einfach ist, ebenso eine Zurechnung von Wertschöpfung beim Cross-Selling (selbst die einfache Homepage mit Bestellformular generiert ja Umsätze). In der Betriebswirtschaftslehre werden solche Kostenzuordnungsprobleme unter dem Stichwort Kuppelproduktion analysiert. Es sollte aber jedenfalls so genau wie möglich bei der Kostenzurechnung vorgegangen werden, damit Klarheit bezüglich der Erträge bzw. Unterdeckung der Produktbereiche erreicht wird.

6.4.7 Digitale Offline-Angebote

Offline-Angebote (CD-ROM und DVD und neuerdings USB Sticks) haben nach wie vor ihren Markt, insbesondere in Verbindung mit gedruckten Produkten als Beilage zu Büchern (z.B. umfängliches Datenmaterial, das dem Nutzer so komfortabel und kostengünstig zur Verfügung gestellt wird) oder als Beihefter zu Zeitschriften, die dem Leser so Sprachkurse (Kooperation zwischen Langenscheidt und Wirtschaftswoche) oder Buchauszüge (z.B. aus Reiseführern oder Kochbüchern in Publikumszeitschriften) bieten. So ergibt sich eine zusätzliche Nutzung von Inhalten. Ob diese dann für den Originalverlag Lizenzeinnahmen erzeugt, oder ob statt derer die Werbewirkung für das gedruckte Originalwerk und verbesserte Kundenbindung durch erhöhten Nutzen im Vordergrund steht, ist fallweise ganz verschieden.

Obwohl die größte Zeit der Offline-Datenträger bzw. der daran geknüpften Erwartungen schon vorbei ist, spielen insbesondere CDs eine Rolle für Faktendatenbanken, bibliografische Datenbanken, kumulative Volltextausgaben von Loseblattwerken oder langen Zeitschriftenserien. Auch die Tageszeitungen bieten Volltextausgaben ihrer Jahrgänge (bzw. Mehrjahreskumulationen) an, darüber hinaus auch themenzentrierte CD-ROMS etwa (bei der FAZ) für die Beilagen Natur und Wissenschaft, Reiseblatt sowie Technik und Motor. Jede dieser CD umfasst mehr als 25.000 Berichte aus dem betreffenden Gebiet mit Illustrationen, Landkarten usw.

Ein wesentlicher Grund für das Fortleben der CD sind Nutzerpräferenzen. So weist der Barsortimentskatalog von KNV rund 9.600 CD-Titel sowie 800 DVDs auf. Für bestimmte Anwendungen mit häufigem Zugriff auf stabile Inhalte wie Lexika oder Mehrjahreskumulationen von Zeitschriften ist diese Form digitaler Werke noch immer sinnvoll. Dazu kommen neuerdings zahlreiche Audio-CDs (Hörbücher). Für die meisten Anwendungen wird aber der Online-Zugriff die Zukunft bestimmen. Dabei wäre der Verkauf kopiergeschützter physischer Digitalprodukte für Verlage viel komfortabler, denn das wäre ein Geschäftsmodell weitestgehend analog dem Verkauf eines Buches oder einer Zeitschrift, während Online-Produkte wie vorstehend dargestellt ganz neue Organisationsstrukturen und Geschäftsmodelle erfordern, deren Entwicklung und Betrieb mit hohen Umstellungs- und Entwicklungskosten verbunden ist.

Fast alle juristischen und Steuerfachverlage bieten in erheblichem Umfang und zu erheblichen Preisen CD-ROM's an. Dazu ein Auszug aus dem Angebot der Datenbank Juris, das parallel zu deren Online-Produkten besteht:

Juris DVD-Angebot

Angeboten werden folgende Themenbereiche:

Arbeitsrecht Verwaltungsrecht Steuerrecht Sozialrecht Bundesrecht Zivilrecht	Einzelbezugspreis je Fachbereich € 405 im Jahresabo (2 Lieferungen) je € 270

Jede DVD enthält auf Basis einer Auswertung von Auswertung von über 600 Fachzeitschriften:

- Rechtsprechung
- Literaturnachweise (Nachgewiesen werden Fundstellen oder Verfasser und ein inhaltserschließender kurztext)
- eine Sammlung aller wesentlichen zivil- und zivilprozessrechtlichen Gesetze des Bundes

Die Premium-Angebote umfassen einen sehr viel höheren Anteil urheberrechtlich geschützter (Autoren-)Texte, d.h. in deren Kalkulation sind Lizenzkosten hierfür zusätzlich eingeflossen. Normalerweise wählen die Kunden den Abonnementsbezug – er sichert, dass immer die neuesten Daten verfügbar sind.

Andererseits kann es je nach Nutzungsintensität durchaus kostenmäßig vorteilhaft sein, nicht online, sondern offline zu arbeiten. Oft werden dieselben Inhalte alternativ on- und offline angeboten. Eine geeignete medienneutrale Datenvorhaltung ermöglicht die Verwendung solcher Daten sowohl im offline- wie im online-Geschäft, allerdings i.d.R. mit erforderlichen zusätzlichen Bearbeitungsstufen. So manches digitale Online-Angebot fußt auf Offline-Vorstufen.

Eine kurze Bemerkung noch zu den bislang überall gescheiterten e-book-Projekten, d.h. der Konzeption von tragbaren Lesegeräten, auf die Texte geladen werden können. Neben der bislang unkomfortablen Kleinheit der Displays (etwa in der Größe wie bei einem Blackberry), die nur sehr geringe Textmengen sichtbar machen, ist davon auszugehen, dass – solange die Inhalte an spezifische Geräte und/oder Software gebunden sind – auch in Zukunft keine breiten Erfolge zu erwarten sein werden. Der Nutzer im Büro oder zu Hause kann besser (schon wegen der Bildschirmgröße) seinen PC nutzen – bis vergleichbare Lesequalität auf irgend welchen tragbaren Geräten verfügbar ist, wird noch einige Zeit vergehen. Den Begriff e-book auf eine Anbietung am PC auszudehnen trägt meines Erachtens eher zur Begriffsverwirrung bei – es handelt sich dabei eben einfach nur um das Herunterladen von Dateien. Das e-book-Konzept wird, wenn überhaupt, nur erfolgreich sein, wenn offene Multi Device-Konzepte verfolgt werden, bei denen Inhalte auf den verschiedensten tragbaren und stationären technischen Plattformen benutzt werden kann. Welche er nutzen will, sollte der Nutzer inhaltsunabhängig treffen können. Die feste Verkopplung von Inhalt und Hardware ist weder aus der Sicht der Verlage noch der Nutzer sinnvoll.

6.4.8 Marktanalyse im Internet: Web usage Mining

Während Verlage über die Nutzung der von ihnen verkauften Bücher i.d.R. nur sehr unscharfe allgemeine Eindrücke gewinnen können und Zeitschriftenverlage die sog. Leseranalysen (s. Kap. 5) nur mit hohem Kostenaufwand durchführen können, bieten Netzwerkpublikationen hier ungleich bessere und exaktere Möglichkeiten zu deutlich geringeren Kosten. Diese Nutzeranalyse für Netzpublikationen wird als Web Usage Mining bezeichnet.

- einfache Web Statistiken (Logfile Analyse)
  Welche Seiten, in welcher Reihenfolge, wie lange, wie häufig, welche Suchübergriffe
- Analyse von Seiteninhalten (Contact Mining)
- Analyse von Seitenstrukturen (Structure Mining)
- Untersuchung des Nutzerverhaltens (Usage Mining) z.B. hinsichtlich Verweildauer

Je nachdem, wie detailliert die Nutzer sich mit Informationen über ihre Tätigkeit, Alter, Interessen u.s.w. registrieren, ergeben sich Möglichkeiten einer tief gehenden Analyse des Nutzungsverhaltens bestimmter Gruppen (»Customer Insight«), aus denen wiederum Kundenprofile und daraus Schlüsse für Produktoptimierung und die Preispolitik gezogen werden können. Durch eine planvolle Segmentierung der Nutzer in ihrem Kaufverhalten lassen sich künftige Verkaufsmöglichkeiten aufdecken. Die Leistungsfähigkeit dieses Instruments übersteigt die erreichbaren Ergebnisse von Leseranalysen bei weitem – eingeschränkt u.U. durch die Vorschriften des Datenschutzes.

Solche Analysen können natürlich auch seitens der nutzenden Bibliotheken gemacht werden. Im Bereich digitaler Zeitschriften können daher nur geringfügig genutzte Objekte noch trennschärfer aussortiert, d.h. abbestellt, werden – eine für manchen Verlag wenig angenehme Perspektive.

Ein Instrument für die Nutzeranalyse im Internet sind die sogenannten Cookies, durch die der Server des Informationsanbieters im PC des Nutzers Informationen hinterlegt, die bei künftigen Verbindungen wieder gelesen werden. Das ist für den Nutzer komfortabel, er braucht sich nicht neu anzumelden; die Gefahr aus der Sicht des Datenschutzes liegt in einer Ausspähung der Surfgewohnheiten (»gläserner Nutzer«) und der Überschüttung mit nicht erbetenen Werbemails. Die Cookie-Technik hat Bedeutung im Privatnutzerbereich; bei professionellen Anwendungen und institutionellen Nutzern, die ohnehin mit Registrierungen arbeiten, ist sie gegenstandslos.

Die Methoden des Web-Usage Mining können natürlich auch den Printprodukten zugute kommen, indem Nutzerinteressen anhand der verwendeten Suchbegriffe der Nutzung bestimmter Informationen der Homepage analysiert werden und dann zu verbesserten Werbekonzepten oder neuen Produktideen verhelfen.

Ein weiterer wichtiger Aspekt der Analyse des Nutzerverhaltens liegt darin, geeignete Mediadaten für Anzeigenkunden zu erstellen. Messgrößen sind sowohl die Besucherzahl (Visits) wie auch die aufgerufenen Seiten (Page-Impressions). Ein hohes Verhältnis Page-Impressions/Visit deutet auf gute Akzeptanz dieses Werbeträgers; hierzu hat die IVW (s. Kap. 5.3.2) besondere Richtlinien erlassen (www.ivw.de).

Ein noch offenes Problem ist der Widerstreit von Datenschutz, d.h. der Vermeidung des Ausspähens individueller Nutzer durch Internetanbieter und deren hohem Interesse an zumindest aggregierten Daten. Bibliotheken sind aus verständlichen Gründen sehr restriktiv im Erfassen und Weitergeben solcher Daten. Dafür existiert ein COUNTER (Counting Online Usage of NeTworked Electronic Resources) Code of practice, der die Erfassung und die Weitergabe von online-Nutzerdaten regelt – primär für Zeitschriften und Datenbanken. Verlage können dieses Papier unterzeichnen und damit eine Vertrauensbasis zur Zusammenarbeit mit den Bibliotheken auf diesem Gebiet schaffen (www.projectcounter.org). Die Mitgliedsgebühr für Verleger beträgt derzeit $ 750 p.a.

6.5 Lizenzen für digitale Produkte

Wo eine eigenständige Anbietung digitaler Inhalte nicht angestrebt wird oder nicht möglich ist (mangels entsprechendem Know-how oder aus Kostengründen), bietet sich wie in Kap. 6.4.3/6.4.4 dargestellt die Lizenzierung von Inhalten an Datenbankbetreiber an.

Im Lizenzvertrag sollten dabei u.a. folgende Eckpunkte klar geregelt werden. Zunächst ist entscheidender Grundsatz bei Digitallizenzen, dass nur einfache, d.h. nichtexklusive Rechte vergeben werden. Der Rechteinhaber ist also frei, dieselben Inhalte auch an weitere Internetanbieter per Lizenz zu vergeben. Das ist im Bereich gedruckter Lizenzen in der Regel nicht der Fall, dort werden Exklusivlizenzen gewährt, z.T. beschränkt auf bestimmte Verwertungsformen (z.B. Taschenbuch, Buchclubausgabe, Sonderausgaben wie die Bibliothek der Süddeutschen Zeitung u.a., s. Kap. 7.8).

Zentrale Regelungspunkte für Digitallizenzen

Detaillierte Hinweise finden sich im Werk »Recht im Verlag« (2. A. 2004).

§ 1 Rechtseinräumung

1. Der Verlag räumt dem Datenbankbetreiber das nicht ausschließliche Recht ein, auf eigene Kosten das Werk maschinenlesbar zu erfassen und in der eigenen Datenbank elektronisch zu speichern, auch soweit dies nicht dem eigenen Gebrauch des Datenbankbetreibers im Sinne von § 53 UrhG dient.
2. Ferner räumt der Verlag dem Datenbankbetreiber das nicht ausschließliche Recht ein, das Werk im Wege der Datenfernübertragung an Kunden des Datenbankbetreibers (Endnutzer) auf deren Abruf zu verbreiten sowie unkörperliche Wiedergaben und einen Download zu deren privatem oder sonstigem eigenen Gebrauch zu gestatten.

§ 2 Pflichten des Datenbankbetreibers

1. Der Datenbankbetreiber ist verpflichtet,

a) die maschinenlesbare Erfassung und elektronische Speicherung des Werks nur zur Erfüllung des Vertragszweckes vorzunehmen und in der Weise durchzuführen, dass die jeweilige Werkintegrität nicht verletzt wird

b) insbesondere Eingriffe in das Werk wie dessen Kürzung, Umformung, Umgestaltung und Entstellung zu unterlassen.

2. Der Datenbankbetreiber ist weiterhin verpflichtet, die ihm nach § 1 Ziff. 2 eingeräumten Rechte mit der Maßgabe auszuüben, dass er Endnutzer in

schriftlicher Form oder zu Beginn jeder Datenfernübertragung auf den urheberrechtlichen Schutz des Werks, auf die alleinige und ausschließliche Rechtsinhaberschaft des Verlages an dem Werk einschließlich dessen Copyright-Vermerks sowie der Verlagsnennung auf der Titelseite sowie auf den Ausschluss einer Gewährleistung und Haftung des Verlages für die Richtigkeit und Vollständigkeit des Inhalts des Werks hinweist.

3. Dem Datenbankbetreiber ist es untersagt, das Werk
a) Endnutzern auf Datenträgern zu liefern
b) anderweitig als in § 1 beschrieben, gleich in welcher Art, zu nutzen.

§ 4 ggf. Regelungen über Verschlüsselungen (Encryption) und Zugangskontrollen (Password, Registrierung)
§ 4 Art, Höhe und Fälligkeit der Lizenzgebühren
§ 5 Auskunftpflicht des Lizenznehmers
§ 6 Laufzeit, Kündigung, Folgen der Vertragsbeendigung

In der Regel werden die Vertragsformulierungen von den Datenbankbetreibern vorgelegt – sie sind aber verhandelbar; davon sollten Rechteinhaber Gebrauch machen und Musterverträge aus anderen Quellen, z.B. aus dem Handbuch »Recht im Verlag«, zumindest als Checklist verwenden, ob vollständige und ausgewogene Vertragstexte vorliegen.

6.6 Web 2.0 und Verlage

Im Abschnitt 6.4.3 konnte eine Vielzahl von mittlerweile existierenden Netzprodukten von Verlagen beispielhaft skizziert werden, von denen nicht wenige erhebliche Deckungsbeiträge und manche sogar bereits stolze Gewinne erwirtschaften. Alle diese Beispiele gehen wie in der Gutenberg-Welt aus von einem Produkt, dessen Basis ein professionell erstellter, verlässlicher Volltext ist, der kostenlos oder berechnet von einem Anbieter an den Nutzer übermittelt wird nach dem Prinzip »one to many«. Wie viel sich auch durch die digitalen Produkte verändert hat, die Akteure Autoren und Redaktionen spielen in all diesen Produkten als Anfangspunkt der Informationskette eine (unverändert) entscheidende Rolle. Es wird etwas erstellt, das dann den interessierten Nutzern über das Netz als Transportkanal zugänglich gemacht wird.

Diese dem klassischen Verlag darin immer noch sehr nahe Grundstruktur wird im sogenannten Web 2.0 zugunsten von Interaktivität und Gemeinschaftsbildung aufgelöst. Es wird daher z.T. auch vom »Social Web« gesprochen. Innovationsoptimisten glauben, dass erst mit dem Web 2.0 das eigentliche Internetzeitalter beginnt – so etwa Tim O'Reilly, dessen Erfinder. Die Grundidee ist jedenfalls, die »kollektive Intelligenz« der Nutzer zu verbinden. Eine klare Definition, was eigentlich das Web 2.0 ist, gibt es bisher nicht – manche bezeichnen es ironisch als »perpetual beta«. Andere meinen, dass mit der gezielten Nutzung des Internet zur Interaktion (statt einseitigen Anbieter/ Nutzer-Strukturen) das Internet zu seiner eigentlichen ursprünglichen Konzeption findet.

Jedenfalls ist das grundlegende Strukturmodell im Web 2.0 eine Plattform, auf der diese Bündelung der Einzelbeiträge organisiert wird (Kontaktnetzwerke). Experten glauben, dass nur einige sehr wenige kommerzielle Plattformanbieter sich durchsetzen werden: die Eintrittsschwelle in diesen neuen Markt sei sehr hoch. »Mitmachen« kann andererseits jeder. Dafür steht der Begriff der Partizipation im Web 2.0. Ausprägungsformen wie Blogs, Wikis, Collaboration, Taggings und insbesondere die Tauschbörsen sind mehr oder weniger betont antikommerzielle Konzepte, also wenig verlagsnah. Foren und Blogs verändern die Welt der Journalisten und Zeitungen, die bloggenden Bürger werden zu (kollektiven) Journalisten. P2P Tauschbörsen machen laut einer neueren Untersuchung bis zu 70% des Internetverkehrs in den Nachtstunden aus! Das spiegelt die Verhaltensweisen der neuen jungen Nutzer.

Neben diesen Großplattformen für das allgemeine Publikum können aber kleinere für bestimmte Zielgruppen, z.B. einer Hochschule für ihre Studierenden oder für bestimmte Forschungsgebiete (Fachblogs bzw. Corporate Blogs), konzipiert und vermutlich kostengünstig betrieben werden.

In diesen ist dann die »intellektuelle Wertschöpfungskette« ganz neuartig, Fachleute sprechen vom Ende der linearen Informationswelt, in der Verlage an einer bestimmten Stelle ihre Funktion hatten. Die bisher verwirklichten Formen digitalen Publizierens haben, wie oben schon erwähnt, diese alte Kette mehr oder weniger unverändert fortgeführt. Die Befürworter einer »genuinen« digitalen Welt sehen als Voraussetzung für deren Funktionieren den Wegfall des Dokumentbegriffs an, zugunsten eines aus dem Mitwirken vieler entstehenden vernetzten Kompositums, bei dem Rezeption, Referenz und Weiterverwendung ineinander verschwimmen. Es wird auch von einem »prozessorientierten Textkonzept« gesprochen oder von prosuming, bei dem production und consumption von Information verschmelzen. Inwieweit solche teils von hohem Idealismus getragenen Modelle einer »neuen Wissensökologie« den Anforderungen der nicht-forschenden Anwenderwelt einerseits und den harten Bedingungen akademischer Karrieren andererseits gerecht werden können, lässt sich derzeit sicher noch nicht klar abschätzen. Auf jeden Fall stellt sich aber in einer solchen Welt die Frage, inwieweit klassische Verlage, insbesondere aber Fach- und Wissenschaftsverlage, eine Betätigungsmöglichkeit haben werden.

Die zwei Beispiele, in denen in letzter Zeit große Verlagskonzerne sich in diesen Markt hineinbegeben haben, beziehen sich bezeichnenderweise ganz auf den allgemeinen Verbrauchermarkt: Holtzbrinck bei StudiVZ und Murdoch bei MySpace. In beiden Fällen ist das Geschäftsmodell das Gleiche: auf der scheinbar kommerzfernen Plattform entsteht ein Bazar von Inhalten, der sehr viele Nutzer anzieht und der damit für die werbetreibende Konsumartikelindustrie ein attraktives Werbemedium wird. Verlage steigen damit in einen Geschäftsbereich ein, der gar kein verlegerisches Produkt enthält. Auch kleinere Zeitungen mögen Chatrooms einrichten, um Leser anzuziehen oder sogenannte »Community Medien« zu schaffen. Das »Produkt« wird aber eben wesentlich durch die Nutzer selbst erzeugt. Man spricht von einer »bricolage im Hypernet«, einem (Selbst-)Lernen in einer Erlebniswelt bzw. von der enthierarchisierten »Weisheit der Vielen«. Wo deren Grenzen liegen, zeigt sich bei der kritischen Diskussion um die Verlässlichkeit der Informationen in der interaktiv erstellten Enzyklopädie »Wikipedia«. Offenbar hängen deren Nutzer aber gar nicht mehr unbedingt am alten Paradigma gesicherten Wissens (»Wahrheit«).

In der neuen »sharing culture« verschwinden wie gesagt die Grenzen zwischen Erstellern und Nutzern von Informationen bis hin zur Extremposition eines freaks: »Inhalte sind für uns nur ein add on«. Unter diesen Gegebenheiten ist es nicht einfach, Produktideen und verlagsbasierte Geschäftsmodelle, die dieser Philosophie des Web 2.0 entsprechen und über die schiere Bereitstellung einer Plattform hinausgehen, zu entwickeln. Die Verlagsarbeit beruht eben auf selbst geschaffenen oder von Urhebern erworbenen Inhalten. So wird es wohl am ehesten aussichtsreich sein, nutzergeschaffenen Content i. S. von Web 2.0 um einen verlagseigenen, klassischen Kern-Content herum zu arrangieren, eventuell gar nicht um damit direkt Geld zu verdienen, sondern um durch die Interaktivitätsangebote das alte Kernprodukt im Markt abzusichern und für die neue Nutzergeneration attraktiv zu halten. Es ist z. B. zu denken an Angebote für Foren, Chats, Blogs, Aufgaben mit Lösungen, die an ein Kernprodukt oder -programm angebunden sind – die klassische Zielgruppe des Informationsprodukts wandelt sich dann zur (ertragssteigernden?) community. Dafür existieren z. B. für den Hochschulbereich spezielle open source Softwareangebote wie Moodle.

Eine unstreitig positive Perspektive im Fach- und Wissenschaftsbereich bietet das Web 2.0 aber jedenfalls mit seiner Eigenschaft als Semantic Web, d.h. mit einer hochverfeinerten komplexen Struktur zur automatischen Inhaltserkennung bzw. –verknüpfung. Durch solche Dienste, die durchaus verlagsrelevant sind, wird das »unsortierte Weltwissen« im Internet überhaupt erst sinnvoll nutzbar. Hier ist die weitere Entwicklung, die sicher nur im Großmaßstab und standardisiert denkbar ist, abzuwarten. Verlage können davon jedenfalls sehr profitieren.

6.7 Wie geht es weiter?

»Lauf dem Puck nicht nach, sondern dorthin, wo er sein wird.«

Dieses prägnante Wort des Eishockeyspielers Erich Kühnhackl scheint eine klare, überzeugende Handlungsanweisung zu sein, beantwortet aber leider die entscheidende Frage nicht, wo denn der Puck sein wird. Jedenfalls passt das Bild aus dem sehr schnellen Eishockeysport recht gut zur Rasanz der Marktveränderungen beim digitalen Publizieren. Also: Wo wird das digitale Publizieren in 10 Jahren stehen?

Ein nüchterner Fachbuchautor sollte sich nicht als Prophet versuchen, dennoch gibt es meines Erachtens erkennbare Tendenzen, die mittelfristig eine sehr viel höhere Quote von Digitalprodukten bei den Verlagen erwarten lassen. Der wichtigste Grund ist sicher das schon im vorstehenden Abschnitt angesprochene Hineinwachsen der ersten vom Kindesalter an mit IT-Produkten vertrauten Generation in die Berufswelt – heute gibt es bereits Studenten, die den Hinweis, sie sollten doch nicht nur im Internet recherchieren, sondern einmal in die Universitätsbibliothek gehen, als guten, aber sehr überraschenden Tipp empfinden. Für diese Generation könnte das Internet nicht mehr nur die Ergänzung zur gedruckten Information sein, sondern umgekehrt wird das Gedruckte als fallweise heranzuziehende Zusatzinformation empfunden. Auf diese Generation sollten sich Verlage rechtzeitig einstellen. Wie langsam aber derzeit noch die Akzeptanz von digitalen Produkten sich entwickelt, erweist folgender Sachverhalt: Unter allen deutschen Online-Tageszeitungen (verwirrenderweise als e-papers bezeichnet) hat die Süddeutsche die höchste Subskribentenzahl mit ganzen 3.600 Exemplaren, das ist weniger als 1% der Druckauflage. Dabei müsste ein SZ-Abonnent nur 3 €/Monat zusätzlich zahlen, Nichtabonnenten, die nur die e-Version wollen, 20 €.

Also selbst bei sehr niedrigen Preisen ist entgeltliches online-Geschäft schwer. Es ist abzusehen, dass es sich auch mittelfristig um ein Geschäft mit kleinen Margen handelt, bei dem nur sehr hohe Mengendurchsätze interessante Erträge bringen werden.

Eine weitere wichtige Rolle bei der Ausweitung digitaler Angebote werden der technische Fortschritt, die damit verbundenen komfortableren Funktionalitäten und die sinkenden Kosten spielen, zumal wenn sie Hand in Hand gehen mit entsprechend ausgebildeten Spezialisten in den Verlagen. Auch hier ist noch eine erhebliche Entwicklung zu erwarten.

Schließlich werden sich die Funktionalitäten der digitalen Publikationen wesentlich verfeinern und weitere Effizienzvorteile für die Nutzer bieten. Stichworte dazu sind die bereits erwähnte semantic web technology, die Informationen wesentlich besser verknüpft: sei es mit Daten, Metadaten, Software tools, visuellen Zusatzelementen, links zu thematisch nahen anderen Dokumenten u.s.w. Hier liegen große Potentiale zur Steigerung des Produktnutzens für die Verlage, die dafür zuvor erhebliche Aufwendungen treiben müssen, sich damit aber unentbehrlicher machen können: Durch Vernetzungen à la CrossRef, professionell gestaltete Fachportale, Volltextrecherche im Netz über sehr große Textbestände kann in der Zukunft eine außerordentlich gesteigerte Leistungsfähigkeit des Informationssystems erreicht werden. Darin wird der stärkste Antrieb für Ausweitung der Anbietung und Vorfinanzierung digitaler Publikationsformen liegen.

Des weiteren kann man eine hoffnungsvoll stimmende Tendenz bei den Nutzern zur Akzeptanz von Bezahltinhalten erkennen, was ja die absolute Voraussetzung jeglicher verlegerischen Aktivität im Netz bedeutet.

Andererseits ist auch wahr, dass Marshall McLuhans apokalyptische Vision vom Tod des Buches in einem Buch veröffentlicht wurde und seither 40 Jahre vergangen sind, in denen bis heute mit Büchern gutes Geld verdient werden kann, was im Internet eher noch die Ausnahme ist. Zentral für die Frage, ob das digitale Angebot der Verlage in Zukunft steigt bzw. überhaupt aufrecht erhalten werden kann, ist aber, wie es beim Urheberrechtsschutz im digitalem Umfeld weitergeht. Die diesbezügliche EU-Richtlinie hat mit klaren Anforderungen für einen **erhöhten** (nicht etwa verminderten!) Schutz ein sehr wichtiges Signal gegeben. Was aber tatsächlich passiert, ist etwas ganz Entgegengesetztes: Auf vielen Ebenen wird am Schutz der Rechte von Urhebern und deren Vertragspartnern, den Verlagen, gerüttelt. Das beginnt schon mit dem fatalen Sammelbegriff »Verwerter«, mit dem absichtsvoll ignoriert wird, welch wichtigen und aufwendigen **kreativen** Beitrag die Verlage für das kulturelle, professionelle und wissenschaftliche System leisten.

Anstatt dies anzuerkennen, arbeiten Regierungen primär aus fiskalischen Gründen an einer massiven Aushöhlung der Urheberrechte im Digitalbereich, versuchen sich Universitätsbibliothekare im Schutzraum ihres voll subventionierten Umfelds als Verleger, versuchen bedeutende Wissenschaftsinstitutionen mit Open-Access-Parolen die Freibiermentalität im digitalen Umfeld noch zu verstärken und verschweigen die hohen Kosten, die dann statt der Nutzer die Autoren (bzw. ihre Institutionen) zu tragen hätten. Beim Open-Access-Modell stehen ganz einseitig die Nutzerinteressen bzw. die von deren Unterhaltsträgern im Vordergrund – die Bedürfnisse und Erwartungen der Autoren stehen zurück. Interessanterweise hat das britische Parlament, dem eine von ihm eingesetzte Kommission die Förderung der Open-Access-Modelle empfohlen hatte, dies abgelehnt. Es bleibt abzuwarten, ob die ungleiche Gewichtung der Interessen Bestand haben kann. Technischer Spieltrieb und eine generelle Tendenz zur vollen staatlichen Fürsorge im Informationsbereich tun das ihre und beschneiden die Chancen der Verlage: Jede der – aufaddiert mittlerweile Hunderte von Millionen betragenden – Subventionen aus dem Forschungsministerium für Informationsprojekte hat Marktchancen nicht etwa aufgebaut, sondern verringert. Marktorientierte (statt technikzentrierte) Innovation und Risikobereitschaft der kommerziellen Anbieter wurden entmutigt, während die subventionierten Projekte längst untergegangen sind, ihre stolzen Namen nur noch Schall und Rauch. Ist es da überraschend, dass die marktbeherrschenden Internetanbieter alle in Ländern sitzen, denen diese staatsfürsorgliche Subventionsmentalität fremd ist wie etwa USA, Großbritannien oder Holland?

Ohne einen fundierten Rechtsschutz für Inhalte und die nicht durch sozialstaatliche Ideologien verschüttete Erkenntnis von der innovatorischen Kraft des Wettbewerbs sieht die Zukunft des digitalen Publizierens, zumindest was qualitätskontrollierte, verdichtete und aktiv vermarktete Inhalte angeht, nicht rosig aus.

Es ist zu hoffen, dass eine digitalen Nutzungsformen zugeneigte kommende Generation dereinst ein Angebot vorfinden wird, das qualitativ und an Vielfalt im Wettbewerb dem gleichwertig ist, was in der Gutenbergwelt bis heute vorhanden ist und das zugleich mit den Zusatzfunktionen digitaler Produkte einen Sprung an Effizienz erreicht. Auf jeden Fall ist der Weg dahin noch lang – sehr viele Verlage schätzen derzeit ihr Umsatzpotential mit Digitalprodukten auch in fünf Jahren auf deutlich unter 10% der Gesamterlöse ein.

7. Rechtsschutz für geistiges Eigentum und Vertragspraxis

7.1 Verhältnis Urheber/Verwerter

Das Recht eines Urhebers, in jeder Hinsicht über sein Werk zu verfügen (oder nicht zu verfügen und Verfügungen Dritter zu verhindern = Verbotsrechte), ist Inhalt des Urheberrechts. Das Urheberrecht wird heute als selbstverständliches Persönlichkeits- und Eigentumsrecht des Urhebers angesehen, basierend ebenso auf Grundrechtsgarantien wie denen der »Universal Declaration of Human Rights« der Vereinten Nationen. Das Urheberrecht im klassischen Sinn schützt alle persönlichen geistigen Schöpfungen, insbesondere:

- Literarische Werke (einschließlich Wissenschaft)
- Musikalische Werke
- Darstellende Kunst (Tanz, Pantomime, Choreografie)
- Werke der bildenden Kunst
- Architektonische Schöpfungen
- Kinematografische Werke (einschließlich Fernsehen, Video Games)
- Fotografien
- Computerprogramme

In diesem Buch wird vom Urheberrecht nur in Bezug auf literarische Werke im weitesten Sinn und am Rande solche der bildenden Kunst und der Fotografie sowie der Computerprogramme gesprochen.

Das Urheberrecht entsteht von selbst mit der Schaffung des Werks, nicht etwa erst mit dessen Veröffentlichung. Es bedarf auch keiner Registrierung wie etwa beim Patentrecht. Jede geistige Schöpfung ist als geistiges Eigentum (Intellectual Property Right [IPR])geschützt. Die Verfügungs- und Verbotsrechte des Urhebers allein können aber nicht dessen eigentliches Ziel, öffentliche Sichtbarkeit, bewirken: Jede intellektuelle Schöpfung bedarf, um in der Öffentlichkeit wahrgenommen werden zu können, der Verwertung. Alle Verwertungsrechte liegen gemäß dem deutschen Urheberrechtsgesetz beim Urheber und können durch diesen selbst oder per Rechteübertragung (§ 31 UrhG) durch Dritte (Verwerter) wahrgenommen werden.

Die Einräumung von Nutzungsrechten an Dritte kann als einfaches oder ausschließliches Recht ausgestaltet werden (§ 31/1). Beim einfachen Recht

kann der Urheber (z. B. ein Fotograf) dasselbe Bild mehreren Nutzern übertragen, beim ausschließlichen Recht erhält es exklusiv ein Verwerter (regelmäßig z.B. der Verleger bei einem Buchmanuskript). Die Verwertungsrechte werden im Vierten Abschnitt des UrhG in den §§ 15-24 aufgezählt. Grundsätzlich stellt § 15/1 fest »Der Urheber hat das ausschließliche Recht, sein Werk in körperlicher Form zu verwerten«. In Abs. 2 wird dasselbe für Formen der unkörperlichen Wiedergabe konstatiert.
Im Einzelnen handelt es sich um folgende Rechte:

- Vervielfältigungsrecht (§ 16)
- Verbreitungsrecht (§ 17)
- Ausstellungsrecht (§ 18)
- Vortrags-, Aufführungs- und Vorführungsrecht (§ 19)
- Recht der öffentlichen Zugänglichmachung (§ 19a)
- Senderecht (§ 20)
- Europäische Satellitensendung (§ 20a)
- Kabelweitersendung (§ 20b)
- Wiedergabe durch Bild- und Tonträger (§ 21)
- Funksendungen (§ 22)
- Bearbeitungen und Umgestaltungen (§ 23)

Jede dieser Verwertungen bedarf zwingend der Genehmigung durch den Urheber, die in der Regel mittels eines Vertrages (Verlagsvertrag, Sendevertrag, Aufführungsvertrag u.s.w.) erteilt wird. Mit der Schaffung des §19a sind die Verwertungen im Internet nun berücksichtigt. Sinn dieses Zwangs zur Lizenzierung ist der Schutz der Urheber. Zum einen wird so gewährleistet, dass der Urheber sich eine angemessene Beteiligung am wirtschaftlichen Erfolg der Verwertung seiner Schöpfungen sichern kann. Zum anderen kann er seine urheberpersönlichkeitsrechtlichen Interessen durchsetzen und bspw. verhindern, dass sein Vertragspartner das Werk in einer Weise nutzt, die er ablehnt.

Häufig werden weitere Verwertungsrechte im Rahmen des Vertrags über die intendierte Hauptnutzung (z.B. Publikation eines Buches) hinaus als Bündel mit übertragen. Der Autor kann aber entscheiden, ob er die Nutzungsrechte an seinem Werk zur Gänze oder nur zu Teilen, für die Dauer des Urheberrechts (in der EU mittlerweile generell 70 Jahre post mortem auctoris) oder nur eine bestimmte Frist, für die ganze Welt oder nur regional begrenzt (z.B. einen Sprachraum) übertragen will. Im Rahmen eines Verlagsvertrags wird es zwingend sein, dass der Urheber die Taschenbuch- und Buchclubrechte dem Verleger überträgt, da diesem sonst eine ertragsmäßig optimierte zeitliche Steuerung der diversen Nutzungen in Buchform verwehrt bliebe. Ob er auch die Film- und Senderechte mit überträgt, bleibt der Verhandlung zwischen Urheber und Erstverwerter überlassen. Häufig wird zwischen buchnahen und buchferneren Rechten in der Weise unterschieden, dass die Anteilsquote des Urhebers an den Erträgnissen aus buchfernen Verwertungsformen höher ist als bei den buchnahen Verwertungsformen, die ja die Erträgnisse aus der Erstverwertungsform unmittelbar beeinträchtigen.

Lässt sich ein Verwerter solche weiteren Rechte übertragen, ist er im Sinne von Treu und Glauben auch verpflichtet, sich aktiv um entsprechende Verwertungsmöglichkeiten zu bemühen, sei es durch ihn selbst oder durch Lizenzen an Dritte. Bleibt eine solche Verwertung innerhalb angemessener Frist aus, ist der Autor berechtigt, diese Rechte zurückzurufen. Das Gleiche gilt, wenn die Werknutzung eingestellt wurde, z.B. der Verleger bei einem vergriffenen Werk weder Nachdruck noch Neuauflage veranstaltet.

Alle genannten Verwertungen erfolgen auf einzelvertraglicher Basis. Für Verwertungen, bei denen dies nicht möglich ist, werden Verwertungsgesellschaften tätig (s. Kap. 7.4). Dies gilt insbesondere für diejenigen Nutzungen, bei denen aufgrund einer Gemeinwohlorientierung durch die »Schranken des Urheberrechts« (6. Abschnitt UrhG, § 45-63a) dem Urheber die Befugnisse zur Untersagung einer Werknutzung durch Dritte genommen sind, d.h. bestimmten Nutzern von Gesetzes wegen gestattet ist, das Werk zu nutzen (gesetzliche Lizenz).

Nicht immer ist der Autor der alleinige Inhaber von Rechten an einem Werk. So kann z.B. bei vom Verlag initiierten Werken, z.B. Handbüchern, Serien oder Zeitschriften, das Recht am Titel und der Reihe beim Verlag liegen – er ist dann sogenannter »Herr des Unternehmens«, innerhalb dessen die einzelnen Mitwirkenden, seien es Herausgeber oder Autoren, agieren. Der Austritt eines oder mehrerer von ihnen tangiert die Rechte des Verlags an Werk oder Reihe als solchem nicht. Dem Verlag gehört dann quasi eine Hülle, die aber markenrechtlich sehr bedeutungsvoll und ökonomisch wertvoll sein kann. Des Weiteren verfügt der Verlag wie ein eigenständiger Rechtsinhaber über all die Texte, die angestellte Mitarbeiter im Rahmen ihres Dienstvertrages geschaffen haben, z.B. als Schulbuch- oder Lexikonredakteure, Zeitschriftenredakteure u.s.w. In seltenen Fällen erhält ein Verlag auch Rechte durch Erbschaft. Zu den Fällen, in denen mehrere Urheber an einem Werk beteiligt sind und also nur zu Teilen verfügungsberechtigt sind, siehe S. 355f. und Kap. 7.9.1

In den nachfolgenden Abschnitten werden die vorstehend umrissenen Regelungsnotwendigkeiten näher dargestellt, wobei allerdings eine vollständige Behandlung unmöglich ist. In diesem Kapitel geht es um die regelungsbedürftigen Sachverhalte, die in der **Praxis** besonders wichtig sind. Für Sonderfälle und Details muss auf spezielle juristische Werke zurückgegriffen werden. Daneben bietet der Börsenverein mit seiner Rechtsabteilung ein Instrument sehr kompetenter Auskünfte bei Rechtsproblemen der Mitgliedsverlage. Der Leiter dieser Abteilung ist zudem intensiv beteiligt an der Aushandlung von Verbandsvereinbarungen (s. Kap. 7.3) und der Interessenvertretung in den Verwertungsgesellschaften (s. Kap. 7.11.2).

7.2 Verlagsgesetz

Das Verlagsgesetz (VerlG) ist eines der ältesten, seit seiner Verkündung im Jahre 1901 in nahezu allen zentralen Regelungen immer noch gültigen Gesetze. Ziel des Gesetzes ist primär, für alle diejenigen Fälle Vertragsinhalte zu fixieren, in denen – aus welchen Gründen auch immer – kein oder ein nur unvollständiger Verlagsvertrag geschlossen wurde. Auch heute gibt es immer noch Fälle, etwa bei der Publikation von Tagungsberichten, in denen kein Verlagsvertrag geschlossen wird: Konkludentes Verhalten der Partner und die Regelungen des Verlagsgesetzes bieten eine völlig ausreichende rechtliche Basis. Verlagsverträge zu schließen, ist immer dann wichtig, wenn die Vertragsschließenden von den Regelungen des Verlagsgesetzes abweichen möchten – das ist in aller Regel in zentralen Punkten der Fall. Die Regelungen des Verlagsgesetzes sind also weitestgehend abdingbar, d.h. es kann durch vertragliche Vereinbarung etwas Anderes bestimmt werden. Das Verlagsgesetz schafft einen Minimalrahmen gesetzlicher Regelungen mit dem Ziel von Rechtssicherheit insbesondere im Interesse der Urheber.

Zunächst regelt das Verlagsgesetz in §§ 1 und 2 grundlegende Rechte und Pflichten:

§ 1 [Inhalt des Verlagsvertrags]
Durch den Verlagsvertrag über ein Werk der Literatur oder der Tonkunst wird der Verfasser verpflichtet, dem Verleger das Werk zur Vervielfältigung und Verbreitung für eigene Rechnung zu überlassen. Der Verleger ist verpflichtet, das Werk zu vervielfältigen und zu verbreiten.

§ 2 [Enthaltungspflicht und vorbehaltene Befugnisse des Verfassers]
(1) Der Verfasser hat sich während der Dauer des Vertragsverhältnisses jeder Ver-

vielfältigung und Verbreitung des Werkes zu enthalten, die einem Dritten während der Dauer des Urheberrechts untersagt ist.
(2) Dem Verfasser verbleibt jedoch die Befugnis zur Vervielfältigung und Verbreitung:
1. für die Übersetzung in eine andere Sprache oder in eine andere Mundart;
2. für die Wiedergabe einer Erzählung in dramatischer Form oder eines Bühnenwerkes in der Form einer Erzählung;
3. für die Bearbeitung eines Werkes der Tonkunst, soweit sie nicht bloß ein Auszug oder eine Übertragung in eine andere Tonart oder Stimmlage ist;
4. für die Benutzung des Werkes zum Zwecke der mechanischen Wiedergabe für das Gehör;
5. für die Benutzung eines Schriftwerkes oder einer Abbildung zu einer bildlichen Darstellung, welche das Originalwerk seinem Inhalt nach im Wege der Kinematografie oder eines ihr ähnlichen Verfahrens wiedergibt.

(3) Auch ist der Verfasser zur Vervielfältigung und Verbreitung in einer Gesamtausgabe befugt, wenn seit dem Ablaufe des Kalenderjahrs, in welchem das Werk erschienen ist, zwanzig Jahre verstrichen sind.

Ein Abweichen von § 1 ist per Vertrag schwer vorstellbar – welchen Zweck sollte solch ein Verlagsvertrag denn sonst haben? Aber schon § 2 bringt Regelungen, die im Verlagsvertrag abweichend geregelt werden können – und aus Sicht des Verlages regelmäßig auch sollten.

Für den Fall, dass es keine abweichenden Vereinbarungen gibt, trifft das Verlagsgesetz des Weiteren nachfolgende Regelungen (in Auswahl):

- Der Verlag ist nur zu einer Auflage berechtigt, die im Zweifel nicht mehr als 1.000 Exemplare betragen darf (§ 5)
- Regelungen der Manuskriptbeschaffenheit zu den Ablieferungsterminen (§§ 10 u. 11)
- Art und Weise der Vervielfältigung und Verbreitung, nämlich in einer »zweckentsprechenden und üblichen Weise« (§§ 14-16)
- keine Verpflichtung zu Neuauflagen (§ 17)
- Kündigungsrecht des Verlages bei Wegfall des Vertragszwecks (§ 18)
- Bestimmung des Ladenpreises durch den Verleger (§ 21)
- Zahlung und Fälligkeit von Honoraren (§§ 22 und 23)
- Zahl der Freiexemplare (je nach Auflage, aber minimal 5, maximal 15)
- Rücktrittsrechte des Verlags wegen verspäteter Ablieferung (§ 30) oder nicht vertragsgemäßer Beschaffenheit (§ 31).

Weil es eine ganze Reihe grundsätzlich sinnvoller Bestimmungen im Verlagsgesetz gibt, empfiehlt sich in vielen Fällen eine Bezugnahme auf dessen Regelungen im Verlagsvertrag für alle jene Sachverhalte, die nicht im Verlagsvertrag ausdrücklich anders geregelt wurden.

7.3 Vertragsnormen und Normverträge

Zwischen den Einfachstregeln des Verlagsgesetzes und der unabsehbaren Vielfalt denkbarer vertraglicher Regelungen unter dem Regime der Vertragsfreiheit stehen freiwillige Vereinbarungen zwischen Autorenverbänden und Verlegerverbänden, die Empfehlungen aussprechen, wie ausgewogene und faire Verlagsverträge gestaltet werden sollten. Insbesondere geht es dabei um folgende Vereinbarungen:

Zwischen dem Verband deutscher Schriftsteller in der Gewerkschaft ver.di und dem Börsenverein des Deutschen Buchhandels:

- Normvertrag für den Abschluss von Verlagsverträgen (vorwiegend belletristischer Werke und Sachbücher) vom 19.10.78 in der Fassung vom 1.4.99.
- Normvertrag für den Abschluss von Übersetzungsverträgen vom 11.5.92 (für Werke ähnlicher Art wie vorstehend).

Zwischen dem Deutschen Hochschulverband und dem Börsenverein des Deutschen Buchhandels:

- Vertragsnormen für wissenschaftliche Werke (Fassung 2000).

Die Rechtabteilung des Börsenvereins stellt die Texte auf Anforderung zur Verfügung (www.boersenverein.de).

Diese Vereinbarungen sind Verbandsempfehlungen, die den Mitgliedern der Verbände nicht verbindlich auferlegt werden können. Die Verbände haben sich aber verpflichtet, auf die Anwendung – egal ob wörtlich oder sinngemäß – hinzuwirken.

Dazu steht in der Präambel des Normvertrags:

1. Die Vertragschließenden haben den diesem Rahmenvertrag beiliegenden **Normvertrag für den Abschluß von Verlagsverträgen** vereinbart. Die Vertragschließenden verpflichten sich, darauf hinzuwirken, daß ihre Mitglieder nicht ohne sachlich gerechtfertigten Grund zu Lasten des Autors von diesem Normvertrag abweichen.

2. Die Vertragschließenden sind sich darüber einig, daß einige Probleme sich einer generellen Regelung im Sinne eines Normvertrags entziehen. Dies gilt insbesondere für Options- und Konkurrenzausschlussklauseln einschließlich etwaiger Vergütungsregelungen, bei deren individueller Vereinbarung die schwierigen rechtlichen Zulässigkeitsvoraussetzungen besonders sorgfältig zu prüfen sind.

Den Vertragsnormen für wissenschaftliche Werke ist der nachfolgende, wesentlich ausführlichere und den guten Geist vertrauensvoller Kooperation zwischen Urheber und Verleger betonende Abschnitt vorangestellt. Die darin enthaltenen Erwägungen sind auch bei Vertragsabschlüssen über nichtwissenschaftliche Werke sehr hilfreich:

I. Was Verfasser und Verleger regeln sollten

1. Grundsätzliches

Der Deutsche Hochschulverband und die im Börsenverein des Deutschen Buchhandels vertretenen Verleger stimmen darin überein, dass Autoren, Herausgeber und Verleger eine konstruktive und kooperative Beziehung zur Grundlage ihrer Arbeit machen sollen – dies ist eine entscheidende Voraussetzung für erfolgreiche Publikationen.

Dieses gegenseitige Vertrauen ist besonders wichtig, weil es trotz der weitgehenden Übereinstimmung in der generellen Zielsetzung Interessengegensätze gibt, die es einvernehmlich zu lösen gilt. Richtschnur aller Vereinbarungen soll deshalb eine sachgerechte Zuordnung der Rechte und Pflichten sowie Verteilung von Kosten sein, ebenso eine angemessene erfolgsorientierte Beteiligung des Autors. Beide Partner sollen ihr bestes Können einbringen und dabei die Interessenlage der anderen Seite mitbedenken. Dabei gilt es, Kompromisse zu schließen zwischen erwünschten Optimallösungen und Kostengesichtspunkten, zwischen wissenschaftlichen Zielsetzungen und den Erfordernissen des Marktes. Je genauer und offener diese oft im Widerstreit liegenden Aspekte und die daraus folgenden möglichen Konflikte beim Vertragsabschluss durchdacht werden, desto effizienter und potentiell erfolgreicher wird die Publikationsarbeit werden.

Dadurch können auch bei den häufig auftretenden, nicht vorhergesehenen nachträglichen Veränderungen im Projektcharakter oder Projektablauf weitgehend Konflikte vermieden werden. Eine klare und frühzeitige Festlegung von Verantwortlichkeiten ist besonders wichtig im elektronischen Bereich mit seiner viel engeren Verzahnung von Anforderungen der technischen Produktion mit den Grundkonzepten der Manuskripterstellung: Autoren, Herausgeber und Verleger

müssen in einer früher so nicht bekannten Weise schon in der Planungsphase eng zusammenarbeiten.
Angesichts der unterschiedlichen Erfordernisse bei den unterschiedlichen Publikationsformen vom Taschenbuch bis zum Loseblattwerk und zu hochspezialisierten Monographien ist bei jedem Vertragsabschluss sorgfältig zu prüfen, ob die in den Musterverträgen niedergelegten Regelungen für die spezifischen Fälle angemessen sind oder inwieweit es spezieller ergänzender Vereinbarungen bedarf. Eine schematische Anwendung der Musterverträge wird nicht empfohlen; andererseits sollte man von den Musterverträgen nur in den Fällen abweichen, in denen es gewichtige sachliche Gründe gibt.

2. Typische Verträge zwischen Verfasser und Verleger
Das Verlagsrecht geht davon aus, dass ein einzelner Verfasser ein Werk geschrieben hat und dieses dem Verleger zur Vervielfältigung und Verbreitung im Druck überlässt. Die Verlagspraxis muss aber auch mit anderen Situationen und Veröffentlichungsformen rechnen und hat entsprechend angepasste Vertragstypen für die dafür üblichen und notwendigen Rechteeinräumungen herausgebildet. In Teil II finden sich Vertragsmuster für diejenigen Vertragstypen, die im Bereich der Wissenschaft besonders häufig vorkommen. Die Vertragsmuster bemühen sich, der Gestaltung des Einzelfalles durch Formulierung von zahlreichen Alternativen Rechnung zu tragen. Um die Muster nicht allzu kompliziert zu gestalten, wird darauf verzichtet, die Vertragsschließenden in beiden Geschlechtsformen zu benennen. Es versteht sich von selbst, dass gegebenenfalls eine entsprechende Anpassung vorzunehmen ist.

Was im Vertrag üblicherweise zu regeln ist, wird im Abschnitt 7.5 behandelt.

Es ist festzustellen, dass die mit großer Sorgfalt und Sachkunde zwischen den beteiligten Verbänden verhandelten und als konkrete Muster ausgestalteten Normverträge zu erheblicher Rechtssicherheit für beide Seiten führen. Beide Normvertragswerke berücksichtigen in sachlicher und ausgewogener, ganz auf die Belange der Praxis bezogenen Weise alle relevanten und klärungsbedürftigen Sachverhalte. Jeder Verleger ist gut beraten, diese Verträge anzuwenden oder zumindest in ihrer Substanz zu verinnerlichen und in die eigenen Vertragstexte zu integrieren. Dass in bestimmten Fällen Modifikationen und Ergänzungen notwendig sind, ist selbstverständlich.

Gerade wegen der Vielfalt unterschiedlicher sachlicher Gegebenheiten und daraus folgend der sehr unterschiedlichen von den Vertragsparteien verfolgten Zwecke ist das Prinzip der Vertragsfreiheit von zentraler Bedeutung.

Eine Fortschreibung von good-practice-Regeln steht dem Prinzip der Vertragsfreiheit dabei nicht grundsätzlich im Wege, solange in deren Rahmen ausreichend viele Optionen verbleiben, die alle als good practice gelten. Tarifähnliche enge Normierungen dagegen setzten einen »Norm«-Urheber voraus, der wohl eher in der Fantasie von Gewerkschaftsfunktionären als in der Wirklichkeit existiert.

Im Jahre 2004 wurde zudem, ausgehend von den neuen Bestimmungen der Urheberrechtsnovellierung 2002, die den Anspruch der Autoren auf »angemessene Vergütung« (§ 32 UrhG) und dazu das Instrument »gemeinsamer Vergütungsregeln« (§ 36) geschaffen hat, eine erste solche Vergütungsregel zwischen dem Schriftstellerverband in der Gewerkschaft ver.di und einer Mehrzahl wichtiger Publikumsverlage abgeschlossen. Die wichtigsten Punkte dieser Vereinbarung sind:

- Geltungsbereich: belletristische Werke (§ 1)
- Normalhonorar 10% vom Ladenpreis (ohne MWSt.) (§ 3/1)
- eine Spanne nach unten (bis zu 8%) kann ausgeschöpft werden mit Blick auf (§ 3/2)
    1. Größe und Struktur des Verwerters
    2. die mutmaßlich geringe Verkaufserwartung
    3. das Vorliegen eines Erstlingswerkes
    4. die beschränkte Möglichkeit der Rechteverwertung
    5. den außergewöhnlichen Lektoratsaufwand
    6. die Notwendigkeit umfangreicher Lizenzeinholung
    7. den niedrigen Endverkaufspreis
    8. genrespezifische Entstehungs- und Marktbedingungen.
- nur in außergewöhnlichen Ausnahmefällen noch darunter (§ 3/3)
- Staffelbeteiligung bei Taschenbuchausgaben im selben Verlag

    bis 20.000 Exemplare 5%
    ab 20.000 Exemplare 6%
    ab 40.000 Exemplaren 7%
    ab 100.000 Exemplaren 8%
    von Nettoladenverkaufspreis (§ 4)
- Nebenrechtsanteil (§ 5)

    60% bei buchfernen Nebenrechten
    50% bei buchnahen Nebenrechten
- im Regelfall eine Honorarvorschusszahlung (§ 6)

7.4 Werkvertrag/Bestellvertrag

Während der Verlagsvertrag eine gegenseitige Verpflichtung begründet – für den Autor die Lieferung des Manuskripts, für den Verlag die Pflicht zur Veröffentlichung – ist dies beim Werkvertrag, auch Bestellvertrag genannt, anders: Hier wird der Verfasser in eng gezogene Vorgaben seitens des Bestellers (Verlags) eingebunden, z.B. als Illustrator oder als Beiträger zu einer Enzyklopädie. Der Bestellvertrag enthält ausdrücklich keine Veröffentlichungspflicht des Bestellers, wenn das Gelieferte nach Einschätzung des Bestellers nicht den Erfordernissen oder Vorgaben entspricht, also z.B. nicht in den geplanten Kontext (Gesamtwerk) passt. Das Recht, das vom Urheber Gelieferte nicht zu verwerten, ist allerdings unbeschadet des Honoraranspruchs des Verfassers, insoweit dieser nicht völlig eindeutig von den Vorgaben abgewichen ist, d.h. ein aliud geliefert hat, das keine Vertragserfüllung seinerseits bedeutet. Nicht selten wird im Bestellvertrag bereits unterschieden zwischen dem Honorar bei Nutzung des gelieferten Manuskripts und einem (niedrigeren Ausfall-) Honorar bei Nichtnutzung durch den Besteller. Da alle Rechtsübertragungen und sonstigen Rechte und Pflichten bei einem Bestellvertrag ebenso bedeutsam sind wie bei einem Verlagsvertrag, ist es dringend geraten, auf die Formulierung von Bestellverträgen die gleiche Sorgfalt zu verwenden wie auf einen Verlagsvertrag, z.B. bezüglich Terminen, Übersetzungs- und anderer Nebenrechte.

Bestellverträge sollten nur in wohlbegründeten Fällen zur Anwendung kommen. Der Normalfall bleibt auf jeden Fall der Verlagsvertrag.

Ein typischer Bestellvertrag ist in der Regel der **Übersetzungsvertrag**. Mit der Schaffung eines eigenständigen deutschen Sprachwerks erwirbt der Übersetzer eigenständige Urheberrechte, deren Verwertung aber unauflöslich an das fremdsprachige Originalwerk geknüpft ist. Hieraus ergeben sich viele Probleme, insbesondere z.B. hinsichtlich eines angemessenen Anteils für den Übersetzer, nachdem sein garantiertes Festhonorar »verbraucht« ist (i.d.R. nach X-tausend verkauften Exemplaren). Der Rangwert von Original und Übersetzung stehen ebenso in Diskussion wie die Verhandlungsmacht der Beteiligten Die stärkste Kraft sind dabei in aller Regel die ausländischen Rechteinhaber bzw. deren Agenten. Deshalb bleibt nach Befriedigung von deren Ansprüchen nur ein sehr kleiner kalkulierbarer Rest, den die Übersetzer erhalten können.

7.5 Wesentliche Regelungen in Verlagsverträgen

Je sorgfältiger und den jeweiligen Zielsetzungen der Parteien individuell angepasster ein Vertrag aufgesetzt wird, desto eher können für alle Beteiligten nachträglich auftretende Interpretationsfragen oder Konflikte ausgeschlossen werden. Gerade darin liegt die große Bedeutung der unter Kap. 7.3 behandelten Normverträge, weil in diesen nahezu alle denkbaren Sachverhalte angesprochen sind, deren inhaltliche, materielle Ausgestaltung im Einzelnen sodann der freien Vereinbarung unter den Vertragspartnern unterliegt, soweit es nicht z.B. Verbandsvereinbarungen über Normhonorare (gemeinsame Vergütungsregeln nach § 36 UrhG) gibt, die insoweit die Vertragsfreiheit einschränken.

Geregelt werden sollten insbesondere:

– **Der Vertragsgegenstand** sowohl hinsichtlich seiner Thematik, der Darstellungsform, des Anspruchsniveaus wie auch der gedachten Zielgruppen. Je klarer diese Definition des zu liefernden Manuskripts ist, desto geringer die Gefahr, dass der Verlag bei einem Manuskript, das seinen Vorstellungen nicht entspricht, dennoch zur Publikation gezwungen ist: Bei klarer Definition des vom Autor Geschuldeten ist der Nachweis einer etwaigen aliud-Lieferung, die den Verlag von der Publikationspflicht entbindet, wesentlich erleichtert. Es liegt auf der Hand, dass solche klaren Definitionen bei Fach- und wissenschaftlichen Büchern wesentlich leichter zu formulieren sind als bei anderen Textarten, etwa einem Roman. Von großer Bedeutung ist auch die Festlegung eines Ziel- oder Maximalumfangs, bei dessen Nichteinhaltung der Verlag vom Vertrag zurücktreten kann. Entsprechendes gilt auch die Festsetzung eines Ablieferungstermins.

Dass in gegenseitigem Einvernehmen in der Praxis sehr häufig von den ursprünglichen Vertragsdaten abgerückt wird, ist bekannt. Was hilft denn in den meisten Fällen dem Verlag sein Rücktrittsrecht? Was er will, ist das Manuskript, und sei es verzögert und erheblich über das Limit angeschwollen. Solange es gut und marktgerecht ist, sind ja alle Abweichungen akzeptabel.

– **Umfang der Rechtseinräumung.** Hier geht es zunächst um das Hauptrecht: Bezieht es sich auf Veröffentlichung in gedruckter Form, in elektronischer Form (on- oder off-line) oder auf beides? Ist das Hauptrecht zeitlich und räumlich unbeschränkt übertragen, also für die Dauer des gesetzlichen Schutzes und die ganze Welt, oder gibt es eine kürzere Vertragslaufzeit oder räumliche Begrenzungen der Verwertung? Ebenso können auch sonstige Verwertungsgrenzen vereinbart werden: So kann ein korporativer Rechtsinhaber z.B. nur die Vertriebsrechte im Buchhandel vergeben, sich aber den Vertrieb an seine Mitglieder, z.B. einen kommunalen oder wissenschaftlichen Verein, selbst vorbehalten (s.a. Kap 2.2.5).

Bei der Rechtsübertragung für gedruckte Formen empfiehlt sich die Aufzählung aller realistischen Verwertungsformen (Taschenbuch-, Sonder-, Buchclub-, Studienausgaben, Vorabdrucke etc.).

Das Hauptrecht kann sich auch auf weitere Werkformen wie Hörbücher (als Kassette oder CD oder DVD) beziehen, aber auch auf Mikroformen, Blindenausgaben etc.

Ganz wesentliches Element der Rechtseinräumung durch den Urheber ist auch, dass die übertragenen Rechte frei von Rechten Dritter sind, der Urheber den Verlag also insoweit von Ansprüchen Dritter frei stellt. Dem Verlag ist es ja meist nicht möglich zu erkennen, ob der Autor etwa die Zitatbefugnisse überschreitet, gar plagiiert oder die Persönlichkeitsrechte Dritter verletzt (s.a. Kap. 7.7). Deshalb empfiehlt sich ein Vertragspassus etwa wie folgt:

> Der Autor versichert, dass sein Werk und das von ihm zur Verfügung zu stellende Bildmaterial nicht Rechte Dritter verletzt, dass er allein berechtigt ist, über das Werk zu verfügen und anderweitig keine solche Verfügung ganz oder teilweise vorgenommen hat oder vornehmen wird.

Ergänzend ist bei Fachbüchern oft folgende weitere Regelung sinnvoll:

> Er ist, unbeschadet seiner Gesamtverantwortung für das Werk, berechtigt, Koautoren heranzuziehen, mit denen er geeignete interne Vereinbarungen trifft und insbesondere dafür sorgt, dass eine Rechteübertragung gemäß §x und xx dieses Vertrags erfolgt.

– **Umfang der Nebenrechtseinräumung.** Üblicherweise werden in einem Verlagsvertrag für belletristische und Sachbücher folgende Rechte übertragen:

Verwertung als	• Fremdsprachige Übersetzung Mundartausgabe • Lizenzierung von Taschenbuch-, Volks-, Sonder- und Buchclubausgaben • Vortrags-, Dramatisierungs- Funk-, Fernseh- und Verfilmungsrechte • Tonträgerrechte • Vertriebslizenzen • Recht der Vertonung

Für jede Verwertungs- bzw. Lizenzierungsart muss der Anteil von Verlag bzw. Verfasser an den erzielten Erlösen festgelegt werden. Er schwankt üblicherweise zwischen 50:50 bei den buchnahen und 60-80% für den Verfasser bei buchfernen Rechten, die die ursprüngliche Verwertung des Werkes nicht beeinträchtigen. Bei buchnahen Lizenzvergaben (etwa Taschenbuchrechten) muss der Anteil des Verlags natürlich höher bemessen werden, da diese den Absatz des Originalwerks unmittelbar und gravierend beeinflussen. Der Normvertrag sieht berechtigterweise ein Rückrufrecht des Verfassers vor, wenn der Verlag sich nicht oder nicht binnen angemessener Frist erfolgreich um entsprechende Werkverwertungen gekümmert hat.

Fairer Grundsatz beim Umfang der Nebenrechtsübertragung sollte ohnehin stets sein: Der Verlag soll sich keine Rechte übertragen lassen, deren Verwertung entweder ohnehin nicht in Frage kommt oder deren Nutzung er nicht erfolgreich bewirken kann. So ist der Umfang der Rechteübertragung bei wissenschaftlichen und Fachbüchern in der Regel deutlich kleiner: Es fallen Dramatisierung, Vertonung, Verfilmung und die entsprechenden Aufführungs- und Senderechte selbstverständlich weg.

Ein solches Verfahren entspricht auch dem, was die Zweckübertragungstheorie besagt: dass nämlich alle Rechte, die nicht ausdrücklich übertragen wurden und die nicht zur Erfüllung des Vertragszwecks notwendig sind, beim Urheber verbleiben. Allerdings kollidiert es gerade bei größeren Verlagen mit dem administrativen Bedürfnis, allen Verträgen einheitliche Vertragstexte als Allgemeine Geschäftsbedingungen zugrunde zu legen, um im Falle von Lizenzanfragen leichter die Übersicht zu behalten.

In die gleiche Richtung zielt die Regelung des § 31/4 UrhG , der 1965 eingeführt wurde: Nach ihm ist es rechtlich unzulässig, Rechteübertragungen für (technisch) noch unbekannte Nutzungsarten zu vereinbaren. Urheber sollen hierdurch davor geschützt werden, ohne angemessene Honorarvereinbarung

Rechte zu übertragen. Diese Schutzregel zugunsten der Autoren ist mit dem 2002 eingeführten § 32 (Recht auf angemessene Vergütung) nicht mehr notwendig. Seine Abschaffung ist daher für die nächste Urheberrechtsnovelle geplant. Das ist für die Praxis von großer Bedeutung, da (insbesondere bei einer Mehrzahl von Urhebern an einem Werk) der Nacherwerb von Nutzungsrechten sehr aufwändig war und daran oft für die Urheber sinnvolle, ertragbringende neue Nutzungen scheiterten.

– **Weitere Rechte und Pflichten.** Je nach den Gegebenheiten ist es darüber hinaus wichtig, die Verantwortlichkeiten der Partner festzulegen für:

- Korrekturlesen
- Beschaffung von Abbildungen
- rechtliche Freistellung von Ansprüchen Dritter (wegen Urheberrechts- oder Persönlichkeitsrechtsverletzungen)
- Registererstellung
- etwaige Unterstützung der Werbung usw.

Für diese und eventuelle andere Aufgaben muss festgelegt werden, wer dafür verantwortlich ist, sowie wer gegebenenfalls welche Kosten (z.B. für die Bildbeschaffung) trägt.

Auch andere Dinge können für einen Vertrag so wichtig sein, dass sie ausdrücklich genannt werden: z.B. ein fester Terminplan in bestimmten Fällen, in denen ein Buch zu einem bestimmten Ereignis (Jubiläum, Kongress, Kulturereignis) vorliegen soll. Dann empfiehlt sich die Fixierung eines exakten Termins und/ oder Ablaufplanes von der Manuskriptabgabe über die Korrekturläufe bis hin zur Fertigstellung und der Bereitstellung an einem bestimmten Ort oder eine Versandaktion an einem bestimmten Tag.

– **Der Herausgebervertrag.** Da Funktion und Aufgaben von Herausgebern durchaus verschieden sind von denjenigen der Autoren des herausgegebenen Werks, wird sinnvollerweise auch ein gesonderter Herausgebervertrag abgeschlossen werden. Da der Herausgeber meist zugleich auch Autor ist, erhält er also oft zwei Verträge.

Dem Herausgeber obliegen üblicherweise die Konzeption des Werkes, die Auswahl und Heranziehung der Beiträger sowie deren Lenkung und Kontrolle. Das sind oft sehr zeitaufwändige Aufgaben, die zu honorieren sind. Nicht selten erhalten Herausgeber – berechtigterweise – ein höheres Honorar als alle Beiträger zusammen. Die Herausgabe größerer, mehrbändiger Werke zieht sich oft über viele Jahre hin und wird sowohl aus Gründen der Sicherheit als auch des Arbeitsaufwands auf mehrere Personen verteilt.

Urheberrechte entstehen in der Person des Herausgebers nicht zwangsläufig. Seine Hauptleistung ist Koordination und Qualitätskontrolle, bei Büchern ebenso wie bei Zeitschriften. Daher endet die Zahlung von Herausgeberhonoraren idR. auch mit der Beendigung der aktiven herausgeberischen Tätigkeit. Hat ein Herausgeber ein Werk oder eine Zeitschrift selbst konzipiert und kommt damit zu einem Verlag, ist er in der Regel auch Inhaber der Titelrechte und »Herr des Unternehmens«.

Der Herausgebervertrag ist also ein Vertrag sui generis, die Vertragsnormen für wissenschaftliche Werke enthalten dafür ein gutes Modell.

– **Vertragliche Vereinbarungen mit Zeitschriftenbeiträgern.** Angesichts der Vielzahl von Autoren kommt ein ausführlicher Vertrag in der Regel nicht in Betracht. Dennoch ist es, nicht zuletzt im Blick auf den nichtexklusiven zusätzlichen Erwerb digitaler Rechte – sei es für Einzeldokumentverkauf oder digitale Volltextkumulationen – erforderlich, in kürzestmöglicher Form die Rechteübertragung und deren Umfang schriftlich festzuhalten. Dafür empfiehlt sich die Verwendung des zwischen dem Deutschen Hochschulverband und dem Börsenverein im Rahmen der Vertragsnormen ausgearbeiteten Reverses.

4. Revers für die Einräumung von Nutzungsrechten an Zeitschriftenbeiträgen

1.
Zur Veröffentlichung meines von den Herausgebern angenommenen Beitrages (einschl. Abstracts) in der Zeitschrift ... räume ich dem Verlag hiermit räumlich und zeitlich unbeschränkt das Recht zur Vervielfältigung und Verbreitung sowie zur unkörperlichen öffentlichen oder individuellen Übermittlung und Wiedergabe des Beitrages im Rahmen der Zeitschrift ein, und zwar für alle Druck- und Datenträgerausgaben (z.B. Diskette, CD-ROM) sowie zur Online-Nutzung in und aus Speichermedien, insbesondere Datenbanken (einschließlich elektronischer Speicherung, Verfügbarmachung für die Öffentlichkeit zum individuellen Abruf, Bildschirmwiedergabe und Ausdruck beim Nutzer, auch im Wege von Internet). Das schließt zugehörige Bildvorlagen, Pläne, Karten, Skizzen und Tabellen mit ein. Der Verlag ist zur Veröffentlichung des Beitrages innerhalb angemessener Frist verpflichtet.

2.
Ferner räume ich dem Verlag hiermit räumlich und zeitlich unbeschränkt die Rechte ein für Nachdrucke, Abstracts (auch in fremdsprachigen Fassungen und als Vorabdruck), Sonderausgaben im Rahmen der Zeitschrift, fotomechanische Vervielfältigungen einschließlich Fernkopien, Mikrokopie-, Mikrofiche- und Mikroformausgaben sowie Bild- und Tonträgerausgaben inklusive Hörkassetten und Audio-CDs.

3.
Der Verlag ist befugt, hinsichtlich der Rechte gemäß Nrn. 1 und 2 Nutzungsverträge mit Dritten abzuschließen. Soweit einzelne dieser Rechte durch eine Verwertungsgesellschaft wahrgenommen werden können, ermächtige ich hiermit den Verlag zum Abschluss von entsprechenden Verträgen mit der betreffenden Verwertungsgesellschaft.

4.
Die Rechte gemäß Nrn. 1 und 2 werden eingeräumt als ausschließliche Rechte für die Dauer eines Jahres ab Veröffentlichung meines Beitrages, anschließend als einfache Rechte. Nach Ablauf des Jahres darf ich einfache Nutzungsrechte am Beitrag an Dritte vergeben, wobei ich vertraglich sicherstellen werde, dass die Erstveröffentlichung in der Zeitschrift als Quelle genannt wird.

5.
Ich versichere, über die urheberrechtlichen Nutzungsrechte an meinem Beitrag gemäß Nrn. 1 und 2 einschließlich zugehöriger Bildvorlagen, Pläne, Karten, Skizzen und Tabellen verfügen zu dürfen. Rechte Dritter werden durch den Beitrag nicht verletzt.

6.
Bei Veröffentlichung meines Beitrages im Druck erhalte ich je Druckseite ein Honorar in Höhe von ... Euro, ggf. zuzüglich Mehrwertsteuer. Auch erhalte ich gratis ... Sonderdrucke. Für eine Veröffentlichung des Beitrages auf Datenträger oder im Wege vergütungspflichtiger Online-Übermittlungen wird zu gegebener Zeit eine besondere Honorarvereinbarung getroffen.

...., den ....

(Verfasser)

1 Es empfiehlt sich, dass der Verlag bzw. der Herausgeber den Revers zusammen mit der Bestätigung der Annahme des Beitragsmanuskripts zur Veröffentlichung versendet. – Erscheint der Abschluss eines ausführlichen Verlagsvertrages erforderlich, so kommt dafür der Mustervertrag Nr. 3 in Betracht. Für den Herausgeber gilt das Muster Nr. 6.

2 Eine Beteiligung des Verfassers an Lizenzeinnahmen des Verlages aus der Vergabe von Nutzungsrechten an Dritte sollte in Betracht gezogen werden, wenn der voraussichtliche Kostenaufwand des Verlages im Verhältnis zu den von ihm erzielten Erlösen dies rechtfertigt.

7.6 Honorar und Nebenleistungen (s.a. Kap. 3.5)

Einer der wichtigsten Vertragsbestandteile ist das Honorar. Hier eröffnet sich eine große Vielfalt von Gestaltungsvarianten, je nach der spezifischen Interessenlage und den wirtschaftlichen Möglichkeiten. Dazu eine Übersicht gängiger **Formen der Honorierung:**

Honorarformen

- negatives Honorar (Druckkostenzuschuss)
- negatives Honorar mit Rückzahlung ab x-tem verkauften Exemplar
- kein Honorar
- kein Honorar bis x-hundert Exemplare, danach Honorar
- einmaliges Festhonorar
- Festhonorar für x-tausend Exemplare, danach Absatzhonorar
- Vorschuss (evtl. in mehreren Stufen, z.B. bei Vertragsabschluss, bei Manuskriptablieferung und bei Erscheinen), verrechenbar mit dem Absatzhonorar
- Staffelhonorar

Staffelhonorar	x% bis	...ts. Expl.
	y% ab	...ts. Expl.
	z% ab	...ts. Expl.

- Stufenhonorar: erhöhter %-Satz, solange das Werk über x-tausend verkaufte Exemplare pro Jahr erreicht.

Die kalkulatorische Wirkung eines **Festhonorars** ist eine andere als bei der Erfolgsbeteiligung: Einerseits ist das Festhonorar den Herstellkosten zuzuordnen, es entsteht eine entsprechende Hebelwirkung bei der Kalkulation (s. Kap. 3). Bis zu einer gewissen Verkaufszahl ist das Festhonorar daher pro Exemplar teurer für den Verlag (Absatzrisiko). Bei Überschreiten einer bestimmten Verkaufszahl kann andererseits jedoch auch das Umgekehrte der Fall sein. Dann allerdings tritt u. U. der Nachbesserungsanspruch des Autors auf den Plan, damit dieser nicht unverhältnismäßig wenig von den Verkäufen profitiert (§ 32 UrhG [angemessene Vergütung] bzw. § 32a [weitere Beteiligung des Urhebers bei auffälligem nachträglichen Missverhältnis von Erträgen und Vorteilen aus der Nutzung des Werks]).

Bezugsbasis für Honorare. Bei Festhonoraren handelt es sich entweder um einen Pauschalbetrag für das Werk oder um ein Honorar pro Bogen oder Seite, bei Zeitschriften z. T. auch pro Spalte oder Zeile. Letzteres spielt insbesondere eine große Rolle bei Zeitschriften und Sammelwerken. Festhonorare werden in der Regel bei Erscheinen bezahlt, erhöhen also die Liquiditätsbelastung und das Absatzrisiko des Verlags.

Anders bei den Erfolgshonoraren: Hier zahlt der Verlag nur (nachträglich) für die verkauften Exemplare, hat also keine Liquiditätsbelastung und insoweit auch kein Absatzrisiko, es sei denn, es wurde eine nennenswerte Vorauszahlung geleistet. In deren Höhe entstehen dann wieder Liquiditätsbelastung und Absatzrisiko. Aufgrund dieser unterschiedlichen kostenrechnerischen Wirkung (Zinseffekt) und des Risikofaktors (ein Teil der schon per Festhonorar bezahlten Exemplare könnten unverkauft bleiben) sind Festhonorare in aller Regel niedriger als die (potenzielle) Summe der Erfolgshonorare über mehrere Perioden.

Bezugsbasis für Erfolgshonorare (Absatzhonorare) können sein

Ladenpreis brutto
Ladenpreis netto (exkl. MWSt.)
Verlagserlös brutto
Verlagserlös netto (exkl. MWSt.)

Alle diese Verfahren sind in Ordnung und seriös, insoweit die angewandten Prozentsätze äquivalent sind (s. S. 148). Das üblichste Verfahren ist die Honorarbasis Ladenpreis netto, wobei Autoren, die mehrwertsteuerpflichtig sind oder werden, die Mehrwertsteuer zusätzlich ausbezahlt bekommen.

Für viele Autoren ist das Honorar eine wichtige, für manche die einzige Einkommensquelle. Dann ist die Honorarhöhe entscheidend. Es gibt aber auch Autoren, die vorrangig andere Ziele haben: Sie möchten z. B. in einem bestimmten (prestigeträchtigen) Umfeld erscheinen, so dass also das Programmumfeld viel wichtiger ist als die Honorierung.

Aber selbst wenn es um Honorarmaximierung geht, ist nicht immer das höchste Angebot in Prozenten das vorteilhafteste: Was nützt dem Autor ein Angebot von 12% bei einem Verlag mit geringer Vertriebskraft, der nur 1.800 Exemplare seines Buches verkauft, gegenüber einem vertriebsstarken Verlag, der zwar nur 10% Honorar bietet, aber leicht das Doppelte verkauft?

Die folgende Übersicht zeigt mögliche Beweggründe für Autoren, eine Honorarmaximierung nicht in höchster Priorität zu sehen:

- Programmumfeld und Marktstellung des Verlags
- Ausstattung (oft sind Autoren zu einer Honorarherabsetzung bereit im Ausgleich für eine höherwertige Ausstattung, z.B. mit Farbabbildungen)
- Ladenpreis (nicht selten verzichten Autoren auf Teile des Honorars, um einen von ihnen gewünschten Ladenpreis zu ermöglichen)
- Autor wünscht besonders umfangreiche Lektorierung, Faktenrecherche, Bildbeschaffung u.Ä.
- Autor wünscht sehr hohe Zahl von Freistücken anstelle eines Teils des Honorars

Mehrere Honorarberechtigte. Es gibt viele Fälle, in denen der Autor auch deshalb nicht das »Normal«honorar erreichen kann, weil **weitere Urheber** zu entgelten sind: insbesondere aktiv tätige Herausgeber, die das Werk konzipieren und redigieren oder die Bildagenturen oder künstlerische Grafiker und Illustratoren, die seit langem beharrlich auch ihrerseits erfolgsabhängige, d.h. prozentuale Beteiligung über eine Pauschalzahlung i.S. eines Werkvertrags hinaus verlangen. Diese Forderung ist insbesondere dann berechtigt, wenn ein Buch seinen Erfolg den Illustrationen verdankt, die möglicherweise auch flächenmäßig dominieren – in solchen Fällen kann der Text durchaus die Nebensache sein. Traditionelle Verlage und auch die Gewerkschaft ver.di verkennen dies häufig und haben eine gewisse – nicht selten eher unbeabsichtigte – Vorliebe für den Textautor als den »eigentlichen« Urheber. Hier muss oft der Verlag der faire Mittler sein, der sorgsam abwägt, wem ein wie großer Anteil am kalkulierbaren Gesamthonorar zusteht.

Eine ähnliche Situation, in der der Verlag häufig als fairer Moderator gefragt ist, ist die Beteiligung eines **neuen Bearbeiters** an einem bereits vorhandenen Buch: Hier will berechtigterweise der Altautor weiterhin Erträge aus seiner Schöpfung ziehen, aber der neu Hinzugetretene, der ja stufenweise durch seine Bearbeitungen das Werk aktuell hält und den Dauererfolg sichert, ebenfalls seine Leistung angemessen honoriert sehen. Deswegen empfiehlt sich in der Regel ein Stufenmodell einer absinkenden Beteiligung, z.B. erhält der hinzugetretene Autor bei der ersten Bearbeitung 25%, bei der zweiten 50%, bei der dritten 75%, ab der vierten Bearbeitung das gesamte Honorar. Je nach Sachverhalt kann ein steilerer oder flacherer Verlauf der Beteiligungsquote über mehr als drei Bearbeitungsstufen ebenso angemessen sein.

Es empfiehlt sich sehr, diese Regelungen rechtzeitig zu Lebzeiten des Autors zu treffen. Autoren sehen das in der Regel nüchtern, während Verhandlungen mit eher emotional reagierenden Erben schwierig sind und nicht selten scheitern. Nicht zuletzt deshalb, weil »Vaters Werk« zum Monument stilisiert wird, das durch Bearbeitung nur verlieren kann. Zudem wird von Erben oft verkannt, wie schnell ein unbearbeitetes Werk an Marktwert verliert, weswegen auch aus Sicht der längerfristigen Ertragsmaximierung für die Erben die Hereinnahme eines Bearbeiters sehr ratsam wäre.

Freiexemplare. Im weiteren Sinn zählt zur Honorierung auch die Zahl der Autorenfreiexemplare. Mit der gemäß Verlagsgesetz maximal geschuldeten Zahl von 15 Freiexemplaren werden sich viele Autoren nicht zufrieden geben. Der Verlag ist oft gut beraten, hier großzügig zu sein, denn technisch kosten diese Exemplare sehr wenig. Auch ein Erlösausfall ist oft wenig wahrscheinlich, ganz im Gegenteil sind die vom Autor gezielt verschenkten Exemplare oft von hohem Werbewert und stehen damit den vom Verlag verschickten Freiexemplaren (Dozenten- oder Rezensionsexemplare) sehr nahe. Wichtig ist nur, dass der Autor diese Exemplare nicht einfach weiterverkauft, was sich im Verlagsvertrag leicht festlegen lässt. Ist der Autor im Einzelfall ein wichtiger, gewerbsmäßiger Verkäufer seines Werks – z.B. im Rahmen seiner Veranstaltungen –, sollte er im Verlagsvertrag auf seine gesetzliche Pflicht zur Beachtung des gebundenen Ladenpreises hingewiesen werden, um den Buchhandel vor Dumpingkonkurrenz zu bewahren.

Gesetzliche Honoraransprüche des Urhebers. Durch den im Jahr 2002 neu in das Urheberrechtsgesetz eingefügten § 32 (Angemessene Vergütung) wird dem Autor ein einklagbarer Anspruch zugesprochen, der unabhängig von den vertraglichen Vereinbarungen besteht.

§ 32 Angemessene Vergütung. Der Urheber hat für die Einräumung von Nutzungsrechten und die Erlaubnis zur Werknutzung Anspruch auf die vertraglich vereinbarte Vergütung. Ist die Höhe der Vergütung nicht bestimmt, gilt die angemessene Vergütung als vereinbart. Soweit die vereinbarte Vergütung nicht angemessen ist, kann der Urheber von seinem Vertragspartner die Einwilligung in die Änderung des Vertrages verlangen, durch die dem Urheber die angemessene Vergütung gewährt wird.

(2) Eine nach einer gemeinsamen Vergütungsregel (§ 36) ermittelte Vergütung ist angemessen. Im Übrigen ist die Vergütung angemessen, wenn sie im Zeitpunkt des Vertragsschlusses dem entspricht, was im Geschäftsverkehr nach Art und Umfang der eingeräumten Nutzungsmöglichkeit, insbesondere nach Dauer und Zeitpunkt der Nutzung, unter Berücksichtigung aller Umstände üblicher- und redlicherweise zu leisten ist.

(3) Auf eine Vereinbarung, die zum Nachteil des Urhebers von den Absätzen 1 und 2 abweicht, kann der Vertragspartner sich nicht berufen. Die in Satz 1 bezeichneten Vorschriften finden auch Anwendung, wenn sie durch anderweitige Gestaltungen umgangen werden. Der Urheber kann aber unentgeltlich ein einfaches Nutzungsrecht für jedermann einräumen.

(4) Der Urheber hat keinen Anspruch nach Absatz 1 Satz 3, soweit die Vergütung für die Nutzung seiner Werke tarifvertraglich bestimmt ist.

Für jeden seriösen Verleger steht außer Frage, dass er seine Autoren angemessen honorieren will und wegen des erheblichen Wettbewerbs um gute Autoren das auch muss. Insoweit ist also diese Vorschrift zunächst unproblematisch, gäbe es nicht die Unsicherheit darüber, ob ein Gericht das vereinbarte marktübliche Honorar auch als angemessen beurteilen wird. Es hängt also seit 2002 ein Damoklesschwert über den Verlagen wegen eventueller späterer Nachforderungen. Daher hatte der Börsenverein in den Anhörungen zu dieser neuen Regelung beharrlich darauf hingewiesen, dass der Begriff »marktüblich« in den Absatz (2) aufgenommen werden solle. Das ist nicht wörtlich geschehen, aber die Formulierung »üblicher- und redlicherweise« kann als praktisch gleichwertig angesehen werden.

Worum es den Initiatoren dieser Regelung (insbesondere den in ver.di organisierten Autoren) wirklich ging, zeigt die Abfolge der Gedankenführung in Absatz 2: Es wird nicht, wie es dem Grundsatz der Vertragsfreiheit entsprochen hätte, an erster Stelle der Maßstab des Üblichen und Redlichen angesprochen, sondern neu konzipierte, tarifvertragsähnliche Kollektivregeln: diese sollen zum Leitparadigma von Urhebervergütungen werden. Eine erste Vergütungsregel besteht mittlerweile (s. S. 345); außerhalb von deren Geltungsbereich besteht weiterhin erhebliche Rechtsunsicherheit mit der Gefahr u.U. erheblicher Nachforderungen, falls ein Gericht die Angemessenheit des vereinbarten Honorars verneinen sollte. Völlig unbestritten ist, dass § 32 nicht einen generellen Honoraranspruch konstituiert, sondern auch Null-Honorare und Zuschüsse üblich und redlich sein können – und das nicht nur im wissenschaftlichen Bereich.

Der Absatz 4 des § 32 konstatiert, dass tarifvertraglich entgoltene angestellte Urheber, etwa ein Schulbuch- oder Lexikonredakteur, keinen Anspruch auf zusätzliche Vergütungen nach § 32/3 haben.

Ein weiterer gesetzlicher Anspruch ergibt sich aus § 32a UrhG (Weitere Beteiligung des Urhebers), einer Fortentwicklung des sogenannten Bestsellerparagrafen (früher § 36).

§ 32a Weitere Beteiligung des Urhebers. (1) Hat der Urheber einem anderen ein Nutzungsrecht zu Bedingungen eingeräumt, die dazu führen, dass die vereinbarte Gegenleistung unter Berücksichtigung der gesamten Beziehungen des Urhebers zu dem anderen in einem auffälligen Missverhältnis zu den Erträgen und Vorteilen aus der Nutzung des Werkes steht, so ist der andere auf Verlangen des Urhebers verpflichtet, in eine Änderung des Vertrages einzuwilligen, durch die dem Urheber eine den Umständen nach weitere angemessene Beteiligung gewährt wird. Ob die Vertragspartner die Höhe der erzielten Erträge oder Vorteile vorhergesehen haben oder hätten vorhersehen können, ist unerheblich.

(2) Hat der andere das Nutzungsrecht übertragen oder weitere Nutzungsrechte eingeräumt und ergibt sich das auffällige Missverhältnis aus den Erträgnissen oder Vorteilen eines Dritten, so haftet dieser dem Urheber unmittelbar nach Maßgabe des Absatzes 1 unter Berücksichtigung der vertraglichen Beziehungen in der Lizenzkette. Die Haftung des anderen entfällt.

(3) Auf die Ansprüche nach den Absätzen (1) und (2) kann im Voraus nicht verzichtet werden. Die Anwartschaft hierauf unterliegt nicht der Zwangsvollstreckung; eine Verfügung über die Anwartschaft ist unwirksam.

(4) Der Urheber hat keinen Anspruch nach Absatz 1, soweit die Vergütung nach einer gemeinsamen Vergütungsregel (§ 36) oder tarifvertraglich bestimmt worden ist und ausdrücklich eine weitere angemessene Beteiligung für den Fall des Absatzes 1 vorsieht.

§ 32 a bestimmt also eine Nachbesserungspflicht des Verwerters, wenn der wirtschaftliche Erfolg des Werkes sehr viel größer ist als bei Vertragsabschluss erwartet. Er kann insbesondere bei Pauschalhonorierungen (buy-out-Verträgen) zum Tragen kommen – schwerlich bei prozentualen Erfolgshonoraren und wohl kaum je bei von vornherein gestaffelten Erfolgshonoraren. Die Regelung des § 32a bestand im Grunde schon seit Jahrzehnten, enthält in Absatz (2) neuerdings aber eine Durchgriffshaftung : Demgemäß haftet der deutsche Verleger im Zweifel für nichterhaltene Erlöse aus einer im Ausland gegebenen Pauschallizenz, wenn das Werk dort einen völlig unerwarteten Erfolg hatte. Verleger sollten deshalb versuchen, im Blick auf § 32a entsprechende Kautelen in ihre Lizenzverträge einzubauen.

7.7 Persönlichkeitsrechte

7.7.1 Urheberpersönlichkeitsrechte

Neben den materiellen Verfügungsrechten, die das Urheberrechtsgesetz dem Urheber garantiert, und die ihm primär die Kontrolle über eine optimale wirtschaftliche Auswertung seiner Werke sichern sollen, garantiert das Gesetz darüber hinaus auch **Persönlichkeitsrechte**, im Englischen »moral rights« genannt. Der Grundgedanke dieses Konzepts ist, dass eine intellektuelle Schöpfung so eng mit der Persönlichkeit des Urhebers verbunden ist, dass er gegen missbräuchliche Nutzung und Entstellung geschützt werden muss. Dem dienen insbesondere die Vorschriften der §§ 14 und 23 des Urheberrechtsgesetzes.

> **§ 14 Entstellung des Werkes.** Der Urheber hat das Recht, eine Entstellung oder eine andere Beeinträchtigung seines Werkes zu verbieten, die geeignet ist, seine berechtigten geistigen oder persönlichen Interessen am Werk zu gefährden.

> **§ 23 Bearbeitungen und Umgestaltungen.** Bearbeitungen oder andere Umgestaltungen des Werkes dürfen nur mit Einwilligung des Urhebers des bearbeiteten oder umgestalteten Werkes veröffentlicht oder verwertet werden.

Das strenge Bearbeitungs- und Änderungsverbot würde jegliche Lektoratsarbeit hinfällig machen bzw. für jede noch so kleine formale Änderung die ausdrückliche Zustimmung des Autors erfordern. Das wäre kontraproduktiv und auch für den Autor lästig. Es sollten daher im Verlagsvertrag Befugnisse des Verlags für formale Eingriffe festgehalten werden, ebenso für die Korrektur offensichtlicher Fehler. Ein neu entstandener Diskussionspunkt ist dabei, welche Rechtschreibung gewählt werden soll: Die neue Reformrechtsschreibung (mit allen ihren Ambivalenzen und Unklarheiten) oder die sogenannte »alte« Rechtschreibung. Nicht wenige Autoren bestehen auf letzterer, die meisten Verlage sind diesbezüglich nicht doktrinär und lassen beide Möglichkeiten zu. Bei Sammelwerken kann dies aber problematisch sein. Keine Wahlmöglichkeit haben die Kinder-, Jugend- und Schulbuchverleger, die sich mit ihren Produkten an Personen richten, die den Kriterien der Kultusminister unterworfen sind. Eingeschränkt wird das Bearbeitungsverbot durch § 24 Satz 1:

§ 24 Freie Benutzung. Ein selbständiges Werk, das in freier Benutzung des Werkes eines anderen geschaffen worden ist, darf ohne Zustimmung des Urhebers des benutzten Werkes veröffentlicht und verwertet werden.

Das heißt z.B., dass ein Autor berechtigt ist, den »plot« einer Erzählung zur Basis eines eigenen Werkes zu machen. Das beruht nicht zuletzt darauf, dass das Urheberrecht ja keine Inhalte, sondern nur die konkrete Gestaltungsform schützt. Es können zehn Autoren je ein Lehrbuch der anorganischen Chemie oder der Mittelhochdeutschen Literatur schreiben und der fachliche Inhalt kann weitgehend der gleiche sein: geschützt ist nur das jeweilige konkrete Sprachwerk. Ob auch eine Stoffgliederung für sich schutzfähig ist, wird nach den Umständen des Falles zu beurteilen sein, ein Plagiatsvorwurf scheint diesbezüglich aber durchaus denkbar.

Viel bedeutsamer als die Frage kleiner formaler Änderungen ist die zwischen § 23 und § 24 liegende Frage der Überführung in andere Werkformen: Illustrierung eines belletristischen Werks, Hörspielfassung eines Romans, Vertonung von Gedichten, Animierung von Comics oder Inszenierung von Theaterstücken. All dies bedarf im Prinzip der Einwilligung des Urhebers – beispielhaft seien nur die zahlreichen gescheiterten Inszenierungen von Brecht-Werken genannt, die dem doktrinären Starrsinn der Brecht-Erben zum Opfer fielen, die z.T. in letzter Minute vor der Premiere die Aufführung per einstweiliger Verfügung untersagen ließen.

Hier ist also für den Verlag, der ja in der Regel die Lizenzen erteilt, höchste Vorsicht geboten: Er muss das Zustimmungserfordernis der Rechteinhaber bedenken und diese gegebenenfalls in den Abschluss von Lizenzverträgen einbinden. Andernfalls könnte er Schadensersatzforderungen zweier Seiten gegenüberstehen: entweder seitens des Urhebers wegen Verstoßes gegen § 23 oder wegen fruchtloser Aufwendungen des Lizenznehmers aufgrund der nachträglichen Untersagung durch die Rechteinhaber. Als Bearbeitung untersagt sind auch Kürzungen, es sei denn, dass ein verbindlicher Umfang vertraglich festgelegt **und** dem Verlag (oder Herausgeber) ausdrücklich die Befugnis zur Ersatzvornahme der Kürzung eingeräumt wurde für den Fall, dass der Autor diese nicht selbst durchführt.

Der Verlag ist der Partner des Urhebers nach außen und auf dem Markt. Auf seine Umsicht und Professionalität muss der Autor vertrauen dürfen. Deshalb ist die Verantwortung des Verlages für die Wahrung der Persönlichkeitsrechte des Autors groß, und er muss deren Durchsetzung als Vertragspflicht erkennen, auch wenn er in bestimmten Fällen dessen Auffassung nicht teilen mag.

Was eine einfache Selbstverständlichkeit zu sein scheint, ist ebenfalls Gegenstand des Persönlichkeitsrechts: die Nennung des Urhebers. § 13 UrhG bestimmt:

> **§ 13 Anerkennung der Urheberschaft.** Der Urheber hat das Recht auf Anerkennung seiner Urheberschaft am Werk. Er kann bestimmen, ob das Werk mit einer Urheberbezeichnung zu versehen und welche Bezeichnung zu verwenden ist.

Der Autor kann also auch bestimmen, ob ein Pseudonym (nom de plume) oder Ähnliches gedruckt werden soll oder auch das Werk ohne Urhebernennung (anonym) erscheint. Ergänzend ist hier auf §§ 7 und 8 UrhG zu verweisen:

> § 7 **Urheber.** Urheber ist der Schöpfer des Werkes.
> § 8 **Miturheber.** (1) Haben mehrere ein Werk gemeinsam geschaffen, ohne daß sich ihre Anteile gesondert verwerten lassen, so sind sie Miturheber des Werkes.
> (2) Das Recht zur Veröffentlichung und zur Verwertung des Werkes steht den Miturhebern zur gesamten Hand zu; Änderungen des Werkes sind nur mit Einwilligung der Miturheber zulässig. Ein Miturheber darf jedoch seine Einwilligung zur Veröffentlichung, Verwertung oder Änderung nicht wider Treu und Glauben verweigern. Jeder Miturheber ist berechtigt, Ansprüche aus Verletzungen des gemeinsamen Urheberrechts geltend zu machen; er kann jedoch nur Leistung an alle Miturheber verlangen.
> (3) Die Erträgnisse aus der Nutzung des Werkes gebühren den Miturhebern nach dem Umfang ihrer Mitwirkung an der Schöpfung des Werkes, wenn nichts anderes zwischen den Miturhebern vereinbart ist.
> (4) ein Miturheber kann auf seinen Anteil an den Verwertungsrechten (§ 15) verzichten. Der Verzicht ist den anderen Miturhebern gegenüber zu erklären. Mit der Erklärung wächst der Anteil den anderen Miturhebern zu.

Mit § 8 Abs.2 ist ein besonders delikates Problem angesprochen, nämlich das von Miturhebern, die jeder für sich Urheberpersönlichkeitsrechte besitzen: ein weites Konfliktfeld, in dem der Verlag schnell zwischen die Fronten gerät. Es ist daher unbedingt ratsam, in solchen Fällen im Verlagsvertrag eine Regelung dahingehend aufzunehmen, dass die Miturheber einen von ihnen oder den Herausgeber ermächtigen, für die Gesamtheit der Urheber verbindliche Willenserklärungen abzugeben. Damit verlagert sich ein etwaiger Konflikt unter den Miturhebern in deren Verantwortlichkeit. Sie sind dann verpflichtet, dem Verlag gegenüber mit einer Entscheidung anzutreten, wie auch immer sie diese unter sich ausgefochten haben mögen. Nur so kann vermieden werden, dass z.B. widerstreitende letzte Korrekturen einem Imprimatur entgegenstehen. Nicht selten gibt es auch Konflikte um die Reihenfolge der Nennung von Autoren: alphabetisch oder nach Anteil an der Gesamtleistung? Alles Dinge, die möglichst rechtzeitig und klar geregelt sein sollten, damit nicht in einer weit fortgeschrittenen Arbeitsphase solche persönlichkeitsrechtlichen Fragen auftauchen.

Nur am Rande sei darauf verwiesen, dass auch aus § 8 Abs. 3 in Verbindung mit § 32 (Angemessenes Honorar) erhebliche Streitigkeiten resultieren könnten, wobei dem Verlag oft die Einblicke fehlen, wie die wirklichen Verhältnisse und konkreten Leistungsbeiträge sind.

7.7.2 Persönlichkeitsrechte Dritter

Die Verletzung der Persönlichkeitsrechte Dritter ist ein überaus komplexes Rechtsgebiet, das hier nur angedeutet werden kann, obwohl es von großer ethischer Bedeutung und – wegen eventueller Schadensersatz- und Schmerzensgeldansprüche – finanziell ein sehr risikoreiches Gebiet ist. Erinnert sei nur an das kürzliche Verbot des Romans »Esra« von Maxim Biller wegen der leicht durchschaubaren, teils sehr intimen Darstellungen von Personen aus seinem persönlichen Umfeld, die nach Auffassung des Gerichts berechtigte persönliche Interessen dieser Personen verletzten. Schon hier liegt ein Widerstreit von Kunstfreiheit und Schutz der persönlichen Sphäre vor – denn worüber kann ein Autor, wenn er nicht Science Fiction schreibt, denn schreiben wenn nicht auf Basis persönlicher Erlebnisse und Erfahrungen? Fragwürdig erscheint auch das ganz aktuelle Caroline-Urteil, in dem die Veröffentlichung von Privatfotos der Prinzessin Caroline v. Hannover gegen hohe Bußgelder verboten wurde. Ein überzogener Schutz der behaupteten Intimsphäre – bei sich ansonsten permanent in die Öffentlichkeit drängenden Personen – führt praktisch zu einer Lähmung der Berichterstattung, zum Zwang einer Hofberichterstattung nach dem Gusto der Dargestellten, bedroht also die Pressefreiheit. Hier tut sich – zumal angesichts der Möglichkeit solcher »Prominenter« und ihrer Anwälte, sich beachtliche Nebeneinnahmen zu verschaffen, – ein höchst bedenklicher Weg auf. Entsprechend kontrovers und kritisch wurde das Urteil im Herbst 2004 in der Presse erörtert.

Wie auch immer: Auf jeden Fall müssen Verlage, zumal angesichts solcher

Tendenzen in der aktuellen Rechtssprechung, höchst skrupulös und vorsichtig vorgehen. Ein per einstweiliger Verfügung angeordneter Vertriebsstopp mag zwar in der Hoffnung auf werbewirksame Presseöffentlichkeit manchem smarten Vertriebsmann gar nicht so unerwünscht erscheinen, solange Hoffnung auf nachheriges Obsiegen in der Sache besteht. Im Fall des Unterliegens aber wird es recht teuer: Vernichtung der Auflage (was bei der Yellow Press zwar ins Leere stößt, bei Büchern aber stark durchschlägt), damit Verlust weiterer Vorkosten, dazu die Anwaltsgebühren und die Schmerzensgeldzahlungen. Das sollten seriöse Verlage unbedingt vermeiden. Umgekehrt sollte keine duckmäuserische Geschmeidigkeit (Schere im Kopf) um sich greifen aus Angst vor aggressiven Prominentenanwälten.

Wichtig ist jedenfalls, dass der Verlag die Gefahren kennt und sie sodann mit fachjuristischem Rat abschätzt, wobei besonders schwierig ist, dass auch Tatsachenbehauptungen unter Umständen unzulässig sein können. Etwa einen Prominenten zu bezeichnen als »der mehrfach vorbestrafte notorische Trunkenbold X«, birgt erhebliche Prozessrisiken, wie nachweisbar diese Tatsachen auch immer sein mögen. Das Wissen über Risiken diesbezüglich kann dem Verlag nur der Autor verschaffen – woher soll der Verleger etwa Maxim Billers Frauengeschichten kennen und deren Realität von deren fiktionaler Darstellung unterscheiden können? In den Normverträgen des Börsenvereins mit den VS (ver.di) ist daher sehr sinnvollerweise im § 1 Ziffer 4 Folgendes festgelegt:

> Der Autor ist verpflichtet, den Verlag schriftlich auf im Werk enthaltene Darstellungen von Personen oder Ereignissen hinzuweisen, mit denen das Risiko einer Persönlichkeitsrechtsverletzung verbunden ist. Wird der Autor wegen solcher Verletzungen in Anspruch genommen, sichert ihm der Verlag seine Unterstützung zu, wie auch der Autor bei der Abwehr solcher Ansprüche gegen den Verlag mitwirkt.

Unterlässt der Autor diese Hinweise, macht er sich seinerseits gegenüber dem Verlag regresspflichtig.

Solche Situationen können auch im Bereich von wissenschaftlichen und Fachbüchern entstehen, etwa beim Abdruck von Patientenbildern in medizinischen oder psychologischen Lehrbüchern u.Ä. In solchen Fällen muss der Verlag im eigenen Interesse den Autor ausdrücklich befragen, ob die Zustimmung der Dargestellten zur Veröffentlichung vorliegt. Eine Anonymisierung des Dargestellten (etwa durch Augenbalken) ist in vielen Fällen nicht möglich, ohne den Sinn der Abbildung in Frage zu stellen.

Beim Erwerb von Abbildungsrechten von Bildagenturen darf der Verlag zu Recht davon ausgehen, dass diese Rechte gesichert sind.

Solche persönlichkeitsrechtlichen Probleme gibt es auch in weiteren Fällen, so insbesondere bei Manuskripten und Korrespondenzen in (literarischen) Archiven, die auch dann, wenn der Nachlassgeber keine Sperrfrist gesetzt hat, in Bezug auf Dritte (Korrespondenzpartner oder abfällige Darstellung Dritter in solcher Korrespondenz) die Gefahr einer Verletzung von Persönlichkeitsrechten in sich tragen. Sowohl aus Anstand als auch aus finanzieller Vorsicht sollte man sich dieser Fragen mit Sorgfalt annehmen.

7.8 Lizenzverträge

Verlage schließen Lizenzverträge in zweierlei Richtungen: sie **erwerben** einerseits per Lizenzvertrag Rechte z.B. für deutschsprachige Ausgaben, für Taschenbuchausgaben oder für Teile eines Werkes, die durch das Zitatrecht nicht abgedeckt sind (insbesondere im Bildbereich).

Umgekehrt **verkaufen** Verlage Lizenzen für fremdsprachige Ausgaben, Taschenbuchausgaben, Buchclubrechte, Hörspielfassungen usw.; allerdings natürlich nur insoweit, als ihnen diese Rechte vom Urheber zur Nutzung durch Dritte (Lizenznehmer) übertragen worden sind.

Lizenzen können ebenso wie Hauptverwertungsrechte exklusiv oder nichtexklusiv, zeitlich befristet oder für die Dauer des Urheberrechts und regional begrenzt oder weltweit vergeben werden. Auch kann sich eine Lizenzierung auf bestimmte Marktbereiche beschränken.

Lizenzverträge ähneln sich für Einkauf und Verkauf von Rechten spiegelbildlich – viele Verlage haben ihre Lizenzverträge anhand der ihnen vorliegenden von Lizenzgebern wesentlich umgearbeitet und verbessert. Angesichts der Tücken internationaler Rechtsbeziehungen und der Durchsetzung von Ansprüchen im Ausland empfiehlt sich nicht nur eine sorgfältige Vertragsausarbeitung, sondern insbesondere eine kritische Auswahl der Lizenzpartner – es ist sehr schwer, gegen unseriöse Lizenznehmer z.B. in Übersee vorzugehen. Bei unbekannten Lizenznehmern empfiehlt es sich, Erkundigungen bzw. Referenzen einzuholen. Die Frankfurter Buchmesse und auch andere Buchmessen bieten gute Gelegenheiten, die potentiellen Lizenzpartner und ihr Programm vorab kennenzulernen und ihre Leistungsfähigkeit u. U. näher einzuschätzen: Es geht ja nicht nur um die Seriosität des Lizenznehmers, sondern auch um seine Effizienz: Es ist sehr ärgerlich, ein gutes Recht an einen marktschwachen Lizenznehmer zu verkaufen, der es nicht angemessen vermarkten kann. Dann fallen die Lizenzerlöse entsprechend mager aus, und auch der Autor ist geschädigt – er könnte eventuell sogar Schadensersatz fordern, wenn es beim Lizenzabschluss ganz offenbar an der notwendigen Sorgfalt seitens des Verlags gefehlt hat.

Oft ist es auch ratsam, ein Einblicks- oder gar Zustimmungsrecht des lizenzierenden Verlags bzw. des betroffenen Autors in das Übersetzungsmanuskript vor der Drucklegung in den Vertrag aufzunehmen, um Qualitätsmängel, bis hin zu Entstellungen oder eigenwilligen Eingriffen des Übersetzers, von vornherein auszuschließen. Je entlegener die Sprache der Übersetzungsausgabe ist, desto schwieriger wird allerdings die Überprüfung.

Bei unbekannten Verlagen in fernen Ländern empfiehlt sich oft eine (relativ hohe) Einmalpauschale, zumindest eine nennenswerte Vorauszahlung bei Vertragsabschluss. Dieses Geld ist dann wenigstens sicher, auch wenn das Buch unter Umständen nie erscheint. Es einzubehalten ist absolut korrekt i.S. eines Ausfall- oder Bindungsentgelts, denn der Rechtsinhaber konnte ja keine anderen Verwerter einschalten, solange der Lizenzvertrag besteht.

Aus diesem Grund ist es auch notwendig, eine Frist festzulegen, innerhalb derer die Lizenzausgabe erscheinen muss und nach deren Verstreichen und fruchtloser Mahnung der Vertrag hinfällig wird.

Eine umgekehrte Fristsetzung findet sich in den Lizenzverträgen für Taschenbuch- und Buchclubausgaben: Hier setzt der Verlag einen Termin, zu dem diese Ausgaben frühestens erscheinen dürfen, damit der Verkauf der Originalausgabe nicht vorzeitig beeinträchtig wird. Nicht ganz selten wird diese Frist (natürlich einvernehmlich) noch hinausgeschoben, um so eine Optimierung des Gesamterlöses zu erreichen (s. a. Kap. 4.3.1).

Oft ist ein Verlag für ein- und dasselbe Werk Lizenznehmer und Lizenzgeber zugleich. Wichtigstes Beispiel sind ins Deutsche übersetzte Werke, für die der Verlag alle Buchrechte (manchmal auch weitere Rechte) erworben hat. Er ist dann Lizenzgeber für die deutschen Taschenbuch- und Buchclubrechte. Angesichts der heute besonders im Belletristikbereich für Spitzentitel sehr hohen Vorauszahlungen ist es für den Lizenz nehmenden deutschen Verlag wichtig, sehr rasch (nicht selten vor Erscheinen der fremdsprachigen Originalausgabe) Lizenzverträge für diese Rechte zu schließen. In diesen Verträgen werden häufig erhebliche Vorschüsse vereinbart, die zur teilweisen Refinanzierung der geleisteten Vorauszahlung dienen, also deren Finanzierung erleichtern und das Risiko des Misserfolgs des teuer eingekauften Titels deutlich mindern.

Während im Belletristikbereich die berühmt-berüchtigten Rechteauktionen oft aufgrund eines nur sehr knappen Exposés abgehalten werden, gibt es abseits der Bestseller ein ganz normales vertrauensvolles Rechtegeschäft für bereits erschienene Bücher, sei es mit den Verlagen direkt oder mit internationalen Agenten. In Europa ist deren wichtigster Sitz Zürich. Nicht wenige Titel werden erst nach vielen Jahren ins Ausland verkauft, weil sich irgend jemand dafür begeistert und einen Verlag zum Erwerb motiviert hat. In diesen Fällen gibt es in der Regel keinen Poker um exzessive Garantien, verpflichtende Werbebudgets oder extrem kurze Laufzeiten der Verträge. Im Fachbuchbereich sind diese Auswüchse ohnehin weitgehend unbekannt.

Eine nicht unerhebliche Rolle spielt beim belletristischen Lizenzgeschäft der Kauf von Rechtebündeln: Wer einen starken Titel haben möchte, muss auch einige schwächere mit erwerben, die für sich nur schwer verkäuflich wären. Das wirkt sich dann sehr zugunsten dieser weniger marktstarken Autoren aus.

Agenten und Scouts

Im Lizenzgeschäft spielen Agenten eine bedeutsame Rolle. Die Tätigkeit literarischer Agenten ist im angelsächsischen Raum seit Jahrzehnten eine Selbstverständlichkeit: Sie verhandeln Rechte im Auftrag der Autoren gegenüber allen Verwertern oder im Auftrag von Verlagen gegenüber weiteren Verwertern (Film, TV u.a.). Der Agent ist ein professioneller Verhandlungspartner, was sinnvolle Vertragsabschlüsse erleichtern kann, aber seine Tätigkeit ist natürlich auf Erlösoptimierung gerichtet, d.h. für Verlage wird es idR teurer. Dort, wo sie sich selbst eines Agenten bedienen, wird ihr Erlös – trotz Agentenprovision – im Zweifelsfall eher höher. Agenten erhalten von ihren Auftraggebern Provisionen, die nach oben und unten um 10% vom Lizenzerlös pendeln, je nach Umfang und Bedeutung der verhandelten Rechte. Agenten achten sehr auf die intensive Nutzung der Rechte, verlangen deshalb in der Regel hohe Vorauszahlungen, die den Erwerber dazu zwingen sollen, diese mit allem Einsatz auch wieder hereinzuspielen. Wichtig ist die Funktion der Agenten auch hinsichtlich der Aufgabe, für den Rechteinhaber verlässliche, marktstarke Partner auszuwählen, was, wie im vorangegangenen Abschnitt erwähnt, eine wichtige, aber gar nicht immer einfache Aufgabe ist. Mittlerweile hat sich die Tätigkeit literarischer Agenten auch in Deutschland verstärkt. Jüngere Autoren werden von ihnen geradezu umworben. Die Möglichkeit, einen unbekannten Autor mit minimalen Vorkosten auf Risiko zu publizieren, wird tendenziell durch die Zwischenschaltung der Agenten daher reduziert.

Während Agenten den Verlagen aktiv Rechte anbieten, besteht die Rolle der Scouts (d.h. Kundschafter) darin, sich im Auftrag eines Rechte einkaufenden

Verwerters nach interessanten neuen Autoren oder Trends umzutun. Den Scout könnte man also als einen externen acquisition editor bezeichnen, der in den wichtigen Ländern, etwa USA, Frankreich, Großbritannien, die »Szene« intensiv verfolgt und entsprechende Empfehlungen ausspricht. Aber kaum ein Verlag kann sich solche Scouts als feste Vollzeitmitarbeiter leisten. Deswegen geschieht dies oft in der Form freier Mitarbeit. Somit kann die Tätigkeit der Agenten und Scouts auch unter dem Gesichtspunkt »Outsourcing« gesehen werden.

Im wissenschaftlichen und Fachverlag sind diese Scouts meist ohne Auftrag handelnde Autoren oder Herausgeber, denen ein fremdsprachiges Werk in ihrem Fachgebiet aufgefallen ist. Diese Empfehlung ist in diesem Bereich sehr wichtig: Es dürfte mehr fachliche Übersetzungen aufgrund solcher Empfehlungen geben als aus verlagsinterner Lektoratsinitiative. So manchen schönen späteren Longseller hätte der Verlag selbst nie im Heuhaufen der Neuerscheinungen ausmachen können: Manches später höchst erfolgreiche Buch, das schon jahrelang existierte, aber in Deutschland bis dahin nie beachtet wurde, ist solchen Hinweisen zu verdanken.

7.9 Einzelfragen

7.9.1 Bildrechte

In sehr vielen Werken – Sachbüchern, Reiseführern, Kunstbänden, Lehrwerken, wissenschaftlichen Büchern u.a. – sind Abbildungen nach fremden Vorlagen unverzichtbar. Hier sind diverse Rechte zu beachten: das des Grafikers oder Fotografen, aber auch die Rechte des Originalverlags und – besonders kompliziert und teuer – das behauptete Recht der Museen auf die Wiedergabe der in ihrem Besitz befindlichen Gegenstände. Größere Museen erlösen erhebliche Beträge aus den entsprechenden Genehmigungen, die ärgerlicherweise oft auch noch mit der Verpflichtung der Benutzung von Vorlagen verbunden sind, die das Museum stellt und die zusätzlich berechnet werden.

Bildintensiv arbeitende Verlage – größere Zeitschriften und Zeitungen sowieso – haben eigene Bildredakteure, die für Bildbeschaffung und Rechteeinholung verantwortlich sind. Neben die Rechte der Fotografen treten bei Werken der bildenden Kunst, die noch Urheberschaftsschutz genießen (also z.B. noch die gesamte »Klassische Moderne«), die Ansprüche der Künstler selbst, die durch besondere Gesellschaften, in Deutschland vornehmlich die VG Bild/Kunst, vertreten werden.

Die Tarife der VG Bild/Kunst werden wie alle Tarife der Verwertungsgesellschaften veröffentlicht. Dafür das nachfolgende Beispiel:

Schwarzweiß		Seitengröße bis			
Auflage bis	Mindesttarif 1/8	1/4	1/2	1/1	2/1
3.000	24,00	31,00	31,00	41,00	52,00
5.000	32,00	39,00	47,00	62,00	81,00
7.500	37,00	45,00	55,00	74,00	97,00
10.000	41,00	52,00	61,00	83,00	106,00
15.000	44,00	55,00	65,00	89,00	116,00
20.000	50,00	61,00	73,00	95,00	127,00
30.000	58,00	71,00	83,00	114,00	148,00
50.000	63,00	78,00	93,00	124,00	161,00
75.000	72,00	89,00	106,00	143,00	187,00
100.000	81,00	99,00	123,00	166,00	214,00
je weitere 10.000	6,00	7,00	12,00	14,00	18,00
Alle Preise netto in €, zuzüglich gesetzlicher Mehrwertsteuer					

Farbe		Seitengröße bis			
Auflage bis	Mindesttarif 1/8	1/4	1/2	1/1	2/1
3.000	38,00	46,00	46,00	62,00	81,00
5.000	61,00	76,00	92,00	122,00	160,00
7.500	73,00	90,00	106,00	142,00	185,00
10.000	83,00	103,00	122,00	165,00	215,00
15.000	91,00	112,00	133,00	180,00	234,00
20.000	100,00	123,00	150,00	200,00	261,00
30.000	114,00	140,00	166,00	226,00	292,00
50.000	135,00	166,00	197,00	268,00	347,00
75.000	158,00	195,00	234,00	314,00	410,00
100.000	181,00	223,00	268,00	361,00	471,00
je weitere 10.000	15,00	18,00	19,00	28,00	36,00
Alle Preise netto in €, zuzüglich gesetzlicher Mehrwertsteuer					

Abb. 7.1: Beispiel aus den Gebührentabellen der VG Bild/Kunst für Bücher/Broschüren

[AUSZUG]

II. Zuschläge - Nachlässe (gerechnet vom Grundhonorar)

1. Titelbebilderung oder Schutzumschlag

- Die Verwendung einer Illustration für den Titel oder Rücktitel bedingt einen Zuschlag von 200 % auf den Preis für die Verwendung im Innenteil.
- Die Verwendung einer Illustration für den Titel oder Rücktitel eines illustrierten Druckwerkes, in dem mindestens 10 Illustrationen solcher Urheber enthalten sind, deren Rechte die VG BILD-KUNST vertritt, bedingt einen Zuschlag von 100 % auf den Preis für die Verwendung im Innenteil.
- Bei Wiederverwendung einer Titelillustration im Innenteil wird ein Nachlass von 50 % eingeräumt.

2. Wissenschaftliche Werke

- Gebührenfrei sind Abbildungen, die im Sinne des § 51 UrhG Zitate in wissenschaftlichen Werken darstellen.
- Enthält ein wissenschaftliches Werk, das keine Monografie ist, auch Abbildungen, die keine Zitate i. S. § 51 Abs. 1 sind, so ist statt der Einzelabrechnung auch eine pauschale Abgeltung aller Abbildungen möglich.

3. Schulbücher

Auf alle Schulbücher wird ein Nachlass von 25 % gewährt.

4. Originaltaschenbücher, Originalpaperbackausgaben und kleinformatige Bücher

Bei Illustrationen in Originaltaschenbüchern oder Originalpaperbackausgaben, deren Breite 17 cm und deren Höhe 24 cm nicht überschreitet, und bei kleinformatigen Büchern (bis 12 × 17 cm) wird ein Nachlass von 25 % des auf Bücher anzuwendenden Tarifs gewährt. Dieser Nachlass erhöht sich auf 35 %, wenn das Buch mehr als 20 Abbildungen von Urhebern, deren Rechte die VG BILD-KUNST wahrnimmt, enthält. Die Berechnungsgrundlage ist die Auflage.

III. Lizenzausgaben

1. Buchgemeinschaftslizenzen

Bei Lizenzvergabe an Buchgemeinschaften mit Verpflichtung zur regelmäßigen Abnahme wird ein Nachlass von 50 % des auf Bücher anzuwendenden Tarifs gewährt. Die Berechnungsgrundlage ist die Lizenzauflage.

2. Taschenbuchlizenzen
Bei Lizenzvergabe für Taschenbuchausgaben wird ein Nachlass von 60 % des auf Bücher anzuwendenden Tarifs gewährt. Die Berechnungsgrundlage ist die Taschenbuchauflage. Eine weitere Rabattierung nach II.4 entfällt.

3. Fremdsprachige Ausgaben – Auslandslizenzen
Erscheint die Ausgabe innerhalb von 5 Jahren nach Erscheinen in der Bundesrepublik in Fremdsprachen, so können die einzelnen Ausgaben mit der deutschen Ausgabe als eine Gesamtauflage abgerechnet werden.
Bei Nutzung nach Ablauf von 3 Jahren nach Genehmigung der deutschen Auflage wird der zum Zeitpunkt der Genehmigung der Auslandslizenz gültige Tarif angewendet.

Die VG Bild/Kunst berücksichtigt in ihren Tarifen bewusst die unterschiedliche Leistungsfähigkeit von Zeitschriften und Büchern und bietet den im Börsenverein organisierten Verlagen als besonderem Vertragspartner vergünstigte Tarife an. Darüber hinaus erhalten Schulbuchverlage 25% Nachlass. Weitere Tarife gibt es für Kalender, Einzeldrucke, Postkarten, Tonträgerhüllen, Datenbanken, Fernsehsendungen u.a. Besondere Aufschläge werden berechnet für Verwendung auf Einband oder Titelblatt. Wie wichtig die korrekte Rechteeinholung und -nennung ist, wird unterstrichen durch einen Zuschlag von 100%, wenn die Nennung des Urhebers unterbleibt oder nicht genehmigte Nachauflagen erfolgen (sog. Medienkontrollzuschlag).

Ein permanenter Punkt der Unsicherheit ist, inwieweit ein Autor bzw. Verlag das Zitatrecht nach UrhG § 51(1) für Abbildungen in Anspruch nehmen kann, die ja jede für sich ein »Werk« darstellen (siehe dazu Ziff. 2/1 Tarif VG Bild/Kunst auf S. 337 und Kap. 7.9.2).

Daraus ergibt sich zweierlei: zum einen die offensichtliche Vermutung, dass Zitate vorwiegend nur in wissenschaftlichen Werken in Betracht kommen, und zum zweiten, dass keine operationale Definition dafür angeboten wird, wann Fall a) bzw. b) vorliegt.

Wissenschaftliche Verlage untereinander sind hier z.T. weiter gegangen und haben in der internationalen Gruppe stm ein Abkommen unterzeichnet, nach dem Bildübernahmen i.S. von Zitaten in begrenztem Umfang von vornherein als gegenseitig genehmigt und gebührenfrei gelten, so dass es keiner diesbezüglichen Anfrage bedarf. Das spart viel Arbeit. Ein Quellenvermerk ist selbstverständlich in allen Fällen erforderlich. Bei Unterzeichnung solcher Vereinbarungen muss der Verlag aber sorgfältig prüfen, ob er über diese Rechte überhaupt derart verfügen darf.

Wiederholt sei noch einmal (s. Kap. 7.6), dass die vom Verlag beauftragten oder eingekauften Bildautoren (Fotografen oder Zeichner) Urheber mit vollen Rechten sind, auch wenn sie oft pauschal entgolten werden. Ihnen stehen die gleichen gesetzlichen Ansprüche aus §§ 32 und 32a (s. S. 357f.) wie allen Urhebern zu und ebenso die Urheberpersönlichkeitsrechte. Auch sie haben Anspruch darauf, dass ihr Werk nicht entstellt wird, etwa durch willkürliche Bildbearbeitung (Ausschnitt, Kolorierung etc.). Wer in nennenswertem Umfang mit Abbildungen arbeitet, sollte diese Dinge sorgfältig beachten.

7.9.2 Zitatrecht

Der § 51 UrhG bestimmt Folgendes:

§ 51 Zitate. Zulässig ist die Vervielfältigung, Verbreitung und öffentliche Wiedergabe, wenn in einem durch den Zweck gebotenen Umfang

1. einzelne Werke nach dem Erscheinen in ein selbständiges wissenschaftliches Werk zur Erläuterung des Inhalts aufgenommen werden,
2. Stellen eines Werkes nach der Veröffentlichung in einem selbständigen Sprachwerk angeführt werden,
3. einzelne Stellen eines erschienenen Werkes der Musik in einem selbständigen Werk der Musik angeführt werden.

Alles Zitatrecht hängt also an der Voraussetzung des »durch den Zweck gebotenen Umfanges«. Die Ziffern 2 und 3 gestatten des Weiteren nur die Vervielfältigung usw. von »Stellen eines Werkes«, bei Musikwerken noch verschärft zu »einzelnen Stellen«. Eine Überschreitung der durch diese Kriterien bezeichneten Grenzen, die allerdings von der Rechtsprechung zum Teil über den reinen Wortlaut hinaus erweitert worden sind, führt zu Unterlassungs- und Schadensersatzansprüchen des Inhabers der Originalrechte.

Einen Sonderfall stellt die Regelung der Ziffer 1 (sog. »Großzitat«) dar, demgemäß auch ganze Werke in ein »selbständiges, wissenschaftliches Werk zur Erläuterung des Inhalts« aufgenommen werden dürfen, also Bilder oder Gedichte, die ja beide stets ein Werk sind. Zur Problematik des Bildzitats führt der Kommentar zum Urheberrecht von Fromm/Nordmann (9. Aufl. 1998, S. 405) aus:

> Das Bildzitat ist gesetzlich nicht geregelt. Aus diesem Grund ist, obgleich seine Zulässigkeit nicht zweifelhaft ist, die rechtliche Behandlung unnötig schwierig. Es ist regelmäßig – Ausnahmen der Wiedergabe von Teilen von Bildern sind jedoch möglich – die Benutzung der gesamten Abbildung und wäre nach dem Wortlaut des § 51 nur als Großzitat nach Nr. 1 zulässig. … Zitierfähig im Rahmen eines Bildzitats sind nicht nur Lichtbilder und Lichtbildwerke (Fotos), sondern auch Werke der Bildenden Kunst, technische Zeichnungen, bildliche wissenschaftliche Darstellung usw. … Schließlich dürfen die Interessen des betroffenen Urhebers durch das Zitat nicht ernsthaft verletzt sein, was besagt, dass die Auswertungsmöglichkeiten des Werkschöpfers durch die zitatweise Wiedergabe nicht oder zumindest nicht erheblich geschmälert sein dürfen. …

Ein Verlag darf also ohne Genehmigung keine Gedicht-Anthologie oder einen Kunstband mit noch urheberrechtlich geschützten Werken zusammenstellen, die für das allgemeine Publikum gedacht sind. Wohl aber darf ein Germanist in einem Band »Lyrische Strukturen im 20. Jh.« einzelne Gedichte in dem zur Veranschaulichung seiner Thesen erforderlichen Umfang aufnehmen. Analoges gilt für Werke der Bildenden Kunst. Ob nun aber ein Band »Druckgrafik des Bauhauses« wissenschaftlich ist und also nach § 51 Nr. 1 Bildzitate zulässig sind oder ob es sich nicht um ein wissenschaftliches Werk, sondern um eins für das Publikum handelt, wird oft nicht leicht zu entscheiden sein. Hier ist Sorgfalt geboten und gegebenenfalls rechtlicher Rat einzuholen.

Entscheidend ist bei Berufung auf das Zitatrecht stets, dass das Zitat im Verhältnis zum Ganzen des zitierenden Werks eine untergeordnete Rolle spielt und nicht über den gebotenen Umfang hinausgeht. Das Zitat muss stets in einem neuen, eigenständigen Gesamtzusammenhang gestellt werden – eine kurze Vor- oder Nachbemerkung zu einem fremden Text reicht also in keinem Fall aus, um das Zitatrecht beanspruchen zu können. Bei starker Kürzung von Zitaten ist andererseits die Gefahr der unerlaubten Entstellung (§ 14 UrhG) zu bedenken – eine Änderung des Originaltextes scheidet ohnehin aus rechtlichen Gründen aus.

Auf das Zitatrecht kann sich zudem nur berufen, wer eine Quellenangabe macht, ansonsten ist stets von einem Plagiat auszugehen. Dazu bestimmt § 63/1 UrhG:

§ 63 Quellenangabe. (1) Wenn ein Werk oder ein Teil eines Werkes in den Fällen des § 45 Abs. 1, der §§ 46 bis 48, 50, 51, 58, 59 und 61 vervielfältigt wird, ist stets die Quelle deutlich anzugeben. Das gleiche gilt in den Fällen des § 53 Abs. 2 Nr. 1 und Abs. 3 Nr. 1 für die Vervielfältigung eines Datenbankwerkes. Bei der Vervielfältigung ganzer Sprachwerke oder ganzer Werke der Musik ist neben dem Urheber auch der Verlag anzugeben, in dem das Werk erschienen ist, und außerdem kenntlich zu machen, ob an dem Werk Kürzungen oder andere Änderungen vorgenommen worden sind. Die Verpflichtung zur Quellenangabe entfällt, wenn die Quelle weder auf dem benutzten Werkstück oder bei der genutzten Werkwiedergabe genannt noch dem zur Vervielfältigung Befugten anderweitig bekannt ist.

7.10 Vertragsverletzungen, Nichterfüllung

Der Verlagsvertrag legt beiden Partner die Erfüllung der im Vertrag festgelegten Pflichten auf. Diese Verpflichtungen werden indes später sehr häufig nicht beachtet. Dafür einige Beispiele:

- **Terminverzug.** Der Autor liefert nicht zum vertraglichen Termin. Die meisten Verträge sehen dann eine Nachfrist von X Monaten vor. Danach kann der Verlag, wenn er von der Nachfristsetzung Gebrauch gemacht hat, vom Vertrag zurücktreten. Letzteres geschieht relativ selten. Meist will der Verlag ja das Manuskript und nicht die Aufhebung des Vertrages. Oft warten Verlage – stets vom Autor hingehalten und vertröstet – über Jahre. Nicht selten kommt dann ein sehr schönes, Erfolg versprechendes Manuskript. Geduld zahlt sich also oft aus, während rigide Fristsetzungen nur zur Vertragsaufhebung führen können. Dennoch gibt es viele Fälle, in denen Termineinhaltung ganz wichtig ist und Terminverzug zur Vertragsaufhebung führen muss. Beispiele sind ein Olympiabuch, das nur wenige Tage nach dem Ereignis am Markt sein muss oder ein Vielautorenbuch, das nicht durch ein oder zwei säumige Autoren auf der Strecke bleiben darf. Hier bedarf es raschen und entschiedenen Handelns.
  Natürlich gibt es auch umgekehrt nach Annahme eines Manuskripts durch den Verlag (oft ungeschriebene) Terminverpflichtungen: § 15 Verlagsgesetz bestimmt: »Der Verleger hat mit der Vervielfältigung zu beginnen, sobald ihm das vollständige Werk zugegangen ist.« Verzögerungen im Erscheinen können u.U. zur Schadensersatzpflicht des Verlags oder zum Vertragsrücktritt durch den Autor führen.

- **Umfangsüberschreitung.** Auch dies ist eine sehr häufig vorkommende Abweichung vom Verlagsvertrag. Üblicherweise enthält ein Verlagsvertrag eine Klausel, dass bei **wesentlicher** Umfangsabweichung der Verlag vom Vertrag zurücktreten kann. Sehr oft tut der Verlag dies jedoch nicht, weil er erkennt, dass das vorgelegte Manuskript so richtig dimensioniert ist – sehr viele den ursprünglich vertraglich angepeilten Umfang weit überschreitende Bücher sind große Erfolge geworden. Weder Autor noch Verlag können eben bei Vertragsabschluss zuverlässig abschätzen, wo denn der richtige Umfang liegt. Strenge Einhaltung des Umfangs kann aber bei bestimmten Buchtypen entscheidend sein, z.B. bei einer Ratgeber-Reihe, in der alle Bände 64 Seiten haben müssen.
- **Fehlende Bestandteile.** Oft ist vereinbart, dass der Autor auf eigene Kosten die Abbildungen besorgen muss. Nicht selten erweist sich dies als unmöglich oder unzumutbar teuer, was beide Vertragsschließende nicht vorhergesehen haben. Dann muss eine angemessene Vertragsanpassung erfolgen, wenn der Verlag das Werk doch machen will. Andernfalls wäre Vertragsaufhebung unausweichlich.
- **aliud-Lieferung.** Das Manuskript entspricht nicht den Vereinbarungen hinsichtlich Darstellungsform (Vorgaben des Verlags für ein Reihenkonzept nicht beachtet), Anspruchsniveau (Darstellung auf akademischem Niveau statt für die Praxiszielgruppe) u.a. Hier kommt es häufig zur Vertragsauflösung, da der vom Verlag angestrebte Vertragszweck nicht erreicht werden kann. Ins Grundsätzliche gehende Überarbeitungen wird sich ein Autor selten zumuten, die »Ersatzvornahme« durch Dritte wäre nur bei Einverständnis des Autors möglich (s.a. Kap. 7.1.7).
- **Manuskriptmängel.** Nicht selten erweisen sich Manuskripte als z.T. fehlerbehaftet, sei es in der Sache, im Stil oder in der Rechtschreibung. Wenn hier ein Grad erreicht ist, der die üblich zu erwartende Verlagslektorierung überschreitet, kann der Autor für wesentliche Nachbesserungsarbeiten zu einer (Teil-)Verrechnung mit seinem Honorar gezwungen sein – eine delikate, nur fallweise zu klärende Frage. Verweigert der Autor die Zustimmung zur Überarbeitung oder zu einer angemessenen Honorarherabsetzung zur Kompensation der von ihm verschuldeten Zusatzkosten, ist eine Vertragsaufhebung unabweislich: Es ist dem Verlag sowohl aus Ansehens- als gegebenenfalls auch aus Haftungsgründen nicht zuzumuten, ein fehlerhaftes Manuskript auf den Markt zu bringen. Ratsam ist es deshalb auf jeden Fall, Anforderungen an ein auskorrigiertes, fehlerfreies, inhaltlich dem neuesten Stand entsprechendes Manuskript im Vertrag festzulegen.

7.11 Wichtige Institutionen und Organisationen im Urheberrecht

7.11.1 Internationaler Rechtsschutz für geistiges Eigentum

Schon im 19. Jahrhundert wurde deutlich, dass ein ausreichender Rechtsschutz allein auf Basis nationaler Gesetze nicht möglich ist, es vielmehr internationaler (Gegenseitigkeits-)Verträge bedarf, um den Rechtsschutz für im eigenen Land geschaffene und erschienene Werke auch im Ausland zu gewährleisten. Mit der wachsenden Bedeutung intellektueller Schöpfungen für moderne Volkswirtschaften und jetzt noch verstärkt im Internetzeitalter ist dieser Aspekt in den letzten Jahrzehnten noch viel gewichtiger geworden. Die wichtigsten internationalen Abkommen sind in der nachfolgenden Übersicht genannt. Von ihnen ist die sog. Berner Übereinkunft von 1886 (vielfach revidiert) bahnbrechend gewesen: Sie garantiert ein besonders hohes Schutzniveau und ist mittlerweile, nachdem seit den 1970er Jahren auch die USA, Russland (damals Sowjetunion) und China beigetreten sind, zum wichtigsten Abkommen geworden. Das Welturheberrechtsabkommen, das u.a. die Verwendung des bekannten Copyright-Zeichens © regelt, hat an Bedeutung verloren, aber dieses Zeichen ist dennoch das Symbol für urheberrechtlich geschützte Werke und Leistungen geblieben und wird daher sinnvollerweise auch weiterhin in Impressa und Bildquellenangaben verwendet.

Internationale Urheberrechtsabkommen:

- Revidierte Berner Übereinkunft (WIPO, 1886/1971)
- Welturheberrechtsabkommen (1952/1971)
- WCT (World Copyright Treaty, 1996)
- TRIPS (Trade related Intellectual Property 1994 (WTO)
- Europäisches Recht (z.B. Richtlinie zum Urheberrecht in der Informationsgesellschaft, Datenbankrichtlinie u.a.)
- Abkommen von Rom 1961 (Schutzrechte der ausübenden Künstler und Sendeunternehmen)

Es würde den Rahmen dieses Buches sprengen, den Inhalt dieser Abkommen hier darzulegen und zu erörtern. Die Grundprinzipien der internationalen Verträge sind generell die Folgenden:

Inländerbehandlung
Meistbegünstigung
Anpassung der Schutzdauer (Bern: 70 Jahre p.m.a., TRIPS: 50 Jahre p.m.a.*)

*) post mortem auctoris, d.h. ab Todesdatum (auf den Tag exakt – aber nicht nach UrhG: dort gilt immer das Jahresende) des Urhebers

Auf zweierlei soll noch hingewiesen werden: Immer mehr wird das nationale Urheberrecht durch die Vorgaben der internationalen Verträge beeinflusst. Kein Land kann heute mehr autonom irgendwelche Urheberrechtsregeln aufstellen. Das gilt für die Länder der EU ganz besonders, und bisher in höchst positiv zu beurteilendem Maß. Die zuständigen Kommissionen in Brüssel haben ein entschiedenes Bewusstsein für die Notwendigkeit eines hohen Schutzniveaus, und es kann dem früher in diesen Dingen führenden Deutschland u.U. passieren, dass neuere Aufweichungen des strengen Rechtsschutzes (wie insbesondere die Zwangslizenzen nach § 52a für den Bildungsbereich) nach europäischen Kriterien keinen Bestand haben werden.

Neben die World Intellectual Property Organisation (WIPO) in Genf als Verwalterin der internationalen Abkommen (insbesondere der Berner Übereinkunft) und die Brüsseler Behörden ist Mitte der 1990er Jahre, insbesondere auf Initiative der Vereinigten Staaten hin, die World Trade Organization (WTO) in Genf getreten, die mit den TRIPS-Abkommen die in der Praxis entscheidende Schlagkraft zur **Durchsetzung (enforcement)** von urheberrechtlichen Schutzansprüchen geschaffen hat. Nur durch die Durchsetzung erhalten ja gesetzliche Rechte ihren Wert. Durch das TRIPS-Abkommen wird eine aktive Durchsetzung der IPR-Schutzrechte verpflichtend für alle Staaten, die sich der Vorteile der anderen WTO-Verträge erfreuen wollen. Darauf zu verzichten, kann sich kein am Welthandel teilnehmender Staat erlauben. Alle Signatarstaaten des TRIPS-Abkommens müssen für eine wirksame Verfolgung der Verletzung von Urheber- und Markenrechten sorgen. WTO ist damit ein entscheidender Faktor im Schutz für urheberrechtliche Schöpfungen geworden.

Als Verhandlungspartner und z.T. akkreditierte NGOs (Non Governmental Organizations) sind für die internationale Verlegerschaft zwei Verbände vorrangig tätig: die Internationale Verlegerunion (IVU) mit Sitz in Genf als Verband der Verlegerverbände aus 76 Ländern der freien Welt und die Federation of European Publishers (FEP) in Brüssel als Verband der Verlegerverbände aller EU-Mitgliedsländer. Hauptaktionsfelder der IVU sind: Förderung der Lesefähigkeit insbesondere in der Dritten Welt, ein freiheitliches, zensurfreies Verlagswesen weltweit sowie Stärkung des Urheberrechts und seine praktische Durchsetzung.

7.11.2 Verwertungsgesellschaften

Aufgabe der Verwertungsgesellschaften ist es, individuell durch Autoren oder Verlage nicht wahrnehmbare Rechte kollektiv zu verwerten und die daraus erzielten Erträge gemäß den dazu aufgestellten Verteilungsplänen an die Berechtigten auszuschütten. Die wichtigsten Verwertungsgesellschaften für den Verlagsbereich in Deutschland sind die VG Wort, die die Rechte der Textautoren und der Verlage verwaltet (126.000 Autoren und 6.000 Verlage im Jahr 2006), sowie die VG Bild/Kunst, die in gleicher Weise für den Bereich der Abbildungen tätig ist. Größte deutsche Verwertungsgesellschaft ist die GEMA, die Musikrechte verwaltet.

Rechtliche Grundlage für die Tätigkeit der Verwertungsgesellschaften ist das Urheberrechtswahrnehmungsgesetz (UrhWahrnG) vom 9.9.1965. Demgemäß ist die Tätigkeit einer Verwertungsgesellschaft erlaubnispflichtig (§ 1). Die Erlaubnis wird von der Aufsichtsbehörde, dem Deutschen Patent- und Markenamt (§ 18), erteilt, das ständig über die Ordnungsmäßigkeit der Tätigkeit der Verwertungsgesellschaften wacht. Dazu zählt der Wahrnehmungszwang (§ 6), nach dem eine Verwertungsgesellschaft auf Verlangen für jeden Berechtigten zu angemessenen Bedingungen tätig werden muss, also auch, wenn sich die Wahrnehmung wegen der Geringfügigkeit der Beträge aus wirtschaftlichen Gründen für die Gesellschaft nicht lohnt. Es müssen des Weiteren satzungsgemäße Kontrollorgane bestehen, und die Verteilung hat nach festen Regeln ohne Willkür zu erfolgen. Die Verwertungsgesellschaft hat des Weiteren Vorsorge- und Unterstützungseinrichtungen zu schaffen (s.u.). Analog zum Wahrnehmungszwang besteht ein Abschlusszwang (§ 11), d. h. die Verwertungsgesellschaften müssen jedermann die Nutzung der von ihnen verwalteten Rechte aus gesetzlichen Lizenzen zu angemessenen Bedingungen gestatten. Das geschieht häufig durch Gesamtverträge (§ 12), z. B. mit der Kultusministerkonferenz (über Fotokopien in Schulen und Hochschulen), mit den Sendeanstalten oder bei Geräteabgaben, etwa mit den Produzenten und Importeuren technischer Geräte (Fotokopierer, Scanner, Faxgeräte etc.). Ansonsten gelten die von der Verwertungsgesellschaft für jede Nutzungsart aufgestellten Tarife (§ 13). Dabei ist auf den Anteil der Werknutzung Rücksicht zu nehmen.

Das Gesamtaufkommen der VG Wort belief sich im Jahre 2006 auf insgesamt 85,9 Mio. €, von denen 9,7 Mio. (11,3%) auf die Bibliothekstantieme (Entleihungen), 40,6 Mio. (47,3%) auf Fotokopien und 25 Mio. (29,1%) auf Hörfunk/Fernseh- und Kabelrechte entfielen. Rund 9,2 Mio. fallen als Erträge von ausländischen Verwertungsgesellschaften an, etwas über 1 Mio. für den Verleih (Lesezirkel, Videokassetten). Durch neu entstandene gesetzliche Lizenzen (Versand von Dokumenten, LAN-Nutzungen im Bildungsbereich nach § 52a) erweitert sich das Tätigkeitsgebiet, was umgekehrt eine Einschränkung der vertragsbasierten Lizenzvergabe durch die Rechteinhaber bedeuten kann. Generell sollten die Verwertungsgesellschaften ihr Handeln darauf ausrichten, ein ausgewogenes Kräfteverhältnis zwischen Urhebern und Verwertern herzustellen.

Von den Gesamtaufkommen gehen etwas unter 7% Verwaltungskosten und 8,0% für Sozialeinrichtungen der VG Wort (Autorenversorgungswerk, Sozialfonds sowie Förderungs- und Beihilfe-Fonds Wissenschaft) ab. Der Rest, rund 70 Mio., gelangt in die jährliche Ausschüttung, die (Stand 2002) zu Quoten von 70:30 zwischen Autoren und Verlagen erfolgt, im Bereich Wissenschaft zu 50:50. Mittlerweile verschieben sich derzeit die Quoten aufgrund des § 63a UrhG, nach dem nur Autoren Rechte in eine Verwertungsgesellschaft einbringen können zuungunsten der Verlage. Damit ist die Verlagsbeteiligung in der VG Wort im internationalen Vergleich am niedrigsten geworden.

Gesteuert wird die VG Wort durch die Mitgliederversammlung und den Verwaltungsrat. Beide bestehen aus sechs Berufsgruppen bzw. Kurien, die erhebliche Vetorechte haben, durch die eine einseitige Aushebelung von bestimmten Berechtigten verhindert werden soll.

Berufsgruppe 1:	Autoren und Übersetzer schöngeistiger und dramatischer Literatur
Berufsgruppe 2:	Journalisten, Autoren und Übersetzer von Sachliteratur
Berufsgruppe 3:	Autoren und Übersetzer von wissenschaftlicher und Fachliteratur
Berufsgruppe 4:	Verleger von schöngeistigen Werken und von Sachliteratur
Berufsgruppe 5:	Bühnenverleger
Berufsgruppe 6:	Verleger von wissenschaftlichen Werken und von Fachliteratur.

Alles geschieht unter der Rechtsaufsicht des Deutschen Patent- und Markenamts, das im Zweifel Verwaltungsrats- oder Mitgliederbeschlüsse aufheben könnte, wenn sie contra legem oder eindeutig unangemessen wären.

Für eine sachkundige Vorbereitung der Entscheidungen hat die VG Wort Arbeitsgremien wie eine Satzungskommission, eine Bewertungskommission (für Fragen der Verteilungspläne) und die Kommission Wissenschaft, die sich mit Sonderfragen der Berufsgruppen 3 und 6 befasst. Alle Gremien bestehen immer aus Vertretern sowohl der Urheber wie der Verwerter (Verlage).

Die Verwertungsgesellschaften werden treuhänderisch aufgrund von Wahrnehmungsverträgen mit den Rechteinhabern tätig; aus diesen Verträgen (über 126.000) beziehen sie ihre Aktivlegitimation bei Verhandlungen mit Gesetzgeber und Verbänden von Nutzern der betreffenden Rechte. Die Gesamtzahl der bezugsberechtigten Autoren und Verlage liegt bei 350.000, die der registrierten Namen bei mehr als 470.000.

Ein wichtiges vorbereitendes Arbeitsgebiet der Verwertungsgesellschaften, sowohl intern wie untereinander, ist die Feststellung des tatsächlichen Nutzungsumfanges, etwa wie hoch der Bildanteil an Fotokopien, der der VG Bild/Kunst zufließen muss, oder der Wortanteil an Funk- oder TV-Sendungen ist, der nicht der GEMA, sondern der VG Wort zuzuweisen ist. Ebenso geht es bei solchen empirischen, periodisch durch Marktforschungsinstitute veranstalteten umfänglichen Stichprobenuntersuchungen um das Verhältnis Belletristik: Wissenschaft beim Fotokopieren, bei der Bibliothekstantieme usw. oder die Abschätzung des Kopierguts in Copyshops, Instituten, Bibliotheken und Schulen auf den urheberrechtlich relevanten Anteil. Dies sind teure Maßnahmen, die aber im Interesse einer Ausschüttungsgerechtigkeit, wie sie das Wahrnehmungsgesetz verlangt, unerlässlich sind.

Da die Wahrnehmung von Rechten wie Reprografie, Senderechte, Dokumentenlieferung (insoweit verwertungsgesellschaftsberechtigt) heute generell nicht nur im Inland erfolgt, die Verwertungsgesellschaften aber weitgehend als nationale Monopolisten tätig sind, gibt es eine Vielzahl von Gegenseitigkeitsabkommen zwischen den jeweiligen nationalen Verwertungsgesellschaften. Entsprechend gehen erhebliche Zahlungsströme der VG Wort ins Ausland für inländische Nutzungen von Rechten ausländischer Rechtsinhaber. Umgekehrt fließen auch in Millionenhöhe Zahlungen aus dem Ausland an die VG Wort.

Für viele Verlage bedeuten die Ausschüttungsbeträge der Verwertungsgesellschaften einen wesentlichen Beitrag zum Jahresgewinn. Entsprechend fragwürdig sind daher derzeitige Tendenzen, die Verlagsanteile mit Bezug auf § 63a UrhG herabzustufen. Dadurch wird die erforderliche Kompensation der Erlösverluste aufgrund gesetzlicher Zwangslizenzen grundsätzlich gefährdet.

7.11.3 Deutsche Nationalbibliothek / Pflichtstückablieferung

Seit Jahrhunderten gibt es in Europa (und mittlerweile weltweit) Regelungen zur Pflichtstückablieferung von Druckwerken durch Verlage und sonstige Produzenten an die jeweilige Nationalbibliothek. In Deutschland ist dies die Deutsche Nationalbibliothek mit den Standorten Frankfurt a. M. und Leipzig. Die Gründungsinitiative an beiden Orten ging dabei vom Börsenverein des Deutschen Buchhandels aus, 1912 in Leipzig und 1946 – aus politischen Gründen der Nachkriegszeit – in Frankfurt. 1990 wurden beide Bibliotheken zusammengeführt. Es blieb aber (mit weitestgehender Zustimmung der Verlage, die jahrzehntelang freiwillig in die DDR abgeliefert hatten) bei der Ablieferungspflicht von zwei Stücken, je einem für jeden Standort. Diese kostenlose Pflichtstückablieferung ist geregelt im Gesetz über die Deutsche Nationalbibliothek und den ergänzenden Verordnungen und Durchführungsbestimmungen (s. u.). Der Verlag erhält durch die von den Nationalbibliotheken erstellten Bibliographien, die weltweit verbreitet werden (heute insbesondere online) einen gewichtigen Gegenwert, ebenso durch die Sicherheit, dass seine Produkte im Notfall auch für ihn als last resort in den Beständen der Nationalbibliothek greifbar sind.

Entsprechende Pflichtstückregelungen gibt es auch in den Bundesländern, so dass ein Verlag i.d.R. 4 bis 5 Pflichtstücke jedes Buches und jeder Zeitschrift abliefern muss.

Neue Regelungen gibt es für digitale off-line (CD ROM) und online-Produkte. Bei letzteren ist natürlich eine strenge Beschränkung der Nutzungsmöglichkeiten auf die »on the spot consultation« in den Räumen der Bibliothek unabdingbar. Pflichtstücke dürfen nicht durch diese Bibliotheken online verfügbar gemacht werden.

Die Rechte und Pflichten der Deutschen Nationalbibliothek bzw. der ablieferungspflichtigen Verlage sind geregelt im »Gesetz über die Deutsche Nationalbibliothek« (DNBG) vom 22.6.2006 sowie der »Verordnung über die Pflichtablieferung von Medienwerken ...« (Pfl AV). Darin sind Fristen, Ablieferungsformen, etwaige Kostenzuschüsse, Einschränkungen der Ablieferungspflicht u.v.m. im Einzelnen geregelt.

Nützliche Adressen

Akademie des Deutschen Buchhandels
Literaturhaus München
Salvatorplatz 1
80333 München
Tel. 089/291953-0; Fax 291953-69
email: info@buchakademie.de;
Internet: www.buchakademie.de

Arbeitsgemeinschaft von Jugendbuchverlagen e.V.
Geschäftsstelle:
c/o Thienemann Verlag GmbH
Blumenstr. 9
70182 Stuttgart
Tel. 0711/2483-440; Fax 0711/2483-622
email: avj.ziemer@t-online.de

Arbeitsgemeinschaft rechts- und staatswissenschaftlicher Verlage e.V.
Geschäftsstelle:
Dr. Karl-Peter Winters
c/o Verlag Dr. Otto Schmidt KG
Gustav-Heinemann-Ufer 58
50968 Köln
Tel. 0221/93738-101; Fax 0221/93738-901

Ausstellungs- und Messe-GmbH des Börsenvereins des Deutschen Buchhandels
Postfach 10 01 16
60001 Frankfurt
Reineckstr. 3
60313 Frankfurt am Main
Tel. 069/2102-0; Fax 069/2102-227, -277
email: info@book-fair.com;
Internet: www.buchmesse.de

Börsenverein des Deutschen Buchhandels e.V.
Geschäftsstelle:
Postfach 10 04 42
60004 Frankfurt
Großer Hirschgraben 17-21
(Haus des Deutschen Buchhandels)
60311 Frankfurt am Main
Tel. 069/1306-0; Fax 069/1306-201
email: info@boev.de;
Internet: www.boersenverein.de

Wichtige Abteilungen:
- Rechtsabteilung
- Geschäftsstelle des Verlegerausschusses
- Abteilung Kommunikation, PR und Marketing
- Referat Marketing und Marktforschung

Wichtige verlegerische Arbeitsgemeinschaften und -kreise:
- Arbeitskreis elektronisches Publizieren (AKEP)
- Arbeitskreis kleinerer unabhängiger Verlage (AkV)
- Arbeitsgemeinschaft Publikums- und Sachbuchverlage (AGPUBl)
- Arbeitsgemeinschaft Zeitschriftenverlage (AGZV)
- Arbeitskreis Bild- und Kunstbuchverlage
- Arbeitskreis Hörbuchverlage
- Arbeitskreis Kalenderverlage
- Arbeitskreis Ratgeberverlage
- Arbeitsgruppe Taschenbuchverlage
- Arbeitskreis Touristikverlage

In den Bundesländern existieren Landesverbände, die ebenfalls als »Börsenverein« firmieren und im Rahmen einer integrierten Gesamtorganisation tätig, aber rechtlich selbstständig sind.

Bundesverband Deutscher Zeitungsverleger e.V.
Geschäftsstelle:
Markgrafenstr. 15
10969 Berlin
Tel. 030/726298-0; Fax 030/726 298 299
email: bdzv@bdzv.de;
Internet: www.bdzv.de

Bundesprüfstelle für jugendgefährdende Medien (BPjM)
Geschäftsstelle:
Rochusstr. 10
53123 Bonn
Tel. 0228/962103-0; Fax 0228/379014

Bundesverband Druck und Medien (bvdm) e.V.
Geschäftsstelle:
Postfach 1869
65008 Wiesbaden
Biebricher Allee 79
65187 Wiesbaden
Tel. 0611/803181; Fax 0611/803113
email: info@bvdm-online.de;
Internet: www.bvdm-online.de

Deutsche Fachpresse
Geschäftsstelle Büro Frankfurt
Großer Hirschgraben 17-21
60311 Frankfurt am Main
Tel. 069/1306-397; Fax 069/1306-417
Internet: www.Deutsche-fachpresse.de

Deutsche Nationalbibliothek
Adickesallee 1
60322 Frankfurt am Main
Tel. 069/1525-0; Fax 069/1525-1010
Internet: www.ddb.de

Deutsche Bücherei
Deutscher Platz 1
04103 Leipzig
Tel. 0341/2271-0
Internet: www.ddb.de

Deutscher Musikverleger-Verband e.V.
Friedrich-Wilhelm-Str. 31
53113 Bonn
Tel. 0228/53970-0; Fax 0228/53970-70
email: dmv@musikverbaende.de

Deutsches Bucharchiv München
Salvatorplatz 1
80333 München
Tel. 089/291951-0; Fax 089/291951-95
email: kontakt@bucharchiv.de

Europäischer Verleger-Verband Fédération des Editeurs Européens (FEE)
Av. de Tervueren 204
B-1150 Bruxelles
Tel. 0032/2/7701110; Fax 0032/2/7712071
email: info@fep-fee.be;
Internet: www.fep-fee.be

Institut für Urheber- und Medienrecht
Salvatorplatz 1
80333 München
Tel. 089/291954-70; Fax 089/291954-80
Internet: www.urheberrecht.org

International Association of STM publishers
2nd Floor, Prama House
267 Banbury Road
Oxford, OX2 7HT
United Kingdom
Tel: +44 (0) 1865 339 324
Fax: +44 (0) 1865 339 325
email: info@stm-assoc.org;
Internet: www.stm-assoc.org

Internationale ISBN-Agentur
Geschäftsstelle:
Staatsbibliothek zu Berlin
Preußischer Kulturbesitz
Potsdamer Strasse 33
10785 Berlin
Tel. 030/266-2496, -2338, -2498;
Fax 030/266-2378
email: isbn@sbb.spk-berlin.de;
Internet: http://isbn-international.org

Internationale ISSN-Agentur
Geschäftsstelle:
ISSN International Centre
20, rue Bachaumont
F-75002 Paris, France
Tel. 0033/1/44 88 22 20;
Fax 0033/1/40 26 32 43
email: issnic@issn.org;
Internet: www.issn.org

Internationale Verleger-Union (IVU)
Avenue de Miremont 3
CH-1206 Genf
Tel. 0041/22/3463018; Fax 0041/223475717
email: secretariat@ipa-uie.org;
Internet: www.ipa-uie.org

Munzinger Archiv GmbH
Albersfelder Str. 34
88213 Ravensburg
Tel. 0751/76931-0; Fax 0751/652424

Nationale ISBN-Agentur
c/o MVB Marketing- und Verlagsservice
des Buchhandels GmbH
Postfach 10 04 42
60004 Frankfurt am Main
Tel. 069/1306-387; Fax 069/1306-258
email: a.lehr@mvb-online.de;
Internet: www.german-isbn.org

Nationales ISSN-Zentrum für Deutschland
Geschäftsstelle:
Die Deutsche Bibliothek
Nationales ISSN-Zentrum für Deutschland
Adickesallee 1
60322 Frankfurt am Main
Tel. 069/1525-0; Fax 069/1525-1010
email: issn@dbf.de; Internet: www.ddb.de

Preisbindungsbevollmächtigte des Sortiments
Rechtsanwältin Birgit Menche
Schinkelstr. 68
60488 Frankfurt am Main
Tel. 069/76752697; Fax 069/76752663
email: bgh6497@aol.com

Preisbindungstreuhänder der Verlage
Rechtsanwalt und Notar Dieter Wallenfels
An der Ringkirche 6
65197 Wiesbaden
Tel. 0611/44 90 91; Fax 0611/48451
email: info@fwb-wallenfels.de;
Internet: www.fwb-rechtsanwaelte.de

Schulen des Deutschen Buchhandels GmbH
Wilhelmshöher Str. 283
60389 Frankfurt am Main
Tel. 069/947400-0; Fax 069/947400-50
email: info@buchhaendlerschule.de;
Internet: www.buchhaendlerschule.de

Stiftung Lesen
Geschäftsstelle:
Römerwall 40
55131 Mainz
Tel. 06131/2 88 90-0;
Fax 06131/23 03 33
email: Mail@StiftungLesen.de

VdS Bildungsmedien e.V.
(ehemaliger
Verband der Schulbuchverlage)
Zeppelinallee 33
60325 Frankfurt am Main
Tel. 069/703075; Fax 069/707901-69
email: verband@vds-bildungsmedien.de;
Internet: www.vds-bildungsmedien.de

Verband Deutscher Bühnen-
und Medienverlage e.V.
Uhlandstr. 90
10717 Berlin
Tel. 030/86208161; Fax 030/86208157
email: info@buehnenverleger.de

Verband Deutscher Zeitschriftenverleger e.V.
Geschäftsstelle:
Markgrafenstr. 15
10969 Berlin
Tel. 030/726298-0; Fax 030/726298-103
email: info@vdz.de; Internet: www.vdz.de

Verwertungsgesellschaft BILD-KUNST
Weberstr.61
53113 Bonn
Tel. 0228/91534-0; Fax 0228/91534-39
email: info@bildkunst.de;
Internet: www.bildkunst.de

Verwertungsgesellschaft WORT
Goethestraße 49
80336 München
Tel. 089/51412-0; Fax 089/51412-58
email: vgw@vgwort.de;
Internet: www.vgwort.de

Zentralverband der deutschen
Werbewirtschaft ZAW e.V.
Am Weidendamm 1A
10117 Berlin
Tel. 030/590099-700; Fax 030/590099-722
email: zaw@zaw.de; Internet: www.zaw.de

Hochschulinstitute und Ausbildungsgänge

die medienakademie
Hausvogteiplatz 3-4
10117 Berlin
Internet: www.diemedienakademie.de

Institut für Buchwissenschaft
der Universität Erlangen-Nürnberg
Prof. Dr. Ursula Rautenberg
Harfenstr. 16
91054 Erlangen
Internet: www.phil.uni-erlangen.de

Institut für Jugendbuchforschung der
Johann Wolfgang Goethe-Universität
Prof. Dr. Hans-Heino Ewers
Grüneburgplatz 1
60323 Frankfurt am Main
Internet: www.uni-frankfurt.de/fb10/jubufo

Institut für Kommunikations-
und Medienwissenschaft
der Universität Leipzig
Prof. Dr. Günter Bentele
Burgstraße 21
04109 Leipzig
Internet: www.uni-leipzig.de/~kmw/

Studiengang Buchhandel/
Verlagswirtschaft der HTWK Leipzig
Fachbereich Buch und Museum
Prof. Dr. Ernst-Peter Biesalski
Karl-Liebknecht-Str. 145
04277 Leipzig
Internet: www.htwk-leipzig.de

Institut für Buchwissenschaft der Johannes Gutenberg-Universität Mainz
Prof. Dr. Stephan Füssel
Philosophicum
Welderweg 18
55099 Mainz
Internet: www.uni-mainz.de

Institut für deutsche Philologie, Buchwissenschaft
Prof. Dr. Christine Haug
Schellingstr. 3 RGB
80799 München
Internet:
www.buchwissenschaft.uni-muenchen.de/index.html

Lehrstuhl für Kommunikationswissenschaft der Universität Hohenheim
FG Kommunikationswissenschaft
und Journalistik
Prof. Dr. Dr. habil. Michael Schenk/
Prof. Dr. Claudia Mast
Fruwirthstraße 49
70599 Stuttgart
Internet: www.uni-hohenheim.de

Weiterführende Literatur

Einen breiten Überblick über aktuell verfügbare Fachliteratur bietet:

Buchhändlerische Fachliteratur.
Hrsg. vom Sortimenter-Ausschuss des Börsenvereins. Frankfurt am Main, Börsenverein des Deutschen Buchhandels (erscheint jährlich)

a) Fachzeitschriften

Börsenblatt für den Deutschen Buchhandel
(Frankfurt am Main und Leipzig)
Herausgeber:
Börsenverein des Deutschen Buchhandels e.V.
Das Börsenblatt ist das Verbandsorgan des Börsenvereins.
Anschrift der Redaktion:
Großer Hirschgraben 17-21, 60311 Frankfurt
Postfach 10 04 42, 60004 Frankfurt
Tel. 069/1306-0, Fax 069/289986
eMail: boersenblatt@buchhaendler-vereinigung.de
Internet: www.boersenblatt.net

buchmarkt, Magazin für den Buchhandel
Buchmarkt-Verlag K. Werner
eMail: redaktion@buchmarkt.de, Internet: www.buchmarkt.de

buchreport.magazin, Harenberg Kommunikation
Verlags- und Medien-GmbH & Co. KG , Dortmund,
eMail: post@harenberg.de, Internet: www.harenberg.de

Buchhändler heute, VVA Kommunikation GmbH
Vereinigte Verlagsanstalten GmbH , Düsseldorf
eMail: info@vva.de, Internet: www.vva.de

Langendorfs Dienst, Wirtschaftsinformation für die Buchbranche
(täglicher e-mail Newsletter)

b) Nachschlagewerke

Buch und Buchhandel in Zahlen 2006
Hrsg. vom Börsenverein des Deutschen Buchhandels,
MVB Marketing- und Verlagsservice, Frankfurt a. M. 2006.
ISBN 978-3-7657-2829-7

Adressbuch für den deutschsprachigen Buchhandel
Das Adressbuch besteht aus drei Bänden (Verlage, Buchhandlungen und Organisationen), auch als CD ROM verfügbar.
(Bezugsquelle: wie oben)

Creifelds, Carl: **Rechtswörterbuch**
18. neubearb. Aufl.
C.H. Beck. München 2004.
ISBN 978-3-406-52030-3

Hiller, Helmut/Füssel, Stefan: **Wörterbuch des Buches**
7. grundleg. überarb. Aufl.
Klostermann 2006.
ISBN 978-3-465-03495-7

Rautenberg, Ursula (Hrsg.): **Reclams Sachlexikon des Buches**
2., verb. Aufl.
Reclam. Stuttgart 2003.
ISBN 978-3-15-010542-9

Sjurts, Insa: **Gabler Lexikon Medienwirtschaft.**
Gabler. Wiesbaden 2004.
ISBN 978-3-409-12451-5

Verlagslexikon. Hrsg. von Klaus-Wilhelm Bramann und Ralf Plenz. Frankfurt am Main, Bramann 2002.
ISBN 978-3-934054-13-4

VLB – Verzeichnis Lieferbarer Bücher (als CD-ROM oder online).
Das Standardwerk des Buchhandels verzeichnet rd. 1 Mio Titel aus über 16.000 Verlagen weitestgehend alle lieferbaren deutschsprachigen Publikationen sowie die fremdsprachigen Publikationen deutscher Verlage. Damit zeichnet sich das VLB gegenüber allen anderen Buchhandelsdatenbanken durch seine Vollständigkeit aus und ist ein von kommerziellen Interessen unabhängiges Informationssystem.
www.buchhandel.de

c) Einführungen

Buchhandels-Kompendium, für Ausbildung und Praxis: Verband der Verlage und Buchhandlungen in Baden-Württemberg e.V., Stuttgart
post@buchhandelsverband.de. www.buchhandelsverband.de

Beyer, Andrea/Carl, Petra, **Einführung in die Medienökonomik.**
UVK Konstanz 2004.
ISBN 978-3-8252-2574-2

Heinold, Wolfgang E.: **Bücher und Büchermacher.**
6., neu bearb. A.
Bramann. Frankfurt a. M. 2007.
ISBN 978-3-934054-25-7
Kipphan, Helmut (Hrsg.): **Handbuch der Printmedien.**
mit CD-ROM.
Springer. Berlin 2000.
ISBN 978-3-540-66941-8
Plenz, Ralf (Hrsg.): **Verlagshandbuch.**
Leitfaden für die Verlagspraxis. Vollversion ohne Fortsetzung.
Input. Hamburg 2005.
ISBN 978-3-930961-19-1
Rautenberg, Ursula / Wetzel, Dirk: **Buch.**
Grundlagen der Medienkommunikation, Band 11.
Niemeyer. Tübingen 2001.
ISBN 978-3-484-37111-8
Röhring, Hans-Helmut.: **Wie ein Buch entsteht.**
Einführung in den modernen Buchverlag
7. Aufl.
Primus. Darmstadt 2003
ISBN 978-3-89678-236-6
Schickerling, Michael / Menche, Birgit: **Bücher machen.**
Ein Handbuch für Lektoren und Redakteure
Bramann. Frankfurt a. M. 2004.
ISBN 3-934054-17-2
Schütz, Erhard (Hrsg.): **Das BuchMarktBuch.**
Der Literaturbetrieb in Grundbegriffen
Rowohlt. Reinbek bei Hamburg: 2005.
ISBN 3-499-55672-2
Volkmann, Christine/Tokarski, Kim Oliver: **Entrepreneurship**
Gründung und Wachstum von jungen Unternehmen.
Lucius & Lucius (UTB) Stuttgart 2006.
ISBN 978-3-8252-0328-0

d) Literatur zu einzelnen Kapiteln

Zu Kapitel 2 Planung, Organisation und Controlling

Wantzen, Stephan: **Betriebswirtschaft für Verlagspraktiker.**
Jahresabschluss, Kalkulation, Erfolgssteuerung.
Edition Buchhandel, Band 11.
Bramann. Frankfurt 2002.
ISBN 978-3-924054-14-1

Controlling im Fachzeitschriftenverlag.
Erarbeitet von der Kommission Betriebswirtschaft der Deutschen Fachpresse.
2. Aufl.
MVB Marketing- und Verlagsservice. Frankfurt 2000.
ISBN 978-3-7657-2298-1

Ruf, Winfried: **Das 3x3 Verfahren zur Entwicklung von Verlagsobjekten.**
In: Verlagshandbuch, hrsg. v. R. Plenz (s. dort).

Zu Kapitel 3 Herstellung/Ökonomik

Blana, Hubert: **Die Herstellung.**
Ein Handbuch für die Gestaltung, Technik und Kalkulation von Buch, Zeitschrift und Zeitung
4. überarbeitete Auflage
Saur. München 1998.
ISBN 978-3-598-20067-0

Breyer-Mayländer: Thomas (u.a.): **Wirtschaftsunternehmen Verlag.**
Buch-, Zeitschriften- und Zeitungsverlage: Distribution, Marketing, Rechtsgrundlagen, Redaktion/Lektorat.
3. überarb. u. erg. Aufl.
Bramann. Frankfurt a. Main 2005.
ISBN 978-3-934054-21-9

Groothuis, Rainer: **Wie kommen die Bücher auf die Erde?**
Über Verleger und Autoren, Hersteller, Verkäufer und Gestalter, die Kalkulation und den Ladenpreis, das schöne Buch und Artverwandtes. Nebst einer kleinen Warenkunde.
3. Aufl.
DuMont. Köln 2002.
ISBN 978-3-8321-3164-7

Mundhenke, Reinhard/Teuber, Marita: **Der Verlagskaufmann.**
9. überarb. Aufl.
Societätsverlag. Frankfurt a. M. 2002.
ISBN 978-3-7973-0792-7
Plenz, Ralf: **Buchherstellung.**
Leitfaden für Verleger, Lektoren und andere Verlagsmitarbeiter.
Beruf + Schule. Itzehoe 1991.
ISBN 978-3-88013-457-7
Reichle, Gregor: **Produktmanagement von Fachmedien.**
Produktmarketing – Informationsmanagement – Projektmanagement.
Edition Buchhandel, Band 12.
Bramann. Frankfurt a. Main 2003.
ISBN 978-3-934054-15-8
Schönstedt, Eduard: **Der Buchverlag.**
Geschichte, Aufbau, Wirtschaftsprinzipien, Kalkulation und Marketing
2. überarbeitete Auflage
Metzler. Stuttgart 1999.
ISBN 3-476-01691-1
Willberg, Hans Peter: **Erste Hilfe in Typografie.**
Ratgeber für Gestaltung mit Schrift.
Hermann Schmidt. Mainz 2003.
ISBN 978-3-87439-474-1

Zu Kapitel 4 Marketing und Vertrieb

Breyer-Mayländer, Thomas: **Online-Marketing für Buchprofis.**
Grundzüge des E-Commerce, Werbemedium Internet, Qualitätskriterien von Websites, Verlage und Buchhandlungen im Internet.
Edition Buchhandel Bd. 14
Bramann. Frankfurt a. Main 2004.
ISBN 978-3-934054-19-6
Deurer, Uli: **Vertrieb und Werbung im modernen Buchverlag.**
Bramann. Frankfurt a. M. 2007.
ISBN 978-3-934054-08-0
Franzen, Hans/Wallenfels, Dieter/Russ, Christian: **Preisbindungsgesetz.**
Die Preisbindung des Buchhandels.
5., überarb. Aufl.
C.H. Beck. München 2006.
ISBN 978-3-406-55020-1

Kotler, Philip (u.a.): **Grundlagen des Marketing.**
3. Aufl.
Addison Wesley in Pearson Education Deutschland. 2006.
ISBN 978-3-8273-7176-8
Laumer, Ralf (Hrsg.): **Bücher kommunizieren.**
Das PR Arbeitsbuch für Bibliotheken, Buchhandlungen und Verlage.
V. Falkenberg. Bremen 2005
ISBN 978-3-937822-39-6
Mast, Claudia/Hcuk, Simone/Güller, Karoline: **Kundenkommunikation**
Lucius & Lucius, Stuttgart (UTB) 2005
ISBN 978-3-8282-0263-4
Renner, Bärbel G.: **Kommunikationspolitik im Kinderbuchmarkt.**
Peniope München 2006
ISBN 978-3-936609-27-1
Sander, Matthias: **Marketing-Management.**
Märkte, Marktinformationen und Marktbearbeitung.
UTB (Lucius & Lucius). Stuttgart 2004.
ISBN 978-3-8252-8251-6

Zu Kapitel 5 Zeitschriften

Dic Anzeigenpraxis in Fachzeitschriften.
Ratgeber für die Anzeigen-Praxis in Fachverlagen..
Hrsg. v. Deutsche Fachpresse, 2. Aufl. AMF-Schriftenreihe Band 4.
MVB Marketing- und Verlagsservice, Frankfurt a. M. 2000.
ISN 978-3-7657-1791-8
Controlling im Fachzeitschriftenverlag.
2. Aufl. Buchhändler-Vereinigung.
Frankfurt a. M. 2000.
ISBN 978-3-7657-2298-1
Mast, Claudia (Hrsg.): **ABC des Journalismus.**
10. vollst. neue Aufl.
UVK. Konstanz 2004.
ISBN 3-89669-419-5
Media- und Marketingbegriffe Fachzeitschriften.
Hrsg. von Deutsche Fachpresse
2. Aufl. AMF-Schriftenreihe, Band 3.
MVB Marketing- und Verlagsservice, Frankfurt a. M. 1993.
ISBN 978-3-7657-1758-1

Menhard, Edigna/Trede, Tilo: **Die Zeitschrift.**
Von der Idee bis zur Vermarktung
Praktischer Journalismus Band 57
UVK. Konstanz 2004
ISBN 978-3-89669-413-′3
Stamm: **Leitfaden durch Presse und Werbung.**
erscheint jährlich, in 2 Bänden sowie als CD-ROM.
Stamm. Essen
Wollemann, Horst: **Die IVW.**
Aufgaben und Bedeutung.
Informationsgemeinschaft zur Feststellung der Verbreitung von Werbeträgern e.V. Bonn:
Wronka, Georg: **AGB Anzeigenwesen.**
Edition ZAW. Bonn o. J.
ZAW-Rahmenschema für Werbeträgeranalysen.
Edition ZAW. Bonn o. J.

Zu Kapitel 6 Digitales Publizieren

Alby, Tom: **Web 2.0.**
Konzepte, Anwendungen, Technologien
Hanser. München 2007
ISBN 978-3-446-40931-6
Breyer-Mayländer, Thomas: **Online-Marketing für Buchprofis.**
Bramann. Frankfurt a. M. 2004.
ISBN 978-3-934054-19-6
Ensthaler, Jürgen/Bosch, Wolfgang/Völker, Stefan (Hrsg.): **Handbuch Urheberrecht und Internet.**
überarb. 2. Aufl.
Verlag Recht und Wirtschaft. Frankfurt a. M. 2005.
ISBN 978-3-8005-1433-5

Zu Kapitel 7 Urheber- und Verlagsrecht

Delp, Ludwig: **Kleines Praktikum für Urheber- und Verlagsrecht**
aktualis. 5. Aufl.
C.H. Beck. München 2005.
ISBN 978-3-406-53127-9

Dreier, Thomas/Schulze, Gernot: **Urheberrechtsgesetz (UrhG), Kommentar.**
Urheberrechtsgesetz, Urheberrechtswahrnehmungsgesetz, Kunsturhebergesetz.
2. Aufl.
C.H. Beck. München 2005.
ISBN 978-3-406-54195-7

Fechner, Frank: **Medienrecht.**
Lehrbuch des gesamten Medienrechts unter besonderer Berücksichtigung von Presse, Rundfunk und Multimedia
8. überarbeitete und erg. Auflage
UTB (Mohr Siebeck). Stuttgart 2007.
ISBN 3-8252-2154-6

Hillig, Hans-Peter (Hrsg.): **Urheber- und Verlagsrecht (UrhR).**
(Gesetzestexte)
10. neubearb. Aufl.
dtv Taschenbücher Bd.5538 Beck-Texte
C.H. Beck. München 2003.
ISBN 978-3-423-05538-3

Nordemann, Axel/Nordemann, Jan B./Nordemann, Wilhelm: **Urheberrecht.**
Kommentar zum Urheberrechtsgesetz, Urheberrechtswahrnehmungsgesetz, Verlagsgesetz
10. vollst. überarb. u. erw. Aufl.
Kohlhammer. Stuttgart 2007.
ISBN 978-3-17-019771-8

Owen, Lynette: **Selling rights – Rechte international vermarkten**.
Hardt & Wörner. Friedrichsdorf 1997.
ISBN 978-3-930120-06-2

Schulze, Gernot: **Meine Rechte als Urheber.**
Urheber- und Verlagsrecht.
dtv Taschenbücher Bd.5291 Beck-Rechtsberater
5. Aufl.
C.H. Beck. München 2004.
ISBN 978-3-423-05291-7

Wegner, Konstantin/Wallenfels, Dieter/Kaboth, Daniel (u. a.): **Recht im Verlag.**
C.H. Beck. München 2004.
ISBN 978-3-406-51466-1

Register

C

D

Q

R

S

T

U

X

Z